Rabindranath Tagor

泰戈尔落在中国的心

郁龙余　魏丽明　主编

"泰戈尔在我心中"有奖征文比赛及《泰戈尔落在中国的心:"泰戈尔在我心中"征文比赛获奖作品集》的出版,获得杭州佛学院的全力支持。特此鸣谢!

《泰戈尔在我心中》编委会

顾　问　刘安武　董友忱
主　编　郁龙余　魏丽明
副主编　朱　璇　王　璧
委　员（按姓氏笔划）　毛世昌　王　燕　王春景
　　　　　　　　　　　陈泽华　杨晓霞　尚劝余
　　　　　　　　　　　黄　蓉　蔡　枫

"泰戈尔在我心中"评委会名单

名誉主任：
罗征启（梁思成、林徽因受业弟子，深圳大学原校长）
刘安武（北京大学资深教授，《泰戈尔全集》主编）
谭　中（国际知名印度学家）
陈跃红（北京大学中文系主任）
董友忱（中央党校教授，《泰戈尔作品全集》主编）
王邦维（北京大学东方文学研究中心主任）

特别顾问：
章必功（深圳大学教授，深圳大学原校长）
古普德（Prof. Sushan Tatta Gupta）（印度国际大学副校长）
祁念曾（《投资中国》杂志社社长）

主　任：
郁龙余（深圳大学印度研究中心主任）
孟昭毅（天津师范大学文学院前院长）
姜景奎（北京大学南亚系教授）
邵葆丽（Prof. Sabaree Mitra，印度尼赫鲁大学中国与东南亚研究中心主任）
黄永健（深圳大学文化产业院教授）

副主任：
魏丽明（北京大学亚非系主任）

孙宜学（同济大学国际文化交流学院教授）
张　冰（中国高教学会外国文学专业委员会秘书长）
黄金鹏（深圳大学文学院中文系主任）
侯传文（青岛大学文学院教授）
毛世昌（兰州大学印度研究所教授）
张思齐（武汉大学文学院教授）
颜治强（浙江湖州师范学院教授）
苏永旭（河南教育学院文艺学研究所教授）
梅晓云（西北大学文学院教授）
王　燕（苏州科技大学人文学院教授）

成　员：
杨晓霞（深圳大学文学院副教授，印度文学博士）
蔡　枫（深圳大学印度研究中心讲师，印度文学博士）
黄　蓉（深圳大学印度研究中心讲师）
尚劝余（华南师范大学外国语言文化学院翻译与文化研究室教授）
黄迎虹（中山大学亚太研究院博士）
王春景（河北师范大学副教授，印度文学博士）
张　玮（安徽安庆师范学院副教授，印度文学博士）
李美敏（江西师范大学副教授，印度文学博士）
蔡　晶（河南理工大学副教授，印度文学博士）
李亚兰（北京外国语大学印地语专业主任）
陈泽华（西安外国语大学印地语专业主任）
曾　琼（天津外国语大学副教授，印度文学博士）
曹辰睿（云南民族大学印地语专业讲师）
王　璧（深圳大学印度研究中心科研秘书）

联合举办：
深圳大学印度研究中心
北京大学东方文学研究中心
杭州佛学院

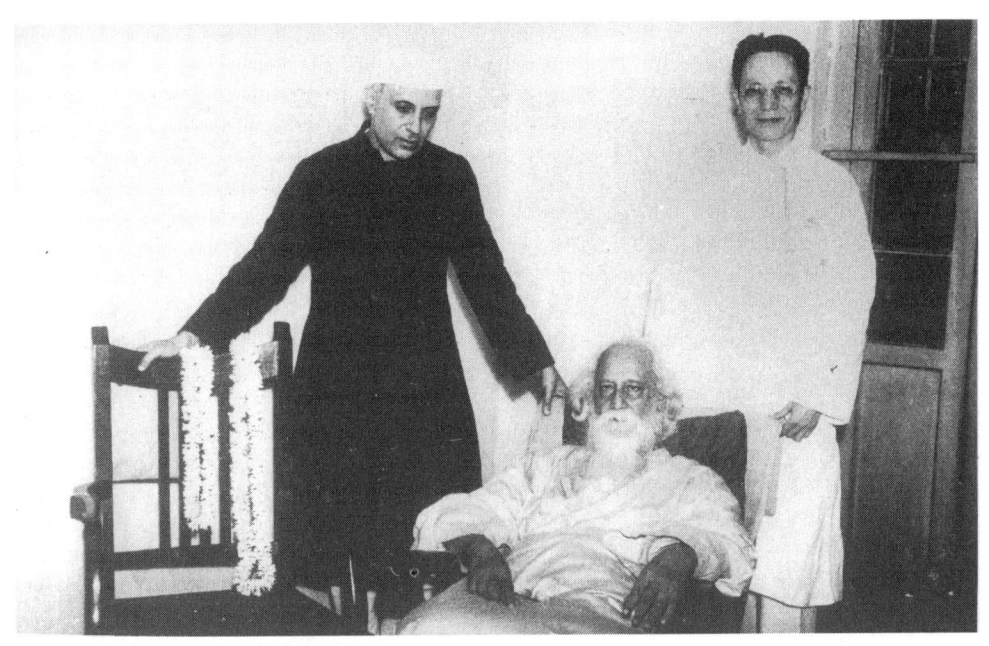

泰戈尔、尼赫鲁与谭云山在泰戈尔国际大学（藏于深圳大学谭云山中印友谊馆）

"从泰戈尔到莫言：百年东方文化的世界意义"国际学术研讨会，同济大学，2013年6月

"泰戈尔诞辰150周年征文大赛"颁奖典礼，暨南大学，2012年3月

"纪念泰戈尔荣获诺贝尔文学奖100周年活动日"开幕式合影，北京大学，2013年6月

启动"泰戈尔获诺贝尔文学奖100周年"庆祝活动,深圳大学,2012年11月

远行的罗曼史:泰戈尔绘画作品展,深圳大学,2011年11月

远行的罗曼史：泰戈尔绘画作品展剪彩仪式，深圳大学，2011年11月

泰戈尔落在中国的心

——序《"泰戈尔在我心中"征文获奖作品集》

郁龙余

1924年,泰戈尔访问中国,他说:"相信我的前世一定是一个中国人。"徐志摩在香港告别时问泰戈尔,有否落下什么东西?泰戈尔回答说:"我把心落在中国了。"1941年,泰戈尔在卧床不起时,仍不忘访问中国的情景,口授诗一首:"我取了中国名字,穿上中国衣服。这在我心里是明白的:我在哪儿找到朋友,便在哪儿获得新生,朋友带来了生的奇迹。异乡开着不知名的花卉……"

90年过去了,中国人民对泰戈尔的热爱,历久弥新。泰戈尔成了中国人最喜爱的外国诗人。我曾在《泰戈尔作品鉴赏辞典》的代序中说:中国读者热爱泰戈尔有十大缘由:少年天才,德艺双馨,诗意动人,形象可人,出身名门,名扬天下,吹拂新诗,名家译介,患难之交,走进教材。

从2010年开始,围绕泰戈尔诞辰150周年,在中国召开了一连串的研讨会,出版了许许多多书籍。这在世界文学交流史上,是罕见的现象。

2013年,是泰戈尔获诺贝尔文学奖100周年。印度国际大学和中国研究所联合成立"庆祝泰戈尔获诺贝尔文学奖一百周年"筹备委员会,国际大学副校长古普德(Sushanta Datta Gupta)为主席。2012年12月19日,在国际大学举办了泰戈尔获诺贝尔文学奖一百周年庆祝活动开幕式。印度总统慕克吉出席,并发表讲话。

在中国,"从泰戈尔到莫言:百年东方文化的世界意义"国际学术会议,于2013年6月1—2日在上海同济大学召开。5月28日,暨南大学举行"中印友好"征文大赛颁奖活动。6月9日—11日，北京大学举办"泰戈尔日"活动。由深圳大学等众多单位组织发起的"泰戈尔在我心中"有奖征文比赛，自2012年8月启动，很快就进入了高潮。这些活动，其重要宗旨就是庆祝泰戈尔获诺贝尔文学奖一百周年。

"泰戈尔在我心中"征文比赛，充满着各种神奇与缘分。

在评委会中，我们聘请罗征启先生担任"名誉主任"。他是中国当代著名的教育改革家和建筑学家，深圳大学的主要创办者，曾任党委书记和校长。我们请他担任名誉主任，因为他是梁思成、林徽因的受业弟子。梁启超、梁思成、林徽因和泰戈尔的关系，是天下共知的。同时，泰戈尔和罗征启家族也有着直接的关系。

1924年泰戈尔访华，在北京真光影戏院作了三次演讲。第一次是5月9日中午，梁启超为泰戈尔作介绍，徐志摩翻译；第二次是5月10日中午，泰戈尔演讲之前，胡适、徐志摩先后登台表述泰戈尔访华来意；第三次是5月12日上午，听者有两千余人，胡适翻译。而这真光影戏院，就是现在北京的中国儿童剧院，原是罗氏产业。2013年3月15日，在采访罗校长的间隙，我拿出中国儿童剧院的照片，问他：这中国儿童剧院的前身，是否就是您父亲的真光影戏院？他说："是的。我是搞建筑的，对这幢建筑的内部结构十分熟悉。"我再拿出泰戈尔和梁思成、林徽因的合影，对罗校长说："您是梁思成、林徽因的受业弟子，现在为弘扬两位业师的事业，依然不遗余力。请您参加'泰戈尔在我心中征文比赛'的评委会。"他高兴地答应了。

杭州佛学院作为联合发起单位，也是充满缘分。

1924年泰戈尔访华，继上海之后，杭州是他的第二站。4月14日至4月16日，泰戈尔在徐志摩、瞿菊农等的陪同下，来到杭州游览，入住西湖饭店。4月15日，他畅游杭州各大名胜，包括灵隐寺和西泠印社等地。杭州佛教不同于中国其他各地。丝绸之路是印度佛教传入中国内地的主要线路，中间转辗于中亚诸国。但杭州佛教由海路直接从印度传来，史书有明确记载。由于法脉正统，人杰地灵，杭州一向有"东南佛国"之称。据《灵隐寺志》载："东晋咸和三年，竺僧慧理游至武林，见飞来峰而叹曰：'此为天竺灵鹫峰小岭，不知何代飞来？'人咸不信。理公曰：'此峰向有黑白二猿，在洞修行，必相随至此.'理即于洞口呼之,二猿立出。有此因缘,连建五刹,灵鹫、灵山、灵峰等,或废或更,而灵隐独存,历代以来,永为禅窟,五灯互照,临济子孙居多。"在杭州,有天竺山,从下天竺的法镜寺到中天竺、上天竺,有历代佛寺、雕像无数,还有一个小寺,寺名就叫中印庵。这一天,泰戈尔在梅兰芳的陪同下,听随行人员讲述"飞来峰"的故事,非常感慨。看到慧理大师等的雕像,他说:"他的本意,不是来欣赏湖山,是传导相互的爱。因此印度文化有很多到中国了,如同中国有几个大师到印度去。"泰戈尔还表示,自己这次来也像历史上的大师一样,要把爱的精神传播到中国,以促进世界的和平。

2012年10月,我出席第十届吴越佛教学术研讨会,得识杭州佛学院院长光泉大和尚,以及两位副院长刚晓法师和慧仁法师。光泉大和尚同时又是灵隐寺住持和杭州佛教协会会长。光泉不但是一位学问高僧,而且目光远大,发愿将杭州佛学院办成一所综合性的佛教大学。该院已与日本、泰国、缅甸佛教界建立关系,希望有机会和印度建立交流关系。这样,杭州佛学院和深圳大学印度研究中心的合作,就成了应有之义。

2013年5月,杭州佛学院建院15周年。光泉院长邀我出席庆典,并就合作事宜进行面商。5月10日,我和中心的两位老师赴杭参加庆典。在庆典上,举行了杭州佛学院和深大印度研究中心联合成立的"中印文化交流研究中心"的揭牌仪式。第二天晚上,在灵隐寺签署合作协议。协议中的重要条款是双方合作办好"泰戈尔在我心中"征文比赛。

说起泰戈尔和佛教的关系,那是十分紧密的。1924年访华,他接触了大量佛教界人士。谈到印度现代的佛教情况,他语出惊人。5月18日,他回答北京佛教讲习会成员何雯时说,印度社会"派别甚多,不胜列举,然多皈依佛法也。"这说明,在泰戈尔的心目中,佛教和印度教是浑然一体的。

泰戈尔在南亚的佛教徒中,威信十分崇高。1934年锡兰举行释迦牟尼"成道、诞生、涅槃"纪念大会,泰戈尔被推为主席。1935年5月,印度加尔各答大菩提社举行释迦诞生纪念会,泰戈尔又被推为主席。除了演讲,泰戈尔还诵出两首佛诗。谭云山将其从孟加拉文译成汉语,发表于《中央日报》(1935年11月2日)。

1940年，太虚大师访问印度，拜访了尼赫鲁和泰戈尔，并在泰戈尔创办的国际大学题诗一首，送给中国学院谭云山院长：

中华孔老释三家，次第曾开福慧花；
好译大乘还梵土，菩提树再茁灵芽。

1924年4月13日，泰戈尔在上海发表第一次谈话《诗人的使命》。在结束时，他说："亚洲有的是伟大的梦想者，他们曾经用他们的情爱的甜露，遍洒在苦辛的人间。现在时期又到了，我们正在期望着这样的梦想的露面，重新这大洲的使命再发祥一度的光华。"放眼神州大地，大家都在为实现"中国梦"而奋发努力。我们重温泰翁的这次谈话，倍感亲切。不过，当下的中国梦，不仅要造福中国、亚洲，还要造福整个世界。我们是新时代的伟大的梦想者。

泰戈尔是时代骄子，印度荣耀，东方诗圣，中国至友。我们举办"泰戈尔在我心中"征文比赛，是对这位先贤的缅怀，感念他和中国的缘分。一千个中国人，心中有一千个泰戈尔；一万个中国人，心中有一万个泰戈尔。每个泰戈尔都不相同，但是每个泰戈尔都热爱中国，都热爱中国人民。通过这次征文比赛，我们高兴地看到，中国读者，尤其是年轻读者，是如此热爱泰戈尔，亲近泰戈尔。我们要告诉泰戈尔，您落在中国的心，像一颗友谊的种子，在华夏大地生根开花，一代又一代，永远不败，永远灿烂。

2013年9月3日

目 录

获奖作品目录：

茉莉芬芳	梁　怡	1
百年后，我终是与你相遇	尚　菲	7
绽放心间的莲	贺　颖	12
泰戈尔在我心中		
——我心中永恒的明灯	潘华阳	15
金色花，开放在我们师生的心中	王东明	19
泰戈尔在我心中	魏淑佳	23
"完成一朵小小的野花"		
——漫谈泰戈尔笔下的"小"	康宇辰	27
泰戈尔在我心中		
——《摩诃摩耶》爱别离	秦建鸿	32
泰戈尔在我心中	何晓丽	37
泰戈尔在我心中		
——致亲爱的泰戈尔	卢燕珊	41
泰戈尔在我心中		
——轻哼在耳边的歌谣	张丹萍	45
童话王国的精灵		
——我心中的泰戈尔	王婷婷	49

泰戈尔在我心中
　　——我与泰戈尔的十年情缘 ………………………… 郑春光　53
泰戈尔在我心中
　　——飞鸟的追寻与守望 …………………………………… 祖　文　58
"让世界相会在同一个鸟巢"
　　——泰戈尔的世界意义 …………………………………… 马英杰　61
泰戈尔在我心中 ……………………………………………………… 苏露露　65
每一个人心中都有一个浪漫的情人 ……………………………… 阎友新　71
泰戈尔在我心中
　　——闲情漫笔 ……………………………………………… 海德文　75
泰戈尔在我心中
　　——流动的时光 …………………………………………… 安忆涵　80
泰戈尔在我心中
　　——除去浮名赏真人 ……………………………………… 赵依祺　83
飞鸟掠过 ……………………………………………………………… 梅德芳　87
于新月中穿行的飞鸟
　　——我喜爱的泰戈尔 ……………………………………… 孙晓玲　91
泰戈尔在我心中
　　——给我一个孩童的吻 …………………………………… 朱亚琴　94
我心中的泰戈尔 …………………………………………………… 赵　盼　97
泰戈尔在我心中 …………………………………………………… 赵智慧　101
泰戈尔在我心中
　　——怀揣玫瑰的星辰 ……………………………………… 董雯婷　104
飞鸟，他还在吗？ …………………………………………………… 罗　丹　107
泰戈尔在我心中
　　——灵魂的济舟者 ………………………………………… 陈瑜琦　111
泰戈尔在我心中
　　——生如夏花，盛放 ……………………………………… 李丹蕾　114
印象·泰戈尔 ……………………………………………………… 丁文静　117

目 录

对影 …………………………………… 孙春红 121
我喜欢你是朴素的，仁慈的
　　——读不尽的泰戈尔 ………………… 周志芳 127
回首那段人生最美的诗篇
　　——纪念泰戈尔先生诞辰150周年 …… 林　津 130
泰戈尔在我心中
　　——诗意地栖居 ………………………… 陈子雨 133
泰戈尔在我心中
　　——我思即我心 ………………………… 任　月 136
泰戈尔，我的北极星 …………………… 彝　鑫 141
泰戈尔在我心中
　　——追思泰戈尔及其爱的世界 ………… 王伟均 145
泰戈尔在我心中 ………………………… 燕　子 149
泰戈尔在我心中
　　——一枝一叶，嘤嘤细语 ……………… 李博楠 152
泰戈尔在我心中 ………………………… 章斯婷 155
我心中的泰戈尔 ………………………… 徐静婷 158
泰戈尔在我心中 ………………………… 苏振强 162
泰戈尔在我心中
　　——闲散且美好 ………………………… 胡晓俐 165
泰戈尔在我心中
　　——一只叹息的飞鸟 …………………… 高　亦 168
泰戈尔在我心中
　　——守候 ………………………………… 李晨阳 170
泰戈尔在我心中
　　——偶遇《吉檀迦利》 ………………… 张伊莉 172
泰戈尔在我心中 ………………………… 周巧玲 175
泰戈尔在我心中 ………………………… 林　菁 178

我看到
　　——我心目中的泰戈尔 ………………………… 袁皓晨　180
泰戈尔在我心中 ……………………………………… 陈世婕　185
泰戈尔列传 …………………………………………… 牛国君　188
泰戈尔
　　——由《美》看泰戈尔的人生哲学 ……………… 陆　旭　191
泰戈尔在我心中
　　——借诗圣之名，把爱放在字里行间 …………… 余世宽　193
泰戈尔在我心中
　　——爱的歌颂家 …………………………………… 卓爱玲　198
用诗歌涂鸦幸福
　　——我心中的泰戈尔 ……………………………… 蔡晓娜　200
泰戈尔在我心中
　　——读《一个女人的信》有感 …………………… 吴映丹　204
泰戈尔在我心中
　　——非心中之光不能抗黑暗 ……………………… 蓝思琪　209
常读常新的泰戈尔 …………………………………… 高晓金　212
星光璀璨
　　——《吉檀迦利》中的神学探究 ………………… 付泽新　217
"不盛不乱，姿态如烟"
　　——我心目中的泰戈尔 …………………………… 曾欣欣　221
泰戈尔在我心中 ……………………………………… 徐　豪　223
乐锦集 ………………………………………………… 陈　兰　225
泰戈尔在我心中
　　——读《吉檀迦利》有感 ………………………… 林　冉　228
泰戈尔在我心中
　　——当飞鸟触动心弦，爱在弥漫 ………………… 相　敏　230
访印度泰戈尔故居 …………………………………… 刘　萍　233
致泰戈尔的信 ………………………………………… 许鹏鸣　236

我与泰戈尔

　　——在语言的浩瀚中飞翔 ·················· 闫蕎骐　238

特别推荐作品目录：

生于沸水的金色花

　　——泰戈尔的诗意，苦难与想象力 ·············· 胡佳依　240

在迷惘中挣扎

　　——我读泰戈尔 ························ 韩　杨　245

以生之有限，歌爱之无限 ······················ 曹　颖　255

亲爱的女孩

　　——在短篇小说中，遇见泰戈尔 ················ 于　茜　263

面纱后的她

　　——泰戈尔短篇小说中的女性 ·················· 李　喆　268

我心中的泰戈尔

　　——用文字谱曲的灵魂歌者 ··················· 马晓静　273

夜谈 ·································· 汪　态　278

晨光渐逝而我没有走近你 ······················ 邓银磊　286

泰戈尔在我心中

　　——睁眼之旅 ························· 童　瑞　288

仰之弥高　钻之弥坚

　　——泰戈尔在我心中 ······················ 刘　建　294

泰戈尔在我心中 ··························· 吕惠玲　299

一诗一人一世界 ···························· 苗云辉　304

泰戈尔在我心中 ··························· 刘志晓　308

泰戈尔在我心中

　　——初读《金色花》印象 ··················· 朱烈荣　310

泰戈尔在我心中

　　——爱依旧温暖 ························ 陈梦莉　312

从未走远的泰戈尔 ·························· 边慧媛　315

金桥上空闪闪发光的金像 …………………………… 王镫令 319
长相思　百年间 …………………………………… 颜治强 323
泰戈尔在我心中
　　——我与泰戈尔的散文诗缘 ………………… 黄紫藤 327
追寻泰戈尔的足迹 ………………………………… 尹锡南 332
诗与诗说
　　——阅读泰戈尔短篇小说及其他 …………… 王柯月 341
河灯的童话
　　——《吉檀迦利》与《没有画的画册》"放灯女"
　　　故事之比较 ………………………………… 朱佳艺 347
我对泰戈尔和莫言的对比分析研究 ……………… 欧洁玲 355
行走在螺旋时空
　　——以泰戈尔《吉檀迦利》第12首诗为例浅谈旅行与
　　　泰戈尔的生命观 …………………………… 张哲茜 361
梵音清唱
　　——泰戈尔文学世界中的"神" ……………… 陆沁诗 366
论泰戈尔《新月集》中的"乞儿"特性 …………… 刘立强 372
一半是女人，一半是梦
　　——漫谈泰戈尔中短篇小说里的女性世界 … 陈琳琳 379
泰戈尔的儿童美育教育思想在我心 ……………… 陈浩兴 385
泰戈尔在我心中
　　——读泰戈尔的自然诗 ……………………… 吴文莲 391
在有限中取得无限的欢愉
　　——读泰戈尔 ………………………………… 童可依 396
重评泰戈尔的亚洲观
　　——从《亚洲人对东西方的看法——泰戈尔及其日本、
　　　中国、印度的批评者》谈起 ……………… 乔　芊 402
对泰戈尔来华讲演当代思想价值的思考 ………… 安　婧 418
泰戈尔游记中的东方与西方 ……………………… 傅馨蕾 426

附录1 "泰戈尔在我心中"有奖征文比赛获奖名单 …………………… 440
附录2 杭州与泰戈尔有缘 ………………………………… 释光泉 444
附录3 写给"泰戈尔在我心中"主题征文活动 ………… 王 平 447
附录4 北京大学纪念泰戈尔荣获诺贝尔文学奖100周年
　　　 活动日侧记 …………………………………… 吴舒琦 450
后　记 …………………………………………………………… 452

茉莉芬芳

梁 怡

一

那年7月,我参加了一个由志愿者组成的义教队,到一所偏僻的山区中学支教一个月。

那是片遥远的大山,深碧浅绿延绵不断,安祥地卧于天空之下,似乎没有什么能惊醒它的酣梦。大山的腰间,还缭绕着轻纱似的薄雾,似乎在等待金色的晨曦将它揭开。

我们到达的第二天,便召集学生在操场上集会。这些山里的少年,皮肤黝黑,笑起来特别纯朴。

他们好奇地打量我们。我也从他们身旁走过,观察每一个孩子。忽然,我发现一个高挑的大眼睛女孩脸色发白,腿在微微颤抖,我连忙问她:"同学,你身体不舒服吗?"话音刚落,她就晕倒了,还好我眼疾手快扶住了她。

学校的邱老师和我一同把女孩扶到树荫底下,没有正规的医务室和校医,我只好拿随身带着的清凉油往她的太阳穴上涂一涂。我握住她冰凉的手,还好,不一会儿她的脸色就恢复正常了。

"你是中暑了吧?"我问。

她点点头。这个十五六岁的女孩比其他学生白一些,令我惊叹的是她那双充满灵气的大眼睛,不过,这双大眼睛似乎蕴含着深深的忧愁。

她发现我在看她,有点不好意思。

"佳莉,这是梁老师。"邱老师介绍我。

"谢谢梁老师。"她礼貌地给我鞠了一躬，便转身回到同学当中。

邱老师在旁叹气："佳莉是个优秀的女孩，只可惜……"

可惜什么？我没来得及问，队友便来找我了。

二

队友来找我商量课程的事。

我们这次下乡义教，想带给山里孩子与平常课堂不一样的知识，因此，每位老师根据自己的特点开设特色课，让学生自由选择学习，有点像大学里的选修课。

我开设的是《泰戈尔的诗作朗诵》。我自幼读这位印度诗人的作品，只觉得如饮甘醴，如沐清泉，诗人性灵，总能采撷生命的爱和美，酿出世间最动人的诗篇。

我决定从《飞鸟集》《新月集》中选一些诗句，用指导诵读的方式，让孩子们领略那天籁般的诗歌的美好。

这里的孩子从没有这样上过课，他们可以用最舒服的方式坐着，由窗外的清风鸟语伴着，听我读美丽的诗句：

> 夏天的飞鸟，飞到我的窗前唱歌，又飞去了……
> 睡仙坐在船里，带着满载着梦的篮子……

我读完，孩子们想读的可以站起来读，也可以说说自己的感受。

那个叫佳莉的女孩也选了我的课，她静静地坐在最后一排，不发一言。

三

那天上午，我柔声地朗诵泰戈尔的《告别》：

> 是我要走的时候了，妈妈；我走了。当清寂的黎明，你在暗中伸出

双臂，要抱你睡在床上的孩子时，我要说道："孩子不在那里呀！"——妈妈，我走了……

朗诵完，所有的孩子都格外安静。
我问："孩子们，这首诗让你感受到什么？"
"母亲很想我，到处找我？"
"我也很爱母亲……"
孩子们七嘴八舌。
"佳莉，你来说说。"我鼓励这个一直沉默的女孩。
谁知佳莉的眼睫毛立刻垂下来，神色黯淡，不发一言。一颗泪珠在她眼中打转，她似乎强忍着，许久没有落下来。
我很诧异，马上意识到她有难言之隐，连忙岔开话题。

四

从邱老师的口中，我才知道，佳莉的父母三个月前外出打工，在去往广州的高速路上惨遭车祸，双双罹难。佳莉现在只能寄宿在学校，由政府提供助学金和生活补助。
"佳莉是个命苦的孩子，她的学习一直很优秀，志气很高，可如今这个打击让她很是消沉……"
我心中震惊，这么个柔柔弱弱的女孩子正在经历人生中最残酷的打击！15 岁，本是明媚的花季，多少女孩还在父母怀里撒娇呢！难怪她的一双大眼睛尽是悲伤。
那首《告别》，想必牵动了她对已不在人世的死去父母的思念，再感慨身世，所以她沉默，流泪。

五

我本想下午找佳莉，没想到午休时，她来教师办公室找我。

我柔声问："佳莉，有什么我可以帮你的吗？"

她半晌不说话，目光落在案上那本《泰戈尔诗集》上。

"你想看？"

她点点头，用细细的声音说："我想读今天那篇诗歌。"

啊！她想读《告别》！

我把书递给她，她捧着，长久地注视着这篇文字，似乎默默地读了一遍又一遍，最后，她忍不住读出声来："如果你醒着躺在床上，想你的孩子直到深夜，我便要从星空向你唱道，'睡呀！妈妈，睡呀。'我要坐在各处游荡的月光上，偷偷地来到你的床上，趁你睡着时，躺在你的胸上……他现在是在我的瞳仁里，他现在是在我的身体里，在我的灵魂里……"

她眼角闪烁着泪花，我把手放在她肩上，她哽咽着："梁老师，我想我的爸爸妈妈！"

说罢，痛哭失声。

大约父母去世后她一直压抑着，此刻，小小的心再也承受不住。

"我时常在想，他们会不会在天上看着我？有时，一朵云飘过来，我想，是不是爸爸回来了。天边有颗特别亮的星子，那一定是妈妈的眼睛……"

唉，她是个敏感多思的女孩，有着诗一样的心性。

"您知道我为什么叫佳莉吗？那是因为我出生在夏季，出生那几日，山南坡的野生茉莉开花了，开得很盛，很香……"

"我很想他们，很想很想……"

我静静听着，她泪流满面。

"梁老师，您相信有灵魂吗？"她问我。

我点点头："佳莉，正如诗中所言，父母会在星空中为你唱歌，会乘着月光偷偷看你……你觉得他们希望看到怎样的你？"

她一愣，大概从未有人和她说过这些，我看得出，她在回味。

"你其实知道的，他们一定渴望看到你的笑容，看到你乐观坚强地生活，只因你是他们在这世上生命的延续。伤心过后，必得好好活下去。"

她捂着脸再次失声痛哭。

六

根据计划，义教队结束支教前要组织学生举办一次文艺汇演。

我决定让孩子们排演一个诗歌朗诵的节目。

我把佳莉找来："佳莉，我想请你领诵。"

她睁大眼睛，似乎不相信，嗫嚅着："我……我行吗？"

"你绝对能领诵好！"

她的眼中充满喜悦。

七

佳莉很努力地准备节目，除了参加集体排练，每天吃过晚饭，她就来宿舍找我。我们便找个清静的角落，在凉风中品味那些美如珠玑的文字。

山里的夜漆黑如眸，格外宁静。

几点绿幽幽的光晕飞近我们。

"啊！萤火虫！"我惊喜，这久违的小精灵！不由地伸手去扑。

佳莉笑了，马上朗诵："我便如闪耀的萤火似的，熠熠地向暗中飞去了。"

她的心思如同最灵敏的琴弦，一滴露落下，都能奏出美丽的音符。

八

演出那天，我让佳莉穿上我的白色连衣裙。她站在舞台上，亭亭玉立，如同诗人笔下的茉莉，洁白，芬芳。

音乐缓缓响起，泰戈尔的诗句便在佳莉和孩子们天籁般的声音中流淌出来。

"我要变成一个梦儿，从你眼皮的微缝中钻到你的睡眠的深处……"

"我便要融化在笛声里，整日价在你心头震荡……"

不，她已不是在吟诵泰戈尔，她对父母的思念，对爱和美的希冀，已如盐融水,化入朗诵中。

诵毕,场上掌声如雷。

台上的佳莉,很开心,却有点不知所措,她的眼睛在人群中寻找我。

我向她竖起大拇指,她笑了。

九

临别时,我把《泰戈尔诗集》送给佳莉,她的大眼睛默默看着我。

我拥抱她:"不许哭鼻子。只要我们在彼此心中,不管是否在一起,都不会孤单。"

她抹一下眼泪,努力地挤出一个微笑。

"我们写信。"我拍拍她的肩,上车了。

我呆呆地望着窗外。

忽然,我看到那棵花树,野生的茉莉花树!

我忍不住惊叹,它,一树怒放的花朵,每一条枝桠上,都满满地承载着热烈的洁白,每一个小朵儿都争着点染着大山的夏日……

我眼前浮现佳莉的眸子,我听见她用清泉般的声音吟诵着《最初的茉莉》:

啊,这些茉莉,这些洁白的茉莉!我依稀记得,我的双手第一次捧满了这些洁白的茉莉花的时候。我曾爱那阳光,爱那天空和那绿色的大地……我曾在漆黑的午夜聆听那河水淙淙的呢喃。秋日的夕阳,在荒原道路的转弯处迎接我,好像新娘掀起她的面纱迎接她的爱人。我回忆起孩提时第一次捧在手里的洁白茉莉,心里充满了甜蜜的回忆。

(作者单位:深圳市官田学校)

百年后，我终是与你相遇

尚 菲

  读你的诗，衬上一盏清茶，透过茶盏中蒸腾而上的水汽，我似乎看到那穿越了时光的百年前的影像：当清晨的第一抹金光洒在大地花草上，一位白发老人静静颔首站立在这广阔的天地之间，被岁月摩挲过的爬上皱纹的脸，写满了和平与安详。深吸一口气，他开始一步又一步坚实地踩在土地上，忘我地伸开双臂，仿佛用尽全力去拥抱崭新的悬于天际的太阳。那清晨的日光哟，蜿蜒在澄澈天宇中自由的浮云上，也蜿蜒在拥抱着天空的他的身上。那忽起的清风啊，骤然掀起漫天的花瓣，打着转儿，飘忽着消失在天际的金霞里。老人拿起笔，嘴角泛起一丝笑意，缓缓写下我眼前的这首诗：

  你是谁，读者，百年后读着我的诗？我无法从春天的财富里为你送去一朵鲜花，从远方为你送去一缕金霞。打开门向四周看看。从你繁花盛开的园中采集百年前消失了的鲜花的芬芳的记忆。在你心中的欢快里，愿你感受吟唱春日清晨的鲜活的喜悦，让欢快的声音穿越一百年时光。

那人，是你吗？
百年后的今日，借你的诗句，我终是与你跨越时光相遇，那诗，在我心中久久鸣响。

相遇·生活

百年后的今日,我终是与你相遇,相遇在不咸不淡的生活的时光里。

生活似乎总爱与人开玩笑。当成功终于触手可及,却在转瞬间看着梦的影像在眼前点点滴滴地崩坏,欣喜万分的表情还凝固在脸上,泪却已满面。这就是生活,磕磕碰碰、泪与喜悦交织的生活,会感到失望和迷茫的生活。

你在说些什么吗?

"只有经过地狱般的磨练,才能创造出天堂的力量。"你,是在这样说。

你向我伸出一只手,苍老却厚实的手向我传递着温度,那感觉,很温暖。我焦急地询问:"何时才能通过地狱?"你笑,温和的眼睛似乎将我看穿,说:"太阳西沉了。"我答:"已经错过,再也无法触及。"你不语,带我来到一片花海,静静仰望空寂的天空,直至夜幕降临。突然,你孩子般发出惊喜的唏嘘:"看,那是星光。"向你的手指引的方向看去,小小的,温柔的光星星点点。群星的光辉为万物披上一层银纱,我的心脏似乎雀跃起来,那小小的星光穿透了黑暗,像极了困顿中的希望。我看着你静静写道:"如果你因失去了太阳而流泪,那么你也将失去群星了。"疑问哽咽于喉间,我不再出声,只是与你静静躺在花海中,凝望星辰。

与你相遇在生活的时光中,生活还是原样,有着惹人厌的悲伤和沮丧,但也并不是一成不变,我——改变了。我依旧会为失败哭泣,依旧会为前行路上的跌撞低落,但我总会在那片星空的回忆中找到希望,我开始倔强地仰望我一直追逐的光辉;我开始攥紧拳头挺直脊梁前行;我开始在快乐的时候放声大笑,让那笑声在耳边不停回荡。是的,生活还是老样子,经常在接近光辉时开一个不大不小的玩笑,但属于我的生活已经实实在在地改变了。我学着用微笑去生活,我学着从不放弃希望,我学着静静发现生活的可爱。笨拙地,我学着你的样子,在纸上写下:嘴角的微笑,是赠予未来的礼物。

那时我问:"何时才能通过地狱?"如今我答:"我已然身处天堂。"

相遇·生命

百年后，我终是与你相遇，相遇在斑斓灿烂的生命的长河中。

总觉得，生命是如此的脆弱，当生命诞生时，他小小的、软软的，用啼哭声向世界大声说：我来了；当生命结束时，他安静的、羸弱的，用渐渐微弱的呼吸回应世界以沉默：我走了。总觉得，生命是那样不公，当一个生命在祝福与关爱欢笑中长大，却也有生命在贫穷和困苦中永远消逝。

你在说些什么吗？

"我的存在，是一个永久的惊奇，而这，就是人生。"你，是在这样说。

你安然倚靠在安乐椅上，银色的胡须在风中微微颤动，含笑的眼睛满是欣赏地注视着周围的世界。满园盛开的繁花，和煦的阳光，那样崭新的世界突然让你显得那样苍老。我不安地询问："何为存在？"你偏头迟疑，似乎在沉思，如何向我解释这抽象的意义，转而眼神又恢复了温和与清澈："此景可美？"我答："美，夏日繁花，粲然怡人。"你轻笑，目光悠长，恍然间，满园美景已是深秋，你问："此景可美？"环顾四周，园内的生命俨然已走到一年间的尽头，苍郁的树叶仿佛镀上阳光的金色，秋风瑟瑟，叶随风动发出沙沙的声响，犹如轻声细语的呢喃，不知何时，我的手上也落下一片秋叶。我轻轻闭眼，答："美，秋日落叶，静谧姣好。"你笑了，那笑声似乎在秋日的空气中激起层层涟漪，我看着你静静写道："生如夏花之绚烂，死如秋叶之静美。"不知为何，我竟有些想要落泪，或许，是由于我第一次与生命这个定义如此接近。

与你相遇在生命的长河中，生命还是那般，脆弱又不公，但我不再迷茫。我依旧见证着这世界中生命的诞生，我也依旧见证着生命的死亡，但我总会在那秋日的阳光里找到生命的定义。我开始跳着笑着享受着成长的生命；我开始全力以赴做着自己想做的事；我开始对安静离开的逝者报以祝福。不知不觉，我开始理解了，理解了只有释放燃烧过的生命堪为生命；我理解了轻轻向世界作别的生命还是生命；我理解了认真活过思考过爱过的生命方为生命。笨拙地，我学着你的样子，在纸上写下："我采摘新鲜的清晨，点缀飞舞在云间的灵魂和跳动的心脏。"

那时我问:"何为存在?"如今我答:"爱过,哭过,珍惜过。"

相遇·爱

百年后,我终是与你相遇,相遇在世间万物都拥有的爱中。

爱,是可以切切实实用心感受到的。爱,是诚挚的,两颗心在爱中彼此取暖、彼此碰撞,却又彼此相依。爱,是自私的,人人渴望被爱,得到只属于自己的爱。爱,又是无私的,源于这种名为爱的事物,人类为此会拥有巨大的勇气去奉献,用生命去守护。

你在说些什么?

"眼睛为她下着雨,心却为她打着伞,这就是爱情。"你,是在这样说。

古老的房间,你说这是你曾诞生的地方,我坐在你的身边,听你幽幽为我讲述你的故事,讲述那风华正茂的才情诗人,讲述那美丽浪漫的异国少女。我听你描绘那短暂的美好韶光,听你无奈的离别,听你平静的言语中隐藏的痛彻心扉的感伤。我若有所悟地答:"这就是爱。"你微合双眼,再次睁开时满是明亮,努力蠕动嘴唇,你轻声说:"当我们爱这个世界时,才生活在这个世界上。"我看着你安静地睡着,然后亲吻你的脸颊,转身离开。你,大概不会再为我讲述那个故事的后续了,那么,好好地睡吧。

与你相遇在世界万物的爱中,我理解的爱,不再是原样。爱,确是挚诚的,确是自私的,也确是无私的。但,一个爱字,包含的意义却不是我理解的那样狭隘。我懂了,爱由心生,爱情为爱,相拥彼此的炽热之爱;我懂了,亲情为爱,珍惜彼此的真心之爱;我懂了,友情为爱,相互依靠的诚挚之爱。我们共同生活在这个世界,当我们闭上双眼,拥抱这个世界时,我们能感受到自己的渺小,亦能感受到这个世界中环绕在我们周围的爱。笨拙地,我学着你的样子,在纸上写下:"我欢快地走在世间,收获爱,播撒爱。"

那时我答:"这就是爱。"如今我道:"爱,爱他人,爱自己,爱世界。"

百年后,我终是与你相遇,我跨越了时光,与你谈天说地,读着你写下的诗句。你的诗,让我一次次发现世界的广袤,让我一步步成长。此时,我一笔一划写下你的名字：泰戈尔。我知道，你始终在我的生命里，在我的心中，自由的、睿智的、温柔的，笑颜依旧。

百年后，我终是与你相遇，相遇于世界，相遇于诗字，相遇于心间。

（作者单位：河北师范大学）

绽放心间的莲

贺 颖

浩瀚的宇宙中,星光璀璨,
阿南塔载沉载浮,盘蜷其间;
沉睡其上的毗湿奴,眼睫轻轻一颤,
他睁眼,于脐间绽开了一朵小小的莲。

梵天轻诵吠陀,手中水罐倾斜,
初始即永恒,湛蓝之水延绵不绝;
那莲儿便顺水而下,
它停驻之地,哈拉巴的曙光贯彻蒙昧的黑夜。

唱响英雄的赞歌,编织华美的乐舞,
莲华凝聚,是吠陀动人的光华;
恒河女神敲响多赫拉鼓,吉祥天女微笑起舞,
无常喜乐,和归于梵。

自动荡中降世的孔雀轻吟佛偈,
贵霜一统五部,兼达四海;
而祭师们,则虔诚地摘下贝多树叶,
阴干的树叶贯穿了线绳,将古老的史诗代代流传。

南迪沉稳的步伐踏遍了六界，
梵天手中的念珠亦已几度轮转；
恒河之畔，初夏的五月，
加尔各答的雨唤醒了沉睡的莲。

苏利亚由花树掩映的宫廷中，传来群蜂尽情的弹唱，
炎暑的空气里，满漾着莲花醉人的芬芳；
飞鸟向他低诉倾慕，愿能成为流云亲吻他的额角，
流云则垂首悄悄叹息，渴望化作鸟儿为他歌唱。

当新月升起，莲花悄悄绽放，
在仁慈索玛的怀抱里，他聆听倦鸟的低吟，凝望水面的明星；
黎明前，天色未曦，已有晨歌冉冉升起，
宁静的渡口栖息的金色帆船，也将乘风破浪，开始新的旅行。

日复一日，那莲已生得茁壮非凡，
他的身躯洁白净美，仰卧在水面上如毗湿奴一般；
浅黄的芯蕊浓郁似蜜糖，碧绿的叶缘则圆润仿佛女神皓腕，
倾慕他的妙音天女轻启朱唇，无上智慧灵性便灌输于他的茎脉之间。

当因陀罗兴布云雨，莲花乘风而起，
负载着母亲与情人的祈愿，他睁开双眼，目光清澈不染尘埃；
异国的天，异国的地，异国的水脉与山峦，
他惊异地打量，欣喜地歌咏，体悟着这崭新的一切，
却始终不曾迷失过心中永恒的梵。

因为业因业果，他已了悟，并将自己无条件地交予神明，
既受领于神，须得以无上修行相报，他于是隐忍并沉静；
洗净铅华，脱去圣袍，披覆尘灰死亡，用身躯触碰大地，

他不祈求一切救赎，只愿能够无私地施予。

他谱写的诗是神的祭礼，
他诵咏的歌是神的叹息；
逾山越海，是奏响永新乐章的苇笛，
无穷的赐予，凝于碧蓝的掌心，将一切矛盾与痛苦，融和为生命的柔音。

轮回的脚步不着痕迹却永不停息，
俗世的旅人精力已竭，储粮已空，结束旅程，解脱的时刻已然到来；
而四处漂泊的神之子叩响过无数的门，终能够在神的殿堂前微笑合眼，
轻声道一句："您，原来在这里！"

莲绽，莲谢。
花初开，花即灭；
濯净污秽，虔信神祇。
他凋零于人界，又绽放于心间。

注释：泰戈尔出身于婆罗门家庭，他本人便是一名虔诚的教徒，笔者虽不信教，却对这种有信仰的人非常尊重。在印度教以及佛教传统中，莲花是圣洁与虔信的代指，笔者选此物象是基于印度宗教传统以及个人对泰戈尔的倾慕。

诗歌中的莲花前部与后部均有隐喻，分别喻指时光与泰戈尔。前部诗中神话人物名称见《奥义书》、《吠陀》、《摩诃婆罗多》和《罗摩衍那》，演绎了印度神秘莫测而又光辉灿烂的文明史；后部诗歌意境则源于泰戈尔《吉檀迦利》等著作，对其中诗句有所化用。

（作者单位：西北大学）

泰戈尔在我心中

——我心中永恒的明灯

潘华阳

那年我得了肺病,又咳又吐血,住进了重庆歌乐山结核病医院,在那里我第一次知道了印度诗人泰戈尔,在我心情极度昏暗中,有人给我送来了心中一盏永恒的明灯。

我邻床住着一位乡村教师,病情很重,肺不仅已纤维化,还有严重的肺心病,说话都气喘吁吁,可他却非常乐观。他夫人在旁边照顾他,给他开半导体收音机,听国内外新闻,有时还要给他念我从来未听过的诗歌。我也闭眼聆听:"小草呀,你的足步虽小,但是你拥有你足下的土地。""绿草是无愧于它所生长的伟大世界的。""生如夏花之绚烂,死如秋叶之静美。"……听她念诗,我的心仿佛一下豁然开朗,并进入一个境界。我情不自禁地说:"多美的意境,特别是后句,真可与古代诗人的'落霞与孤鹜齐飞,秋水共长天一色'媲美!"这时我第一次听到他沙哑的声音:"泰戈尔的诗意境美、哲理深,能纯洁人的灵魂!"我点头赞同。

后听他夫人说:"他是一个泰戈尔迷,住院前有空就看这书。上课时总爱用其中诗句鼓励学生们学习:如用'根是地下的枝;枝是空中的根'来说明学习与脚踏实地的关系。教唐诗'野火烧不尽,春风吹又生',又用上面的'小草呀,你的足步虽小,但是你拥有你足下的土地'来说明草的生命力……"我听得入神了,悄悄瞅老师一眼,见他沉睡的面庞还带着丝丝微笑——可能是在梦中还正在给学生们讲"绿草是无愧于它所生长的伟大世界的"的哲理吧！

那晚我睡熟后被哭声惊醒了。尽管经白衣天使百般抢救，他还是走了。只见他爬满沟壑般皱纹的脸上，仍静如秋水，实现了他"生如夏花之绚烂，死如秋叶之静美"的人生，也令我想起了志摩的诗："轻轻的我走了，正如我轻轻的来；我轻轻的招手，作别西天的云彩。"

我起来向他三鞠躬，以示对灵魂工程师的敬意。

在清理完他的遗物后，他夫人将那本薄书送给了我。我激动地说："我以后一定向他学习！"这书就是泰戈尔的《飞鸟集》。

此书一直陪伴着我，长达几十年，成为我精神世界中一盏永不熄灭的明灯。

他激励我上进。

出院不久我就边治疗边上班了，心中总充满阅读泰戈尔作品带来的向上的激情。当读到诗集中"鸟儿愿为一朵云；云儿愿为一只鸟"时，知道人应该有追求，应该去寻梦一般美好的世界。我从技校毕业到厂里一直是个工人，加之遇上文革，也没有多少知识，我渴望多读书。80年代初，适逢当时四川开始了"没有围墙"的大学——自学考试，虽年近不惑之年，身体又差，我怀着"鸟儿愿为一朵云"的情怀，毅然参加了自学考试。

当时我遇到学习中的众多困难，除身体和年龄之外，工厂正从市场经济的大潮中复苏，常常加班加点地试制新产品，回家一拿起书就想睡觉。这时，耳畔就响起泰戈尔的诗："我的存在，对我是一个永久的神奇，这就是生活"；"人是一个初生的孩子，他的力量，就是生长的力量"；"决不要害怕刹那——永恒之声这样唱着"。心中升起生命的神奇、坚强和伟岸，于是就泡起一杯沱茶，一读书就是几小时，没有了苦，却只有"光明"、"火焰"、"霞彩"、"翱翔"这样的音符，克服了学习中的无数困难：没有钱买参考书就去图书馆借，没有钱听辅导课就借同学的笔记来抄，没有时间就"挤"，并将一些疑难问题制成卡片，带在兜中、贴在墙上博闻强识，坚持不懈地考完大学课程。我常用诗中"不要因为你自己没有胃口而去责备你的食物"来自嘲，以此激发自己的主观能动性，减少人性的弱点，增加生活的阳光和欢笑，让自己能像大诗人一样不仅笑对人生，而且像飞鸟一样去追求太阳的光辉和自然的美丽。

他的诗让我灵魂清洁。

因为有了踏实的知识并为工厂的发展做出了一些成绩，我从工人逐渐提为技术员、厂中干。可我仍常品读《飞鸟集》，它鞭策我走向清风明月。收入高了，部门经过自己审签而出入的钱也多了，但诗魂对人廉洁的警语却使我几十年来一尘不染。我常暗诵："鸟翼系上了黄金，这鸟便永不能再在天上翱翔了"；"当人是兽时，他比兽还坏"。读着这些诗，还会使自己联想起藏克家的诗："有的人活着，他已经死了；有的人死了，他还活着。"由此感受到，原来泰戈尔同中国古今圣贤都有共同的品格：文明、进步、圣洁。

他使我的人生增添了阳光、朝霞和美丽。

他的诗让我有了正确的生命观。年轻时生病总是想到死，读了他的诗，才明白人生的要义：只要活得有意义，才不怕死，使生命永恒。活着的意义就是：人要有追求真理的精神，有爱的精神，有感恩的精神，奉献的精神。这些诗感染了我一生："如果你把所有的错误都关在门外时，真理也要被关在门外面了。""我把小小的礼物留给我所爱的人——大的礼物却留给一切的人。""埋在地下的树根使树枝生产果实，却不要什么报酬"，"我们的生命是天赋的，我们惟有献出生命，才能得到生命"……这类的诗句常读常新，荡气回肠。我的人生每走一步都沾有他的灵气，我常用泰戈尔的生命精神对照自己，真如古人"吾日三省吾身"一样，使自己活得充实，活得尊严，活得美丽。当农民工技术差时，就手把手教他怎样识图、测量；下属家中困难时就"家访"，解决他们的急难；部门工作遇到难题，就团结大家挑灯夜战，还用泰戈尔诗"错误经不起失败，但是真理却不怕失败"来鼓励大家进取；当科里出了质量事故处理我，调往车间工作时，我则怀着一种感恩情怀，"蜜蜂从花中啜蜜，离开时营营地道谢"而接受新的工作，感谢领导给我新的拼搏机会。

我而今退休了，回顾自己一生的历程，感恩泰戈尔诗圣对自己人生的泽润、烛照和引领。他让我知道了"生如夏花之绚烂，死如秋叶之静美"是生命美的最高境界，并愿意以自己的余生为创造美丽中国发挥自己的余热。泰戈尔不仅给了我快乐,也给了我如曹孟德一样的博大胸怀,就在我诵读"日月之行,若出其中;星汉灿烂,若出其里"时,也会浮现泰戈尔镌刻在心中的无数人生哲理和绝妙的诗的意境。

泰戈尔在我心中,他是我心中永恒的明灯。

(作者单位:重庆市庆铃汽车底盘部品有限公司)

金色花,开放在我们师生的心中

王东明

30多年前,我刚刚走上小学语文的讲台。为了培养学生作文的兴趣,我就在当时学校启秀路斜对面的市图书馆寻找有关书籍。我找到了泰戈尔的资料。后来,我在班上跟学生介绍说,泰戈尔8岁就开始创作诗歌,12岁写剧本,到了15岁发表了第一首长诗《野花》。17岁的时候,他发表了叙事诗《诗人的故事》。

此外,为了引导班上的学生作文要注意表达真情实感,要写出自己的思想,我还告诉学生,泰戈尔创作的作品,最重要的是细腻地描写了自然,尽情地赞美了生命。在阅读、介绍和研究中,我也渐渐地对泰戈尔产生了浓厚的兴趣。在研究中发现,泰戈尔的许多诗篇,既有对真善美的赞颂,亦有对假恶丑的揭露,在许多诗行里还表达着爱国之心。

也许是受到我的一些影响吧,班上的学生在进行课外阅读时,还对泰戈尔的《新月集》(1913)、《飞鸟集》(1916)、《流萤集》(1928)、《园丁集》(1913)等作品产生了兴趣。尤其是泰戈尔的笔下许多描写少年儿童玩耍、嬉戏的场景,更是学生的最爱!比如,儿童散文诗集《新月集》里的《金色花》一诗,学生就特别喜欢!因为这首诗想象大胆丰富,展现了孩子天真烂漫的童真、童趣,以及这首诗歌文字的活泼。有的学生还将其抄在自己的《蜜蜂集》《露珠集》里,时常拿出来与好伙伴一起品读。这首诗的开篇三行,是许多学生最为喜欢的,有的学生还能背诵下来。这三行是这样描写的——

> 假如我变成了一朵金色花，为了好玩，
> 长在树的高枝上，笑嘻嘻地在空中摇摆，
> 又在新叶上跳舞，妈妈，你会认识我么？

爱玩，是学生的天性；轻松，是老师追求的教学理想境界！

在作文教学中，我时常将学生的"爱玩"与作文教学的"轻松"融为一体；在语文实践活动中，让学生玩得开心，玩出趣味。这样就能写得轻松、自如！

不是吗？小时候总喜欢数星星的张衡；小时候爱玩搭积木和摆弄罗盘的爱因斯坦；酷爱昆虫的小法布；从小就是个"电脑迷"的比尔·盖茨；12岁就自己动手制作了水钟、风磨和日晷的牛顿……他们都是爱玩儿的高手。班上的学生对他们的这些爱玩，也是如数家珍。

但玩，也是需要给予引导的。

27年前，我曾执教的一个教学班班上学生有一个特点，就是学习不踏实、比较浮躁，有相当一部分学生不仅课间尽想着玩，有时课上还在摆弄着课下的玩意儿。（其实，之后我教学的一些班级，同样存在类似的情况。）怎么办？我当时就思忖着，与其"堵"不如"疏"。

事有凑巧，当时，上海有一份少儿报纸叫《我们100万报》，正在举办全国性的"玩有所得"征文比赛。我正好借此契机，索性利用一次班会课的时间向同学们宣布：本周，是我们班级的"痛快地玩"活动周，只要是你喜欢的玩具、棋牌和游戏之类，都可以利用晨间活动、课间活动、文娱活动和体育活动的时间，尽情地玩、开心地玩！老师只有一个要求：下周的作文小练笔，大家就自由命题，写一篇有话则长、无话则短的"玩有所得"的习作，好吗？虽有一些不谐之音，但大部分学生还是欢声雷动，齐声叫好！

就这样，一周之后，班上大部分学生写成了踢毽子、老鹰捉小鸡、下棋、算24点等大量的玩有所得的作文，可谓五花八门、各有千秋。时隔几日，我将所有愿意参加这次作文大赛学生的作文均加以修改、补充，一股脑地邮寄给了大赛组委会。其中，季晴和徐立华同学的《搭积木的联想》和《游戏棒赶跑了我的缺点》分获该次大赛的一等奖和二等奖。

至此，班上的学生逐步摆正了学和玩的位置，虽有反复，但总体来看，整个班级学生的学习状况已经有所改观。实践告诉我：玩，可以最大限度地培养学生学习的兴趣，从而享受学习的成功和快乐！

这以后，我依据学生的"强烈要求"，还是时常让学生尽情地玩——"端午"包粽子，学生们争先恐后地要露一手；学校粉笔画大赛，我们的学生个个都是鉴赏家；冬天到了，满世界的积雪可是学生的欢乐天下；学校"体育节"活动，大家一起动手，制作出的一件件可心的作品，是每一个学生的最爱……

在此"玩"的基础上，学生们的一篇篇"我手写我心"的作文，在大家的笔下，如雨后春笋般地一个个展现在我的面前。这样，就有了《学包粽子》《冬天的雪》《一件得意的作品》《我欣赏的一幅粉笔画》《欢乐无处不在》等作文获"中华颂"全国万校小学生魅力作文国家级大赛一二三等奖的佳绩！

学生在玩的天地里尽情地嬉戏，学生在轻松的作文世界里展示着自我。32年来，我与我的一届届学生平视互动，在一次次语文尤其是作文实践活动中，享受成功的喜悦。从1982年至今，由本人辅导的南通市10余所中小学校的学生，先后有逾1200人次的作品在省市、全国乃至国际获誉，或在各类作文竞赛中获奖，或被国内外80余家刊物刊登。据不完全统计，其中有一篇题为《周总理，您永远活在亿万人民心中》的"观后感"习作，先后被几十家刊物刊用37次！

1996年9月9日晚，已经上了高一的顾刘悦同学在给我的贺卡中这样写道：

> 王老师：您好！一别四年多了，但我始终无法忘记您，无法忘记您对我的教诲，以及您帮助我所创的那一段小小的辉煌。如今，我斟酌再三，决定报考文科，虽然我的作文写得大不如以前，但我并不灰心，因为正是那一段小小的辉煌时时激励着我，给我以自信和勇气，使我四年来始终不甘于人后。谢谢您，老师！

泰戈尔曾经说过这样一句经典的话："我不能选择最好的，是最好的选择了我。"

我思忖着：是啊，几十年来，我不就是遇上这样一批批"最好的"学生，才有了我的一些成绩吗？

2010年5月，我开始了由本人首创的"平视教学法"研究工作。这个教学法，先后在南通《名师之路》杂志、南京凤凰母语研究所、南京凤凰语文网、南京《行知研究》杂志、南京《周末·教育周刊》报、上海陶行知纪念馆"全国学陶"《行之行》网刊、北京中国语文现代化学会、北京人民教育出版社报刊社和北京中国陶行知研究会里得到充分展示。2007年2月至今，本人撰写了180余万字与语文教学、尤其是作文教学有关联的心得。这些文字，均参与了省内外语文教学的互动交流，并先后得到省市级、或国家级、乃至国际教科研专家的充分肯定。

泰戈尔何止在我心中？他更在我学生的心里、行动中！

（作者单位：江苏省南通市高师第三附小）

泰戈尔在我心中

魏淑佳

新月的一线年轻的清光，触着将消未消的秋云边上，于是微笑便初生在一个浴在清露里的早晨的梦中了——

空气有着甜蜜柔嫩的新鲜，天却是轻纱般的白，一层层，从天际荡到了眼前，是迷蒙的薄雾。我独自伫立在薄雾的中央，沮丧地沉默着，我迷失了方向，同时看不见色彩，迷茫的白在眼前，暗淡的灰在心底。

这时，前方走来一位和蔼的老人，他和我亲切地交谈，并要带我去想去的地方。

我说："我不知道我想去哪里，我没有方向，我没有钱，这样卑微而贫困的我去不了想去的地方。"

老人只是笑了笑，他递给我一块金子，是发着光芒的金灿灿的金子，光滑而透亮的表面都可以映出我的脸颊，那是我见过的最漂亮的金子。

我说："这一定是一块纯度很高的金子。"

老人笑了笑，说："这是世界上最好的金子，它现在属于你了。"

我不可置信地张大了眼睛，简直不敢相信这样好的金子竟然属于我了！直到老人用目光示意我把它收好，我才醒悟过来，双手紧紧地握住它，并不时地抚摸着它，就如同疯了一般。不过我可不管，我只知道这金子是属于我了，从现在开始我也是有钱人了，再不是卑微而贫困的人了，也是有价值的人了！因为老人给了我金子，所以我决定跟随着他。

一路上我一直摸着我的金子，后来我的胆子变大了，把金子放在了嘴边，我胆颤地用我的双唇亲吻它,仿佛它在跳动,我惊喜地又喊又叫,欢快地一路狂奔。

这时我已经放开了,拿着金子向路边的兔子夸耀:"看呀,多么美丽的金子!"兔子也惊喜地说:"多么漂亮的金子!"

萧萧的树叶开始不高兴:"我们,有声响回应暴风雨,你是谁?也这样地吵闹。"

我把我美丽的金子举高,放在它们的眼前,那金子在阳光下透着柔和的光,"多么、多么好看的金子呀!"它们围绕着我的金子,发出沙沙的声响。

只有角落的那一朵并不说话,只是沉默地低着头。

我说:"你是谁呀?为什么那么沉默?"

它抬起了脸颊,啊,多美呀!它嫩白的脸透着粉红,明媚像夏日的天空,温暖像三月的春风,纤细的身姿在风中轻柔地摆动,发出阵阵幽香。它微笑着说:"我不过是一朵花。"

我羞愧地将金子放进了我的口袋,默默地离开。

老人微笑地叫住我,在我的头上别一片花瓣,他说:"这是谦逊的礼物。"

我跟着老人来到海边,有一群孩子,在这样无边无际的海边叫着、喊着、无忧无虑地游戏着,无垠的天穹静止地临于头上,不息的海水汹涌在脚边。

老人让我和孩子们一起玩耍,我说:"这多么危险,沙子又是那么肮脏,我不能和他们玩耍,因为我有金子,所以我是有价值的人,我和他们不一样。"

老人没有说话,他领着我继续前进,到了一座城镇的街上,那万王之王乘着金车而来,我和所有民众一样伫立在两旁,等待王子的主动赐予,我觉得我的运气来了。

王子向一个乞丐伸出了手,乞丐疑惑地站着,然后从他的口袋里慢慢拿出一粒最小的玉米,王子微笑地接下了。

我可以猜想,这位乞丐将在晚上发现自己多出一粒金子,并痛恨自己没有慷慨地将一切都献给王子。所以我要当个聪明人,将我的金子献给王子。

终于,王子来到了我的身边,伸出了他的右手:"你有什么给我吗?"他的眼睛闪亮闪亮。

我毫不犹豫地将我的金子放在他的手上，我在想王子会不会给我一个更大更美的金子呢？

然而当我信心满满地检查我的口袋时，我突然发现：没有，什么都没有！本属于我的金子不见了！我发疯地哭喊着。

老人开口了，他说："孩子，你不是慷慨地把它献给王子了吗？那你在找什么？"

啊，老人呀，你怎么会懂得我的心思。于是我伤心地哭了，为了失去的金子，现在我又是一个卑微而贫困的人了。

这时老人又将我带到了海边，我已经是没有价值的人了，所以我没有顾虑，走向了海边，让沙子染上我的衣角，让海水浸透我的鞋子。

然后我才发现，和他们一起多么欢乐呀，他们有着五颜六色的玩具，就像云朵一样色彩缤纷；他们唱着歌，就像海里波浪的合唱；他们微笑着，就像晨光从天上流下来一样。我和他们一起游戏，欢快地笑着，把我的手伸入那汹涌的大海。

天呀，我抓到了什么？我把手从海水里拿出来，我的手里竟握着，啊，一颗珍珠！那是多么漂亮的一颗珍珠呀，和我的金子一样漂亮，光滑无暇的纯白透着太阳的光，有柔和的光泽。啊，我不禁欢乐地跳起来。

老人静静地看着，微笑地说："孩子，收下吧，这是给予和欢乐的报答。"

我继续跟着老人行走，而这次我不再炫耀，而是安静地走着，珍珠在我的口袋里静静地躺着，头上花瓣散发着阵阵幽香。

路边的花微笑着，在薄雾中，我看见一位女乞丐，她颓唐地坐着，光着脚，行人走来，拿走她的鲜花，一朵又一朵，她的花篮几乎空了，她用裙子遮住脸，她沉默着。

老人轻声地告诉我，这是一位等待爱的女孩，贫困的女孩。

我沉默地站着，这样一位等待爱的贫困而卑微的女孩垂下她的眼帘，就像在曾经在薄雾中央的我，低下了头。我的手扶住了她的肩头，在众目睽睽中，把她安置在我的身旁。在她因惊喜而波光粼粼的眼里，我看见自己拿出了珍珠，不再是炫耀，我要在村头的尘土中，和一位女乞丐一起分享我的珍珠。我感受到她的颤抖，像蔓藤在夏日的微风中飘摇。在寂静的夜里，我把我的珍珠送给一位我并不相熟的女乞丐。

　　我哼着歌,感到前所未有的愉快,好像,我是一个有价值的人了。老人的眼光里盛满了笑意,他把他温柔的吻印在我光洁的额头,他说:"看呀,要去的地方到了。"

　　我抬起头,我应该如何去形容这样的世界:这样温暖的世界,就好像没有寒冷;这样熟悉的世界,就好像所有人都是相亲相爱的;这样自由的世界,就好像没有束缚;这样欢乐的世界,所有悲伤都将融化。

　　老人笑着,他说:"孩子,看呀,看呀,这是爱的馈赠!"

　　我激动地说到:"啊,这是我见过的最好的世界,最美的景色,感谢您带我来这儿。您是谁呢?这样的亲切。"

　　老人微笑地隐去,天空留下他温柔的回答:

　　"拉宾德拉纳特·泰戈尔。"

　　——当我醒来的时候,微笑依旧在我唇边浮动,像开出来的花。

(作者单位:福州大学)

"完成一朵小小的野花"

——漫谈泰戈尔笔下的"小"

康宇辰

我们不会忘记,在《飞鸟集》这部充满颖悟箴言的诗集中,泰戈尔一再地书写了他对于诸如野花、刹那、小草一类"小"的事物的赞美。我们不妨一同回顾几首:

> 上帝希望我们酬答他的,在于他送给我们的花朵,而不在于太阳和土地。——《飞鸟集·26》
>
> 小草呀,你的步足虽小,但是你拥有你足下的土地。——《飞鸟集·65》
>
> 上帝对于大帝国会生厌,却决不会厌恶那小小的花朵。——《飞鸟集·67》

对于满怀哲思的诗人泰戈尔来说,小与大是一个他一再思考的命题。我们看到在《飞鸟集》中,他对于那渺小平凡的东西如小花小草是一种赞美的态度。比如赞美小草的安乐自足——它虽然渺小,但是静守自己的一份生活,从不因渺小而放弃一份生的努力。而对于花朵呢,泰戈尔更是将它抬高到了胜过太阳、土地、大帝国的位置上,视之为上帝的宠儿。上帝把偏爱给了花朵,这里面隐含着诗人的价值判断:平凡而卑微者的坚韧生存与开花努力中蕴含的生生不息的力量,才是人类的生存所应该依靠的。

我还想起另一部《游思集》第21篇讲述了这样一个故事：心灵因为自以为知道一个宏大远景将要降临，因此逼迫人不停地忙碌、准备，建造宏伟的大厦。可最后当那久久被企望之物降临之时，却"没有旗幡，也没有华贵的仪仗"，在推倒挡路的大厦后，出现的只是"晨星和沐浴在朝露中的百合"，以及"一个孩子大声笑着从母亲的怀里跑到屋子外面的阳光下"。于是心灵质问："难道他们所要求于这整个世界的，就是这个吗？"得到的回答是："是的，心灵，你是筑起了高墙来禁锢自己。你那些仆人也是在辛辛苦苦地奴役自己；但是这整个大地和无垠的空间却是为了这个孩子，这个新的生命。"这个故事又一次告诉我们《飞鸟集》中反复出现的那个主题，即上帝最在乎的是孩子和花朵，而不是帝国或宏大的庙宇。

掩卷而思，我们不禁要问：为什么泰戈尔在他的写作中钟情于这些"小"事物呢？泰戈尔描写和赞美平凡人生，其意义何在？

首先，我认为，泰戈尔对于"小"的关注是因为他的文学首先是人道主义的文学，其中有一种平等精神。这和他反对印度种姓制度，要求人与人之间的平等和人的尊严是一致的。对于儿童、花朵、小草这样一些平凡卑微事物的热爱是泰戈尔文学的一种精神，"怜小弱"是泰戈尔文学气质的一个组成部分。

我记得在《吉檀迦利》第10篇里，泰戈尔写了对于"最贫最贱最失所的人群"的平等的爱。这首诗非常动人，读之，我们可以理解到泰戈尔式的对于不幸者的爱。他说：

> 你穿着破敝的衣服，在最贫最贱最失所的人群中行走，骄傲永远不能走近这个地方。

这些为社会所伤害、遗弃遂又忘记的不幸者，富足的成功的人们甚至根本不会去过问他们，不知道他们的存在，所以他们的栖所是"我"永远找不到的。但是有一个人，他是谁呢？我们且不管，或者就叫他圣子吧、神吧——他却和这些人们做伴，与他们声气相通。这种爱不是居高临下的施舍者的爱，而是一个首先把自己与不幸者的地位变成平等的人的爱。这种爱里没有骄傲和道德上的优越感，没有做戏和自负。我不禁想到泰戈尔在《飞鸟集》中还写道："那想做好人的，在门外敲着门，那爱人的，看见门敞开着。"这篇散文诗中的"你"，就是一位真正的爱人者。

其次，泰戈尔之所以关注"小"，或许还因为他作为一个多思的哲人，洞见到了人的生存状态中一种根本性的弱。比起那永恒的天空和大地，比起历经无数时代而不灭的神，朝生暮死的人类是太渺小了。因此我们人类，纵使有再刚强的性格、再精良的武器，在天地面前都是弱小的。泰戈尔知道"小"是我们人类生存的常态，因此他为我们这些天地面前的忧患中的弱小者寻求尊严和生存的意义。

《采果集》第62篇这样写道：

"我梦见你，但我决不能想望为你效劳，"露珠哭泣说，"我太渺小，我载不动你，伟大的主人，我的生命全是泪珠。"

"我照亮无垠的天空，但我也能倾心于一滴小小的露珠，"太阳这样说，"我将化为星星之火而充盈你，这样你渺小的生命就将变成一颗大笑的光球。"

都说生如朝露，这里的这颗露珠也就像人一样。泰戈尔是那种总是用诗歌把世界阐释得美好，以带给人希望和动力的诗人，因此他为露珠设计了承载太阳的途径。生命渺小，但是永恒的星球——太阳——并不摒弃这样渺小的存在，而是关爱它，让它以自己的方式吸纳光明，侍奉太阳，实现自己的价值。人生苦短，但是有了神之爱，生命就将以自己所能有的方式获得生存的意义。而这个"神"，并非一般宗教意义上人格化的、在庙堂中受人崇拜的神祇，而是（至少在我看来）时时恩泽人类的广阔大自然本身。

再次，我认为"小"与"大"是泰戈尔诗作的两维。比如《吉檀迦利》中的许多宗教诗，就是泰戈尔对于诸如人的生存、死亡、人与神的关系等等"大"问题的玄思。而诸如《新月集》这样一些诗集，则是走出了沉思的象牙塔的诗人对于"小"的平凡的日常生活之乐趣的体悟。虽然泰戈尔是因为宗教色彩极浓的《吉檀迦利》而获得诺贝尔文学奖的，但是如果我们忽视了

《新月集》这一类风格的诗集的话,那么勾勒出的泰戈尔形象也将是有缺失的。

在《新月集》中,泰戈尔从头至尾都致力于描绘孩童世界的美好以及母爱的甜美。母爱、儿童——这是一些最贴近微观的日常生活,因而最平凡、最"小"的领域。其实不仅仅是《新月集》,读泰戈尔创作的散文诗我们可以感觉到,越是到了后来,泰戈尔越是用了更多的篇幅描写平凡人间的各种故事。比如《再次集》里的《做错事的孩子》《新居》《溺死的男孩》《旅伴》等等散文诗。

泰戈尔的文学,我的感觉是,越到后来,或许是因为阅历渐长,接触生活的面加宽吧,泰戈尔就越偏重于叙事,尤其是记录自己所见的印度人的普通日常生活中的爱怨纠葛。泰戈尔的文学,从早期开始就一直有关注"小"的精神取向,只是后来在人生阅历的增多之后,对这种关注的表达从最初比喻性的"野花"、"露珠"、"小草"、"婴儿"落实为日常生活中的印度人了。

阅读泰戈尔,给我的第一印象是:这个诗人虽然富有思想的深度,能做高深的玄思,但是绝不是一味遗世独立,而是一个非常平易近人、富有人情味的诗人。正是因为泰戈尔的这种独特的诗人气质吸引了我,我才想要写一篇文章探讨泰戈尔笔下的"小"的一面。我觉得泰戈尔的这种在广阔玄思基础上做的对于细小卑微之物的关注,细腻而不失其深度,亲切而又有概括力,是可以非常好地平衡"小"与"大"的诗篇。那些野花小草、小儿女的喜怒哀乐,正是我们人在宇宙间都会有的普遍的喜怒哀乐。

还是关于大和小,《吉檀迦利》第82篇开头这样写道:

> 你手里的光阴是无限的,我的主。你的分秒是无法计算的。
> 夜去明来,时代像花开花落。你晓得怎样来等待。
> 你的世纪,一个接着一个,来完成一朵小小的野花。

我觉得这一篇散文诗异样的美,就因为这个开头。神以一个接一个的世纪来完成一朵小小的野花,于是这轻柔的、平凡的、卑微的生命也有了它的无限大的价值。其实我们的生命中许多的偶然的、一闪即逝的东西,或许也是历经了无数劫而完成,终于来到我们身边的,一切相遇都大有深意。"小"并不意味着肤浅平庸,最好的"小"之中必然含有"大"的维度。它是深沉的、醇厚的。泰戈尔的作品中,多的是"小",但是他对于这些"小"那样珍重,认为正是这些"小"东西才是上帝赐给人类的事物中最美好的,或者也不妨说,是用一个接一个的世纪来完成的。于是这"小"的也就成为神圣的,成为连通着"大"的。

泰戈尔笔下的"小",也正应和着这个优美的象征:用无数的世纪来完成的,一朵小小的野花。

(作者单位:北京大学)

泰戈尔在我心中

——《摩诃摩耶》爱别离

秦建鸿

一、叙缘

初识《摩诃摩耶》，在一个久远的年代，一个书荒的年代。依稀记得是从同学大哥的笔记本里读到了这个故事，那时，少年的我什么都不懂，只是被摩诃摩耶从火葬堆里逃生的壮举所震撼！

再识《摩诃摩耶》，进入了高校的大门，教室里，图书馆里无数次地阅读泰戈尔。但那个时代的意识还停留在阶级斗争的批判年代，摩诃摩耶仅仅被认作一个时代的殉葬品，对旧制度的批判。然而在我心中远非如此。

续识《摩诃摩耶》，在漫长的岁月里，在我的教书生涯里……"那个寂静的月夜，罗耆波走进摩诃摩耶的卧室，月光恰好照在她脸上，多么可怕呀！"

罗耆波为什么要走进去啊？！

这个巨大的问号延续至今，成为教学的经典案例，一个充满异议的案例，思辨的案例。每每讲授审美距离说，罗耆波就显现出来，摩诃摩耶的面纱为何没有产生美？面纱的距离反而消融了美的幻想？

当然布诺的"距离说"强调的是审美活动中主体的感受，强调审美活动中主体与对象之间的一种互动。《摩诃摩耶》涉及人类心理更深刻的问题，因为挚爱《摩诃摩耶》，借助讲课，我一次次地传授泰戈尔的不朽名著。

感谢"泰戈尔在我心中"征文活动,给我再次拜读《摩诃摩耶》的机会,给我一次思考和倾诉的机会。

二、说爱

重温《摩诃摩耶》,再次被泰戈尔的柔美击中,是柔美而非凄美。这柔软来自人性最深处的凹陷,因为柔软,无声而有弹性。于是想到了卡尔维诺关于经典的经典解释:"经典作品是一些产生某种特殊影响的书,它们要么本身以难忘的方式给我们的想象力打下印记,要么乔装成个人或集体的无意识隐藏在深层的记忆中。"

珍藏于记忆深处的《摩诃摩耶》,给予我们无限的解读。这种柔美首先是一个关于爱的故事,这是一个古老而又新鲜的故事,一个恒久的缠绵于人类生命的故事。这个看似简单的故事,却又迂回曲折,围绕着生命的核心"爱",亦是佛说"十二因缘"中心之"缘"。故事可解读为三层:

摩诃摩耶走了。

摩诃摩耶来了。

摩诃摩耶真的走了。

摩诃摩耶走了,在临走之前她到那座破庙向罗耆波道别。摩诃摩耶,一个孤儿,由哥哥带大。罗耆波也是一个孤儿,跟着父亲的朋友在这边的丝厂工作。这两个孤儿心心相印,他们的爱天经地义。

但摩诃摩耶是名门之女,有一种内在的精神力量在静静地燃烧。罗耆波知道,摩诃摩耶一摇头,便是主意已定,人世间无论谁也无法扭她回来。摩诃摩耶最后一声不响地跟着哥哥走了,去完婚,去嫁给一个垂死的老婆罗门。

摩诃摩耶为爱而来道别,如果没有心底深处的这份爱,摩诃摩耶怎么可能来?何必来?这是爱的缠绵与纠结。

摩诃摩耶走了,亦或一个时代悲剧。摩诃摩耶家多少代以来就以名门望族的血统自豪,她又怎么能违背家规?摩诃摩耶要和她丈夫的尸体一起火葬。人类文明正是在野蛮的制度上演进的。

摩诃摩耶临走时说:"罗耆波我会到你家去的,你等着我吧。"摩诃摩耶就这样走了，但这只是一个未知数。我们可以从佛的哲学角度认识摩诃摩耶走的意义，走与来是各种因缘条件的综合作用，"缘起性空"。

一切都在变化之中，摩诃摩耶来了。

一场暴风雨熄灭了火葬堆，摩诃摩耶爬起来回到家里，换了一件新衣，对着镜子看了一下自己的脸，她把镜子扔在地上，沉思片刻，然后取出一副长长的面纱遮住了被火烧毁的整个脸庞，出现在罗耆波的眼前。摩诃摩耶说："我答应要来你家，我来了。"

现在摩诃摩耶自由了，凤凰涅槃般的新生。尽管面目全非，摩诃摩耶只为爱而活着，一种崇高的、纯粹的、神圣的爱，摩诃摩耶沉醉于默默的相守中。

摩诃摩耶和罗耆波生活在一起了，但就是这层薄薄的面纱，隔开了他们，隔开了摩诃摩耶和罗耆波。这是一道无法逾越的鸿沟，面纱的隔离粉碎了活生生的希望。

摩诃摩耶来了，却在遥远的天边。罗耆波觉得摩诃摩耶遥远得使他永远不能接近，他失去了从前认识的摩诃摩耶，更失去了甜蜜回忆珍藏的供养。这种不可侵犯的魔力困扰着罗耆波，一夜又一夜。

最终摩诃摩耶走了，真的走了。摩诃摩耶为爱而走，为爱又必须离开。

那一夜月光皎洁，罗耆波全身的热血奔腾汇合，涌向那一个摩诃摩耶。罗耆波含糊的叫声惊醒了摩诃摩耶，她立刻把面纱遮上，昂然起立，她没有说一个字，甚至走出房间时头也没回。

摩诃摩耶再也没有回来，相守的缘已尽，爱别离，应验了佛说的人生之苦。摩诃摩耶为道而生，为爱而存。现在摩诃摩耶走了，对罗耆波来说却又在身边！给罗耆波的余生烙上了一道长长的瘢痕，一道爱的瘢痕，永不消褪。

惊叹泰戈尔的伟大，百年前的故事诉说着今天的爱，爱的无奈，爱的缠绵，爱的永恒。

三、品美

再读《摩诃摩耶》，一个命题值得探究：自然、人性及命运的相互关系。

泰戈尔为什么将这个柔情万般，缠绵悱恻的爱别离的故事置于诗化的自然中，通篇之美浓得化不开。

  正午有它独特的不可名状的哀音，此刻，一片寂静，这些声音清晰可辨。栖息在窗棂上的鸽子开始了咕咕的呻吟。在户外木棉树上的啄木鸟不停地送来单调的啄木声。一只蜥蜴从一堆一堆的枯叶上急爬过去，发出沙沙的响声。忽然间，一阵热风从田野吹来，穿过树林，使叶子都簌簌地响了起来。在这些零零乱乱懒懒散散的声音里还传来远处树阴中牧童吹奏乡下小调的笛声。
  此刻的罗耆波像一个疲惫的梦游人……

这是寂静世界的交响曲，由鸽子、啄木鸟、蜥蜴，风声混合奏响的自然的本色之声，夹着牧童的短笛形成一组视听画卷，美不胜收，聆听梦幻的心声。在泰戈尔的笔下人类与自然相互渗透，没有等级，这种关联系统如一个巨大的张力场域，散发无尽的审美意味。

泰戈尔没有代替罗耆波叙述他的心声，而是将他置于现实世界，突出自然中的人情。罗耆波想对摩诃摩耶有所表白，但又能说什么呢？无以言状的爱，此情此景衬出罗耆波的焦虑、急切、柔情化作此时无声胜有声。

阅读过程中审美感知，由自然的声音展开审美想象，感受爱的召唤，流淌百年至永远。

  那一夜，寂静的月色，闷热的森林把一种特殊的香气和蟋蟀懒洋洋的低鸣一同送进了罗耆波的房间。他瞭望着，见到已经入睡的小池塘在闪闪发光，好像一个擦亮的银盘……

百年前的泰戈尔颇具现代意识，仿佛运用4D技术，将香气、声音、色彩综合一体，造成强烈震撼的动感美，摄入心扉，谁能抵挡？

罗耆波屈服了，一切古老律法都被抛在了一边。那一夜又显得特别寂静、美丽、庄严，正像昔日的摩诃摩耶一样……罗耆波的心朝着某一个方向奔驰——像森林一样送出阵阵香气,像黑夜一样发出一声声蟋蟀的低鸣。罗耆波像一个梦游人似的走进了摩诃摩耶的卧室……

自然中的人性是一颗裸露的灵魂,一种激情在灵魂深处涌动,是爱的萌发亦是哀的躁动。正是这种激情,人类的灵魂会触动不变的东西,甚至触动看似完美的幸福。这是人性的弱点抑或动力?它不断改变着人类的命运。

泰戈尔将人性糅合在自然的秀色中,产生一种沉醉之美,最原始的,最本能的人性,消解于跌宕起伏的命运。

刹那间,罗耆波打破了幸福的幻像。罗耆波该是无怨无悔,为爱烙上了一道长长的瘢痕。

与此同时,阅读过程由审美的情感体验上升至审美的理解——《摩诃摩耶》爱的礼赞!爱的咏叹!

> 前面是平静的海洋,
> 放下船去吧,舵手
> 你们将是永远的伙伴,
> 把他抱在你的膝上吧。
> 在"无穷"的道路上,
> 北极星将要发光。
> ……

这首每年在和平之乡唱响的泰戈尔的不朽之歌,恰能作为本文的尾声,并永远回响。

(作者单位:上海大同学院)

泰戈尔在我心中

何晓丽

我想握住你的手,在时间的长河中,流水似箭、新月如钩,只能藏你在心头,留取一片温柔。

"良以斯土,圣贤继轨,导凡御物,如月照临,由是义故,谓之印度"。这是玄奘定义的"月明"之国。也就是有着悠久的历史,神秘的神话,美丽的自然的国度——印度。在随变的季风,素馨花香气,孔雀翎和宝石的绚烂色彩熏陶下,在恒河千万年的涛声,黑天牧笛永无休止的旋律中,必有迷人的文学之花盛开于这片神奇的土地。从《梨俱吠陀》、《罗摩衍那》到《吉檀迦利》散发出的芳香足以让世人得到心灵的愉悦和享受。

圣贤继轨,泰戈尔是印度现代文学的一颗璀璨的明星,一生辉煌,硕果累累,他的创作让我们感受到了文学的魅力,文字的力量。将生活的体悟,生命的思索在黑夜中凝化成文字,黑夜之后光明即临,正如这文字一般传递着温暖的心迹。泰戈尔的诗歌、小说、戏剧都很有成就。走进他的诗集,读者就能发现他像一位虔诚的教徒一样,奉献着自己的情感力量,献给神的礼物《吉檀迦利》,献给爱情和人生的《园丁集》,献给生活的《飞鸟集》,献给孩童的《新月集》等等。

我却尤其喜欢《新月集》。因为从里面可以感受到一个原始宁静的世界。在《新月集》里,泰戈尔用细腻的笔触描绘出童真的世界,沉浸在这个世界里仿佛远离了一切虚假与黑暗,只有舒适美好惬意的相伴,即使是成熟的人也会发现,时过境迁,沧海桑田,原来我们苦苦追求的不过也是一片属于自己的纯净蓝天。一如在新月中的那个心旷神怡的瞬间。从来孩子的形象，婴儿的形象都很重要，受到文学家们的重视。世界语言习俗相异，但是这个认识知却是相通的。比如中国的老子，在《道德经》中多次用婴儿、孩子这些形象阐释自然等道理。在老子眼里，孩子具有无穷的力量，原始的，强大的力量。"专气至柔，能婴儿乎？"（10章）、"我独泊兮未兆，如婴儿之未孩"（20章）、"常德不离，复归于婴儿"（28章）、"圣人皆孩之"（49章）、"含德之厚，比于赤子"（55章）。老子认为的孩子所具有的力量是看似柔弱实则坚强的，而且道德的最高点也是回归婴儿的自然状态。

　　正如老子一样，泰戈尔也在《新月集》中再现了一个孩童的世界。"妈妈，我真的觉得那群花朵是在地下的学校里上学。他们关了门做功课，如果他们想在散学以前出来游戏，他们的老师是要罚他们站壁角的，雨一来，他们便放假了"。《花的学校》里是孩子天真无邪的视角，所以便是纯洁的美好。"孩子在纤小的新月的世界里，是一切束缚都没有的"，《孩童之道》没有束缚，无谓枷锁，便可以听到风动鸟叫，便可以看到晴天白云。"我愿我能在横过孩子心中的道路上游行，解脱了一切的束缚；在那儿，使者奉了无所谓的使命奔走于无史的诸王的王国间；在那儿，理智以她的法律造为纸鸢而飞放，真理也使事实从桎梏中自由了"，《孩子的世界》里面充满的是自由，自由又是我们每个人成为自己的前提。现实的社会，人们在物欲横流中失去的不仅是自由，还有自我，迷失的不仅是方向还有心灵。因为人们忘记了游戏的目的，而却太关注于《玩具》，"你呢，无论找到什么便去做你的快乐的游戏，我呢，却把我的时间与力气都浪费在那些我永不能得到的东西上。我在我的脆薄的独木船里挣扎着要航过欲望之海，竟忘了我也是在那里做游戏了。"

　　除此之外，他诠释了一种母爱的力量。母爱一直以来就如清晨那缕温暖的阳光照进我们的心田。十月怀胎，那根脐带将母与子联系成一个整体，虽然孩子一出世，连接的脐带被剪断了，但却始终有爱凝聚彼此。所以向来母亲具有细腻情感，拥有柔情气质。然而写下《新月集》这充满细腻情感的人确实是位豪气冲天的父亲，是爱与痛的力量让他怀揣着对孩子的思念写下了心的序曲。他走进孩子的世界写出对母亲的依恋和祝福，"他知道有无穷的快乐藏在妈妈的心的小小一隅里，被妈妈亲爱的手臂所拥抱，其甜美远胜过自由"（《孩童之道》）。母爱的甜美高于自由。我说："傍晚的时候，我妈妈常要我在家里——我怎么能离开她而去呢！于是他们微笑着，跳舞着奔流过去，但是我知道一件比这个更好的游戏。我是波浪，你是陌生的岸。我奔流而进，进，进，笑哈哈地撞碎在你的膝上，世界上就没有一个人会知道我们俩在什么地方"，这是属于我们母子之间的《云与波》的游戏，我们彼此不曾离去。即使我变成了《金色花》，我还是会淘气地在您身边每个角落。也许有一天，我长大了想要到《对岸》，但"我将永不同爸爸那样，离开你到城里去做事。妈妈，如果你不在意，我长大的时候，要做这渡船的船夫"。如果我长大去做《商人》，我会远走他乡，但总有一个地方魂牵梦萦，因为我要送礼物给那个地方的你。"你呢，妈妈，我一定要把那个值七个王国的首饰箱和珠宝送给你"。我还要做个《英雄》，保护妈妈，如果遇到危险"我向你喊道：'不要害怕，妈妈，有我在这里。'让人们相信我们在一起才是幸运。"我们村里的人们都要惊讶地说道：'这孩子正和他妈妈在一起，'这不是很幸运么？"

　　孩子，你在我心目中的重量同样无法衡量，我希望你健康成长。当你《告别》时，我曾一次次《召唤》，送你的《赠品》唯有思念，"河流唱着歌很快地流去，冲破所有的堤防。但是山峰却留在那里，忆念着，满怀依依之情"。还记得一《开始》，"你曾被我当作心愿藏在我的心里，我的宝贝"。"为什么你眼里有了眼泪，我的孩子？他们真是可怕，常常无谓地责备你，在妈妈的心里，你是《孩童天使》，不能遭受别人的《责备》，因为只有我才是《审判官》，"只有我才有权去骂他，去责罚他，因为只有热爱人的才可以惩戒"。在《新月集》的世界里仿佛是孩子与妈妈之间的回忆和经历。孩子对妈妈的依恋，母亲同孩子的深情。其中温暖我们的是因为内心深处我们也有类似的经历，我们也拥有着这美妙的感情。当然这种情感也不只是和妈妈之间，比如在师生情中，一样会有这样的美好，因为"师者，所以传道授业解惑"，同样也是扮演着母亲的形象，源于母爱，范围更广。走进《新月集》，相信孩子的心灵之美，给他们最好的引导，让他们健康成长。

正如翻译家郑振铎所说:"《新月集》笔触细腻多情,富于梦幻之情,有一种童话般纯净的诗意。尽管这可能并不是泰戈尔最富盛名的一部作品,但是却让我爱不释手,读了又读"。在《新月集》里,我们看到了孩童世界的希望,感受到了母子之间的情感,更执着相信人生的美好。

(作者单位:河北师范大学)

泰戈尔在我心中

——致亲爱的泰戈尔

卢燕珊

亲爱的泰戈尔先生：

您好吗？您很好，我知道。能写出如此温暖诗句的您，心也一定是温暖的，可以发现粗心大意的人发现不了的角落里的美好，无论在我不曾见过的天堂，还是您一直深爱着的人间。您肯定很好奇我是谁，我其实只是一个偷偷窥探了您笔下美好世界，偷听了您讲述那花与草的童话多时的小读者。每次读您的诗，都像在听您诉说着心事。虽然很多时候，它们都只是借助您诗中的小花小草宣之于口。但是，正因为这样，您诗中的世界总让我的心变得更加明媚温暖。您曾说您愿让那死者有不朽的名，让生者有那不朽的爱。您做到了，至少，作为您众多读者之一，第一次读到您的诗，诗中字句，就触动了我的心弦，当时不懂，直到现在才知，那是对世间生灵满满的眷恋，满满的爱。

您的千万读者之一

已经不记得是什么时候第一次读到泰戈尔的诗了，只记得很早就听过他的诗句："天空没有翅膀的痕迹，而我已经飞过。"当时觉得很励志，现在读来却早已不是同一番心境。但对他的喜爱，却从来都没有变过。

读他的诗，就像看到天真无邪的小女孩，娇笑着轻轻将她的小秘密耳语给你听,那一刻,总让你的内心变得敏感而柔软。他永远在不经意间用简单到极致的语句轻轻敲打你的心房,洗尽铅华,却真挚动人。虽然简单,细细品味,却娓娓动人。很多时候,仿佛只是一个人在呓语着那一刻的感动,简单,平淡,但是偶然,让旁的人读来,明明只是最简单的名词与动词的结合,却忍不住用自己觉得最缠绵的辞藻,将那一瞬间最不可语人的心声赋予那简单的词句;明明只是最平淡的直叙与白描,却忍不住用自己认为最小心翼翼的姿态,将记忆里那最细碎的感动说给你听。

有时读着他的诗,总觉得,仿佛有个人将他生命中的每一瞬感动、每一处被触动的细节在仔细分享给读者听,让读者眼中的世界变得鲜活而悸动。在他的细细诉说下,自然界的每一个生命都跳跃着属于自己的光彩,一如他说:"我的幻想是流萤,是跳跃的花火,闪烁在黑暗里。"感情丰沛的他,时刻感受着这个世界上每一刻的思想跃动。他试着感受那"春天撒播的花瓣",他说,她们"不是为了未来的果实,而是为了这一刹那的妄想"。

有时读着他的诗,眼中原本复杂灰暗的世界,变得简单而平淡。那些令人恐惧的世间风雨,变得云淡风轻。他习惯用平静的语调告诉你他在这尘世中悟出的过来人的道理,经由他平淡的述说,一切风雨仿佛只如暂时迷住眼睛的沙子,平静湖面上荡起的一阵轻风,譬如他说:"最好的东西不是独来的,他伴了所有的东西同来"、"我曾经受苦过,曾经失望过,曾经体会过'死亡',于是我以我在这伟大的世界里为乐。"

假若这尘世真只有这受苦、失望的经历,即使能平静以对,也不值得我们走这一遭。所以在他笔下,平淡的是苦难,点缀着的是满满的爱。他渴望着爱,并且总是不吝啬表达。他说:"让死者有那不朽的名,但让生者有那不朽的爱。"他不在乎功名,终究一切在死后尘归尘,土归土,唯有爱是永恒。生命来过,不需辉煌绚烂的功名,只需轰轰烈烈地爱过,"使生如夏花之绚烂,死如秋叶之静美"。一如他所求的那样:"当我死时,世界呀,请在你的沉默中,替我留着'我已经爱过了'这句话吧"。这样,我们才不会遗憾在这人世间走过,即使"天空没有留下翅膀的痕迹,而我已经飞过"。

他总渴望爱,而他的爱,可以很大,也可以很小。大到他热爱的这个世界:"我们在热爱世界时便生活在这世界上。""我的心,同着它的歌,拍拍堤岸的波浪，渴望着要爱抚这个阳光熙和的绿色世界。"有时可以细碎到生活里："黑云收受光的接吻时便变成天上的云朵"，"小草呀，你的足步虽小，但你拥有你足下的土地"；有时可以细腻到骨子里："爱的痛苦环绕着我的一生，像汹涌的大海似的唱着，而爱的快乐却像鸟儿们在花林里似的唱着"；"从别的日子里漂浮到我生命里的黑云，不再落下雨点或引起风暴了，却只给予我的夕阳的天空以色彩。"

他的爱，看上去只是平淡的字句，却不是浅薄的字句。尽管他的诗句像是平淡到对所有事情都毫不在意，但他却不是对一切都漠不关心、一无所知。他时刻关心着这个他想要爱着并时刻爱着的世界。他总是不动声色地谈论他眼中的每一件细小琐碎的事，仿佛要将这生命中每一个第一次的感悟都记下。就像苏轼所说的："唯江上之清风，与山间之明月，耳得之而为声，目遇之而成色，取之无尽，用之不竭，是造物者之无尽藏也。"他之所以如此细致入微，随心随地地抒写自己内心最真的感受，也许正如苏轼所言吧。无论是财富功名，死后不过尘土烟云，只有你亲自感受到的，你所爱的才是你真正拥有的。所以他才如此热切地去珍爱这个世界，如此不遗余力地想要将心中所想所感倾诉吧。

对这世界爱到深处，世界便在他笔下有了生命。他的诗句，字里行间，总隐藏着点点美好、温暖、静谧。世间万物，在他笔下，有了生命，也有了各种各样动人的性情。有时，它们为这世间美好，甘愿奉献自己：譬如尘土"受到损辱，却以他的花朵来报答"；譬如刀鞘，"保护着刀的锋利，自己则满足于迟钝"；譬如太阳，甘愿穿一身朴素的光衣，却为白云"披了灿烂的裙裾"。有时，它们静静地在角落存在着，呢喃着你我都听不到的动人声音：花会问："你离我有多远呢，果实呀？"果实告诉她："我是藏在你心里呢，花呀。"仿佛果实与花，就这么在你不曾发现的角落，一直相依相伴着。花鸟流云，日月星辰，都被赋予了人类的情感。有时，它们的自白透露着知足："我是秋云，空空的不载着雨水，但在成熟的稻田中，看见了我的充实。"有时，人类苦苦追寻的无解难题，在他笔下，在那些可爱的自然事物眼中，不过是一个顺理成章的因果："广漠无垠的沙漠热烈地追求着一叶绿草的爱，但她摇摇头。笑起来，飞了开去。"

他追求着世间的爱，却同样追求这世间的真理；他比任何人都眷恋着这个世界，却比任何人都将俗世繁华看得开："如果你把所有的错误都关在门外时，真理也要被关在外面了"，"我们的欲望，把彩虹的颜色，借给那只不过是云雾的人生"。纵是没有犀利的言辞，却将人们潜藏于心的对世间的各种执念暴露得不动声色。他告诉你："财富是庞大之负担，幸福是存在之圆满"，"我们把世界看错了，反说他欺骗我们"，"你看不见你的真相，你所看见的，只是你的影子"。

他就是我心中的泰戈尔。一个用纯真的眼注视着世界，静静地向我描摹这世间美好的歌者。他静静地居住在我心里，如同满月居于星空，他的吟唱在我耳边轻轻地吹拂，犹如夏日的清风。

（作者单位：华南师范大学）

泰戈尔在我心中

——轻哼在耳边的歌谣

张丹萍

我的孩子，我这一支歌将扬起它的乐声围绕你的身旁，好像那爱情的热恋的手臂一样。

——题记

冰心在《遥寄印度哲人泰戈尔》中曾赞叹："泰戈尔！谢谢你以快美的诗情，救治我天赋的悲感；谢谢你以超卓的哲理，慰藉我心灵的寂寞。"泰戈尔是位享誉世界的大文豪，在从未阅读过他的作品时我就知道。然而，当我第一次认真阅读泰戈尔的诗集，才真切地感受到，冰心先生感叹"只是我竟不知道世界上有你"时的那份悸动和震撼。他的文字确是带着奇幻的魔力，把诗中的世界带到我的世界里去，依着真情和至理彼此重叠，永恒维系。

《新月集》是我接触泰戈尔的第一部却又是最喜欢的一部作品。诗集里那个美静天真的童年，我也曾经拥有，只是年年岁岁的成长、成熟，拉远了距离，模糊了曾经——那个腻着母亲的孩子，如今却不能常伴母亲身旁，再肆无忌惮地霸占着撒娇着。二十几岁的年纪阅读《新月集》，回味童真的同时，却也染上小小感伤，感伤纯真，感伤依恋。

伟大的作家总是具备这样杰出的能力，即"对人的心灵有着真知灼见，而且善于为我们揭示它的奥秘"。他们细腻微妙的心总能感受到所有动情和幸福的瞬间，总能用最合宜最动人的文字一一写下。沉醉于《新月集》里的童真梦幻，文字间浮动着的绚丽景致，无形间似乎也美幻了我的童年，隐隐还点缀着丝丝神秘的印度风情。儿时的我仿佛也在"醉花林中的沉寂的树影里"搜寻着宝藏；听着"仙女的脚环在繁星满天的静夜里丁当地响着"；幻想着捉住"挂在迦昙波枝头"的圆月；变成了"一朵金色花"长在树的高枝上沐浴着日光；就连妈妈也常给我讲"童话里的特潘塔沙漠的故事"……这些充满灵动想象的诗句伴着清柔的调子轻轻地在我耳边哼唱，淡淡地晕进心里，缱绻成歌……

  他爱把他的头倚在妈妈的胸间，他即使是一刻不见她，也是不行的。他知道有无穷的快乐藏在妈妈的心的小小一隅里，被妈妈亲爱的手臂所拥抱，其甜美远胜过自由。(《孩童之道》)

五岁之前的我，一定也爱腻在妈妈的身边，爱躺在妈妈怀里淘气。如今，看到四岁的小堂弟就像木棉一样挂在婶婶身上，缠着，撒娇着，羡慕不已。当然二十几岁的我仍能享受这样的待遇。冬日的夜晚，妈妈贴心为我裹被，为我暖脚，倚着她的肩膀，熟悉的心跳声总能让我幸福地入眠。

  当我凝视你的脸蛋儿的时候，神秘之感淹没了我；你这属于一切人的，竟成了我的。为了怕失掉你，我把你紧紧地搂在胸前。是什么魔术把这世界的宝贝引到我这双纤小的手臂里来呢？(《开始》)

妈妈在做女孩子的时候，有想过她以后将成为一位极好的妈妈么？也许每个女孩都有成为母亲的那份柔情与希冀，至少十几岁的我也曾那样幻想过。尽管是个大姑娘了，我还常睡在母亲身旁。好几次，从梦里醒来发现妈妈在看我，如水般温柔的目光温暖地拥抱着我。她一定常常这样看我，不然怎么能多次被我"抓到"。初时我腼腆不自在，老问为什么，她只笑笑并不回应。之后，我渐渐享受这样的目光，闭着眼睛乖巧地躺在她身旁任由那双温暖的手抚摸我的头发、我的脸颊。那些时刻，妈妈一定是想起年轻时候的自己吧，原来曾经是她怀里的小宝贝已经长大成另一个自己。

牧童早就从牧场上回家了，人们也已从田里回来，坐在他们草屋的檐下的草席上，眼望着阴沉的云块。妈妈，我把我所有的书本都放在书架上了——不要叫我现在做功课。(《流放的地方》)

妈妈督促着做功课是多久前的事。对于我的学业，她向来不严厉，只有在假期即将结束而我的作业还未完成的时候，她才督促我看书。印象里最近一次她看我学习还是高三寒假的时候，那时我已是个十分自觉的大孩子，正埋首在堆满如山的试卷和书籍的桌上奋笔疾书，她走进来，把水果放在一旁，静静地看了我一会儿，轻轻喊了声"宝贝好好学习"，就走开了。高三绷紧了神经弦的生活，这声轻柔的"宝贝"，就像轻松欢快的音乐前奏，在每个苦熬的夜里回荡，弥久，弥久。

乌云很快地集拢在森林的黝黑的边缘上。孩子，不要出去呀！树边的一行棕树，向暝暗的天空撞着头；羽毛凌乱的乌鸦，静悄悄地栖息在罗望子的枝上，河东岸正被乌沉沉的暝色所侵袭。(《雨天》)

小时候调皮捣蛋，总爱跟小伙伴去河里捉鱼，去山里摘果子，下雨的时候也爱出门去，再把书包顶在头上一路跑回家。母亲也是这样叫我"不要出去啊，乖乖待在家里。"年纪再大点，意识到自己该有个女孩样，我就不爱出门了，更爱宅在房里看书。那会儿母亲却鼓励我多出去走走，把我绑在身边，话家常的时候要带上我，和一群阿姨跳广场舞的时候也要带上我……

当我必须责罚他的时候，他更成为我的生命的一部分了。当我使他眼泪流出时，我的心也和他同哭了。只有我才有权去骂他，去责罚他，因为只有热爱人的才可以惩戒人。(《审判官》)

依稀记得那是我最后一次挨妈妈的打。因为贪玩我跟着堂哥堂姐洗劫了别人家的地瓜地，当我们躲在桥洞下烤地瓜正欢时，那家人已经找上门来了，向我们的妈妈告状。当时妈妈生气极了，我挨了一顿狠狠的揍。想到会疼，妈妈的竹条还没下来我眼泪就先下来了，越哭越大声。打几下我妈眼泪也下来了，扔了竹条哽咽教育我"别人家的东西不能拿"。现在想来，从小到大我妈的眼泪都是为我和我弟流的。我知道，那几下打在我身上，却是疼在妈妈心上，我犯了错，挨了打，最疼的始终是妈妈！

  太阳升到中天，早晨变为正午了，我将跑到你那里去，说道："妈妈，我饿了！"一天完了，影子俯伏在树底下，我便要在黄昏中回家来。（《对岸》）

  我弟弟小时候是个跟屁虫，现在他长大了，我却开始想念当时粘我的他。在外面玩得尽心了我们就牵着手回家去，进门往往直奔厨房，跟妈妈喊饿。初中知道要住校我特兴奋，但很快这样的感觉就消失了，夜里都是枕着眼泪入眠。梦里要回家，却找不到路，稀里哗啦地哭啊，泪眼朦胧间却看到我妈骑着"小毛驴"来接我了。而现在，我二十几岁，离开了我那最迷人最淳朴的村庄，独自在另一个城市上大学。回首来时的路，何其遥远，即使梦里要回家，也不知得流浪多久才能到家。

  二十几年前，那个编着乌黑长辫的美丽人儿，如今却成了大山一样包容的母亲，那小时候说着"我妈妈在家里等我，我怎么能离开她而来"的孩子，却出远门去了，她向你道别："是我走的时候了，妈妈，我走了"。她渴望变成英雄，在人生的旅行中，在陌生和危险面前向你喊道："不要害怕，妈妈，有我在这里"。妈妈，现在你的孩子在异乡的土地上，如一只风筝时而颠簸，时而高飞，然而她一点也不孤独，因为她知道你正紧紧抓住长线的那一端，当她终于愿意降落的时候，你会找到她，带她回家。

  泰戈尔心中一定也有这样一条线绑在夏勒达黛维的心上，那个使他成为伟人却没有留下半点痕迹的母亲，才能唱出这不仅仅是和我，而是和每一个曾经的孩子心意契合的歌谣。一定也有一个怀抱在等他降落。

  只是我竟不知道世界上有你，早已替我唱过，如今又来与我相和。

（作者单位：福州大学）

童话王国的精灵
——我心中的泰戈尔

王婷婷

遇见《新月集》的时候还在上小学，记得在那之前还一直对《安徒生童话》爱不释手。因为它使我对阅读产生了浓厚的兴趣，而且使得我的想象力更加的丰富和没有边界。后来在小学课本中读到泰戈尔的诗，优美的语句，亲切的口吻和其中描绘的奇特的场景深深地吸引了我。于是懵懵懂懂的我便开始在泰戈尔的童话世界畅游了。

在我的心里，泰戈尔和安徒生的文字美丽而富有诗趣，这二者共同拥有一种不可测的魔力，能把读者从忙扰的人间带到美丽的平和的花的世界、虫的世界、人鱼的世界中去；能使我们忘了一切艰苦的境遇，随了他走近静谧的湖水，有萤火虫与精灵共舞，有纯真的小孩儿的笑声在天空飘荡的天国里去。尤其是泰戈尔，作为一个传递快乐、化解心中愁闷的精灵，他不但随我走过无忧无虑的童年，并且还一路作为认知社会的导师陪伴着我，使我的童年更加丰富多彩，也使得我在初入成人的世界时不至于太惊慌失措。

如果说安徒生是童话世界的国王，他为孩子们打开了通往童话世界的大门，那么泰戈尔就是这个天真、烂漫的王国里的一个精灵。他存在于每一个角落，关注每一个孩童的心声，收集他们的幻想并对塔门施以魔法，使它们在这片净土上生根发芽，结出自由的果实。"我愿我能在我孩子自己的世界占一方净土。我知道繁星会对他私语，天空会在他面前垂下，用它傻傻的云朵和彩虹来逗弄他。""我愿我能在穿越孩子心灵的道路上旅行，摆脱一切的束缚；在那儿，使者徒然奔走于没有历史的王国君主间；在那儿，理智把他的法则当做纸鸢放飞，真理会使事实摆脱羁绊，得以自由。"（《新月集·孩子的世界》）我想泰戈尔就是怀着这样的信念，穿梭在他的净土上空，聆听孩子们的心声，然后把它们变成一个个数不尽的动人的故事，带给远方的孩子们。于是，孩子们永远生活在孩子的世界里，纯真而快乐。泰戈尔是收集故事和讲故事的精灵。

童年生活是无比美好的，无忧无虑，天真烂漫，这都是人们随着岁月的积累，生活阅历的丰富而对一去不复返的童真年代的感叹，以衬托成人世界的复杂和无奈。所以当我还是小孩儿的时候，傻傻地身在福中不知福，但妈妈制定的许多必须遵循的规矩和不得不完成的学习任务，令我感到被束缚、不自由甚至是痛苦并没有意识到自己那时的日子过得无忧无虑。所以那时的我也会有烦恼和不开心的时候。每天都会妄想邀一群小伙伴儿到不受任何人管束、完全由自己做主的地方尽情地做自己想做的任何事情。所以那时候觉得只有在泰戈尔的王国里面我才能在无尽迷人的大自然中不受管束地玩耍。而且对那里面的事物都充满了惊奇，"我们从醒的时候游戏到白日终止。我们与黄金色的曙光游戏，我们与银白色的月亮游戏。"（《新月集·云与波》）我真是羡慕这些孩子，有真正自由的空间，有那么有意思的游戏。原来我们还可以跟月亮，阳光成为朋友，甚至可以在空中游玩，去想去的任何地方，泰戈尔这个称职的精灵就这样在不经意间把许许多多孩子的愿望带到了他的王国，让它们见识了孩子世界的真实面貌。这位善良的精灵，每一个孩子都是他的宝贝，在他的眼里没有不听话的孩子，淘气对他来说是可爱，是孩子们的宝贝。"你想什么尽管说吧，但是我知道我孩子的短处。我爱他并不因为他好，只是因为他是我小小的孩子。你如果把他的好处与坏处两两相权衡一下，恐怕就会知道他是如何的可爱了吧？"（《新月集·审判官》）哦，泰戈尔就像住在我心里的精灵，那么懂孩子的心，我的泪水模糊了我的视线，委屈的泪水早已经在眼眶里打转转了。我们犯了错都会被批评，被指责，可是有多少人了解我们的心是多么的纯真啊，我们淘气是因为我们知道我们是被疼爱的，被呵护的，尽管犯了错大人们仍然会一如既往地爱我们，这是对他们的信赖和撒娇的方式。在那个懵懂的年纪，我又读出了父母对我们深沉永恒的爱，无论我们如何对他们不敬,如何淘气,他们总是,并会一直毫无理由地包容和接受,而他们的唯一愿望便是我们成为快乐正直的人。泰戈尔是能读懂孩子内心的精灵。

十六岁以前我多么希望能有机会去海边看看,吹吹海风,听听浪涛的声音,捧一捧沙,让它从手缝中溜掉,感受一下海边的阳光和内陆的有什么不一样……虽然我一直保持对大海的执念,但在十六岁之前也没能实现领略海边风光的愿望,所以当我读到泰戈尔的大海时,我情不自禁地读了又读:"拿沙建房屋,拿贝壳来做游戏。他们把落叶编成了船,笑嘻嘻的把它们放到大海上。孩子们在世界的海边,做他们的游戏。"(《新月集·海边》)于是我更加羡慕这群孩子,甚至有点嫉妒了。我太想加入到他们中间了。有段不上课的日子,爸爸妈妈都不在家,我就站在板凳上趴在窗台上,用手托着下巴看着外面的天空、白云、花草树木发呆,想象着自己的童话世界,我幻想自己也能跟那些花儿,鸟儿说话唱歌,也能躺在白云上面哼着小曲儿,甚至跟在那群孩子的后面一起欢呼着,奔跑着,还帮他们捡贝壳……就这样,我用想像来满足自己不能实现的愿望,但也深感乐趣无穷,最起码当时还是知足的了。泰戈尔是能帮助孩子实现愿望的精灵。

后来,我长大了,泰戈尔也"老"了,他已经不再是我精神世界的全部了,但却是我精神世界中最重要的部分。我发现其实他是一个多么有智慧的精灵,他的魔力是永远不会消失的。长大后的我,越来越多的困惑使我常常感到沮丧,不开心,而泰戈尔的魔力就在于他能使我浮躁的内心慢慢平静下来,带我来到一望无垠的广阔地方,让我能够认真地听一听自己的内心。"来吧,孩子,我这里有你需要的自信,有你需要的方向,还有你需要的宁静……"这样的声音陪伴我走了不知道有多长的路,而且每次听起来都是那么的让人心醉神迷。他告诉我:前进吧,孩子你已经成为一个少年,不能再犹豫做个懦弱的逃避者,未来还有更精彩的生活在等着你去发现。你要知道,如果你为错过太阳而流泪,你也将会为错过繁星而黯然神伤!没错,我不应该沉迷在过去的天真,也不能为失去了童年而伤感,未来的事物谁说就一定不是美的呢?不管是道路曲折与否,沿途的风景是不是为我装扮,雷鸣般的掌声是不是为我,只要我有一颗纯洁、坚定的心,一路保持它最初的向往,不为世事动摇，我想无论多高大的山峰都会自觉绕道，阳光会亲吻我的脸庞，在我的眼里心里，满溢的仍然是幸福。泰戈尔还是一位慈祥的精灵呢。

人最难的是永远保持住那份纯真，人最难能可贵的也是最初的笑容。"他们不知道怎样泅水，他们不知道怎样撒网。采珠人为了珠潜水，商人在他们的船上航行，孩子们却只把小圆石聚了又散。他们不搜求宝藏；他们不知道怎样撒网。"孩子们做着貌似毫无意义的事情，然而笑声招来了海燕，大人们紧张地为着自己的工作或者希望能在这慈爱的大海里能发点横财，他们无暇享受这一刻的海风，和这和煦的阳光，多么可惜。

我很庆幸自己能够在泰戈尔的陪伴下一路走来，以前的我向往他的童话王国，现在的我把他的世界当作我的一个港湾，让我自省、静下心来并与自己内心交流的港湾，更是让我得到力量和信心的港湾。想要走得更远，想要实现自己的目标，首先要让自己的内心变得强大。感谢泰戈尔这位无私的精灵，不仅使得我的童年那样的美好，更使如今的我的灵魂有那么一个可以信赖的归属。

（作者单位：福州大学）

泰戈尔在我心中

——我与泰戈尔的十年情缘

郑春光

前些天漫步未名湖,听到有人在读泰戈尔的诗句。我思绪翻飞,百转千回。与泰戈尔结缘,即将十年;然而我决意不读他,也近六载。往事不堪回首!其中的曲折,一言难尽。索性摘录几篇当时的日记,述说这一段情缘。

2003年6月30日 周一 闷热、傍晚有暴雨

午饭过后,班主任打来电话说,我被青岛大学录取了!青大并非名校,但对穷乡僻壤的我来说,却意义非凡。之前,我从没离开过家乡;青岛之于我,是另一个世界,如天堂一般。青岛大学更是让我浮想联翩:在那里,老舍曾用凄美的文笔描摹骆驼祥子,沈从文用曼妙的语言编织情书,闻一多激情的声音曾在教室回旋,臧克家吟诵的诗篇在校园弥漫……

妈妈说,外公一直记挂着你,去和他说一声吧。也许是一个村的缘故,我是外公最宠爱的外甥。

与平时一样,外公正在看书,外婆在旁边纳鞋底。我的好消息一点都没让他们吃惊。外公只是欣慰地一笑:"晚上给你做饺子吃!"我特爱吃外公做的水饺,这是他在部队里学来的绝活。可惜傍晚下暴雨,没去外公家。临走时我才发现,外公并不是在看他最爱的《三国》,而是《泰戈尔诗选》。泰戈

尔是谁？

2003年8月28日　周四　晴转多云

　　明天就要去大学报到了，今天去和外公告别。他还是在看那本泰戈尔，外婆依旧坐在旁边纳鞋底。外公说："两个月前，我去书店想给你买几本书。店员推荐了三本，有《儒林外史》、《闲情偶寄》，还有这一本。前两本都给你买过了，可这第三本我从没听过。就先买来看看，好的话再给你。可我看得很慢，两个月了都没读完。不过里面的每一句话都很有道理，能让我想好久。前几天我又去给你买了一本新的。这一本等你过年回来，我就看完了。"

　　书店在十多公里外的城里，我骑车往返一次都要筋疲力尽，何况年近古稀的外公，而且他还有关节炎。接过外公递过的书，我注意到他的手如枯枝一般，凹凸之中写满了沧桑，右手手背上有两个伤疤，一个是我小时候发脾气咬的，另一个是抗美援朝时被战友误伤的。如今他每月只有两百块钱的补助，还经常给我买书和零食。他的衣服总是补了又补，保持着军人艰苦朴素的作风。突然，有人轻轻拍了我一下，是外婆。透过打滚的泪珠，我看到她双颊凹陷的脸庞。她得过白内障，手术做晚了，只有一只眼能看得见。"来，吃根香蕉。"她知道我最爱吃香蕉，可现在我实在吃不下。"到了学校，什么烦心的事也别想，躺下就睡。你外公在文革的时候，白天被批斗，晚上一躺下就睡着。"我默默地点点头。

2003年8月29日　周五　多云转晴

　　今天我带着家人的期盼，来青岛报到。绿皮车厢里挤满了人。闷热的环境，加上嘈杂的氛围，压得我喘不过气。于是我拿出了《泰戈尔诗选》。之前我从没听过这个人，然而清新优美的诗行，带给我缕缕的清凉，让我忘却了周围的喧嚣，驰骋在唯美的艺术王国。很快我就到了梦寐的青岛，但这里并没有我想像的那么好。今天，好几个老师都告诫我们，青岛是文化的沙漠。

2003年11月20日　周四　多云有阵雨

今天，收到一封女生的信，上面是一首诗：

世界上最遥远的距离，不是生和死，
而是我就在你面前，你却不知道我爱你。
世界上最遥远的距离，不是我就在你面前你却不知道我爱你，
而是两个人彼此相爱，却不能在一起。
世界上最遥远的距离，并不是两个人彼此相爱却不能在一起，
而是明知无法抵挡这股相思，却故意装作不把对方放在心里。
世界上最遥远的距离，并不是明知无法抵挡这种相思却故意装作不把对方放在心里，
而是用冷漠的心，为对方挖掘了一条无法跨越的沟渠。

看完之后我自惭形秽。她是学金融的，一身铜臭，竟能写出这么美的诗行。我是学中文的，又爱舞文弄墨，却绝对做不出这样的文字。她说那是泰戈尔的诗，我心里更不平衡。我一直在看泰戈尔，为什么没有读过？于是，我又问她出自哪本书。她说不知道。我的怨气终于爆发。你凭什么说那是泰戈尔写的。她只回了一句"世界上最遥远的距离，是你用冷漠的心，为我挖掘了一条无法跨越的沟渠"，就没再理我。睡前我依旧不平，和室友倾诉。他们说，你真笨，那是一封情书。

2003年12月11日　周四　阴有小雨

上午接到妈妈电话，外公肝癌晚期，随时都可能离开。我泣不成声。立马去买了车票。

外公躺在床上，脸色苍白。他见了我先是一阵惊喜，接着就责备妈妈，为啥喊我回来，太耽误孩子学习了。我和妈妈在床前守了一夜。外公睡得很

平静。

2003年12月12日　周五　阴转多云

　　外公醒来说，他做了一个梦，梦到一个浑身雪白的巨人对着他微笑。一个信基督的姨妈说，那是圣灵，来接他去天堂享福。傍晚，外公去世了，脸上带着平静的微笑。我不知道有没有天堂，但是如果一个人死了，就魂飞魄散，与世间永远失去了联系，那未免太残忍了！收拾东西的时候，我发现他的书桌上放着那本《泰戈尔诗选》。里面有一页折了一个角，他还没有读完。折页的一段文字跃入了我的眼帘："总有一天，我要在别的世界的晨光里对你唱道：'我以前在地球的光里，在人的爱里，已经见过你了。'"也许真的有天堂，外公正在那里享福。我要一直保留着这本书。天堂另一端的外公，晚安！

2007年8月26日　周日　阴

　　我竟然弄丢了外公的那本《泰戈尔诗选》！

　　今天去北大报到，坐了一夜的火车。我随身带了那本《泰戈尔诗选》。每次出门我都会带着它。也许看不了几页，但它总能给我一种安全感。我的座位挨着走廊，人来人往，很是不爽。车上闷热无比，除了发动机的轰鸣和电气之音，更弥漫着嘈杂的说话声和孩子的尖叫。于是在灰暗的灯光下，我读起了泰戈尔。不知何时，外公出现在了我面前。他还是那样慈祥，微笑着说，很高兴我考上了北大的硕士，希望我好好读书。他还有一本书没读完，想实现这个心愿……还有好多话，我都记不住了。

　　突然，报站的声音把我吵醒，原来是南柯一梦。我蓦地发现书不见了。我四处寻找，却一无所获。旁边的一个阿姨说，她看见过一个三四岁的小孩拿着本书在走廊里走动，不过他和父母已经下车了。我欲哭无泪，追悔莫及，怎么能抱着书睡着？此刻，我在畅春园里写日记，抬头就能看到外公送我的《泰戈尔诗选》，这更触到了我的痛处。我决定以后再也不读泰戈尔了！

如今,外公去世已十个年头,我也有六年没碰过泰戈尔。那成了我一个难以解开的结。这些年的成长,让我逐渐意识到:其实外公并没有死,他一直活在我心里;死的倒是我,我再也不能活在他心中了。我何必再为他背负沉重的伤痛?或许,那飘入我耳畔的泰戈尔诗是一个契机,该打开那个结了。

那个拿走书的孩子也该十岁了。也许他会经常读泰戈尔,说不定现在他就在念道:"总有一天,我要在别的世界的晨光里对你唱道:'我以前在地球的光里,在人的爱里,已经见过你了。'"

(作者单位:北京大学)

泰戈尔在我心中

——飞鸟的追寻与守望

祖 文

当我把思绪轻舞飞扬在诗意的印度文学之上,脑海里立即浮现出了一个响当当的名字,那便是有"印度灵魂"与"一代诗哲"之称的文学泰斗泰戈尔了。如今这般节气,已是好风如水,柳丝如媚,手捧诗卷,临窗而立,在哲思深邃的《飞鸟集》中品读那寄托遥深的简短诗行,心情也不由自主地跟随着泰戈尔洞幽烛微的佳句明媚或忧伤,我分明听到了漂泊飞鸟喑哑的啼音:"世俗的凡人啊,努力去追寻并守望人世间的真、善、爱、美吧。"蓦地心头一怔,这不就是泰戈尔在《飞鸟集》中传达出的佛陀世容么?

诗里含真,这真便是对永恒真理的不懈追求与忠诚捍卫,是对如水般澄澈、似月般空灵的内心真实召唤的听从。"少女啊,你的清纯宛若湖水的郁蓝,透出你深邃的真实",心如止水,静水流深,平平淡淡才是真。真理的追寻是极其不易的,因为有时你也会被表象所迷惑,"你看到的不是自己,而是你的影子",但你无需烦恼,也不必心急,真理往往由谬误孕育而来,"真理的河流,流经无数谬误的河道",相信披沙拣金,洗尽铅华,谬误会不攻自破,真理会大白于天下,然而一路走来,风雨兼程,真理也会饱经风霜,举步维艰,"真理引起了反对自己的风暴,风暴把真理的种子播送到四面八方",冲破阻碍,以所向披靡的阵势,让风暴助力,使真理前行。

诗中显善,这善便是如佛般的慈悲为怀、普度众生,是善小而为的点滴汇成了江河。飞鸟在天,鱼潜水底,这是世界上最遥远的距离,然而"飞鸟以为带着鱼儿在天空中飞一趟是一大善举"便是虚妄之言，不善之行了，上善若水，"'我欢欢喜喜地奉献我全部的水，'瀑布歌唱道，'尽管对于口渴者，一点儿水也就够了'"，是人就应该怀有一颗向善的心，它可以使冷若冰霜幻化成脉脉含情，人之初，性本善，"我带到世界里来的，是使衰落的大千世界繁荣起来的东西"，在善举仁义中涤荡并彰显着尊卑贵贱的灵魂，使善者流芳百世，使恶者消遁无形，到那时"你的阳光对我心头的冬日微笑"，我才会"从不怀疑这心的春华"，与人为善，将心比心，我仿若听到了印度那悠远凝重的梵文经唱，佛殿钟声，泰戈尔似乎在善意地提醒着你我：是我们把世界误读了，倒说是世界欺骗了我们。

诗内有爱，这爱便是人间的四月天，是你我生命中的地老天荒与地久天长，是满天繁星眨眼时的脉脉含情、大爱无疆。"先在我心坎上点亮那休憩的黄昏星，然后让黑夜对我絮絮诉说爱情"，缠绵缱绻，心语呢喃，爱要随缘，不可强求，"别因为悬崖高高在上而让你的爱情坐在悬崖上"，如此一来你只会摔得很惨，竹篮打水一场空。拥有爱的人，世界会为你大门敞开，"想行善的，叩门；而爱人的，看见门敞开着哩"；失去爱的人，也不要心灰意冷，"生命因失去了爱情而变得丰富"，涉世加深，阅历渐丰，蓦然回首间，你不觉讶然，原来这也是一种历练与成长，生命因有此一遭而更显血肉丰满，精妙绝伦，但不论如何，人生在世，就有爱与被爱的权力，轰轰烈烈也好，冷冷清清也罢，泰戈尔的内心深处在振臂高呼、真诚呐喊：让死者有不朽的荣誉，让生者有不朽的爱情。

诗间蕴美，这美便是人生中闪现的每个经典瞬间，是美在自然，天地有大美而不言。"让生如夏花之绚烂，死若秋叶之静美"，生命的秋天，虽然有些许凄美，却并不哀感伤绝，在枯叶随风旋转飘落的那一刻，深情地亲吻大地，悄无声息，这是生命的成全。雕塑家罗丹曾说："美是到处都有的，对于我们不是缺少美，而是缺少发现美的眼睛"，《飞鸟集》借给了我一双慧眼，让我发现原来美就在身边，比比皆是："这个世界，乃是由音乐之美驯化了的风狂雨暴的世界"，这是音乐的人性之美；"碰一碰，你也许会毁了它；远着点儿，你也许会占有它"，这是距离的朦胧之美；"我的心啊，从世界的运动中探索你的美吧，正如小舟之美，得之于风与水的激荡"，这是运动的和谐之美。然而,有些人却在盲目地寻美,不免显得矫揉造作、丑态百出:"采摘花瓣,可收集不了花的美",花朵美在天然,可观却不可亵玩;"美啊,要在爱里发现你自己,可别到镜子的阿谀里乱找",美在自我真挚大爱的内心,阿谀谄媚却如同镜花水月,如梦如幻,如露亦如电。坚守美好的内心,即便你会为错过伟大的太阳而流泪,但还有渺茫的群星在等着你,你就不会黯然神伤。

"我读完了你的传略和诗文——心中不作别想,只深深的觉得澄澈……凄美",冰心在其散文《遥寄印度哲人泰戈尔》中如是说,其实,我又何曾不是有同感呢?《飞鸟集》中传达出的求真、向善、寻爱、崇美的精神品格,具有摄人心魄的力量,是需要我穷尽终生去拜读与坚守的。泰戈尔诗文具有涤荡灵魂的作用。当你在阅读《飞鸟集》时,必定会心境空灵,在温暖的文字中体会为人处事的至真大爱,尽善尽美。此刻我的耳际忽地萦绕起飞鸟初次的啼音,经山鸣谷,在不绝地回响:世俗的凡人啊,努力去追寻并守望人世间的真、善、爱、美吧!

(作者单位:盐城师范学院)

"让世界相会在同一个鸟巢"

——泰戈尔的世界意义

马英杰

你是谁,读者,百年之后读着我的诗?

——泰戈尔

1913年,泰戈尔凭借《吉檀迦利》获得诺贝尔文学奖,成为第一个获得该荣誉的东方人。时至今日,已过百年。我们终于可以回答诗人跨越世纪的问询。是的,我们还在欣赏——《飞鸟集》迸发着的智慧哲思,《园丁集》吟诵着的细碎恋曲,《新月集》呢喃着的纯真呓语……以及泰戈尔在文字以外用绘画和音乐创造的艺术珍宝,用宣言和行动为世界和平发出的呐喊,都给予我们力量。1921年,泰戈尔在《国际大学宣言书》中从古老的梵文诗歌中引用了一行意味深长的诗句:"整个世界相会在一个鸟巢里",表现了他对世界的美好愿景。这位自然之子,爱的信徒,用他超凡的艺术与智慧化解着人们心中的动荡冲突,连缀着东西方思想,在这个世界上继续传播着崇高的精神之光。

一、爱的信徒,神的求婚者

与我们同在的神并不是一个遥远的神……在善良的女人身上我们感觉到他。在真诚的男人身上,我们认出了他。在我们的孩子身上,他一次又一次地再生。那永生的孩子啊!

——泰戈尔

　　印度是一个神秘的宗教大国,泰戈尔也是一位虔诚的宗教信仰者。他出生于正统的印度教家庭,其后又对佛教、耆那教、伊斯兰教等宗教教义有选择地借鉴吸收。但与其把他归入某一宗教之内,不如说泰戈尔毕生信奉的都是善的教义,秉承的是爱的哲学观,他是一名虔诚的爱的信徒,神的求婚者。终其一生都在为自然之美和人性之光谱写着诗篇。

　　泰戈尔的宗教与哲学更像是他追求与信奉的人生理想。他的宗教是充满诗性的人的宗教,他的"神"附着在自然之上,万物皆有灵。他与树交谈,对月吟唱,在与自然的神交中获得灵感与智慧。自然之美体现了活力,展现着生命的韵律,处处体现着梵性的真理。在人之灵与万物之神触碰汇合之时,能激发出人类对生命的感悟和尊重。古老的东方宗教中万物有灵说为我们描摹了与世界共存的美好图景,在与一花一叶的倾诉中,对生命与人之爱也尽显其中,物与我共同奏响着生命的和弦。

　　世界在人对爱的信奉中充满生机和希望。泰戈尔对神的信仰体现了他对爱与智慧的追求。保护、奉献、同情都是他的信条。他的宗教与哲学世界是宽容的,他选择性的继承与吸收都是站在人性角度上的思考。他的宗教观与哲学观是他艺术的基石,行动的指南。泰戈尔的诗思多从"小我"中见"大我",这种视万物有灵的非功利性和"非人类中心主义"观念为我们如何与世界相处示范了一条诗意路径。他对万物同情同构的理解也是他一切行为的思想渊源。

二、守护和平的战士

祖国呀,地平线上闪耀的通红亮光不是和平曙光。
那是火葬场的火光,民族利己的巨大尸体在焚化……

——泰戈尔

艺术、自然、美……泰戈尔是他宗教哲学观的身体力行者，他的民族观主要反映在中长篇作品中，他不只是吟诵爱和光明的理想家，也是争取民主的战士。季羡林先生曾说过："泰戈尔的性格具有两重性，既有光风霁月的一面，又有怒目金刚的一面。"你不见他奔走世界各地为受压迫者呼号？对暴力者声讨？他是一名伸张正义的世界公民。他从人道主义立场出发，用他爱的哲学，呼唤世界范围内的尊重与友爱。

泰戈尔有一腔浪漫的诗情，却是一位清醒的实干家。他像甘地一样反对暴力，以自己的方式开展各种民族复兴活动。也许是历史上印度与中国有相似的命运，泰戈尔给予中国人民很多关注和支持。他站在亚洲众多遭受奴役和侵略的民族一边，抗议和谴责了日本 19 世纪晚期以来频频侵略、践踏和掠夺周边国家的行径，不惜失去一部分日本人的好感并招致日本统治阶层的敌意。1924 年访问中国时，泰戈尔曾真诚地说："我不知道什么缘故，到中国便像回到故乡一样！""印度感觉到，印度是中国极其亲近的亲属，中国和印度是极老而又极亲爱的兄弟。"他不以国为界，不以民族为限，始终站在正义的一边，以笔为戈，鞭笞着魔鬼的良心，执著地追求着真理，同情受压迫者，坚持人类的公正和良知。

泰戈尔用善的行动勇敢地抵抗着恶的侵袭，因向往光明而不惧黑暗。正是有了这种对全人类的爱，人性的纯美善良之芽才能穿透覆盖在世界表面上冷酷的硬壳而破土而出。

三、东方智慧的代言人

一个东方的虔诚信徒，在其心境寂寞之时可以通过内省证悟宇宙灵魂。我急切地希望，通过内省对宇宙灵魂的证悟，能够与西方的这种通过服务将宇宙灵魂外现出来的精神，也就是在让丰富的美与福祉从幽寂晦冥之中展现到阳光之下时对意志的行使，结合起来。

——泰戈尔

泰戈尔不仅呼唤民族间的平等，也为文明与文明间的平等对话不懈努力着。

作为首位获得诺贝尔文学奖的东方人，泰戈尔渴望东方的精神财富在世界范围内获得广泛接受和认可。泰戈尔生活的时代是印度由传统向现代转型的过渡期，是一个需要选择与重构的时期。泰戈尔在对传统思想重新审视的基础上采取肯定与保留的态度。在西方话语占强势主导的今天，这种选择和守护更显得尤为可贵。

文化本没有高低优劣之分。泰戈尔在作品中一再呼吁，重视东方的文化瑰宝。东西方在文化和精神领域应当相互补充相互尊重，共同为人类文明贡献力量，而不是压制和实行文化霸权。东方思维是趋向于内在的，注重自身与周围一切事物的和谐统一。泰戈尔平等地看待一切文明，这对持"全盘西化"观点的现象是一种有力的平衡。在《东方与西方》这篇长文中他说道："东方和西方永远在互相寻求；他们必须不仅以充沛的物质力量，而要以完美的真理接触对方；挥舞刀剑的左手，为了安全，需要持盾的右手。"这种观念对于当下社会如何处理好不同文明之间的关系提供了值得借鉴的视角。

不能否定，西方思想精粹对东方文化发展有一定意义，但东方自身蕴藏的独特价值不应被忽视，更不应被置于边缘的地位。泰戈尔骄傲地为东方文明发声，希望东方智慧发挥其应有的贡献，将世界装点得更为和谐美好。

泰戈尔的思想是包容与前进的，他的价值超越了国界和时空，给一代又一代的读者以心灵的滋养和生活的启迪。他充满爱的宗教与哲学化作泉水般清冽的诗句，点亮了人类文明宇宙的星空；他把对和平的追求与对丑恶的抵制铸成一股行动的力量，矗立成一座正义的丰碑；他平等地看待与人类进步和谐有益的一切文化瑰宝，汲取着人类思想的精华，弘扬并守护着蕴含丰富智慧的东方文明，肯定了东方文明在世界文明中的价值。泰戈尔的作品及其伟大的人格对当今世界源源不断涌现的环境问题、民族问题、各文明之间的理解和交流等方面的问题仍具有现实意义，没有在年轮中喑哑褪色。

一百多年前，泰戈尔发出了"让世界相会在同一个鸟巢"的畅想，并毕生为之奋斗努力。今天，我们仍在吟唱泰戈尔诗歌中感受着爱与自然的喜悦，愿他满载光明与爱的箴言携同他勇敢的智慧之光传达到世界的各个角落，继续穿行至下一个百年时光。

（作者单位：深圳大学）

泰戈尔在我心中

苏露露

题记：
我问上帝：谁主我心？
上帝答曰：我主你心，你主你心。

喔！顽皮的孩子，我多想，你是属于我的。
宇宙孕育了你，大地之母在我心里，徜徉了百转千回，也只是为了这份生命的喜悦。
我多想，完完整整的拥有你，如同拥有我的每寸肌肤
每滴血液
我如同万千平庸的母亲一样
只求湿婆神给予你祥和的福气和永生的安定
可是，孩子，你怎可如此顽劣，伤了母亲的心！
你怎可为那铁链捆住的囚徒
为着高低不平的姓氏的冤屈
为着千百年来顺从的法则和习俗
在满是荆棘，满是毒蛇的路上，向路人宣扬你所认知的真相？

我只是一个母亲，我不明白为何你的真相要忤逆大众
为何你要跟别人不一样？

我只是一个母亲，一个平凡的母亲
你的平安，才是我所祈求的光芒

然而，你这不听话的小乞丐
为何固执任性偏要追逐这虚无缥缈天国的梦想
我看着你光着脚丫
隐匿在天边的无穷无尽的黑暗里
我找不到你的方向
我无助地等候在家里
祈望你的归来能带来一丝明亮
乞求你给我你仍是我的孩子的希望

我只是一个母亲
一个绝望的母亲
乞求你只是体恤一个做母亲的想念

然而你总是如此决绝，
你说甘地求得自由的免死金牌，
你说理想本身就是任性的坚持。
你说宽恕我的顽劣吧！
你说你在世界的角落里乱走，
总是寻得处处的风景，处处的繁华。
为此，你甘愿忍受人世的疾苦，
甘愿一个人特立独行。

然而我又怎会不知！
一直以来，你都不是一个乖巧的孩子。
我知你不是上帝之子，
何苦受此生之苦，求得万世和平？

生命延续不至永恒，
无论是恩赐还是福气。
历史会湮没你，
连同你的骨灰，你的建设。

我心疼，
孩子气的你。
也心疼，
天真善良的你。
更加心疼，
孤独而博爱的你。
此生孤苦，换来世安定。
却注定被人遗忘，
墓碑里，没有你的墓志铭，
坟墓里，除了你冰冷的身体，
埋不下你任何的痕迹。

我是人世间无知的妇人呵！
我不懂
亦不想懂得
我的儿子，你在做着一件如何伟大高尚的事业。
也许你将解救无数贫苦人家的孩子
也许你将平息许多国家的战争
可是亲爱的你啊
你却让我
一个形如枯槁的老人
饱受生离死别的痛苦和悲伤。

上帝之神宽恕我吧！

我的心太小
容不下世界的悲伤和不公。
我的眼里，心里
只牵挂我的孩子的安危。

可是，你仍然沉默着，
不管我如何乞求你留下，
你也不肯停下，
继续你的脚步。
我时时分享你的欢喜，你的悲伤。
你背对着我的你的脸
是不是也是含着眼泪的道歉？

我于是试图走近你的世界，
去爱你所爱。
这本就是
一个母亲的本能啊。

我能给你的，也只有一个温柔且温暖的
身后。
你一转身，
便可以看见，我含泪的微笑
以及忍痛的默许。

我唯有在你实践梦想的路上，
时时牵挂你的穿衣吃饭。
当你痛斥法西斯践踏东亚文明时，
我怕料想那后果。
我夜不能寐。

我无法知晓，你是否就因为
你锋利而温柔的笔触，
让罪恶的双手从我身边将你夺走。
我日夜恐慌，
怕明日的阳光照亮你的坟墓，
在我之前。

可是，我的孩子。
我不能够阻止你。
尽管我无法知晓你任性的意义。
可是因为爱你，
我必须承受。
承受你任何的行为所给我带来的
任何伤痛以及
任何喜悦。
当岁月在你的发梢，
你的眉眼里刻下痕迹。
当生活的创伤，梦想的挫折
搅乱你眼神里的冷静和明媚时，
白发苍苍的我，
能够抚平你脸上的忧伤和疲惫，
能够借你我的怀抱。
已是今生奢求。

无论你的未来怎样，
你仍然是我心里的孩子。
任性而顽劣的孩子。
即使荣誉与声望等身，
即使坟墓里孤独的灵魂。

在我眼里，
你始终是我第一眼看到你的模样。
你把生命给了世界，
我只有把我的生命给你。
我可怜的孩子，
你在我心里刻下的痕迹，
我会与你在地狱，
共同分享。
只因我深爱你
是我的孩子。

(作者单位：深圳大学)

每一个人心中都有一个浪漫的情人

阎友新

每一个读者的心中都有一个神圣的文学殿堂，绘制出我们美丽而璀璨的中国梦，在这里，我们触摸生活，感悟生活；我们释放激情，收获希望；我们放飞理想，编织未来……文学的正能量传递的是一种关爱、一种梦想、一种欢欣雀跃的感受。我常想，谁比我更懂得自己，谁比我更能诠释自己并给予我无穷的希望与力量呢？——是泰戈尔。是的，唯有他，不仅只是懂我，更教会了我如何面对世界微笑，背对世界流泪，告诫我不要因为世界的黑暗而拒绝笑颜。

和很多通过作品相识泰戈尔的人一样，在随手翻阅一本本封面设计简洁的译著中，读者可以不经意间就走进了作者的内心世界，从此就无法从心底抹去了。原来，每一个读者都可以在原著里寻觅到各自的身影对号入座，你可能是戈拉，也可能是毗拉马，还可能是摩诃摩耶……

在茶余饭后之际，在旅途劳顿之时，在痛定思痛之后，翻开随身携带的泰戈尔文集，不管翻到哪个章节，我都会饱含激情一口气读下去，而且瞬间进入角色，与泰戈尔同呼吸，与主人翁共患难，在诗意中前行……工作之外我也是名小作者，相比之下我终于明白：我是用脑写作，而泰戈尔是用心在创作的。

用脑写出的文字，不乏东拼西凑、前言不搭后语之作；用心写出的文字，有情感有灵魂，人物呼之欲出——这就是泰戈尔，我一直神往自己能抵达这种高度、境界，因此，我总爱把泰戈尔的著作当做创作的一个标杆。透过作品，我欣喜地发现他总能准确地表达出我的意愿，就连我没能概括出来的话语，他都会比我更懂得我内心世界的真情实感，用他的语言让我明白自己，当他准确地表达出我的内心世界的时候，我不仅仅只是吃惊，七尺男儿竟然也似柔情女子泪雨滂沱。是他让我不再留恋在自己的幻想中，让我不觉得自己是孤独的。更多时候，泰戈尔就像是祥和天际里的一片圣洁的白云，安抚了我浮躁、惆怅的一颗凡心。

对泰戈尔，我是情有独钟的。我喜欢他的诗歌、散文，高二那年有一天我欣喜地发现：泰戈尔诗歌、散文的部分章节原来可以当作情书。有朋友戏谑：我照抄或者仿写泰戈尔的文章，情书的感染效应犹如丘比特的利箭，会射人的心扉。那时候班上有男生让我代写情书，我就搬一段泰戈尔《飞鸟集》中的诗句："我想要对你说出我要说我的最深的话语，我不敢，我怕你哂笑。因此我嘲笑自己，把我的秘密在玩笑中打碎。我把我的痛苦说得轻松，因为怕你会这样做。"——这是给一个提出分手的女孩写的。后来，奇迹还真的出现了：她因此又回到男孩的身边。

人生是苦难的，历经就业、失业、创业，经历过贫穷、孤独和种种灾难的洗礼，也曾经失意、失恋、伤感，更经历过与亲人的生离死别……在那些灰暗的日子里，泰戈尔逐渐成为我在黑暗岁月里的一盏明灯，照亮我前行的道路。

相恋三年的女友随风飘逝，在那段悲情的日子里，我就用泰戈尔《吉檀迦利》的那段话自我疗伤："我的欲望很多，我的哭泣也很可怜，但你永远用坚决的拒绝来拯救我，这刚强的慈悲已经紧密地交织在我的生命里。你使我一天一天地更配得你自动的简单伟大的赐予——这天空和光明，这躯体和生命与心灵——把我从极欲的危险中拯救了出来。有时候我懈怠地捱延，有时候我急忙警觉寻找我的路向；但是你却忍心地躲藏起来。你不断地拒绝我，从软弱动摇的欲望的危险中拯救了我，使我一天一天地更配得你完全的接纳。"这些诗歌让我超越了爱情的悲伤和痛苦，人格趋向完美。我也常推荐这些优美而韵味十足的诗词给那些失去爱人的朋友。"尘世上那些爱我的人，用尽方法拉住我。你的爱就不是那样，你的爱比他们的伟大得多，你让我自由。"令人欣慰的是，朋友们往往也能快速地从失爱的阴影中走出，回归正常的生活。

离开情人的那段岁月,我常常念着这句话:"假如我今生无缘遇到你,就让我永远感到恨不相逢——让我念念不忘,让我在醒时梦中都怀带着这悲哀的苦痛。"这句极具哲理的话语警示我寻觅爱人宁缺毋滥,不要因为寂寞而忘记自己的人生追求。

我常想:他那悲天悯人的善良情怀,他那诗意盎然的民族精神,在他明亮凝重的一生中,不知点燃了黑暗里多少颤动的心灵。今天,当我们经历了繁华,追逐完流俗的"灿烂世界"后,诗意,已经离我们渐行渐远了,伟大的泰戈尔,却离我越来越近。

在大学同学聚会中,我无意中提到泰戈尔,殊不知,同学们对于泰戈尔的喜欢程度绝对不亚于我,有同学就在她的笔记本上写下这样的话:"在任何时候我都会说我有一个情人,他就是泰戈尔;任何人如果和我相恋,请不要嫉妒他。如果和我相恋,请跟我一起喜欢泰戈尔的诗篇……"听到这些话,我也欣慰:泰戈尔的魅力不亚于任何一个明星,他打动了好几代人的心,是我们大家的公众情人。佛经里有修"他心通"之说。我想泰戈尔一定是一个没有经过修炼就拥有"他心通"特异功能的人,否则,他怎么会如此精准地窥探我们的心。

细读泰戈尔,曾发现他还是个伟大的预言家,在诗行里有这样的诗句:"你使不相识的朋友认识了我。你在别人家里给我准备了座位。你缩短了距离,你把生人变成弟兄。人一认识了你,世上就没有陌生的人,也没有了紧闭的门户……"这些很象是在预知网络世界即将到来,描述人们生活在网络世界之后的内容,我是深信不疑的。

"如果你因为失去太阳而流泪,那么你将失去群星了。"这一行浅显的诗句依然蕴藏着丰富的哲理,我在自己的文章中也多次引用。瓜葛、纠纷、闲言碎语,充盈着这个世界,一个串联着一个,一个并联着一个,让人目不暇接。每每想起那句诗,我就能从失败中快速站立起来,活出个人的精彩。

"有一次,我们梦见大家,都是不相识的。我们醒了,却知道我们,原是相亲相爱的。"这就是泰戈尔。是的,喜欢泰戈尔是不需要理由的!凡尘中许多的疑问都可以在他那里得到解答!"忧思在我心里平静下去,正如暮色降临在寂静的山林中。"这是泰戈尔对自我苦难的反思,泰戈尔挺住了失去亲人的哀痛。对世界和人类的爱,对劳动的赞美,构成了泰戈尔思想的主旋律。"他们形形色色的劳动,散布四方,是他们,推动整个世界,在前进。""如果一位诗人不能走进他们的生活,他的诗歌篮子里,装的全是无用的假货。"面对黑暗政治和殖民霸权,泰戈尔总是拍案而起,正义凛然地站在劳动人民一边。在他的小说《沉船》里以及戏剧《摩克多塔拉》和《红夹竹桃》里,都彰显了反对殖民主义和封建专制主义的深刻主题。特别是当他看到祖国正处于愚昧、贫穷而被凌辱的境况之中,诗人悲愤地写道:"祖国啊,它现在风雨飘摇,软弱无力,任人宰割。"但诗人并不因此沉沦,他在《现在让我回去》一诗中大声呐喊:"起来,诗人,给那愚笨、悲哀、哑巴的嘴以语言,给那些疲乏的空虚和破碎的心以希望。"在泰戈尔的世界中,民族文化应该成为心灵最美好的寄托。时至今日,面对地球文化的相互渗透,我坚持认为,以为,每个人自己民族的文化是伟大的。

在印度洋的内陆一侧、在喜马拉雅山脉的另一端,那个叫印度的国家,披着一层神秘的面纱,被我们视为"西天",是佛教徒朝圣的圣地,是他们灵魂超脱的天堂,更是泰戈尔的生养之地。在历史的长河里,我一直固执地认为:没有领略过泰戈尔文字的沐浴,就算不上是真正有诗意的文学青年。在我的脑海里,泰戈尔那长满大胡子的、和善的、像先知一样的肖像永远是我心目中的泰斗,每每想及,我都不禁肃然起敬。

轻轻合上《飞鸟集》,我意犹未尽。放眼望去,黄昏下是一片醉人的芬芳。泰戈尔隽永的文字,如海一般,涌上染上暮色的沙滩,构成一个美丽的黄昏。像落叶般,沙沙地在我耳边低语,敲击我的心灵。是啊,每一个人心中都有一个浪漫的情人,诚如我心中的泰戈尔。

(作者单位:广东省中山市天晨食品饮料有限公司)

泰戈尔在我心中
——闲情漫笔

海德文

序

十二是一次日月轮回,所以我书写了十二个段落。

开始时也就意味着结束了,从热血沸腾到织染淡定。

素来,我害怕写像诗歌一样的东西,尤其是现代诗。

因为明白,所以不敢去写。喜欢泰戈尔,贸贸然写了,诸君各自玩味。

1

泰戈尔:**你已经使我永生,这样做是你的欢乐。**

在我心中,你也使我在书海中永生,这是你的快乐,我的荣幸。

什么是永生?什么是快乐?什么是生存?什么是毁灭?

无法回答,只能逐一用心感受,在灵魂深处慢慢沉淀。

世间没有谁长生不老,也买不到快乐!

上帝是公平的,赐予你什么一定会带走一些什么。

如果得到永生那不一定会快乐,但快乐时你可以告诉自己那便是永生。

2

泰戈尔:**我的赞颂像一只欢乐的鸟,振翼飞越海洋。**

在我心中,我对你的赞颂是一只优雅的彩蝶,为了赞颂你折翼也在所不惜。

什么是信仰？什么是赞颂？什么是宗教？什么是情感？

无法回答，只能逐一用心感受，在灵魂深处慢慢沉淀。

杜鹃鸟相信着一段没有结果的恋情，花儿羡慕着。

苦难多了，眼泪渐渐少了，心也就死了。

跨越彩虹飞过山巅，你可以清醒地自由飞翔。

3

泰戈尔：你的音乐的光辉照亮了世界。你的音乐的气息透彻诸天。

在我心中，音乐的世界神奇曼妙、多姿多彩，天地之间你占据了大地。

什么是艺术？什么是追求？什么是自然？什么是和谐？

无法回答，只能逐一用心感受，在灵魂深处慢慢沉淀。

你写的音乐，在印度的大地传唱，更照亮了东方热土。

一路追赶，一路狂欢，万籁俱静，一片安详。

奏响春天奏鸣曲，抽离一个八分音符，这个世界的色彩因此改变。

4

泰戈尔：我生命的生命，我要保持我的躯体永远纯洁。

在我心中，我很肯定的是，你的真诚的心是纯洁的，甚至是皎洁的。

什么是罪恶？什么是美丽？什么是真诚？什么是生命？

无法回答，只能逐一用心感受，在灵魂深处慢慢沉淀。

即使粉身碎骨也要洒下一片清白的落日余晖，如石灰岩。

跳动的也许是脉搏，也可能是满世界的罪恶，但一定是生命。

生命像一枚硬币，正反两面都是不可或缺的部分。

5

泰戈尔：请容我懈怠一会儿，来坐在你的身旁。我手边的工作等一下子再去完成。

在我心中，还有比忙碌更重要的事情：停下来歇一歇！

什么是价值？什么是珍惜？什么是现实？什么是虚无？

无法回答，只能逐一用心感受，在灵魂深处慢慢沉淀。

竹林里，男孩朝着女孩笑了笑，便自得其乐地走了。

他不会知道，稍加片刻停留的微笑，女孩就会喜欢上他。

因缘际会，变幻无常，来来往往，人在尘世注定是孑然漂泊一生。

6

泰戈尔：摘下这朵花来，拿了去罢，不要迟延！我怕它会萎谢了，掉在尘土里。

在我心中，你独行于茫茫原野，悄然嗅探，智慧而敏捷。

什么是犹豫？什么是失去？什么是救赎？什么是定律？

无法回答，只能逐一用心感受，在灵魂深处慢慢沉淀。

一花一世界，一叶一菩提，失去本该成为一种定律。

放手往往并不意味解脱，而是一种淡泊名利。

果敢地舍去，正如沙砾忘记了四季。

7

泰戈尔：我的歌曲把她的妆饰卸掉。她没有了衣饰的骄奢。

在我心中，你对文化的尊重一尘不染，透过开满鲜花的月亮，轻捷如初。

什么是华丽？什么是真实？什么是懒惰？什么是同化？

无法回答，只能逐一用心感受，在灵魂深处慢慢沉淀。

伪装成为一名斗士，慷慨激昂，歌颂自由和新娘的浓妆，

涨红的脸却无论如何也解释不清谎言的模样。

美在相遇，如同风景再美也美不过心灵一样。

8

泰戈尔：为怕衣饰的破裂和污损，他不敢走进世界，甚至于不敢挪动。

在我心中，世界是一片混沌的荒芜，像你一样的人共同开辟了它。

什么是土地？什么是欺骗？什么是怯懦？什么是精神？

无法回答，只能逐一用心感受，在灵魂深处慢慢沉淀。

我小心翼翼地走过欺瞒的身边，它被吵醒，怒了！

半推半就，适可而止，风停了雨才能安分。

人行走着，疯一样死寂，然后如履薄冰。

9

泰戈尔：呵，傻子，想把自己背在肩上！呵，乞人，来到你自己门口求乞！

在我心中，你是一个智者，像雅典娜一样的智慧，活得明洁坦荡。

什么是梦想？什么是肩膀？什么是自尊？什么是高尚？

无法回答，只能逐一用心感受，在灵魂深处慢慢沉淀。

幻想某一天预言下陨石雨，然后我们悻悻而归，如待宰的羔羊。

人是一种非比寻常而又极致普通的动物，大凡趋利避害是本性。

这个星球上，恐怕也只有人类懂得去想象，然后刺激欲望。

10

泰戈尔：这是你的脚凳，你在最贫最贱最失所的人群中歇足。

在我心中，你是一个乐善好施的白发老人，温暖慈祥。

什么是贫病？什么是荒凉？什么是温饱？什么是善良？

无法回答，只能逐一用心感受，在灵魂深处慢慢沉淀。

从哪里来还到哪里去，我们追寻着我们的根。

几千年的养分滋养着人们，才不至于那么寂寥，然而

情感的，文化的，都将融合于这个社会，冉冉变老，悠长。

11

泰戈尔：从静坐里走出来罢，丢开供养的香花！你的衣服污损了又何妨呢？

在我心中，你超然物外，形容枯槁却神思凝聚。

什么是超脱？什么是创造？什么是淡然？什么是名利？

无法回答，只能逐一用心感受，在灵魂深处慢慢沉淀。
雏鸟总要飞离鸟巢，树儿总要撑天揽月，放心去开拓求索。
夜路走多了总要碰到些牛鬼蛇神，镇定自若，泰然处之，那些踏过荆棘密布的人是最美丽的。

12

泰戈尔：我旅行的时间很长，旅途也是很长的。
在我心中，你极目四方，心胸开阔，万水千山走遍。
什么是生活？什么是记忆？什么是况味？什么是甘苦？
无法回答，只能逐一用心感受，在灵魂深处慢慢沉淀。
走走停停，朝花夕拾，拨云见日，往往柳暗花明。
未来的，过去的，都像尘埃一样漂浮着，翻炒着。
路走得长了，累了倦了焦了，也便渐渐懂得了人生。

泰戈尔在我心中

——流动的时光

安忆涵

是谁，把思绪化为蝴蝶，飞跃诗的海洋，掠过温暖与苍凉？是谁，打开心的天窗，遥望曾经的梦想，回首逝去的爱情与迷惘？又是谁，挥动灵感的巨笔，写下漂泊的文字，使静穆的生命温婉成流动的时光？

每个诗人都有一颗灵动的心，而他的心能听到每一片秋叶的叹息，感受到茫茫沙漠对一抹绿草的爱意。他——泰戈尔，用小小的一支笔，书写下无尽的思想的河流。他用文字讲着他的故事，偶尔有欢乐，也夹杂着哭泣。不论是哪种语言，文字永远没有界限，如同世界通用的微笑。百年之后，那活泼的文字，传载着片刻的灵动，穿越流动的时光，我们似乎还能看到那个曾经俊朗的少年，深邃的学者和通透的老人。

"像海滩上晶莹的鹅卵石，每一颗自有一个天地。"闲暇的时候，迎着懒懒的微风，随手翻一翻泰戈尔的诗集。薄薄的几册却总能赢来几声与心灵契合的赞叹。越是伟大的人，越有一颗灵敏的心。泰戈尔的生命时光，或许有种颜色，应该是绿色的吧？你看，他的眼睛装载得下整个自然，他的笔描绘宇宙最微妙的瞬间。你听，他的睿智是生命万物在同声歌唱，"白云谦逊地站在天之一隅／晨光给它戴上霞彩。"浮云，朝霞，无不触动他热爱自然的心田；蟋蟀唧唧，夜雨淅沥是少时的梦境；灿烂的群星是萤火虫最微弱的光。他的心里有着一颗渺小的种子，这种子是跳动的思绪，诉诸文字的笔，最终播种、灌溉、洗礼成长为一片绿色的原野。

他的生命也许是红色的吧？他的胸怀是那么博大，世间的一切都因他点上了智慧的火花。泰戈尔是个感性的人，对他而言，完全的理智是一把剑，所以他总是用感性的声音说着"尽量快乐吧"："他们点了他们自己的灯，在他们的寺院内，吟唱他们自己的话语。但是小鸟们却在你的晨光中，唱着你的名字——因为你的名字便是快乐。"快乐是红色的光，眼睛无意中掠过这样的小诗便更珍惜"快乐"的真谛。

亦或蓝色，才是他生命真正的色调。面对生与死的永恒话题，他的回答总是如同蓝色一样平静而安详。"生如夏花之绚烂，死如秋叶之静美。"生，是一团团锦簇的花团，热烈且奔放，尽情沐浴太阳最热烈的礼赞；死，是落下帷幕的黄叶，肃穆却美好，平静地迎接下一次的重生。

在流动的时光中，爱情总是最温柔耀眼的一抹色彩。"我渴望静默地坐在你的身旁，我不敢，怕我的心会跳到我的唇上。因此我轻松地说东道西，把我的心藏在语言的后面。我粗暴地对待我的痛苦，因为我怕你会这样做。我渴望从你身边走开，我不敢，怕你看出我的怯懦。因此我随随便便地昂着头走到你的面前。从你眼里频频掷来的刺激，使我的痛苦永远新鲜。"那个羞涩的少年，面对爱情的不知所措，所有的小心思全部倾泻在短短的几行诗中，言不尽意。

时光叮咚，流转不息。当花已经凋零，风却依旧追寻。幸福总是喜欢与人擦肩而过。当漂亮的安娜嫁给了比她大20多岁的人，被锁在无爱的婚姻牢笼中，泰戈尔却无能为力。苍茫的原野因为她的离去晕染上层层灰色，曾经的欢乐与温暖只能叹息成无尽的悲凉。几年之后，22岁的泰戈尔结婚了，新娘11岁，他把情人的名字安在女孩身上："穆里纳莉妮"。也许他的心已经关闭了面向爱情的门，但是却因而打开了一扇面向文学的伟大之窗。《摩诃摩耶》中那个美丽的女子是否就有安娜的影子？摩诃摩耶的面纱或许就是泰戈尔对安娜朦胧的记忆。

百年时光，流转不停；花期渐远，流年不断。细数过往的岁月，有伤悲，更有欢喜；或流泪，抑或微笑。泰戈尔把他尘封的往事悉心种在文字的土壤里，开花、结果，百年来那幽幽的芬芳总能直达你我的心田。也许，你曾固执一份无果的爱；也许，你曾坚持一种无望的希望；也许，你曾无奈地轻声哭泣，就想想泰戈尔用生命静默成的文字吧，那百年的文字中，你总能找到几许契合于心的微凉与惬意。

　　泰戈尔的文字，是金色的蝴蝶飞越流动的时光，落在细腻的笔端，轻轻淡淡，而他的生命却因此驻足在我们心里，岁岁年年。

（作者单位：河北师范大学）

泰戈尔在我心中

——除去浮名赏真人

赵依祺

泰戈尔作为为数不多的亚洲诺贝尔文学奖获得者、有着独特中国情缘的文学大家，在中国有着非凡的影响力：1913年泰戈尔获得诺贝尔文学奖之后，梁启超希望借助泰戈尔使当时低迷的中印文化交流实现"薪火相传"，还为他起名"竺震旦"。许地山、谢冰心等也曾全身心地拥护他，在文学创作上深受其影响。然而，林语堂、瞿秋白等却批判他，认为其"慈爱宽容"是做不到"积极、勇进、反抗、兴奋"的借口。一言以蔽之，就是一石激起千层浪。在现代中国，也许诉说人心、剖析人性的文学，比甘地主义等政治社会思想更加接近每一个平凡人的喜怒哀乐，泰戈尔渐渐成为了中印文化交流的最重要的桥梁，《泰戈尔诗集》被列入中小学生必读书目，泰戈尔成为了中国民众心中的印度文化圣人。

也许，正是因为泰戈尔伟大的贡献以及巨擘的地位，他渐渐成为一个符号化的人物，对他的认识变成了艺术作品还有文论、思想的梳理，对他的评价成为了贴标签的过程。对于我们来说，初识泰戈尔时，他已经不是一个真实可触形象丰满有好有坏的人，关于他的种种都罩着一层大师的光环。随着阅读的增加，我也渐渐地知道了这位"完美者"的不完美：比如，泰戈尔获诺奖之时，正巧赶上一战之后欧洲的精神危机，古老的东方思想正是当时的欧洲所需要的，也就是说，泰戈尔的获奖也许有几分机缘的成分；在翻译《吉檀迦利》时，泰戈尔也按照西方的审美习惯对诗歌重新排序，让诗集有一条"逐渐虔信"的心理线索,他依照英语的用词习惯而非印度教的语言习惯翻译诗句,也许,泰戈尔先生也有着迎合一下西方人口味的小算盘。

在知道了泰先生的好好坏坏之后,在阅读其作品的时候我可以把他当成一个有血有肉的人,去想象先生写作时的喜怒哀乐种种心理活动,分析他的创作动机和写作策略,欣赏品读他的伟大,暗中观察大师的"调皮和小聪明"。这种真实不但没有影响我对先生的敬慕,反而让他与我更为亲近了——单纯正面、光辉的形象总是激起人的"敬畏"之情的。看到几分脆弱和不足之后,反而更能抛下抵触情绪,欣赏先生的优点,感叹,哦!大师毕竟是大师,有着鲜明的独到之处!

把泰戈尔作为一个文学家、思想家来探讨,首先映入脑海的是"灵性"二字。我想,文学大家的过人之处,在于观察力、领悟力之卓群,剖析人性之辛辣,在于其创见之胆魄与思想之深刻,还要有兼容并包之心胸,因为文学作品之深邃,首先在于其思想之深邃。而要到达泰戈尔这般殿堂级的大师之位,"各家优点都为我所用的悟性、灵性、开阔"定是离不开的。比如先生崇信印度教《奥义书》中梵我合一的思想。同时,先生又欣赏各种源流的饱含人文情怀的精神,比如佛教的悲天悯人、锡克人的孔武和爱国精神。曾赴英国留学的他,深受西方浪漫主义文学的影响;对中国传统文化的兴趣,还让他对中国的道家思想有所研究。试想,是何种心胸以及底蕴才能使先生做到欣赏异见而不失去主见?

第二个想到的,便是"人性"二字。人文精神的复兴,在欧洲、亚洲都是惊天动地的思想运动。个人地位的重树,在宗教气息浓郁、社会等级森严、性别差异巨大的印度尤为重要。印度古典诗学比较注重情味,注重程式。它既讲求注重文学审美的味论和韵论,又讲求注重文学形式的庄严论或修辞学。对于语言的重视使之不免忽略了思想。印度古典诗学还强调神性,直接颂神的不少,连山水文学,也要讲求把个人消融至自然之中,"修行入定式的合一意境中的大彻大悟"。与此相对,泰戈尔则在《什么是艺术?》之文中提出"艺术的主要目的也是人格的表现",文学不仅要重视语言美,思想更是文学之魂。富于人文精神的先生还提出"人的宗教"的理念,强调宗教中人的尊严,强调人性和神性的合一。他格外强调宗教的价值在于促人向善,积极地拥抱生活中的悲欢离合与喜怒哀乐，最后实现人格的自我完善。这样一来，印度文学不但在形式上变得平易近人了，从其表现的内容乃至灵魂来说，人也成了主角，获得了"洗心革面"般的内外双重突破。

周国平曾说"用头脑思考的人是智者，用心灵思考的人是诗人，用行动思考的人是圣徒；倘若一个人同时用头脑、心灵、行动思考，他很可能是一位先知"。在我心中，泰戈尔先生就是这样一位先知，他勤奋地思考、写作、践行，好像知道他总有一天会被认可。继承《吠陀》的万物有灵、《奥义书》的梵我合一思想，以及两大史诗的生态智慧，先生把印度文明总结为"森林文明"。在当时，相对于有了蒸汽机助力的西方工业文明，森林文明显得古拙而静谧，甚至显得几分笨拙。然而，在当代社会我们又重新讲求生态，这种语境下，泰戈尔对于那古老质朴文明的耐心守护，仿佛在告诉我们"越单纯的，越是永恒，请耐心地等待生根发芽结果，不要试图拔苗助长"。

先生有颗与生俱来的慈爱之心，还有颗永恒的童心。因为慈爱所以情感丰富、同情弱者、容得下异见；富于童心所以理想主义、敏感而好奇，总在追求新的思想，有着无穷的创造力。先生的《新月集》便是这性格的注释之一：诗中诉说的尽是孩子的梦，孩童的世界与生活，孩子的天真烂漫。然而请注意，这诗集，是献给那些曾经是孩子而且还没忘记这一点的成年人的，先生想告诉我们的是不要忘记那个没有权力、虚荣、占有……的单纯的世界。

如此看来，先生是大师，更是一个充满灵气的人。他博学深邃，却不会自以为是，心态总是开放的，勇于突破与尝试的。先生的思考犀利而远见，而其表达却并非呆板教条，而是柔软的诗意的，乃至是孩子气的……

泰戈尔先生曾经创造了那么多伟大的艺术作品，其自身人格更是一部"经典"——百读不厌、常读常新。王朝闻先生曾经在《审美谈》一书中提到过"艺术作品之美，亦要靠审美主体也就是欣赏者的想象和补充才能淋漓尽致地展示"。首先审美主体的审美能力提升了，艺术品之美才能被发现，审美者自身也才能"寓义于情而义愈至，寓情于景而情愈深"。我想，这对于我们了解和发掘泰戈尔先生这部"大书"也同样适用。随着我们对于先生作品、相关背景、史实的整理和研究的深入，"泰戈尔思想"会得到更加真实客观的诠释，泰戈尔的人格魅力也会得到更好的展示。

20 的年纪，资历的浅薄，让我这"毛头小孩"还读不懂先生的很多作品，摸不透先生的性情。但我想，伟大的文学作品的力量之一就在于，老老少少的人都能或多或少有所共鸣，理解或许还不够深刻，但时常得到慰藉，阅历增长之后再读，时有醍醐灌顶之感。泰戈尔的作品恰好有着这般神奇的魔力，因此我想，它会一直伴着我，在我心中，用它的温暖和开阔，为我宽心解忧，注入醇厚的生命之酿。

（作者单位：北京大学）

飞鸟掠过

梅德芳

> 夏天的飞鸟，飞到我的窗前歌唱，又飞去了。
> 秋天的黄叶，它们没有什么可歌唱的，只叹息一声，飞落在那里。
> ——泰戈尔

生命在炙热中散发出灼人的气息。夏的明媚，盛放着生的年华。那一轮古老的金光闪闪的永恒的光明之星，被掩盖在漂浮的白云之下，层层的金光透过缝隙，像从水里折射出的光线一样。

飞鸟掠过，它羽翼丰满，光洁的翅膀反射着阳光。张开的双翼拂过片片云霞，使它看起来像是一片移动的云朵。或许洁白的飞鸟有成为白云的梦想，那白云呢，它对飞鸟也全心爱慕。

那些被泄露的阳光，惊奇地飞身于大地，飞鸟只在它飞翔的梦间畅游。它将歌唱，一生中辉煌的歌唱，歌唱青草树木，歌唱蓝天白云，歌唱泥土花朵，歌唱海洋瀑布……歌唱一切可歌唱的，欢乐的，忧愁的，久远的，暂时的，幽静的，高亢的……每一次的歌唱，便感触到生的伟大。喉咙找到原始的欲望，便开始放纵地欢唱，火一般的歌唱。伫足聆听这生命繁华乐音的人，请仰面观望，在太阳照耀的云边，永恒飞翔歌唱的鸟儿。

然而，夏天终究过去了，时间在前进，生命在轮回。

若在生命走向结束的那一刻，落叶用一种亮丽的旋舞结束火热绽放的一生，那萎落于地的一丝叹息，是终归尘土的欣慰。是对下一个耀眼夏天的向往。每一片黄叶的过去都是绿叶，每一片绿叶的眼中都是夏天。

所以，使"生如夏花之绚烂，死如秋叶之静美"。

我想起了浮泛在生与死与爱的川流上的许多别的时代，以及这些时代之被遗忘，我便感到离开尘世的自由。

回忆，是一件幸福而忧伤的事情。我们有太多的东西能够回忆，却永远回不到旧时旧地。当"世界在踌躇之心的琴弦上跑过去，奏出忧郁的乐声"时，那些别的时代的面孔，在难以触及的历史之中，有幸地成为故纸堆中的一行小小的文字，不幸地被历史碾碎成灰，湮灭于世。

遗忘，是为了更好地铭记。这是一个最好的时代，我们还有记忆，这是一个最坏的时代，我们终将遗忘。逝者如斯夫，不舍昼夜，回望那些漂浮无根的历史片段，生与死都不能阻挡，爱与恨终将会消亡。

尘世的乐土在于记住该记住的，忘掉该忘掉的，不必纠缠生与死与爱。在生命与历史的长河之中，我们似蜉蝣于天地，似沧海之一粟，不执著于铭记与遗忘，面向生命的自由，回归到历史开始的地方，生命孕育的时刻。

人走进喧哗的群众里去，为的是要淹没自己沉默的呼号。

莎士比亚说："人生如痴人说梦，充满着喧哗与骚动，却没有任何意义"。带着寂静之心，却难觅寂静之地。所谓隐者，大概是一种举世皆闹唯我独静的心态。当大声疾呼成为普遍的生命方式，独自清静的生命显示出难于合群的孤独。这种孤独迫使人走进喧嚣的人群中去获得一席之地。以温柔的态度去反叛大多数的骚动，从而让内心的呼号显示出沉默的力量。

鲁迅说，"不在沉默中爆发，就在沉默中消亡"。

黄昏的天空，在我看来，像一扇窗户，一盏灯火，灯火背后的一次等待。

在等待黎明之前，总会仰望天边的夕阳，近黄昏，无限好。中国式的诗意的审美，在逝去的美好中提炼出更具超越意义的美，撼动人心的美。

黄昏之下应该有什么？归鸟，人家，炊烟，写意的中国乡村的远景图。然后呢，会跟着一个断肠天涯的游子，以回归意象的组合，凸显出一颗怀乡之心。或是思妇凭栏相望，良人天涯远隔，可会在今日黄昏之下响起归家的足音？

　　黄昏，成为一扇窗户，一扇合家欢聚的家的窗户，窥见一个幸福的家庭。一盏灯火，遥望黑夜的灯火。灯火背后的等待呢？有归家的梦，有期待黎明的梦。

　　黄昏背后隐藏的是黎明，是一个光明的希望。等待，显得多么的具有必要和具有可能，并不是在遥遥的细数归期，是在等待星辰闪耀之中的轮回后，出现朝阳的生气。

　　黄昏无限好，只因近黎明。

　　　　蟋蟀的唧唧，夜雨的淅沥，从黑暗中传到我的耳边，好似我已逝去的少年时代来到我的梦中。

　　童年时我与你将这颗心刻在花树上，童年时我与你打秋千想要攀月亮。

　　童年时夜间墙角的蟋蟀声曾伴着我进入梦乡，我曾在夏夜的星空下坐在院子里打着蒲扇听着遥远的狗吠，我曾光着脚走在田埂上看着外婆的劳作，我曾挽起裤脚在水田里寻找着泥鳅，我曾在大雨滂沱之下顶着荷叶看胡乱跳水的青蛙……

　　只是那些曾经被称为童年的事件和着它的消逝而消逝了。如今那一切甚至不会再出现在我的梦境中。

　　我将天真、勇敢、任性、调皮、好奇、冲动都交给了童年保管，换取成年之后的成熟稳重。我在夜间偶尔的关于童年畅想，仿佛迷梦一般不曾显现过，飘散、飞走、掠过，那么轻飘飘地成为记忆。

　　我渴望一场时机，带回年幼的放纵，恣肆的打滚光脚。

　　诗人都是孩子，以童稚之心观世，多么的幸运。

　　　　你离我有多远呢，果实呀，
　　　　我藏在你的心里呢，花呀。

默默爱恋的心忍受着寂寞的煎熬却只因为难以开口表达爱慕。

是谁说，我爱你，与你无关。

太决绝的爱恋，显出无情来，并不存在羞怯的担心。没有什么好失去的。

是谁说，春蚕到死丝方尽，蜡炬成灰泪始干。

爱恋成一种不求回报的付出，执着于个人爱之伟大。

是谁说，人间自是有情痴，此恨不关风与月。

爱恋生出纯粹的爱的精神，没有欲望的沾染。

是谁说，你看我时很远，看云时很近。

我离你只有你的心离我的心那么远，我爱你如你爱我那样的深沉。你从不问我的心，也从不问你的心，我的爱是不是属于你。为什么呢？因为你在我的心里，你只需要被我注视，被我的爱包围便可。

一百年后，读着我的诗篇的读者啊，你是谁呢？

我不能从这春天的富丽里送你一朵花，我不能从那边的云彩里送你一缕金霞。

打开你的门眺望吧。

从你那繁花盛开的花园里，收集百年前消逝的花朵的芬芳馥郁的记忆吧。

在你心头的欢乐里，愿你能感到某一个春天的早晨歌唱过的，那生机勃勃的欢乐，超过一百年传来它愉快的歌声。

泰戈尔的诗句，隽永清新，像夜间的微风拂过，留下温润的触感。天真活泼，像溪流中曳尾畅游的鱼儿，带来新奇的想象。发人深思，像黑夜中的启明星，遥指真理的方向。

一百年后的诗句，经过时间的洗礼，仍旧香远益清，清新明丽像初春的嫩芽。这穿越时光的礼物带来了超越时间的感动。

天空不留鸟的痕迹，但它已飞过。

（作者单位：河北师范大学）

于新月中穿行的飞鸟

——我喜爱的泰戈尔

孙晓玲

"我的孩子,让你的生命到他们当中去,如一线镇定而纯洁之光,使他们愉悦而沉默。"我所喜欢的泰戈尔所写下的字句也恰如他的心灵一样,充满着童真和简单,却又是那样的深刻。看过作品之后的我们总是不能忘记那些文字给灵魂最深处的冲击。他的诗句一直就静静地在原地,看着时光流过,日落月升,从未远离过我们。

最开始接触泰戈尔的诗歌,不外乎是经常被烂俗的言情创作中所引用的"天空虽不曾留下痕迹,但我已飞过",亦或是以讹传讹的所谓的最遥远的距离那些句子。就这样的好奇,让我看起了泰戈尔的诗歌,并不像我想的那样,里面会大量充斥着你侬我侬,热烈甜腻的爱情诗。翻阅着泰戈尔诗集的我,好像看到了一个有着明亮眼睛的少年,散落在阳光下尽情奔跑的大笑和自由。

"彼此的眼里看清现世,彼此的身上发现自身——你我共忍穿越沙漠的艰辛。不去追逐海市蜃楼的缥缈,不去诱惑心灵将黑白混淆。你我一息尚存,人世的路上豪情满怀。情人啊,愿此言成为海誓,我与你同在!"泰戈尔《穆胡亚集》中的《无所畏惧》,让我们看到了一幅男女携手共行,将他们爱情的旗帜高高飘扬的无所畏惧的画面。这样的爱,不仅是纯真的、炙热的、而且是高尚而伟大的。它象一支古老而又清新的歌曲,拨动着人们的心弦。如此励志的爱情,有着共同的伟岸和高尚,有共鸣的思想和灵魂,扎根于同一块根基上,同甘共苦、冷暖相依。就因着心中那份爱,便是无所畏惧的豪情满怀。

另外一个让我久久感动的诗句很简单,"你离我有多远呢,果实呀?""我是藏在你的心里呢,花呀"。没有什么复杂的词语语法之类的,只是一个波澜不惊的对话,就已经在我们读者心里留下了无法磨灭的印记。你会在哪里,而我,一直留在这里,不曾离去。很经典的一句话就是,最浪漫的话不是我爱你,而是在一起。当花问起果实的时候,可以想到果实的回答是那种带着微笑又有淡淡无奈的语气。留在花心里的果实一直就在那里,一直就停留在花的心里,等待着花的发觉。但粗心的花还是傻乎乎地问起了果实这个问题。等待在花心内的果实,就是平淡爱情的细水长流,涓涓清溪。当然关于花与果实的象征意义,也有人觉得是理想的实现过程。在开花的努力和汗水之中,果实其实一直就在那颗奋斗的心中,等待着理想的实现。但是又何必计较那么多呢。一句诗句,不同际遇的人读出不同的味道和含义,这是读者的阅读的盛宴和享受。

我觉得泰戈尔的诗句里面就有着一种简单而坚定的信仰,也就是爱、美和自由的融合。通过泰戈尔诗意的审美视角,他笔下的景色也是充满了灵气和轻悠。人们常说,诗人是"人类的儿童"。因为只有用他们清澈的眼睛加上明净的心灵,才能写下那些像在阳光之下盛开的花朵一样的诗篇。

对于泰戈尔描写景色的诗篇,我们不难发现,他在看待一切景色时都应用了他那颗不老的诗心,引领读者跟随他的诗句进入到那个明媚又可爱的世界中去。佛家讲求"慧心",泰戈尔观察事物不只是用眼睛,还用了"慧心"去感受周围的景物。一朵花,一只飞鸟,一个顿足,一个回眸,在泰戈尔的笔下都化成了一曲辽远的歌谣,一丝幽幽的清香。"飘忽的旋风,穿过许多遥远的田野芳香,一阵阵飘扬过来,鸽子不停地在浓荫里啼叫,一只飞到我房里的蜜蜂,嗡嗡地诉说遥远的田野消息"。"雨过天晴,一群一群的野鸭飞到那里去,茂盛的芦苇在岸边生长着,水鸟在那里生蛋"。一曲曲自然生命的交响乐在泰戈尔的描写中让我看到那些鲜活生命的碰撞和共鸣,他用最纯净的人类的心灵去感触大自然的存在,破译大自然的密码,给我们呈现出了自然和生命的真谛。这些被泰戈尔拟人化的旋风,蜜蜂,还有野鸭,芦苇,在诗人笔下好像大自然无物不可入诗,无景不可成画。自然的每一景每一物都寄寓诗人的无限情思。当然这不仅仅体现在泰戈尔的审美理想和诗歌创作主题中，几乎所有伟大诗人都有着这种理想。在大自然的静美和博大神秘方面，华兹华斯的湖畔行游、梭罗的瓦尔登湖浪漫、济慈明澈洒脱的秋颂、徐志摩的康桥再别，都是像泰戈尔那样是对大自然的赞美和纯情的歌吟，表达了诗人真纯的审美理想。

曾经我不是很明白为何泰戈尔所写下的描写景色的文章，总是那么的柔和，美丽，芬芳，没有一丝的瑕疵和冲突，难道泰戈尔就没有对现实世界失望过而消极不羁吗？难道他的世界真的如他文章那样，随处充满了自然的新绿、可爱的鸟儿、挺拔秀丽的树和那含羞的鲜花吗？在我了解了他的人生经历之后，我逐渐明白，并非泰戈尔的人生没有波折，没有苦难，哪怕在晚年临近死亡时候的泰戈尔，也是充当着个安抚着人们心灵的牧师。"年华衰竭的玫瑰花瓣，从花盆一片片飘落。在花的世界，我从未见过死的变态。……但愿我看到，日出的东山和日落的西山，疲乏的日昼的目光交换——灿烂、谦恭的荣誉，走向美的归宿"。在人生路途的最后一站，泰戈尔尚能如此安定祥和，那么对于之前那些境遇又何足以纠结呢？在心灵和自然的两极之间，诗人泰戈尔能够自由地活动着，在交互共感中实现生命的价值。因为有着这种心境，才能够不断地把自己从禁锢中解放出来，从而与自然同乐，享受生命的丰盈和充实。所以，诗人对自然的吟唱总是纯情的，也是天然亲切的。

郑振铎先生在评价泰戈尔时曾说："他是给我们以爱与光与安慰与幸福的，是提了灯指导我们在黑暗的旅路中向前走的，是我们一个最友爱的兄弟，一个灵魂上的最密切的同路的伴侣"。我喜欢泰戈尔的诗篇，翻阅他的作品，就像他所说的微笑一样，从他的诗上，把这微笑蔓延在了我的生命上。

（作者单位：华南师范大学）

泰戈尔在我心中

——给我一个孩童的吻

朱亚琴

"我愿我能在我孩子自己的世界的中心，占一角清净地。"泰戈尔在他的《新月集》中这样写道。泰戈尔的诗歌散文热衷于描写孩童的世界，诗歌中充满奇妙想象，"使我们重又回到坐在泥地里以树枝断梗为戏的时代；我们忙着入海采珠，掘山寻金，它却能使我们在心里重温着在海滨以贝壳为餐具，以落叶为舟，以绿草的露点为圆珠的儿童的梦。总之，我们只要一翻开它来，便立刻如得到两只魔术的翼膀，可以使自己从现实苦闷的境地里飞翔到美静天真的儿童国里。"（郑振铎）而其散文又满是乐趣，恬静的语言中流淌着的却是散发着香气的诱人的棉花糖，彩色的。这个过分理想化的诗人，他甚至能把他的悲痛转化成美妙的韵律与句子，当你读着他在丧妻失子时写的诗歌，在他垂垂老去时写的散文，也许你能够理解我的说法，他是个过分理想化的诗人。或者你会感觉到你的额上被小心翼翼地、轻柔而不容拒绝地印上了一个吻，孩童的泰戈尔的吻。

当他在歌颂着孩子，歌颂着母亲，歌颂着童年，你猜他在歌颂着谁？是成人世界遗失的美好情怀。是当你抬头看见星空，便会赞叹"瞧，多美的星星，它在朝我眨眼呢。"而不是抱怨星光的黯淡使你看不清脚下的路，不小心在水坑里弄湿了昂贵的鞋子；是你在炎炎的夏日里，因为好奇光着脚丫子跑到湖边的树下听一个下午的蝉鸣或许还能跳进湖里洗个痛快的凉水澡，而不是在闷热的书房里为着算账心烦意乱，汗水从额头上滴落迷蒙了你的眼；是你想象着以后要做一个园丁，用你的锄子要怎么掘，便怎么掘，弄污了衣裳，晒黑了皮肤和打湿了身子，都没有人骂你，或者是一个更夫，不会被逼着天色刚黑就上床，可以摇晃着提灯，整夜在街上追逐自己的影子。而不是日复一日年复一年过着相似的日子，即使没有人催促也会按时熄灯上床不再出去乱晃。这些，都是曾经的你啊。生活需要热情，像加勒比海盗要征服海洋一样，你需要征服生活。记得你是你生活的主宰。如果你想要跳进湖里洗个澡，那就跳进去洗个澡好了，如果你厌恶了与数字打交道，那就放下账本去看看柳叶是如何在树枝上跳舞就好了。泰戈尔或许就是这样生活的呢。不，他一定就是这样生活的。他的生活从不重样，他那么真诚地热爱生活热爱自然，那么珍惜自己的童真的眸子和敏感的心灵，真好，即使是他从一米五窜到了一米八，即使他的带着孩童气质的鼓鼓囊囊的下巴上长出了黑色的胡渣，即使他再不会逃开大人的视线去做一些自以为的坏事情，即使已经有孩童会在看见他的瞬间规规矩矩地站好又趁他不注意时伴着鬼脸像他小时候做的那样，他仍是能闻到藏在衣服里的糖果香味，听到星星在说话，看到天边张起白色的帆，那是他的船。这些美好的事情，他从未曾错过。

　　诗中的那些孩子需要一个玩伴，不是能跟他一起玩泥饼的那种玩伴，是会在孩子说想做一个水手，想给自己的船安装一百只桨，扬起"五个或六个或七个"帆，要越过仙人世界里的七个大海和十三条河道时，笑着抚摸着他的头发告诉他："也许你需要我帮你抓住其中一只桨。"陪着他做梦的玩伴，母亲，是最合适不过的人选。温柔而又幽默，泰戈尔给他诗中的母亲披上了这样的外衣。"我是从哪儿来的？你，在哪儿把我捡起来的？"儿童闪着天真的眼睛却总是能提出棘手的问题。那么，母亲是怎么回答的呢？"你曾被当作心愿藏在我的心里，我的宝贝。你曾存在于我孩童时代玩的泥娃娃身上；每天早晨我用泥土塑造我的神象，那时我反复地塑造了又捏碎了的就是你。你曾和我们的家庭守护神一同受到祀奉，我崇拜家神时也就崇拜了你。你曾活在我所有的希望和爱情里，活在我的生命里，我母亲的生命里。在主宰着我们家庭的不死的精灵的膝上，你已经被抚育了好多代了。当我做女孩子的时侯，我的心的花瓣儿张开，你就像一股花香似地散发出来。你的软软的温柔，在我青春的躯体上开花了，像太阳出来之前的天空里的一片曙光。上天的第一宠儿,晨曦的孪生兄弟,你从世界的生命的激流浮泛而下,终于停泊在我的心头。"多美。我仿佛可以看到母亲娓娓道来时眸光眉梢上的一抹温柔,看到那玫瑰色的粉唇轻轻合紧又再度开启时吐出的温润泉水,看到卷卷的发梢在晨间的阳光下快乐地跳跃,而那馨香的怀抱像朝阳拥抱大地一样拥抱了那个小小的精灵。这是泰戈尔的魔力。也许他在写他的母亲或者是他的妻子,现实中她们是会发脾气的,也会硬声硬气地讲话,也没有那么睿智精灵,但是他啊,上帝给了他一双机敏的眸子,满布在空气中的蛛丝马迹的温柔也会被他网罗到,一眨眼就被嵌进恬静的话语,自然地如同一开始它便在那儿了。

"我的孩子,让他们望着你的脸,因此能够知道一切事物的意义;让他们爱你,因此使他们也能相爱。"你所赋予我的,我将全部得到,你不愿我懂得的,我将深埋心底。泰戈尔,如同你的名字已成为一群诗人的信仰一样,你印在我额上的温柔的孩童的吻,我会妥帖收藏,细心安放。

(作者单位:福州大学)

我心中的泰戈尔

赵 盼

　　一年未见，趁着暑假大家都有空，我们便相约共进了午餐。发小见面，自然是相互揭短，亲切非常。不知不觉，已到傍晚，大家一起走在那条熟悉的林荫路上，一路欢声笑语，丝毫不觉得那条路太长，丝毫不觉得我们的脚步太慢。

　　再怎么耽搁，我们还是回到了各自的家，母亲看我回来了："去把西街房子里你的东西收拾一下，明年就拆迁了，不要有什么东西落在里面才好。"步行来到西街，拿出那把生锈的钥匙，打开了门，和我离开时候一模一样：书桌上我最爱看的书，书橱里我从小学到大学的书、日记本、手抄本、摘录本。不自觉地翻开，呵呵，多么陌生又熟悉的字迹啊，这就是那个陌生又熟悉的自己么？看着稚嫩的文字写到"今天语文老师给我们讲了一个人，他是亚洲第一个获得诺贝尔文学奖的人，他是一个印度人。印度呢，老师说就是西游记里孙悟空、猪八戒、唐僧和沙和尚要去取经的地方。所以说，泰戈尔就是很厉害的人，老师还说中国还没有人得过那个奖，但是我不知道他能不能打过孙悟空，明天我要去问老师。"我笑了，笑曾经那么天真的自己，笑现在的自己对童年的自己，竟浑然不知。或许那就是泰戈尔给一个孩童的最初记忆吧，无关痛痒，最多也就是给孙悟空多树个敌人，多打一场架而已，丝毫不会让我因此少吃一颗棒棒糖。

　　放下日记本，又抽出中间那点缀着小白花的蓝色硬壳手抄本，想看看还有没有关于泰戈尔的只字片语，似曾相识的笔迹让我满心欢喜的同时终于翻到了一页，从第一句"瀑布说：尽管给旅人一点水就够，可是我还是贡献了全部。"到最后一句"如果你因错过太阳而流泪，那么你也将错过群星。"这些都是泰戈尔《飞鸟集》和《园丁集》里的句子，从书写的认真程度，和彩笔做的各色标记就可以看出，泰戈尔对于那时的我来说已经不是儿时与孙悟空相提并论的人物了。泛着哲思光辉的诗句，与唐诗宋词那么截然不同的格调韵律，常常引我深思，让我着迷吧。那么浅显的辞藻，那么朴实的文字，却总是富于哲理，就像风平浪静的海面，安静的犹如镜子一般，可看一眼就知道它很深，蕴藏着神秘的海底世界，那个世界对于我而言是未知的，所以对于他的很多诗句，我理解不了，就像我不了解他这个人一样。所以，与所有人一样对于不理解的事物，心里难免多出几分敬畏，像敬仰所有伟大的人物一样，敬仰这个印度、亚洲、乃至世界的诗圣。

是机缘巧合也好，命中注定也罢，或许是我儿时拿泰戈尔与孙悟空的荒诞联系，亦或许是我青春时期对于泰戈尔诗句的不求甚解，让我长大后有幸学习了印地语，与印度结下不解之缘，并游览了泰戈尔的故乡，那是印度给我印象最深的地方。记得那时是中国农历的腊月天，就连印度新德里都寒气逼人，但是当我们到加尔各答的时候，却是异常温暖，仿若春天。特色建筑，鳞次栉比，各种商品，琳琅满目，物美价廉，颇有中国老上海的韵味。不知道一百年前这里如何，但一百年后的我只觉得不管是初到那里还是离开那里至今，对那里的印象都是四个字——人杰地灵。

那样美的地方，孕育出泰戈尔那样美的心灵，才能写出那样美的诗句。冰心于1919年读泰戈尔的"传略和诗文"后感叹：心中不作别想，只深觉得澄澈——凄美：

> 我提着空桶站立着
> 把汩汩发响的水瓶搂在腰上的女人们，从河边走来
> 你的钏镯丁当，清水溢出罐沿
> 晨光渐逝
> 而我没有走近你

这是冰心译的泰戈尔的《园丁集》里，我最喜欢的诗句之一，写得那么云淡风轻，我记得却是刻骨铭心，是不是世间一切事物，只经他信手拈来，就是个美丽的花环？我们知道他是个有巨大世界影响的作家，可知他也熏陶了一批中国最有才华的诗人和作家，其中郭沫若、冰心受到的影响最深。郭沫若是中国新诗第一人，称自己文学生涯的"第一阶段是泰戈尔式的"。冰心是中国新文学女性作家第一人，她早期的创作受到了泰戈尔的明显影响，特别是诗集《繁星》和《春水》。她说："我自己写《繁星》和《春水》的时候，并不是在写诗，只是受了泰戈尔的《飞鸟集》的影响，把许多'零碎的思想'，收集在一个集子里而已。"从中我们可以知道，难怪冰心的《纸船》是那么清新，那么唯美，原来早在一百年前就有人把美传递给她了；难怪就连美国诗人庞德都说："在泰戈尔的诗里我们发现了新希腊，在泰戈尔面前我好像是一个手持石棒，身披兽皮的野人。"而我只想说，如果你想知道天堂是什么样子，如果你想获得心灵深处的宁静，如果你想找到梦寐以求的世界，那就读泰戈尔的诗吧，就拿他的《新月集》中的一首诗来说吧，诗中有一段这样写道："如果我是一只小狗，而不是你的小孩，亲爱的妈妈，当我想吃你的盘里的东西时，你要向我说'不'吗？"我觉得就算是冷血的杀手和罪犯读了他的《新月集》，也会重归生命最初的柔软与善良吧。

会写诗的诗人很多，思想的巨人也太多，泰戈尔之所以在我心中一直居于至高地位，是因为他是思想的巨人，而不是行动的矮子。他说"我们每天在这大地母亲的怀抱里汲取营养，而我们有教养的杰出人物却在思想高空里漫游——如果我们所有绝妙思想都漂浮在空幻之中，那么新时代的播种季节将会变得毫无意义"。他不觉得自己是两耳不闻窗外事，一心只读圣贤书的圣者，他希望学以致用，希望印度早日摆脱英国的殖民统治，他是印度显赫的婆罗门贵族出身，家境优越，自幼受到良好的教育，当时的印度人大都以能得到英国人赏识为荣，希望能在国民议会等高层谋个一官半职，或是固守荣耀安稳终生，但是泰戈尔却是第一个拒绝英国女王授予"骑士"头衔的印度人。他曾在民族独立运动高潮时，写信给英国总督表示抗议殖民统治，并高唱自己写的爱国诗歌领导示威游行。

泰戈尔反对英国在印度建立起来的教育制度，他亲自前往圣蒂尼克坦，在那里按他自己的设想创办了一所学校，这就是印度维斯瓦·巴拉蒂大学（也称"印度国际大学"）的前身。他认为教育的真正目的，不是用死记硬背的知识塞满头脑，而是掌握全部感性知识和发展心灵。可能世界上再也没有一个国家的教育模式，能像印度这样和中国如此相似；可能除了印度之外，世界上也没有一个国家，能像中国这般，需要泰戈尔这样能新辟教育之路、为国之未来倾其毕生精力的人才了。写到这里我不禁想起了中国著名的钱学森之问，同样作为知识分子，今天的我们关心的是什么？所谓知识分子阶层的有些行为，真让我羞于以知识分子自居了。

"怎么还不回去吃饭呢，就这几本书收拾这么长时间啊，明天再来收拾吧！"不知不觉间，已过三个多小时，母亲来喊我回家吃饭了。

走在回家路上的我，看着满天的星斗，默念："生如夏花之绚烂，死如落叶之静美。"泰戈尔做到了，我能做到么？

（作者单位：西安外国语大学）

泰戈尔在我心中

赵智慧

深入了解印度大诗人泰戈尔是从他的《吉檀迦利》开始的。我还记得读到《吉檀迦利》第 17 首时的感受,我的心跳莫名漏了一拍,精神完完全全被吸引,眼前开始出现一些朦胧的画面,我的灵魂仿佛受它控制,被它牵引,一切都发生在不知不觉中。

  我只在等候着爱,爱最终把我交在他手里。这是我迟误的原因,我对这延误负疚。
  他们要用法律和规章,来紧紧地约束我;但是我总是躲着他们,因为我只等候着爱,要最终把我交在他手里。
  人们责备我,说我不理会人;我也知道他们责备是有道理的。
  市集已过,忙人的工作都已完毕。叫我不应的人都已含怒回去。我只等候着爱,要最终把我交在他手里。

诗中的神秘性和宗教性让这首小诗独具魅力,它的美,让我深深地沉浸其中。学者们都说它是一首颂神诗,我对它颂的是何方神灵充满了好奇,它是印度传统宗教中的神吗?还是西方的上帝,或者是其他的神灵?大师季羡林认为:"尽管泰戈尔也受到西方哲学思潮的影响,但他的思想的基调,还是印度古代从《梨俱吠陀》一直到奥义书和吠檀多的类似的泛神论的思想。这种思想主张宇宙万有,同源一体,这个一体就叫做'梵'。'梵'是宇宙万有的统一体,世界的本质。人与'梵'也是统一体。'我'是'梵'的异名,'梵'是最高之'我',人的实质同自然实质没有差别,两者都是世界本质'梵'的一个组成部分,互相依存,互相关联。"季先生并没有明确表示泰戈尔诗中的"神"就是印度传统宗教中的"神",但是肯定了诗人对印度传统宗教中"神人合一"的精神追求,同时也委婉地反对了学界对泰戈尔"泛神论"的批评。其实泰戈尔本人对学界强加给他的泛神论思想是持否定态度的:"神学家可以追随学者,认为我写的一切都是泛神论。但是,我们不会崇拜这个术语,不会为保护它而摒弃活生生的真理。"他曾明确解释自己的信仰:"既不是一个正统的虔诚的人的宗教,也不是一个神学家的宗教,而是一个诗人的宗教","只有当我沉浸于一首新歌里时,我格外深刻地和亲切地感受到他的存在。"所以,诗中的"神"既不在印度,也不在西方,它在泰戈尔的心里,在泰戈尔的人生体验里,它是泰戈尔的"个人的心灵之神"。

　　泰戈尔吸引我的另外一个地方就是他对爱的理解。"爱"这个字耐人寻味,当我细心琢磨这首小诗,我似乎听见心中有个小小的声音在诉说,"爱"是作者创作的灵感和源泉。泰戈尔用他的文字表达着自己的信仰,他等待灵感的降临,无论等待有多艰难,但是他却一如既往,虔诚地祈求灵感的到来,寻求理想的实现。泰戈尔的诗,从来都是与心灵相契合的,而灵感恰恰又是通向心门的钥匙。在这首我认为是专门为灵感创作的诗中,诗人将灵感比喻成"爱",只有"爱"才能把"我"交予"心灵之神",达到"神人合一"的境界。

　　在等待灵感到来的过程中,一些"小插曲"使得这次等待充满情趣,读来生动活泼、形象传神。"爱"久久不来,诗人等得心焦,一方面是因为不知何时才能与"心灵之神"邂逅,另一方面是因为延误工作而深感抱歉。可是崇尚自由的诗人,绝不会向世俗的"约束"妥协,哪怕惹来周围人们的责备,也依然等待灵感的到来,以呈现与"心灵之神"相契合的作品。这时的诗人何等执著!不管周围的人们投以何种目光,关心、赞赏,亦或是轻蔑,甚至于讽刺,在理想面前,这些都已经无所谓了。

　　"市集已过,"可谓是小诗的点睛之笔,它暗示了"爱"的根源,泰戈尔的灵感来源于生活。虽然在创作的过程中,生活的晦暗面曾经试图"约束"

他，阻挡他和"心灵之神"相契合，可是心怀博爱的诗人隐去了生活的苦难和晦暗，一字不提，因为他热爱生活，热爱生活中一切可爱的事物。于是，他也将热爱生活写进诗歌，以此来唤起人们对生活的热爱之情。

　　在我看来，这不仅仅是一首小诗，更是在阅读中打开泰戈尔文学世界的一扇窗子。诗人自己的灵魂和生命融为一体，化作一眼柔柔的清泉，流入我的心田，使我时时感觉，泰戈尔在我心中，指引我开始形而上的思考，带给我丰富的人生启示。对爱与和谐的信仰，对理想的执着追求，会让人生充满欢乐和光明。泰戈尔在面对理想与现实的冲突时所做的选择——"我只等候着爱"，深深地打动了我，使我内心得到净化，似乎在嘈杂中获得了一片净土。诗人告诉我，尽管困难重重，但追梦中的痛苦总有快乐相伴，执着的追求更能获得精神的享受。因此，我愿为此付出泪水与汗水，来收获整个人生的欢乐与光明！

（作者单位：河北师范大学）

泰戈尔在我心中
——怀揣玫瑰的星辰

董雯婷

什么样的作家是能够活在人们心中的？或许你也有许多答案，也或许谁也说不清楚。我总以为，不朽的作家应该是这样的：他们如天上的星辰，当我们的灵魂散落于世界各地的夜晚中时，他们注视我们，那是一种遥远的，不需要温度的感召。我们仰望他们，不是因为光芒，而是因为梦想和本能。当我们伸手轻触，会发现他们并不像传说中那般被定格在冰冷的青铜像上，而是怀揣玫瑰，美好而舒展地对我们微笑。

我想，泰戈尔便是这样的作家。

15岁那年，我参加过一个读诗会，炎热的天气，狭小的房间，许多人中，我脸上淌着汗水站起来说："今天我为大家带来的是泰戈尔的《吉檀迦利》。"

近十年过去了，每当旁人提起这位诗人的名字，我脑中还会浮现出15岁那年的夏天，那个汗水涟涟的小女孩，瘦弱，胆怯，站在人群中摇摇欲坠。当我用颤抖的嗓音念出那些诗句时，觉得自己并不只有弱不禁风的身体和大如满月的理想。

那些年，时间还很漫长，我停留在我生命中或许是最后的一段不急不缓的日子里，读诗，写诗，做梦。我的朴素和无畏像我畅想的未来一样，让我笃定而骄傲。我爱那些名字：博尔赫斯，里尔克，拉格克维斯特，切斯瓦夫·米沃什……当然，还有泰戈尔。那些句子纯粹而隽永，如那时的阳光，热烈灿烂但不灼人眼目。对于我来说，这些来自异域的作家不仅代表着一个静美的午后,还意味着远方,那是我尚不知晓但总有一天会抵达的地方。

而我的渴望总是令母亲担忧,她修剪着永远长不出阳台窗户的兰花,问我,你为什么不出门,去看看外面,世界和你想的不一样。

我从不和她争执,每一个少年人都会有这样的叛逆,否定一切或接受一切,性质都没有什么不同,目的只是抗拒被改变。我逐字逐句地背诵泰戈尔的《飞鸟集》,整本书都卷了边,纸张磨得发毛。我羡慕作家得天独厚的出身和世所罕见的才华,也梦想有一天能如他一样改变世界。

独自坐在阳台读书和做梦的午后毕竟不会一直持续下去。后来我还是离开了家,离开了母亲,在外求学时我才开始接触人们口中所谓的"外面",我打过零工,做过家教,跳上肮脏的火车去陌生的城市旅行,对于这个世界,我不放弃任何一个读懂它的机会。

而它回馈给我的,却是往往无法压制的烦恼。

我作为一个愤青的日子并不太长,在短暂的恼怒之后我只是感到无措,那种感觉好像是带着一朵花走了很远的路去看一个人,结果那人却迎面给了我一个耳光。我就像压在箱底的泰戈尔诗集一样无法自处,面对嘴角洋溢着嘲讽笑容的兜售社会经验者,我感到羞愧。我终于不再愤怒于匪夷所思的现实,而是为自己曾经的愚蠢难过。我发现唯有为自己戴上一张面具,对一切泰然处之,才能在世界划给我的小小地盘上屹立不倒。

我已知道我并不能改变世界,即使是泰戈尔也不能。在他去世后这么多年,他控诉了一辈子的封建、不公和殖民统治依然贻害无穷。

我已很久不读诗。

有一天,我回家去看母亲,她问我,你还去读诗会吗?那里有人找你。

我本来不想去,在时装店逛了又逛之后,鬼使神差地拐进了那条小巷。熟悉而陌生的小房间里,在坐的有我的一位朋友。他正在读的诗是我耳熟能详的。

The grass-blade is worthy of the great world where it grows.
绿草无愧于它所生长的伟大世界。

是泰戈尔的《飞鸟集》。我们向对方微笑，然后相谈甚欢。你知道吗？他说，泰戈尔在生命的最后一年，写了《文明的危机》控诉殖民统治。他还写过印度的国歌《人民的意志》。所以重要的不是他一生的奋斗是否成功，而是他奋斗到了最后一刻。记住，"绿草无愧于它所生长的伟大世界。"

那时我便明白，并不是世界不够好，而是我没有像一个诗人一样去读它。我们的生活不该因为世界的一些阴暗面而彻底毁掉，事实上，有多少坎坷，就有多少泥土将之填平。每一天我们都可以听到："印度洋的波浪唱着歌，向你颂赞向你祝福。"

所以正确的生活态度应该是这样：守住美好的，在有生之年尽情享受它；抗拒丑恶的，尽我所能消除它。

前几日，我在送给母亲的相册上留下了那首《金色花》：

Suppousing I became a champa flower, just for fun, and grew on a branch high up that tree, and shook in the wind with laughter and danced upon the newly budded leaves, would you know me, mother? ……

时光荏苒，我最喜欢的，还是泰戈尔的这些小诗。他的诗不像博尔赫斯，有浓浓的书卷气和出世感；也不像顾城，读来令人心中颤栗得发紧；更不似里尔克，像绝望的雨水滴进眼眶。他的小诗清新凛然，洋溢着孩童时的丰饶和澄澈。如今我已不是那个小女孩，胸中也再没有了无法排遣的愤怒，我终于能够懂得这些句子，那是一种收敛了悲戚的欢乐，洋溢着希望和宛若旧日的斑斓色彩。

今年，是这位诗人获得诺贝尔文学奖的一百周年，他是我的夜空中，怀揣玫瑰的星辰。如果在某一种情况下，我突然在街上与他相遇，一定不会与他说一句话，只想递给他一枝刚摘下的鲜花，看那花瓣上露水颤动，滚落在我手心，如母亲的轻吻。

（作者单位：西北大学）

飞鸟，他还在吗？

罗 丹

"你是什么人，读者，百年后读着我的诗？"我不是一个虔诚的信徒，但我愿意去相信《吉檀迦利》里神的存在。"我不能从春天的财富里送你一朵花，天边的云彩里送你一片金影。"转瞬即逝的美好弥足珍贵，但我更珍惜《新月集》里至今还能渗出的微茫。"在你心的欢乐里，愿我感到一个春晨吟唱的活的欢乐，把它快乐的声音，传过一百年的时间。"我不知道他究竟离我多么遥远，但我只想问那翱翔于天空深处的飞鸟，他，还在吗？

第一次带我找到他的，是偶然停留在书柜上的飞鸟。在飞鸟的喃喃低语中，在朦胧中，我依稀看到了这么一个轮廓：年轻的脸庞上或隐或现的沧桑，有神的眼眸内时淡时浓的睿智，微抿的嘴边处处清晰可见的微笑。待我还犹豫着是否有资格上去与这位大师交流时，我听见了飞鸟的鸣叫，"世界上的一队小小的漂泊者呀，请留下你们的足印在我的文字里，"又像是这位大师心中的呼唤。泰戈尔用《飞鸟集》赐予那穿越百年时光仍不知疲倦飞翔的飞鸟以生命，而我们又何尝不是在百年之后因看到飞鸟留在天空中的轨迹而热泪盈眶，变成了一群追寻着他的存在的飞鸟呢？

《飞鸟集》应是当之无愧的启蒙诗篇，它的足迹遍布他精神世界里的每一个角落。直至今天，一谈起泰戈尔，脱口而出的"使生如夏花之绚烂，死如秋叶之静美，"多年前只知其言而不知谁所言，然而当听见飞鸟用它柔和的嗓音念出这句诗时，仿佛初见时的空虚已不再，油然而生的崇敬感瞬间溢满了心扉。《飞鸟集》最后变成了一只永生的飞鸟，在世界的每一处朝夕相接的地方，展示他的绚烂。飞鸟无意指引后来人，也无意与身后的知己相交，若是碰上那么一两个死死缠着它问路的后辈，它也只是寥寥数语。飞鸟不为每一位读者而生，它由着信念而翱翔。谁也不知道，飞鸟飞向之所，是不是他至今仍还停留的地方。

飞鸟永生只往虔诚处飞翔。泰戈尔的《吉檀迦利》是他心中最为虔诚的颂歌，凝结成文字之后，却又不拘束于文字。"我这一生永远以诗歌来寻求你。"这是他最为虔诚的信仰，为此，生死的概念在他的世界里模糊了，飞鸟得以永生。若要说《吉檀迦利》是一本需要洗手焚香才能静心品读的经文，那泰戈尔又何尝不是一个你只能在生命的罅隙里，才能寻到的伟大诗人呢？1913 年因为《吉檀迦利》，泰戈尔的名字被光荣地记录在诺贝尔文学奖的史册中，2013 年，刚好是这份荣耀闪烁了一百周年的纪念日。是淡了，不过那只是泰戈尔的面容；更浓了，诗集里所散发的芳香。即便是一开始的不相识，飞鸟的飞行轨迹也会让久在樊笼里的心蔓延出一种无限的向往，让人去追寻，直至与他相遇。不死不灭的他，是否真的还存在于世界的那一端？

在山重水复里团团转，以为自己在寻找泰戈尔的前路迷失时，柳暗花明处却听到这么一句，"你原来在这里！"那是他的声音，绵长而又沙哑。在直白和含蓄中展现出一种人生新的顿悟，开创者应该非泰戈尔莫属吧？以至于后来，在读张爱玲《爱》的时候，发现其结尾处的感受和在泰戈尔所受的触动几乎是大同小异时，瞬间感动涌上心头。也许张爱玲也曾顺着飞鸟的踪迹一步步地去寻找泰戈尔，也曾被这个诗人的虔诚和真挚所感化。于是笔下的文字，也沾上了信徒的气息，少了她一贯的锋芒，多了流水般细腻的柔情。"我来到了永恒的边涯，在这里万物不灭——无论是希望，是幸福，或是从泪眼中望见的人面。"文字静默地将这句话传递到每一位读者面前，他还在，在永恒的边涯里，在一代代文人的笔墨中，得以永恒。

原以为，他绝对不会在新生的稚嫩里展示他那渊博的智慧。可是，飞鸟却停留在了新月下的菩提树上休憩。《新月集》，一个由童话构成的世界。从没想过，童真童趣，会这么淋漓尽致地经由一位哲人展现出来。虽然没有安徒生带来的童话那般奇幻美妙，但是作为诗歌而言，却是在几行字句中，已经把孩子时代的记忆展露无遗了。《金色花》中，诗人带着孩子般天真的语气询问，"假如我变成了一朵金色花，为了好玩，长在树的高枝上，笑嘻嘻地在空中摇摆，又在新叶上跳舞，妈妈，你会认识我吗？"在脑海中的泰戈尔，此刻的形象却与孩提时永不疲倦地问着一大堆只属于孩子的问题的自己相重合，即便诗人在后面没有妈妈的回答，但此处诗歌的不完美，靠着回忆渐渐补完。如果也正是《新月集》的那个孩提时代的自己，碰到高高在天空中飞翔的飞鸟会如何呢？是还会一味执着地像现在那般执着地去追寻一份他的真实？还是会大呼小叫地发出兴奋的声音，仅仅只是把这个当做生命列车上一闪而逝的风景呢？"风暴在无路的天空中飘游，船舶在无轨的海上破碎，死亡在猖狂，孩子们却在游戏。"当我们回到童年的时候，怎么会产生那么多的疑惑呢？又怎么会因为这些疑惑而驻足不前呢？既然想要随着飞鸟去追逐那位大师的存在，那就去吧。不管结果如何，也不需要反复地缠着飞鸟问他是否还在的这种问题，只需要无忧无虑地去追寻，哪怕你已经不是所有人眼中的"孩子"了。

　　一如《荷马史诗》响彻整个欧洲那般，泰戈尔的诗作，被称为是印度的史诗。是那诺贝尔文学奖带来的荣誉吧？可是《荷马史诗》也并不曾获得诺贝尔文学奖，那个时候，也根本没有所谓的诺贝尔文学奖，只是被所有的欧洲人民认可罢了。能被冠以"史诗"的嘉誉，必是其本身已被认可而并非所谓的虚名吧。一如至今还在追寻着他的存在的人们，世界上有那么多的诺贝尔文学奖的获得者，但为什么，追随泰戈尔的人群那么庞大？即便百年光景已逝。这也就是为什么那么多人再见过天空中高飞的飞鸟后，自然而然涌上心头的疑问：飞鸟，他还在吗？明知道问而无果，还是随着飞鸟的踪迹，一同奔赴那浩渺的天空。一如当初泰戈尔来拜访中国的那股热情，至今依旧留存在这块九州大地上。若有幸一睹大师真容，那必是三生有幸而激动难安。若不得，仅是怀着心中的疑惑去追寻飞鸟的踪迹，想必也是一件让人庆幸的事情吧？"在哪里我找到了朋友，我就在哪里重生。"一如当年的泰戈尔，他留下的诗篇，也让多少个荒芜的心灵涅槃重生。飞鸟凝固的姿态，慢慢与橄榄枝的形状愈来愈相似。但是飞鸟始终是鲜活的，他以永恒的飞翔而凝固成一种信仰的姿态。当内心因对这位伟大的诗人产生年代的隔阂而苦闷时，总会脱口而出："飞鸟，他还在吗？"尽管是无意义的问句，尽管此刻飞鸟无影踪，尽管早已知晓答案，但心中的烦躁，却已消失大半……

"泰戈尔"，那是飞鸟的归向。那在我心中呢？也许很多人都会用创作了许多著名的诗歌与小说的一个印度大师来形容这位大师，但我的答案很简单，那是一个智者，一个我会反复询问飞鸟，希望确认他存在的未知数。

（作者单位：华南师范大学）

泰戈尔在我心中
——灵魂的济舟者

陈瑜琦

  风轻轻吹过他的额角，惊扰几丝白发，而他神色安然，静立在一片绿地之上，几声飞鸟过耳，他微微抬动眼睑，任岁月在他苍老的脸庞上刻上生命的轨迹，花香袭来，那是大地的祝福，是人们对他的祝愿与感谢。他缓缓抬起双手，彷若触到了几分灵魂的真实。无源的风再起，缱绻他手，将点点萤火化作满天星辰。

  他是我心中慈爱的老人，是灵魂的济舟者，他的名字是泰戈尔。

  他一生诗作丰硕。最让人动容的是，他的诗冥冥中有打动灵魂的力量，仿佛能穿过世俗的浑浊，抵达生命的纯净之处，发出令灵魂颤动的呐喊。那呐喊能使迷途之人找回生命的灯火，穿过无尽的黑暗；那呐喊能使坠入绝望之人领悟生活的真谛，在狂风暴雨中拥怀生命的奋勇和希望；那呐喊能使浑噩之人于生活周而复始的单调匆忙的步履中，展开一双宁静似水的眼眸，看庭前花开花落，望天上云卷云舒。

  "生若夏花之绚烂，死如秋叶般静美。"他用所见所观叙写了他对生命的理解和定义。生是大地慷慨的赋予，值得我们好好珍惜感怀。在追梦的旅途中，尽情地释放生命的力量，为之奋斗，为之激昂，犹如夏季之花，沐浴在阳光之下，让那身为旅者的风也忍不住将那沁人的花香偷偷地藏在包袱里。那生命的色彩啊，被花朵泼洒得如此淋漓尽致，那生命的芳香啊，被时间酿成了醉人的回想。当生命走到了尽头，当力量渐渐从手中流失，当枯黄侵染了脆弱的脸庞，犹能保有内心的一片宁静透彻的湖水，在死亡的萧瑟中充满着对生命的敬意，让灵魂不被未知的恐惧欺凌，让灵魂于污浊的尘世中超脱，如同那缓缓落下的秋叶，庄静、美丽。那是生命的庄严、宁静，是灵魂的淡然之美。

"小草呀，你足步虽小，但是你拥有你足下的土地。"他是大地之子，他用自然的点滴映射寓意深远的生命的哲理。那短小精悍的句子，如同粗壮的树根，深深虬扎进大地的深处，向着天空的方向开出满树的繁花。落英缤纷，灿烂的日光穿梭在此间，闪烁着智慧的光芒。

小草，是天地间最朴素的存在，它脚下的那一方小小的土地便是它存在的最好证明。它的生命并不是残缺的，相反地，它是富有的，它的生命不是渺小的，相反地，它是伟大的。因为生命的真正意义不在于享有多少财富，不在于紧握多少的权势，荣华富贵在生命漫漫的长流中都将化作过眼云烟。生命的真谛在于知足之心，在于不断进取之心，看似矛盾，实如阴阳相长相消，彼此共有一个源头活水，他告诫我们，既不要因为自己的进步小而放弃继续进步的进取之心，进步再小，也是在向前迈进，也不要因为自己的收获小而贪图更大的利益。一分耕耘，一分收获，收获与付出是成正比的。只有知足之心，才不致于使自己失足掉落欲望深渊，也只有知足之心，才能更好看清自己，看清世界，怀抱自己所拥有的享有世界的美丽，享有灵魂的宁静。

"绿树长到了我的窗前，仿佛是喑哑的大地发出的渴望的声音。"他是灵魂的济舟者，他用来观看这个世界的不只是慧黠的双眼，更是纯净的灵魂。所以，他看到了和我们不一样的世界，他体会到了和我们不一样的生命的孤寂和悸动。"忧思在我的心里平静下去，正如暮色降临在寂静的山谷中。"他的文字倾露了他的生命，他的灵魂，他眼中的另一个世界。他让自己与世界同化，与大地同化，于是，他的眼中有了不一样的色彩，他的智慧在他的文字中挣脱了时间的束缚，影响着一代代的读者，颤动着一个个的灵魂，唤醒了一个个饱受苦难折磨的迷途人，平静了一个个躁动的心灵。"静静地听，我的心呀，听那世界的低语，这是它对你求爱的表示呀"。他是质朴的，他是真诚的，他教会我们学会去聆听世界对我们的爱。"群星不怕显得跟萤火一样"，真挚的付出不需要伟大的名声作为装饰。点亮夜色的群星也好，散漫山色的萤火也好，只要能给旅途中的人们照亮前行的路，那便好了，足够了，这才是最初的祈愿，也是最浪漫的邂逅。

泰戈尔，他是一个和蔼的老者，是一个拥有智慧的圣贤。他是大地的儿子，是灵魂的济舟者，启迪了一个一个的灵魂，牵引着一个一个灵魂找回归路。他的诗句遗留在人世间，影响了一代一代的思想，引导着我们回归灵魂的纯净，找寻人性的本真。

（作者单位：深圳大学）

泰戈尔在我心中
——生如夏花,盛放

李丹蕾

Let life be beautiful like summer flowers and death like autumn leaves。
生如夏花之绚烂,死如秋叶之静美。

——泰戈尔

时常徘徊在虚幻与现实之中,不知何处是归处。

泰戈尔的诗歌总能带给我心灵的平静。《飞鸟集》曾经一直陪我走过青春的渡口。我一直相信,总有人的作品是写给寻求着沟通的灵魂晨光。即便那只是尘世间的一小部分人。

稚子是最为纯净的存在,时间的苍凉与世事的沧桑并未渗透进他如蝶翼般脆弱的肌肤。而早已走向成长的不归路的我们,恰恰需要一些能引领寂寞灵魂的东西作为导航灯,泰戈尔的诗歌引领我以不同的姿势不断出发。为某些只有自己才能领悟的来自心灵深处的召唤,走在路上,以宁静坚定的姿态。

在他的诗歌中,我看到时光。消逝的和流过的时光,我静立于岸边,等待泅渡,看到彼岸盛放的曼陀罗华,守候一期一叶之会,却无法到达。只因我从来都是一个观望者,没有泰戈尔走进生命的谦和姿态以及琉璃心。即便这样,我仍能从他领悟出的人生中找到属于自己盛放的生命。一直未曾明白生命真实的意义何在,却对它有着充沛而无与伦比的情谊,即便无法述说。

幼时的一位朋友,经历了初恋的挫败与父亲的逝世,认为自己的青春已枯萎。那是巨大的空虚感，抵制了对生命的质疑。爱恋如此纯粹而剧烈，却终于在现实面前粉身碎骨，无路可退。生命如此脆弱，隔离了生死的相思与爱恋。

  也许你所爱的人们会抛弃你，但是，不要介意，我的心啊。
  也许你希望的蔓藤会折断在土里，它的果实都无用了，但是，不要介意，我的心啊。
  也许在你的门前黑夜会赶上你，你想点灯的尝试都落了空，但是，不要介意，我的心啊。
  ……

  犹记得她吟着这首诗时，抑制不住潸然泪下的情景。流年易逝，如花美眷已成殇。我不得不叹服泰戈尔对生命与爱恋的透彻了解，令人心生敬畏。恍若苍茫天地间的一束光，透析着生命的本质。而现在，她喜欢上一个人的城市，从南到北，不断游弋。只为一直向前。我想她之所以不会停留，摔倒之后也要继续向前，不是因为豁达，也不是勇敢。而是害怕多看一眼绊倒她的那些地方"What you are you do not see, what you see is your shadow. 你看不见你自己，你所看见的只是你的影子。"我不能对别人的人生予以置评，但因泰戈尔，我明白人在对苦痛和阴影有所承担、有所体悟之后，才能真正理解其所映衬的那一道纯粹自若的光的洗礼。人与时间并行，渐渐就能看清心灵的复杂褶皱和层次。也只有历经世事之后，心灵的虹光才能穿透表象抵达本质，并试图给予一切宽容。
  时间有限，追索生命的诚意与真实，比什么都重要。
  除夕夜晚，凛冽寒风中，裹着厚厚的围巾观望焰火盛宴。耳边不时传来隆隆的轰响。烟花易逝，想起一些人。他们如同在我世界里盛放的烟花，被逼迫窜到天空痛楚绽放，然后消逝。仿佛彼此邂逅的意义，只在于交会的光华瞬间。只是瞬间，想想便觉心中一片荒芜。翻开泰戈尔诗选："Never be afraid of the moments, thus sings the voice of the everlasting. 决不要害怕刹那——永恒之声这样唱着。"世间也许每穿越一百年，便会有消亡和变更。没有人记得尘世亿万人行走的道路与痕迹，包括他们的言论和作为，卑微和付出，失落和挣扎，都将在时间里如尘土般寂静。全新的秩序即使曾经破碎也必须建立。总会有一种存在天地之间超脱天地之外的力量，才能永久让人信服。正如泰戈尔等少数人留下的精神文化力量，让人愿意相信生命之道，这也是人们能获得的慰藉和信念所在。

"I think of other ages that floated upon the stream of life and love and death and are forgotten, and I feel the freedom of passing away. 我想起了浮泛在生、爱与死的川流上的许多别的时代，以及这些时代之被遗忘，我便感觉到离开尘世的自由了。"沿着黄昏的海边，一路看到形状各异的云，却都有着恒久的平淡。仿佛生命一样无常而又恒定。太阳被遮挡，却有光倾泻下来，一束束滑落，抚摸着山峦和湖面。仿佛是来自天上的路途，可以超脱人间的悲喜和得失而去。我们应如泰戈尔一般，心怀对生命的感恩与谦卑。只有这样，才能被生命的美和尊严折服，领会他诗歌中神性的美，情感的美，自然的美。对时光，对美，对生命始终保持敬畏和感恩之心，让我的生命如皎皎白玉兰，清雅坚定绽放。不论是竭力怒放，亦或是静默颓败，都如此甘愿和郑重。

这就是生命的神性所在。无法预料未来以何种形式降临及带来的终局。我想抛却束缚，成为内心深处那个骄傲透彻的少女，聆听泰戈尔吟唱，让心灵变得清晰透彻，并不为其束缚。只因我信任真实透彻的语言，没有虚浮，有的只是在生活和情感中的沉淀。美好的事物总能经得住时光的打磨，在锦年中流转。浮生花事绘从容，我相信超越生活表象的带有神性的真理所在。看着那些温暖的光直指人心，在昏暗中升起并怒放。

（作者单位：福州大学）

印象·泰戈尔

丁文静

有人说，他的无边的想象与辽阔的同情使我们想起惠特曼；他的博爱的福音与宣传的热心使我们记起托尔斯泰；他的坚韧的意志与艺术的天才使我们想起造摩西像的米开朗琪罗；他的诙谐与智慧使我们想起当年的苏格拉底与老聃！

有人说，他是印度最伟大的诗人和文学家。他的一生中，留给这个世界50部诗集，12部中长篇小说，百余部短篇小说，60余部戏剧，以及大量的其他著作。

对我而言，他是一个须发皆白眼眶深陷但仍天真烂漫的孩子，当旧词在舌尖上完结，新的曼妙之音又从心底涌出；他是植根于恒河之畔的棕榈树，呼吸着印度洋的风雨，吟唱着无尽的爱和阳光。

是的，他，就是泰戈尔。他所致力的种种艺术中，诗歌是他最倾心的。泰戈尔的诗，没有霓裳珠宝环佩叮当的华彩，就像暑天里一掬清凉甘甜的泉水，亦或是清风中寂寂摇曳的藤蔓，清丽质朴，不惊不喧。读泰戈尔的诗，可以毫不费力地感受到一种自然内盈的快乐，就像晨曦逝去那一瞬间的阳光普照，又像涂上了乐曲的釉彩的雨天，让人舒心愉悦，会心一笑。

我对泰戈尔的印象，一定要从他的诗说起。

一、天真烂漫的孩子

初读泰戈尔之时,我自己也只是个孩子,沉迷于他所描摹的芳草碧树、暮云旭日、新月飞鸟带来的感动,为每一个美妙悸动的时刻欢欣鼓舞。就像郑振铎说的:"泰戈尔是一个'孩子的天使'。他的诗正如这个天真烂漫的天使的脸;看着他,就能知道一切事物的意义,就感得和平,感得安慰。"

那么,泰戈尔如何能够具有这种安抚人心的力量?他的诗为何像孩子的吃语一样天真烂漫?因为,他不是用眼睛而是用灵魂在接触自然、他感知的鲜活的世界只有想象才能抵达。诚如《小王子》中狐狸的话——"只有心灵才能看得清事物的本质,真正重要的东西是肉眼无法看见的。"泰戈尔就是用心灵在感知自然中的一切。他在回忆录中提到,他喜欢独自坐在关着门的轿子里,没人看得见,就好像鲁滨逊在大洋的孤岛上,他为能躲开人们的目光而高兴;他在窗台边唱一支歌谱一首曲来消度一个雨声杂沓、雨帘厚重的晌午;他与大自然曾经有过亲密而深透的思想交流……他总在马不停蹄地发现这个世界,如同孩子们雀跃地捕捉昆虫一样捕捉自然的美丽。在新奇的想象的牵引攒动下,流淌在笔端的文字自然充满童真童趣,给人安心平和的力量。

诗人把孩子比做乞丐,这样的诗句足以打动任何人:"孩子有成堆的黄金与珠子,但他到这个世界上来,却像一个乞丐。他所以这样假装了来,并不是没有缘故。这个可爱的小小的裸着身体的乞丐,所以假装着完全无助的样子,便是想要乞求妈妈的爱的财富";诗人抓住了孩子微妙的心理,使得孩子对母亲的眷恋跃然纸上:"如果我是一只小狗,而不是你的小孩,亲爱的妈妈,当我想吃你盘里的东西时,你要向我说'不'吗?"在诗人眼中,群树可以踮起脚仰望天穹,雾可以像爱情一样在山峰心上游戏;在诗人眼中,太阳从大路尽头的树林后冉冉升起的一瞬,也能幻化成瀑布般的诗情。

正如孩子对成年人的世界有无限的好奇与向往,泰戈尔这样一位天真烂漫的诗人,对大自然也有异于常人的热爱与亲近,在美好的景色、悦耳的声音和扑鼻的芳香给他带来的愉快当中,他不会紧锁住自己感官的大门。春天、雨季、夜晚、阳光、白昼、天空,这些寻常的景象时常徜徉在泰戈尔的诗句里,牵动着我们的心绪。"白昼更加深沉地投入黑暗之中,那已经收割了的孤寂的田地,默默地躺在那里","天空里突然升起了一个男孩子的尖锐的歌声。他穿过看不见的黑暗,留下他的歌声的辙痕跨过黄昏的静谧",这样的诗句在泰戈尔的诗集中俯拾皆是。

诗人唱道:"我的歌将坐在你眼睛的瞳仁里。"幼年的我就这样如醉如痴地看他唱歌,虽然可能会错了词的意思,或者辨不清曲的旋律。可这又有什么关系?权当泰戈尔只是在倾诉而不是在指引。况且那剔透的童心,本就是一首诗。

二、恒河畔的棕榈树

及至成人,我依然离不开泰戈尔的诗。成人的世界匆忙逼仄,似乎没有时间和空间来容纳泰戈尔的絮絮低语,但泰戈尔的美丽沉静如许,并不因此褪色。这时候我再看泰戈尔,觉得他更像是恒河畔一株会唱歌的棕榈树,呼吸着印度洋的风雨,柔和地唱出内心深处的无奈;他歌唱着生命的荣枯、现实世界的欢乐与悲哀,也歌唱着对印度这片土地的热爱。

在他的诗中,有来自遥远异邦的旅人,有娇柔多情的少女;有百鸟的歌唱,有孤苦的单弦琴,也有凋枯的曼陀罗花;有树影婆娑的村径,有堆满稻谷的庭院,也有面纱般的紫雾流荡的日暮……诗人所描摹的都是印度平凡的景象和普通的男女,没有做作或伪善,没有高傲或空虚,一切都神圣和普通,只有诗人满满的爱,也揭示了生活中的许多真理和微妙。

在泰戈尔的笔下,印度充满了神性的诗意,是一片苍凉、宁静、圣洁的土地。在印度的乡村,少女们踏着晨曦采集花朵,晚霞出现时,她们就用瓦罐在水箱和井里取水。这种清晨与黄昏的静美,这种印度独具的世俗情调和如诗的意境,是泰戈尔对印度最贴切的表述,让人在薄暮时分夕阳西斜的时候,在逐渐模糊的影子里,感到了印度的神秘与美丽。他动情地说,"我能生在这一片土地上,因此我有运气去爱她"。他又微笑着说,"国王的权柄,有钱人的财富,在人世间都是属于死亡人的",然而那爱的目光,却是"万世长存"的。

为泰戈尔摘得诺贝尔文学奖的《吉檀迦利》是一曲爱的颂歌。诗人以颂神的方式完成这一部集子，表达了对那位伟大的朋友，那个可爱的恋人，那个泛舟河上弹奏琵琶的陌生人的敬慕与爱意，与此同时也表达了对印度这片土地的深情。《吉檀迦利》的深邃幻丽让人沉醉，像高远的天穹，像恒河的波影，又像懒懒的微风掠过心上，奏着潺潺的乐声。诗人唱道，"让一切欢乐的歌调都融和在我最后的歌中——那使大地草海欢呼摇动的快乐，那使生和死两个孪生兄弟，在广大的世界上跳舞的快乐，那含泪默坐在盛开的痛苦的红莲上的快乐，那不知所谓，把一切所有抛掷于尘埃中的快乐。"当读到这样的诗句，我们内心潜藏的低沉消极的意念都会一扫而空，只剩下平静。这些诗歌不是风暴的产物，却显出一种强大的力量，是一种植根于印度大地的神性力量让泰戈尔的诗歌如此不平凡。

《飞鸟集》的结束语是，"我相信你的爱。"这也是我想对诗人说的，我相信他的爱，相信他对恒河的爱，对印度的爱，对人类的爱。

我知道，用"天真烂漫的孩子"和"恒河畔的棕榈树"来描述对泰戈尔的印象过于粗糙和浅薄，但泰戈尔这样一个简单纯粹的赤子，似乎也只有孩子和树这样美好的事物可以更好地诠释。孩子和树是什么？是真，是爱。

《吉檀迦利》第一篇的结尾说："许多时代消逝了，你的赐予依旧在倾注，而我的手里还有余地可以容纳。"感谢泰戈尔，让我在拥挤不堪的日子里，仍有一道曙光。感谢泰戈尔赐予的满满的爱。

（作者单位：北京大学）

对 影

孙春红

1

是谁啊？在我要过岸时，跑上来送我一束鲜花，我低首嗅了一下，竟放缓了自己急匆匆的脚步……

2

我低下头来细想，除了你，谁还识得我呢？茫茫人海里，我又识得谁呢？

3

好多时候，我都在问自己，我这样一个人在小路上拨着荆棘去找寻谁呢？是找寻你呢？还是找寻光明和家呢？

4

假如，我退了步，这条小路就会变得沉寂——没有歌声，没有舞姿；夏虫的鸣叫会没有人来聆听，雏菊的微笑也会凋谢得无声无息……

5

我怕你哂笑我的怯懦，将要退步时，就努力去想你——你做了我的拐杖，却全然不知。

6

我再不敢说"别你",我害怕这条小路上只剩下孤零零的我自己。

先前,我是哑了的;眼下,我是刚刚开口,歌声只能飘到村庄,还未飘到你林子的中央……

7

我是不小心说出了"我的梦",我又害怕这深沉的话会蜇伤你,可是,当我想收住口时,却是迟了,半个梦影子已经投到你的臂弯上。

8

假如星光沉睡去,大地将陷入一片沉寂;假如马儿停歇了脚步,草原上将留不下生命强劲的足迹;假如鸟儿闭了口,天空又会怎样呢?

9

我已不记得了"我的节日",那欢乐的潮已躲了我,从春到夏,从夏到冬……

10

我原来是这样挑剔:避开花丛,躲开人群,来到旷野里,只想仰首和凌云上的你对语——

11

风来了,酷冷留在眼睛里,遥望春天时,遥望到你了——而你在哪里呢?在光波里?在水影里?在声浪里?

12

旁人都去喧闹的集市了,我却记得我的"曲径通幽处"——竹林子是我的迷恋啊!

13

春天来了，我要种下一棵树，借我一些力啊，帮我翻开这板结的土地。

14

小花眨着明丽的眼睛，它凝望着一颗星子有一季了吧。

15

海抑着波澜，它不怕太阳的灼烈，它是担心海岸被击溃啊！

16

我的目光投向远方时，你却来到我的近旁了。

17

当蝴蝶知道花儿不必听取歌声也能灿烂开放，它就闭了口。

18

昨天，魔鬼的手刚刚抓疼了我；今天，你就如同天使般送来慰藉，我该说怎样的话谢你呢？

19

我知道，抛开一切，月光离海洋最近。

20

最美的诗篇写给白云听吧，让它变成彩霞燃亮你的眼睛；最深沉的话留给上苍听吧！凡人们有耳也无心啊。

21

思念在无星盏的夜，在海边，在一条漏水的船上……

22

春天，我播下的那粒花树的种子，它是播在了我的梦境里了吧。

23

我只记得你的歌声，我自己的歌声我却忘却了。

24

在见到你之前，我已从废墟上开出花来；在见到你之后，废墟在隐去，花朵上闪动着的是水珠还是泪珠呢？

25

我和我的梦对话时，让海听见了；树和它的影子对话时，月光听见了吗？

26

夕阳与树林告别时，我听见你在向我说"再见"……

27

那天，我化作一只蝶儿在花丛中飞来飞去，你还识得我吗？

28

我闭上眼睛想逃亡，你立在远方作我的方向。

29

湖面上的鸟儿在天上盘旋，它是在不舍与不忍之间……

30

迈过一条河流，需要多少力量，要顾及多少目光啊！

31

冬阳洒在我的脸颊上,我闭了眼睛,它吻了我。"温暖的",我这样唤它时,它已移到天穹去了。

32

自古惺惺惜惺惺,月光怜惜着星光啊!

33

下雪了,雪花落在我的臂弯上,我触到它时,误以为是你送我的羽衣呢。

34

我寻了半个世纪,都不曾抓着我的梦影子;遇见你时,我立在我的舞台上了。

35

当我转身向你挥手时,一树的春花,纷纷地落、纷纷地落……

36

我埋藏起我思念的痛苦,把泪珠说成泪花,还把它的咸味调出香气,这是为什么呢?

37

我飞不起了,我的双翼上满载着你送的礼物。"卸了吧!"我对自己说,我的一只手一件件卸下,另一只手却又归还到原处。

38

天空是潮湿的,地面是潮湿的,在这个雨季里,有一双眼睛也是潮湿的啊!

39

我被推到光明的雾帐中去了,你来时,我的躯体正在悄然离去——只留下灵魂和你对语……

40

我不知道我是在感动里想起你,还是在思念里等候你。

41

一想到你开口说"再见",夜幕便遮住了我眼前的光明,我被扔到黑海里去了……

42

那天,在你的探望里,我转了身……你的叹息竟跟着我的背影,进到我的梦里,它化成泪珠在我的枕边滚动,而我的睡梦也进了白浪翻滚的海中了……

43

如果再要犹疑,你的"夏天"就要错过了,——我故意给自己戴上面具,对你发着脾气,让你把"春天"忘记。

44

太阳就要落山了,我陷入了恐慌,——你走了,夜幕拉上时,谁来牵我的手穿过黑暗之谷呢?

45

我清楚地知道我的双脚立在大地上,可是,当我抬首望不到了星光,我就不晓得我身在何处了!

46

星星啊,即便再遥远,它也是我眼里的明亮啊!

(作者单位:山东省东营市利津凤凰城街道中心学校)

我喜欢你是朴素的,仁慈的

——读不尽的泰戈尔

周志芳

泰戈尔一直是我最为心仪的作家之一,他的诗篇,朴素自然,博大精深,充满了慈善仁爱的胸怀和独特的人格魅力,他用火一样的热情、水一样的柔情,为我们打开了一扇扇通往心灵深处的窗口,引领我们进入那清新隽永、淡雅弥远的哲思世界。在泰戈尔的笔下,到处是天真稚嫩、温婉体恤的情趣之美,这是一个没有欺骗、没有掠夺、没有杀戮、没有恐怖的世界,相反,这个世界洒满阳光,四季芬芳,每一天都是美丽的、和平的,而且充满了令人兴致盎然的神秘感,所以,每当我感到烦恼、消极、痛苦乃至颓废的时候,读一读泰戈尔的文字,很快就能感到如沐春风,不由自主地就对这个世界生发出一种不可言说的眷恋之感,也正因为此,我对泰戈尔充满了感谢,因为他的文字,给了我前行的勇气和信心,在这个充满了遗憾的世界上,有了泰戈尔的淡泊清澈、朴素仁慈,我们至少还可以怀着希望走下去。

泰戈尔的笔触总是那么的细腻温柔,他并不隐瞒他对人性黑暗面的认识,但他显然更欣赏、更认同人性美好的一面,在美好人性的召唤下,我们心甘情愿地成为爱的俘虏,也正因为此,泰戈尔并不打算用冷嘲热讽、愤世嫉俗来显示他的高标傲世和超拔清醒,相反,他怀着悲天悯人的情怀,非常委婉地描述了人之为人的种种烦恼、忧伤和幸福,那是青春的悸动,是生命的礼赞,历经人事变迁、沧海桑田,他的心灵反而越来越洁净睿智,他的笔下,就是一个晶莹剔透的世界,这里绝不缺少洞明世事的智慧,相反,却有着更多静谧虔诚的坚守，这种坚守，是对人性真善美的信心，是超越世俗的理想主义，这让他的文字显得如此庄严而美丽。

很多时候，每每口里读着泰戈尔的诗篇，心里便琢磨开了，我想这字里行间的心思何其细密又何等大气，种种情致美感、哲思箴言，一点儿都不露痕迹而且极妥帖、极稳当、极巧妙，这岂不正是我学习的典范？从此照猫画虎，无论是作诗编剧，都照着样子弄起来，到底是不像，原因究竟在哪儿？我也是近来通读了《泰戈尔全集》才略有所知：原来，泰戈尔并不仅仅是一个执著于编织文字梦想的诗人，因为文字本身是有限的，而文字背后的东西才是真正的无限辽阔深远，所以，从本质上来说，他是一个浪漫抒情的人道主义者，惟其如此，他的作品里流淌出来的东西才会显得如此生机盎然、真切感人，因为，这是生命的倾诉，是灵魂的碰撞，我也因为此，而日益沉醉于他为我们所创造的美好世界，这个世界意趣淡远，情致盎然，在它每一处小小的寻常巷陌，到处传扬着悠长的田园牧歌，这一幅徐徐展开的民俗画，充满了令人心里暖洋洋的人情味，而在这个日益商业化的冷漠社会，一切以经济利益为导向的人际关系日趋冷漠，我们太需要泰戈尔来润泽人心。读他的作品，总是让我想起晨曦初现时轻盈跳动的小鸟、清晨草叶上滚动着的晶莹的露珠，还有沁人心脾的栀子花香、午后慵懒的风、傍晚时分吹笛的牧童和倒骑的黄牛，催着各家孩子吃饭时喊着亲切的小名儿的母亲，袅袅的炊烟升起在半空里，不多时，月牙儿也爬上了树梢，谁家的少年又开始在满是芦苇的河心犹豫着是否要拉起对方的手，告诉他或她埋藏已久的小心思，也许，他们会假装不认识，也许，他们会相互偎依，甚至露水打湿了他们的头发和肩膀，他们也会在起风的时候握紧对方的手叫他小心，总之，他们免不了要感叹："月亮真好啊！"那会是在什么地方呢？也许是在沙洲的茅草丛里，也许是在野菱角开着四瓣的小白花的芦花荡里，总之，他们会一直呆到月到中天，直到他们的爸爸妈妈在野地里呼唤他们亲昵的名字，那时候，天上的繁星是明亮的，他们的内心是热切的，世界沉睡着，却并没有因此而忘记微笑。

是的，泰戈尔的文字，就是这样的不疾不徐，不愠不火，却足以深入人心、扣人心弦，行文所及，风生水起，他的笔触停留在哪里，哪里就是复苏的人性与温婉的人情，既有现代人追求人格独立、精神自由的本我意志下的生活方式，又有兴味悠长的古典意趣和诗意栖息，温润、单纯、质朴、真实，正是因为这一点，我爱极了他的文字和他的为人，古人说"文如其人"，大抵只有泰戈尔这样的人才能写出这样古朴醇厚、朴素仁慈却毫不笨拙的文字，风土人情、家长里短、生活点滴、爱语呢喃，不过是那么一点儿这样或那样朴素的小事，却被他写得那么有滋有味、有情有义、风行水起、摇曳生姿，直教人心里酸酸甜甜、酥酥软软，只觉着有一种不可言说的美好，只怕一说便错，生怕破坏了那一点朦胧含蓄的意境。泰戈尔无疑是极热爱生活的，他的人生态度亦极洒脱通达、温厚宽容，哪怕一度黯然、曾经沧海，岁月的流逝仍未消磨他的稚气与好奇、童趣与素朴，无论是创作时依稀可见的几十年前青涩回忆里的美好还是安居乐业、怡然自得里的闲适清雅及至对人生终极问题的追寻与叩问，先生无不娓娓道来、如拉家常，没有华丽的修饰，没有浮躁的炫技，有的只是率性自然、恬淡自安的呈现，而这正是一个伟大作家得以保持的创造力最重要的原动力了。先生的笔下，始终是一个给予人美好希望的世界："你那永无止境的爱，对我的心如此珍贵。"先生之文，诚如斯言；先生之人，当之无愧，愿先生笔下的朴素之美历久弥新，愿先生播洒的仁慈历久弥远，如此，幸甚。

（作者单位：深圳大学）

回首那段人生最美的诗篇

——纪念泰戈尔先生诞辰150周年

林　津

　　1967年，作为这个大山上一个普通人家的孩子，也是这个平凡得不能再平凡家庭的老幺，我呱呱坠地。房间显得昏暗，灶火滋啦啦地燃烧着，火苗将锅底舔上了一层厚厚的黑棉衣，像极了我出生的这个季节，人们也把自己裹得肥大而显笨拙。阴霾的空气，呼啦呼啦的冷风伴随着柔软的飘雪像棉絮般落在了来来往往行人的头上。门吱嘎一声响了，进来的应该是个尚处在变声期的少年，带着满脸洋溢着的阳光，灿烂的笑容将炉火融化，暖和了整个屋子，也温暖了我的脸颊。他应该是我的大哥，作为这个刚出生妹妹的大哥，此时正含情脉脉地注视着我，从他鼓鼓囊囊的怀里掏出了一本书籍，卷曲了的书页，染黄了的书皮，不知这本旧书对大哥有着怎样的含义，竟令他如此高兴。

　　雪花洋洋洒洒地落了一个冬季，让大山上的树结了冰晶，让院子里站满了洁白的雪人，让孩童们嬉闹言笑也哆嗦了一个季节之后，想必他也累了，烦了，于是休息去了！可是，当云朵变得剔透，当风收敛了他的锋芒，当阳光变得精力充沛之时，我的大哥依旧还将那本旧书攘在自己的怀中，深怕寒冬冷了他的宝贝似的。那是怎样的一本旧书，曾有多少人翻阅过呢？我不得而知。

　　1973年，凛冽调皮的风吹打得窗户扑棱棱直响，也吹落了大哥床头柜上的一本旧书，一本应该是被珍藏着的旧书，书的封面用牛皮纸包着，可见主人对它的怜爱与珍惜，可是我不了解它，更看不懂它，它的到来就像是家乡莫名其妙来了很多的城里人一样，像一夜之间枯黄的秋叶落满一地，灰头土脸地出现在我的眼前，出现在我的家庭，更带来了大哥的秘密与悲痛。城里来的那群人被叫做知青，本来是住在城里的知识青年，但是可能犯了什么错误所以被惩罚到我们这个大山之上吧，可是我想除了离开家人以外，来我们这个地方有何不好，城里因为人犯错就把人赶出去，让人离乡背井，那城里应该是一个缺乏人情且极其冷漠的地方。

1967年的严冬，那个我呱呱坠地的季节，温暖甜蜜的爱情也悄悄降临在我大哥的身上，以那本旧书为爱情的凭证。一个下乡的女知青，一身蓝卡其布衣，扎着两条乌黑小辫，伴随着那本旧书，来到了我大哥的世界，也一辈子住进了他的心。那本旧书原本像知青一样来自城里，来自更老一辈人手中，或许是那个女知青的爸爸或者爷爷赠送给女知青，以寄思念之物。草垛上，凌乱破碎的学校旁，被打倒了的地主的恢弘的大宅院旁，遥远但却与人亲热的太阳正喜滋滋地看着地面上一对可人儿在专心致志小心翼翼地翻着书页，朗读着书中的句子，也拢紧了彼此的心。"天空虽不曾留下痕迹，但我已飞过。""当你错过太阳而流泪，你也将错过群星了。"可人儿因为朗读到了振奋人心的句子而相互眼含热泪地望着，望着，即使离乡背井，生活凄苦，但紧贴的双唇却慰藉了两颗热情似火的心。

1973年，狂烈的风将我手中的旧书扑打得发出了凛冽的哀嚎，大哥夺门而入，从我手中抢走了那本旧书，冰冷的泪珠像精灵舞蹈般零落在我的手背上，就像珍珠项链被扯断了般无辜凄婉令人心碎地掉落一地。从春天到秋天，再从雪之精灵在晴朗的天空中随风舞蹈之际，那本旧书也一年又一年地寄予了大哥对她的思念。在那个在情人眼中无限富丽堂皇的草垛旁，阳光、雨水、天星、流萤也孤独地守候，守候最纯真与执着的爱情。夜空辽阔，即使气温骤降，我也知晓，那本旧书拥有着改写一切的能量它能够宽慰我大哥沉沉的心。

金黄的阳光洒向木头楞的房屋，为屋子添上了一层夺目的亮光，也扬起了我大哥略显皲裂的嘴角，大哥将我依偎在怀，让我跟着他念："你若爱她，就让你的爱像阳光一样包围她，并且给她自由。"多年以后，在那本旧书成为了我的私有财产之后，我才逐渐地理解了多年以前那个阳光普照之下的日子里，大哥吟诵的诗句有着何等深刻的含义。

1978年，我已经成为一个能够帮助家里抹灶台的大姑娘了。我的大哥却失去了他往日的生机，他病了，而我长大了，能够照顾他了。城里来的知青像他们来时一样，以雨后春笋拔地而起的速度离开了我的大山，也加剧了我大哥对他初恋的思念。随着病情的加重，大哥变得寡言少语，他唯一爱干的事情是拿着那本旧书，召唤我到他的床前，然后告诉我那本书籍的名字并且给我朗读那些美轮美奂的诗篇，像夏日的清风吹走了内心的浮躁与不安，带来的是夏日午后小憩之后的闲适与满足。温润在宝贵清朗的诗句中，爱情就像变换却如期而至的四季重新上演在大哥的脑海中，那本旧书成为他最后生命中的良方。多年之后蓦然回首，心中不免唏嘘。不禁想问，究竟要有多深刻才能至死不忘，究竟要有多慈悲才能放任自由，究竟要有多洒脱才能成全最爱。然而，时至今日这些早就没了答案。因为爱本就是一个谜语，一个终将沉默千年的谜语。

1979年，我背上了书包，带着我唯一的一本书籍，也唯一属于我，并且属于见证了我大哥和那个我大哥爱了一辈子的女知青的书籍，卷曲了的书页更加卷曲，染黄了的书皮也更加泛黄，但却在柔风细雨中依旧保持着遗憾中的生动。在课堂上，我们朗读着："让生命如夏花般绚烂，让死亡如秋叶般静美。"读书声飘向窗外，摇曳了枝头透明如阳光的叶片，也涤荡了我的心。多年前大哥吟诵的诗句终于于我有了稍稍明朗的理解，在那般苦难之中，诗句带来的精神依靠是如此踏实与伟大，坚定了爱情，坚定了相思，坚定了放手也是一种伟大，如叶片凋零滋养了大地的爱。

在泰戈尔先生诞辰150周年，在祭奠我大哥逝世35周年之际，谨以此文感谢泰戈尔先生，给了大哥与我以及许许多多热爱泰戈尔诗集的人们整片璀璨的天空，好让人们自由地去来，在苦难中从容写下人生最美的诗篇。

（作者单位：福州大学）

泰戈尔在我心中

——诗意地栖居

陈子雨

人充满劳绩,但还是诗意地栖居在这片大地上。

——荷尔德林

泰戈尔先生几乎人尽皆知:举世闻名的诗人、艺术家、诺贝尔奖获得者、杰出的东方哲人。作为难得一见的多产艺术家,先生无疑才华惊人,但相比于其他出色的艺术家、文学家,先生的伟大之处又绝不止于才华。泰戈尔先生的令人崇敬之处,正如诺贝尔奖委员会所评价的,是"生活的理想主义哲学"。

与此相关的,我想起另外两位人类中的智者——梭罗和庄子;同样作为卓识的思想家和文学家,梭罗在瓦尔登湖畔搭起木屋,却参不透工业文明的魔咒;庄子恣意烂漫,天地间容不下他的忧伤,他化蝶而去,给历史留下了无法企及的背影和惋惜。

至于泰戈尔先生,不像梭罗遗世独立,也不似庄子耽于虚妄。如果有谁的生活,抑或至少是生活态度,能既发自内心地热爱生命,又像诗歌般充满理想主义的浪漫和博爱,那么他就达到了自我与生命的统一,或者用古老的印度哲学描述——梵我同一。

泰翁无疑是梦想家,哪怕在道德沉沦的年代,也守护着仁爱、欢乐、自由与和谐的伟大理想。他的伟大不仅在于炽热的爱国主义,更在于作为"国家良心"的作家,对高尚道德和博爱信仰的坚持。泰翁曾看到民族罹难,人民受戕害,森林变作焦土,河流毁于污迹,可是他的笔下却没有声嘶力竭的悲伤:

>即使爱只给你带来了哀愁,也信任它,不要把你的心关起。
>
>我接到了这个世界的请柬,我的生命受到了祝福;我的眼睛看见了美丽的景象,我的耳朵听到了醉人的曲子。
>
>无名岁月的感触缠绕在我的心头,像寂寂的青苔依附着老树。

泰翁的浪漫是卓然天成、不事雕琢的天真的浪漫。平易纯粹的句子,却让人眼前一亮,领悟不尽。不仅在于初次读到时的感触,每当遇到困惑,那些清丽词句中的感情便再一次降临心头。《园丁集》写有爱的悲伤,《吉檀迦利》诞生于丧失亲人的痛苦,可是诗篇里:林间奔跑着麝香鹿,午后静寂的花园有泉水淙淙,有沉醉在爱恋里的不安女郎,还有来自远方的智者……字里行间是露珠依傍着新叶,是林间氤氲的迷蒙,是惊鹿的眼神,是少女隔着面纱的笑容,是智者苍老而沉静的声音——新月、露珠、飞鸟、林木,美丽而脆弱,但没有生命易逝的悲哀;鹿群飞驰,草木荣枯,风景变换,爱的苦涩里总有甜蜜,泥泞里藏着生机,乌云背后是彩虹。超然的眼光消弭了哀愁,深邃的哲理沉淀了心境。泰翁仿佛带着印度——这个东方文明古国参透流年变换的悠然,他把握着生命的脉搏,把律动编织进自己的诗文中,于是丁零鸣响的清丽诗歌里,因为有了生命的蓬勃而从不显得寂寥。

泰戈尔又不仅是一位梦想者:他创办寂园,投身反帝爱国运动,走进乡村观察祖国和自然,周游各国寻求救国救民之道……几度上下求索,哪怕"垂下头颅是为了让思想扬起,若有一个不屈的灵魂,脚下就会有一片坚实的土地",坎坷没有黯淡他的目光,苦难反而启迪了他的诗篇。维根斯坦说:"我只贴着地面行走,不在云端跳舞。"如果说艺术是人类文明的云端,生活就是与之相对的热土。泰翁至高理想和追求并没有阻挡他对生活的热爱。文学的力量来自伟大的心。博爱和人道主义使他从印度人民恣意烂漫又坚韧不屈的土壤中汲取营养，给他的文学和艺术注入了生生不息的活力。文学和艺术仿佛人类手中的甘露，有人把它束之高阁，有人把它藏在自己的钵中，而当泰戈尔将它放入生活的海洋，甘露便不再是容易干涸的稀薄露水，而使人类一同享有了最甘美的海洋。他视万民于胞弟，视祖国如母亲：《戈拉》、《摩诃摩耶》……一部部小说，不同的故事，不变的是眼光——那一村、一井、一片田地，都含着直达心底的亲切情思。恣意烂漫、曲折淋漓的描写中，闪光的不只是精当的语言，更在于力透纸背的生命气息。衣衫褴褛的农民，郁郁寡欢的妇女，狭隘或进步的青年人……外表不美，不高大，却来自最真实的生活，看似粗糙却有蓬勃生机。对多灾多难的受压迫人民，泰翁同情中带着叹息，不平中夹着愤懑，恰如鲁迅先生说过的——哀其不幸，怒其不争。

　　泰戈尔具有"对真理的热切探求，思想的洞察力，广阔的视野和热情，雄浑的表现手法，他在许多作品中运用这种手法维持和发展了生活的理想主义哲学"。他以康德的深沉，叶芝的忧伤，席勒蓬勃的热爱和马尔克斯厚重的鲜活，在作品中寄寓了鲜活的生命力、人性光辉和人道关怀，不仅捍卫了自己的祖国——印度在沉沦动乱年代的道德和理想，也跨越种族和国界，感动了无数同样热爱和平、追求真理的心。

　　泰戈尔在我心中，是缪斯的使者，写下震颤心灵的诗篇；是沧桑的哲人，启迪生命的哲思；是人道主义的战士，散发着令人崇敬的人性光辉；更是"生活中的理想主义者"，阅尽沧海桑田，却悠然诗意地栖居。

（作者单位：西安外国语大学）

泰戈尔在我心中
——我思即我心

任 月

我是拉宾德拉纳特·泰戈尔。神在召唤我。

1916年初夏，加尔各答骤雨倾城，暴雨的帘幕遮挡住了原本清澈晴朗的天空，如同笼了一层轻纱似的白雾。透过二层小楼的窗户，隐隐约约的人影若隐若现，仓皇地奔跑在混乱的街道上。

我揉了揉发痛的额角，试图把脑海里那繁杂的思绪理清，却发现它们已经如同我的胡须一般密密麻麻地相互交织在一起，再也不分离。于是我便一遍又一遍地听着那些暴喝，那些夹杂着悲哀的呻吟和那些苦难中的人们所发出的痛苦的嘶鸣。这些声音五年来一直在我耳边回响，殖民下的人民在加尔各答失去首都之位以后，仿佛连脸颊都布满了岁月与苦难所镌刻的沟壑。

而我的脑海里，仿佛有一束光，好像随时都可以爆炸，把这一切击得粉碎。

突然，一切声音都消失了，静谧得如同帝释天所居住的仙境。

天啊，这是什么声音，悠扬婉转，如同天籁，就像母亲的手温柔地抚摸你的额头，弥漫着圣光。我把眼睛睁得极大，却什么都没有看见。渐渐地，一个跳跃着的轮廓出现在我的视野里，像是穿透了白雾缓缓而来。原来，是一只娇小的鸟儿！雨水打湿了它的毛发，它粉色的小嘴巴在轻轻地梳理羽毛。见我目不转睛地瞅着它，它便停下来，像是思索了一会儿就张开翅膀飞走了。

我在轻轻叹息之时却猛然发现，隔壁院子里一个撑着伞的姑娘正抬头细细地打量我。我从未见过她，我想她大概是隔壁家的客人。那女孩儿好像还不到15岁，深邃的五官尤其是那双摄人心魄的眼睛就这样落入我的视线里。亚麻色的头发有点湿润，贴在她白皙的脸颊上，就像一张耐看的风景画。她粉嫩的唇微微抿起，仿佛绽放了最温柔的笑意。

雨慢慢地停了，她把伞立在墙边，转身出了院子。而我，就这般鬼使神差地跟着她走出了家门。冥冥之中，我似乎和什么东西就这般相遇了。

在我还未想明白自己为什么就这般跟在一个陌生的女孩儿身后时，我和她已经来到了一条人迹罕至的小河边，四周弥漫着野花的香味，我感到前所未有的舒畅。她转头对我欢快地说："快坐下呀。"

我就像是一刹那穿越回到了15岁，如同一个不知所措的少年，便这般跟着她坐在了还微微有些潮湿的草地上。

雨后的天空美得不可思议。微微有光洒下来，披在身上，就像镀了一层金光。

好不容易找回自己的思绪，我便迫不及待地问她："你是谁？"

"我是我。"像是早就想好了如何回答一般，少女边拨弄着不知名的小花儿，边漫不经心地回答。

难道我不是我吗？我感觉少女下一句话便是如此。我不觉讶异了起来，一时之间也不知如何再问，55年的人生中，我仿佛从未如此口拙过，便只得沉默。

少女却微微笑了起来，如同清晨的阳光。"你看，世间万物不都是他们本身吗？如同我手里的花儿一般，在我们看来它是花儿，在它自己看来它就是自己，不是别人任意附置的名词。所谓那些名字，不过是别人的一个代号罢了，而不是自己。就像你，你就是你，不是拉宾德拉纳特·泰戈尔。"

我稍微有点不悦，为少女这般诡辩，我在心里暗暗怪异她怎么晓得我是谁。我想她大概只是一个喜欢我却有自己独立主见的小女孩儿吧。

她却毫不在意，仿佛不知道我在想什么一般，自顾自地说道："你心里现在一定有些不服气，你年少便负盛名，怎能与一朵不知名的花儿相提并论。可是在这广袤的世界里，你与这朵花儿是一样的，你接受大自然的赠予，和它一样吸收这世间的朝曦与雨露，你们都是受这自然无私的给予。倘若你有什么与它不一样的，那就是你可以表达你内心的想法，而它不可以将思想转化成语言。但是你又不是它，你怎知它没有自己的想法呢？这个世界多的是你不知道的事情。"

我突然不知该如何开口，我以为她会说喜欢我的诗歌，与我一起探讨，说不定还会更加崇拜我，但是没想到却是这般。我莫名地想反驳，告诉她你又不是我，你怎知道我心里如何去想。但是，我不得不承认她说的并没有错。所以我无话可说，只得沉默。

一直以来，我爱自己的祖国，我为民族抗争，以笔代矛，想将它深深刺入敌人的心脏。我一直认为我这般做便是爱国，爱我们国家的人民。但我却没有真正的与他们一起迎接这种暴风雨，我只看到了表面的痛苦，却没有看到他们内心的挣扎。或许他们需要的不是高高在上的神明，而是风雨同舟的力量。想到此，我心里便微微有些苦涩，如同嚼了一枚莲子。

少女却突然将头轻轻靠在我的身上，她身上的暖意穿透衣服接触到我的皮肤，让我一瞬间怀疑刚才那般尖锐敏感的女孩儿只是一种错觉。

像是有点疲倦，少女的声音有点软软的，却仍旧清晰。"太阳是美丽的，云朵是美丽的，天空和花朵都是美丽的，他们和神一样都是爱世人的，正因为如此，他们将自己的美丽绽放给别人看，无论是谁都可以享受到那一份温暖与爱意。而我们却是狭隘了，我们爱自己，也爱别人，但是却无法将他们也放在与我们对等的地位上去，那爱如同包裹在蚕茧里一般，渺小得可怜。"

我偏过头看少女的脸颊，她的眼睛轻轻地闭着，长长的睫毛在眼睑上投下一排剪影，仿佛是一首和谐的诗歌。我轻叹口气，思绪不觉飘远。

爱众生么？难道不可以爱么？为什么人只可以爱人，不可以爱这世间的每一处生灵。万物存在或许即是理，都有我们存在的理由和价值，难道他们不值得被爱吗？为什么他们爱我们，而我们不能爱他们？或者说从未想过爱他们？如果我们只是自私地爱小部分的人，那么那种爱是纯洁的么？那种爱是因为爱的本身而去爱的，还是感情的一种趋利避害呢？因为我们是同类，因为我们代表同样的利益，所以我们才相亲相爱？我的脑海里像是被万马踏过，一点一点泛疼。

少女好像已经睡着了，我的心突然跟着她一时平静下来，我把眼睛轻轻阖上，享受这一刻的静谧。不知什么时候，她轻轻地问，像是怕惊扰了什么，"泰戈尔，你最想要的是什么？"

最想要的吗？或许也没什么最想要的，我想要的已经拥有了。如果可以，我希望能运用我所有力量，给予别人爱与自由。或许我做不到博爱，但至少我曾经那么执着地努力过、追求过。

爱与自由吗？

是的，就是爱与自由。

这两句话一直在我的脑海里不断地盘旋，最后化成一束光注入我的血肉里。

不知道是不是她能感受到我在想些什么，少女的唇角勾起，纯真地笑了，笑容宛如春风，所到之处便是春暖花开。许久以后她说："你的人生一直宛如夏花一般绚烂，充满生机，充满了力量与温暖。我受你吸引来到你身边，是想让你看看你心里的另一面，或许转角就是别样的精彩。一个人在一个地方站得久了就会累，换一个角度也许能够品出不同的人生。就像生存与死亡，生之美丽，死之痛苦，但如果你换一个角度，或许死亡也不过是一种重生，灵魂是无法消逝的。以后即使面对死亡，你也可以静美、淡然。神会保佑你的，因为你爱他的所有子民。"

说完这句话以后，少女的身体仿佛变成了一阵烟雾，慢慢地透明了，我连忙试图去抓住她的身体，可像是碰碎了什么，瞬间一切都消失了。一根羽毛轻轻地飘在我的掌心，像是沉睡了。

我站在小河边不可思议地回想着刚才的一切，仍旧难以置信。我以为这是一场幻觉，可看到手心里的羽毛我又淡然了，何必纠结这个呢，是与不是对于我而言有那么重要吗？重要的是我心里的那个结已经解开了啊。

我慢慢走回自己的小楼，迎面突然传来隐隐的哭泣声。我走过去，看到有一个小姑娘就那般静静地躺在白布上，没有一点痛苦与挣扎，周围的亲人却纷纷掩面抽泣。我低下头静静地看了她一眼，将那根羽毛轻轻放在她粉嫩的手心里。那柔软的羽毛好像就这般沉沉地睡着了。我想她的灵魂一定是去了她想去的地方。生之绚烂，死之静美。大概就如此吧。

  我转过身，渐行渐远。

  我思即我心。

  我思亦我心。

（作者单位：青岛大学）

泰戈尔,我的北极星

彝 鑫

北极星,亘古永恒,指引着夜晚路人的天空。而我觉得泰戈尔就是我心中的北极星,因为这位才华横溢的印度人,不仅是亚洲第一位获得诺贝尔文学奖的人,更是印度国歌《人民的意志》和孟加拉国国歌《金色的孟加拉》作者。尽管他去世已经很多年,可是他的精神,却依然在指引着我们。

1913年,印度还是英国殖民地,中国也处于帝国主义魔爪控制下,这两个曾经创造过灿烂文化的古国,因为同是殖民地和被侵略,所以在西方人眼里,始终是低人一等。然而,泰戈尔却用一己之力,改变了西方人的看法,他用文字唤醒了印度人民,更赢得了西方人的尊敬。从泰戈尔身上可以看出,越是民族的,就越是世界的。泰戈尔获诺贝尔文学奖的事,我上小学时,老师就告诉过我们。课堂上,老师还问了一句话:中国何时才能获得诺贝尔文学奖呢?当时,有位同学举手说:老师,我要努力学习,长大后,一定给中国拿诺贝尔文学奖,为国争光。听他这么说,同学们都笑了,可是老师却认真地表扬他有志气。

尽管那位同学长大后没有成为诗人,可是我依然觉得,诺贝尔文学奖与我的家乡是有缘的。1986年夏,村东头的胶河岸边,迎来了一批拍电影的客人,这些客人来自《红高粱》剧组,这是我第一次见到拍电影的人,很是兴奋,因为印象深刻,所以这也成为我记忆最深刻的事情之一。长大后外出打工,我常跟朋友们说,《红高粱》是在我们那里拍的,每每此时,朋友们都会说我吹牛,他们说是在宁夏拍的,尽管我争不过他们,可是去年有一件事,却是任何人也否认不了的。2012年10月，家乡作家莫言，为中国捧回了首座诺贝尔文学奖奖杯，小时候老师的疑问，终于有了答案。

我们村东头的胶河，不但养育了莫言，更养育了生活在这片土地上的乡亲们。可以说，是胶河水孕育了中国的"泰戈尔"——莫言。当莫言获奖的消息传来时，在北京打工的我，特意去超市买了啤酒，美美地让自己醉了一回。几天后，我还特意让朋友给我打印了两个画像，一幅是泰戈尔画像，另一幅是莫言画像，拿到画像后，我立即把画挂到了出租屋里。

小时候，泰戈尔对于我来说是一个符号，我真正开始阅读他，是来北京以后。阅读使我了解到，泰戈尔是一位民族主义者，他的诗含有深刻的宗教和哲学思维，同时，他的诗也深受古印度文化的影响。我曾读过古印度的《吠陀本集》，上面轻灵的文字给我带来了无穷遐想。泰戈尔出生的年代，正是殖民主义侵占印度的时候，可是他却以民族精神为指导，通过神一样的诗语，为印度的独立自主打开了一扇天窗。每每阅读泰戈尔的书，我都在想，泰戈尔无疑是传播印度文化的大师，而中国也是世界文明古国，该怎样弘扬中国的文化呢？这个问题一直在困扰着我。

家里，不但我是泰戈尔迷，父亲也是一位泰戈尔迷。有一年回家探亲，父亲跟我说：孩子，我们都喜欢泰戈尔，原因就在于泰戈尔传承了印度文化。我觉得你喜欢中国传统诗词，现在又正值北京申奥，你何不结合着其他国家的地理地貌及风俗习惯，写一些诗词呢？如果申奥成功并进行圣火传递，你还可以结合着传递路线，为每个国家写一百首诗词，凑成2008首诗词，不但可以纪念2008年北京奥运会召开，还可以弘扬中华文化，这是个一举多得的行动，就叫友谊诗词吧……

父亲的话提醒了我。回到北京后，我立即投入到友谊诗词的创作中。那时，只要下了班，我就躲在宿舍里写，累了的时候，我就读唐诗宋词及泰戈尔的著作，那时我的床头上放着好几本泰戈尔的书，有《吉檀迦利》、《飞鸟集》等。泰戈尔的诗很有品味，感觉那些句子充满了魔力，每读完一首，我便有了更多的创作灵感。随着时间流逝，我的诗词越来越多，每当一个国家的诗词写完，我就通过邮寄方式，将这些诗词寄到驻华使馆。你别说，这还真有效果，我不但提高了写作水平，还先后收到了印尼、日本、德国等使馆的回函，几乎每封回函都夸奖我是一个有心人。

每每有使馆给我回信，我都会打电话将情况告诉父亲，父亲每次也都会给我鼓励，并告诫我说：孩子，你的诗并不好，人家回你的信，是因为你很辛苦，所以，你还要多读泰戈尔的书啊。

在父亲的鼓励下，我把更多的业余时间投入到学习与创作中。不幸的是，2007年5月，父亲患上了肺癌，并且已经到了晚期。为了不影响我工作，父亲一直不说他的病情。我第一次知道父亲患病，是在那年9月的一天。那天是个礼拜天，姑姑打电话告诉我，父亲被确诊为肺癌晚期。听到这一消息，我的脑海如同打了一个晴天霹雳，因为这意味着父亲被判了死刑。作为家里唯一的孩子，我本想回家伺候父亲，陪父亲走完生命里最后的时光，可是因为要给父亲挣看病的钱，所以我只好留在北京继续打工。

那些日子里，我的精神与身体承受了很大的压力，连日来对父亲的牵挂，整日里忙碌的工作，让我的身体吃不消了。那年"小年"当天，我因为急性胃穿孔住进了顺义医院。大年三十晚上，当我躺在病床上给家里打电话拜年时，泪水滑过了我的脸庞，我没有告诉父母自己住院的消息，而是说工作忙，等过了年就回家。而病榻上的父亲，则通过电话鼓励我一定要把友谊诗词坚持下去，并且还给我念了一句诗："我的欲望很多，我的哭泣也很可怜，但你永远用坚决的拒绝来拯救我，这刚强的慈悲已经紧密地交织在我的生命里。"

这是泰戈尔的诗，将父亲对我的嘱咐说了出来，可死神却不肯放过父亲。来年正月十五过后第三天，父亲就带着永远的遗憾离开了我。父亲去世后，读泰戈尔的书与写友谊诗词，不但是我的爱好，更变成了父亲的遗愿。于是，只要下了班，我便更加努力地学习，尽管身体还没有恢复，可是我依然咬着牙坚持着，倦怠的时候，我就在心里默念泰戈尔的诗："我生命的生命，我要保持我的躯体永远纯洁，因为我知道你的生命的摩抚，接触着我的四肢。"

功夫不负有心人，我终于在奥运会召开前，完成了奥运圣火传递国2008首友谊诗词的创作。尽管最后，我并没有将诗词寄到北京奥组委，可是这对于我来说，却意味着我完成了父亲交给儿子的使命。

奥运圣火传回北京那天，是8月6日，那天恰巧是我的生日。对着泰戈尔的书，我又许了一个心愿：为每一位拿到奖牌的中华健儿，填写一首中国传统诗词。说干就干，等到奥运会召开的时候，只要是下了班，我就盯着电视看，只要中国健儿拿到奖牌，我就立即写一首诗词。半个月的奥运会，中国首次夺得金牌榜第一，并获得了一百枚奖牌，我竟然跟着写了一百首传统诗词，尽管无法亲手交给为国争光的健儿们，可是我心里的激动却是无与伦比的，我想我能这么快写好这一百首诗词，大概就是因为泰戈尔书籍的影响吧。

　　这些诗词的创作，让我的写作水平有了很大提高，写起东西来也是越来越轻松。在奥运会结束后的第二年，北京市卫生局组织了"健康北京人"征歌大赛，于是，我写了一首《健康幸福北京人》的词，邮寄到了主办方，令我没有想到的是，我竟然获得了三等奖，这首歌曲也成为北京市卫生局推广的十首健康歌曲之一，这令我非常感动，也更加感谢泰戈尔。从那以后，我坚持不懈地创作，先后在《人民日报》、《词刊》、《北京日报》、《海南日报》等报刊发表过作品，连续获得了中央电视台第四届"我的综艺情缘"征文一等奖、人民网和台湾旺报等报刊主办的"辛亥革命与两岸关系"征文二等奖等奖项，并多次在全国征文征歌大赛中获奖。

　　我是一名来自山东的打工者，文化水平不高，还动过胃穿孔手术，如果不是因为泰戈尔精神的激励，或许我早已经离开了北京，更别提获这些奖啦。所以，我感恩泰戈尔，并期待着泰戈尔的精神能够绽放出更加耀眼的光芒，成为指引更多人前进的"北极星"。

（作者单位：北京朝阳阜通东大街）

泰戈尔在我心中
——追思泰戈尔及其爱的世界

王伟均

谨以此文,纪念泰戈尔获得诺贝尔文学奖 100 周年。

1913 年,当瑞典学院诺贝尔委员会主席哈拉德·雅恩宣布他因"最近几年写下了有理想主义倾向的最优美的诗篇"而获得诺贝尔文学奖的那一刻,他成为了第一个获得此奖的亚洲人。这位传承了印度古文明的精髓,又吸收了近代西方文明丰富的养料,一直致力于努力调和人类文明两极分化的诗人,从此享誉世界。他那带着浓厚东方色彩的优美诗歌,也开始在世界各地、不同种族、肤色与文化背景的人中以不同的语言和方式流传。他被世人称之为印度近代精神文化最耀眼的代表、印度近代文学的巨子、印度人中的"诗哲",他就是拉宾德拉纳特·泰戈尔。

时光匆匆,转瞬已是百年。不论是在生他养他的古老国度印度,还是在中国,又或是世界某个安静的角落,对于深爱着他与他的诗歌的人来说,泰戈尔永远都是一个丰富的存在。这位集诗人、文学家、哲学家、艺术家、爱国者与社会活动家等于一身的传奇人物,以及他大量的文学作品、歌曲、绘画以及各种著述,带着儿童般的纯真,圣徒般的高洁,深受东西方文学爱好者的敬仰与爱戴。

他出生在一个有着自由开明的西化精神又有着虔诚严格的宗教思想的印度大家庭里,严格的家庭教育与对文明冲突的耳濡目染,让他既秉承了家族良好的宗教传统和超然的文化水准,在坚守着民族精神内核的同时,又吸收了西方先进的思想。他像植根于民族沃土里的一株幸运的印度榕树,在文明冲突的思考中具备着得天独厚的天然优势,既吸收了西方文明的有益成分,又有着对印度古文明深厚的理解,最终成为印度近代社会精神文化的典范。

他在古印度奥义书和吠檀多哲学中探寻到了积极、乐观的生活态度,在印度教虔诚派的泛神论和宗教改革思想中汲取到了人人平等的思想,既探索着佛祖"万法如一的全意识界",又追寻着耶稣基督舍我的博爱、同情与和平主义。他将所有能探寻到的精神与思想统一在他的思想体系里,想要亲证人与人、人与自然、人与宇宙之间的和谐。在亲见与体味过世界的纷乱混杂,国家的耻辱艰难和丧失妻儿幼女的伤痛之后,他饱含着强烈的情绪素质,日渐创立了一种"以爱为归宿"的人生哲学,他用它来歌咏,也用它来说理,人们将他的哲学称之为"爱的哲学"。

在他的"爱的哲学"里,世界的本质就是爱,生命的意义和价值就是爱,任何生命从它存在的那一日起就在向着爱、进入爱的内核运动。在爱中,一切存在的矛盾都会融合、消逝,宇宙和个人的心灵会得到调和,得与失会变得和谐,统一与二元会相得益彰。

在他的"爱的哲学"里,"爱"既是感情的表征也是真理的再现,它根植于万物之中;"爱"既是个人之爱又是普遍之爱,是牺牲自我,爱自然、爱人类,是联合宇宙的灵魂去证悟"自我"内在的"神性"。

这种"爱"具有很强的实践品格,正是它的形成,让泰戈尔成为爱之哲学的终生倡导者,也使他成为爱的伟大歌咏者。泰戈尔用其一生的精神能量努力实践着他"爱的哲学",以"一切亲子之爱、夫妇之爱、恋人之爱、爱国者之爱、自然崇拜之爱、醉心于神者之爱",构建了一个属于他生路历程的和谐温馨的爱的世界。

在对美的感受中,他是一个诗人和艺术家。通过富含着爱的艺术创造,通过艺术之花展现出的美,他证悟着自己内在的"神性",创造了一个丰富的文学世界。他的文学作品是他对神之爱、对人之爱、对恋人之爱、对光明及自然之爱等组成的爱的交响乐章,这伟大的乐章里充满着生命的力量、欢乐的气息和希望的光亮,以天赋的慈悲和卓越的哲理慰藉着万千寥落的心灵。

他带着印度古文化中的艳情味，歌颂青年男女的爱情，它们如朵朵小花点缀在《园丁集》《爱者之贻》《游思集》《采果集》等诗集中，清秀细腻、纯真节制而又充满生命力。

他用儿童般天真无邪的心灵和慈母般深沉的爱和关切，歌颂着孩子的天真和母亲的伟大。用《园丁集》追忆逝去的美好童年，用《飞鸟集》祈求无所不能的神灵把爱洒向人间，用《新月集》为儿童建构了一个像安徒生的童话般理想的天国，要教人类宁静美好，教纯真童真永远生活在至善至美的爱中。它们如丝丝细雨，润泽着每一片真挚的心田。

他关爱饱受历史辛劳的女性，用小说热诚地讲述着一个个印度女性的故事，关注他们的命运，控诉传统伦理道德中的偏陋与恶习。他将妇女比作一首和谐的诗，比作"个人的保护者"，比作"种族的母亲"和"爱的必需的总管"……

他将他爱的讴歌送给人类，也送给他深信不疑的"神"，《吉檀迦利》是他与神的交流，是他对神的尊崇和依恋。在他的精神世界里，神既是庄严的主人，又是至亲、密友、旅伴，更是至高无上的情人。他用亲密的情感和流动的爱代替敬畏，穿越人与神的界限，实现个体与宇宙间的完美融合。

他那么信仰和亲近自然，希望自己"生如夏花之绚烂，死如秋叶之静美"，要化身作自然中的一员，物我如一地融进大自然。他用《流萤集》追寻万物的秘密，用《情人的礼物》吟唱春的秀丽，用《思绪集》聆听傍晚的宁静……无论是在诗歌还是在戏剧、小说中，他笔下的大自然总是那么灵动、亲切，散发着单纯的喜悦，表达着他对大自然的挚爱与虔诚。

在默想和亲近神明与自然的同时，他也发表演讲，创作歌曲，写下了大量描绘人民苦难和英雄主义的诗篇，表达着他对祖国命运的忧虑和关注，对祖国的无比热爱。他将爱国心和宗教糅合在诗集《瞬间》和《祭品》中，将他憧憬的那个"心是无畏的，头也抬得高昂"、"知识是自由的"、"话发自真理的深处"的理想国家的愿景倾诉在《吉檀迦利》对神灵的呼唤诉求里。

他一生都在坚持追求着真善美的本性、人类的和谐，力行着平等友好、相互学习的大爱原则。在印度民族主义运动日益高涨的20世纪初，他高唱着爱国主义之歌，呼吁东西方文化的交流，反对民族主义及其引发的人性的贪梦与战争、民族的隔阂和仇视。

为了正义和良知，他斥责过西方国家的殖民统治，谴责过日本对周边国家的蹂躏与掠夺，抗议过德意法西斯的暴行……为了推动世界文化间的交流，他创立国际大学，终其一生，希望有着相同地缘文明的亚洲各国携手共进，实现民族的复兴。

而对于"姐妹之国"中国来说，他是友谊的象征，是中印几千年交流史上的一座丰碑。从1924年他受邀访华到1933"中印学会"成立，再到1937年"中国学院"的建立，他用爱在中印之间架起了一座友谊的桥梁。用爱心的纽带联结着印度的"梵我如一"与中国的"推己及人"，谱写世界大同的梦想。

无论是东方还是西方，从来没有一个作家像泰戈尔这样深入中国人的心灵，引起过那么广泛真挚的影响。是当年那轰动一时的"泰戈尔热"，给正处于萧条的中国文坛吹来了春的气息，是他"爱的哲学"中透出的拯救破败现实的善良愿望、人道主义思想的耀眼光芒，让渴望拯救国家、医治社会顽疾的"五四"作家们燃起信心与希望，用爱的不同方式纷纷举起救国存亡的理想旗帜。

超越永远是他精神的符号，在为祖国、为人类服务的博爱行动中，他用爱谱写着超越国家、民族、种姓、语言、宗教、政治等阻碍人类文明鸿沟的赞歌，创造了一个反对狭隘民族主义、东西文明交流、人类大同的大爱世界。

这就是泰戈尔及其爱的哲学所创造的世界，不仅饱含着他热爱生活、热爱人类、热爱大自然的伟大情怀，也蕴涵着他博爱的人道主义精神、人类普遍和谐的崇高理想以及世界大同的"大爱"思想，是他为人类留下的一笔极为宝贵的精神遗产。历史的车轮飞速辗转，人类在世事流转中发生着巨变，而泰戈尔的这些精神、思想和他伟大的人格力量将永远鼓舞和激励着后人为美好的未来奋斗不息。

（作者单位：深圳大学）

泰戈尔在我心中

燕 子

"果实啊,你距离我有多远?""花朵啊,我就藏在你的心田里。"泰戈尔先生的诗句,像春风一样,不知道从什么时间开始吹进我的身体,遇见便心生欢喜。从《新月集》到《园丁集》,从《飞鸟集》到《流萤集》,再到《吉檀迦利》,我的思绪经常沉浸在那精美绝伦的诗句中而流连忘返。

在泰戈尔先生的诗句中,我似乎抚触到了自己的心跳,在潜移默化中,泰戈尔的文字让我不知不觉也变成一个虔诚的文学爱好者,用自己的笔写自己的心,用自己的心来驾驭这文字背后的美好生活。

"用你的一道眼波,你能把诗人竖琴上所有歌吟的珠玉掠空,美人!但你没有听到他们的颂歌,因此我来赞美你。""你能让这世上最高傲的头颅拜倒在你脚下。但你愿意尊崇的却是你所爱的默默无闻之人,因此我来尊崇你。""你完满的臂膀能使帝王的辉煌在它们的触抚下更加灿烂。但你却用它们扫去尘埃,清洁你卑微的家园,因此我满怀敬畏。"泰戈尔的诗句真的可以穿越时空,直抵我们的心底。说真的,能够让我百读不厌的诗集,只有泰戈尔的。"你是谁啊,读者。在这百年之后阅读我的诗篇?我不能从这春天的丰盈中为你送去一朵小花,从远方的云朵上为你送去一抹金霞。打开你的门四下环望。从你鲜花怒放的园中,采集百年前消逝的花朵的芬芳回忆吧。在你心灵的喜悦里,也许你能感知春晨吟唱的勃勃欢愉,让它快乐的声音穿越百年时光。"不要问我是谁,就算是千年之后,这样的诗句,只要被懂得它的一双眼睛亲吻过,它同样会熠熠生辉,以独有的韵味抚慰你的灵魂,奇香无比。文字,就这样在泰戈尔的笔下生花，千年也不凋零，不声不响地滋养着读者的心灵。泰戈尔的文字不仅是印度的，也是属于世界的。艺术一旦抵达了一种高度，是可以不分国界，不分你我的。除了艺术，没有什么能把美留住。除了作品，没有什么能把灵感留住。泰戈尔的诗歌美得如此令人忧伤，而我的语言在此刻却显得如此贫乏无力。

对我而言，唯有那些进入了我的心灵的人和事才构成了我的世界。透过泰戈尔的诗句，我可以看到泰戈尔的整个生命便是一首澄明的溢满阳光的诗。我的心灵在触碰到这样的诗句的同时就获得了安宁，我的双手在翻开这样的诗集的一瞬间里就忍不住鼓掌赞叹。阅读泰戈尔的诗集已经不知不觉变成我生活的一部分，成为现实当中的一部分。尊敬的泰戈尔先生，在这美好的季节读你，我忍不住想对你说：靠你这样近，这让我变得无比的安静、耐心和优秀。你精美绝伦的诗句有力量治愈我心底最根深蒂固的那些抑郁。

"你好好坐着吧，我的心儿啊，不要扬起尘土。让尘世自己寻路走向你。"泰戈尔就像一个文字的预言家一样，他分明知道自己是如何的优秀，这诗句，也真的像磁铁一样吸引着全世界读者的眼睛。我真的想对泰戈尔先生说："我住在我的小世界里，担心会让它变得更渺小。将我提升到你的世界里去吧，让我能自由地愉快地失去所有。"只有最坦荡率真的诗人才会写出如此纯粹的诗句。"当我们热爱这世界时，我们才真正生活在这世上。""尘世啊，当我安息时，请在你的默然中为我珍藏这句话：'我已经爱过了'"。是啊，"我已经爱过了"这简单淳朴的诗句折射出自己无悔的一生，爱过了，就无悔，爱过了，就无恨也无怨，爱过了，就可以看淡这尘世之中的一切纷争喧嚣了。"我深信你的爱，让这作为我最后的留言吧。"

对于一个真正的诗人来说，诗歌是灵魂的事业，是内在的精神过程的表达方式。泰戈尔先生用自己独特的语言表达方式倾诉自己灵魂世界里的一切悲喜，用一支神笔把自己庸常生活中发生的一切描述得独具个性，典雅而美妙，这是因为他的灵魂是独特和丰富的，这是因为他的心灵是简单而干净的。"只要我一息尚存，我就称你为我的一切。只要我一息不灭，我就感到你在我的四围。任何事情我都来请教你，任何时候都把我的爱献上给你。只要我一息尚存，我就永不把你藏匿起来。只要把我和你的意旨锁在一起的脚镣还留着一小段，你的意旨就在我的生命中实现——这脚镣就是你的爱。"每个人之所以会痴迷写作，是因为在写作的过程中能够得到一种快乐，这种快乐当然更多地带着作者自身的气息。是的，这气息是每个人生命里的东西，它是可以独立存在的，它也是可以通过文字引起大家的共鸣的。

"我需要你，只需要你——让我的心不停地重述这句话。日夜引诱我的种种欲念，都是透顶的诈伪与空虚。就像黑夜隐藏在祈求光明的朦胧里，在潜意识的深处也响出呼声——我需要你，只需要你。正如风暴用全力来冲击平静，却寻求终止于平静，我的反抗冲击着你的爱，而它的呼声也还是——我需要你，只需要你。"已经过去一百年了，这样的诗句还可以如此清晰地激荡在我们的心中，响彻在整个世界的天空。泰戈尔先生是喜欢用文字来彰显自己人格魅力的人，而躯体只是生命的一个空相。当我们通过一个人的文字来读懂他灵魂的时候，我们会不由得感叹，文字是多么奇妙又魅力四射的东西呀！最远的远方，在心里；最美的挂牵，也在心里。

泰戈尔先生说：人们从诗人的字句里，选取自己心爱的意义；但是诗句的最终意义也是指向着你。

"尘世啊，当我安息时，请在你的默然中为我珍藏这句话：'我已经爱过了'。""我深信你的爱，让这作为我最后的留言吧。"

（作者单位：甘肃省舟曲县人民医院）

泰戈尔在我心中
——一枝一叶，嘤嘤细语

李博楠

  盛夏，午后，骤雨初晴，风微漾，芭蕉叶子上的水珠晶莹剔透。或许是因为映出了整个世界而太过沉重的缘故，水珠打了个滚儿，顺着叶尖滑落，投入草丛的青葱怀抱。鹅卵石铺成的小路穿过缤纷的花园，通向那座绯色瓦片的亭子，亭下，是象牙色的石桌和石椅，抚摸，沁而凉。
  坐下来，向远方俯瞰，是古老的城市，安宁、温和而惬意；仰望，天空呈现勿忘草的颜色，有成群的白鸽拍打着翅膀……
  这样的景色停留在脑海，我无处寻找。我曾幻想是否能有人见过这样的世界，直至无意间，我翻开《遐想集》，我终于知道，真的有人，曾经到过我所希望到达而不能至的世界。
  泰戈尔，那个人是你吗？
  温暖的世界，充满爱意，可以安静的思考，任想象天马行空。

孩子眼中的新月，老园丁的花园

  《新月集》是孩子的世界，或者说，是藏匿了大人们的童心的地方。在新月之下，可以敞开心扉，用最简单的小心思看着周围的一切，在这里，可以完全放下心来，聆听新月的呢喃。
  儿童的想法未免幼稚，但是《新月集》却借用了儿童的口吻，把哲理讲给大人听。

人走在路上，渐渐丢了好多东西，《新月集》帮人们重新拾起来，塞进人们手中，并告诫说："这是最最重要的东西。"

"我决意放弃我的其他职务，但求委派我做你花园里的园丁。"臣仆这样说。

"我不要高官威名，我不要腰缠万贯，我只想做你的园丁，在有限的岁月，让你尽享花的芬芳，树的苍翠，让你的日子足够甜蜜，我的日子也便同你一样美好。"这是臣仆的许诺。

在物质横肆的世界，单纯的爱情渐渐消磨，但是每个女人心中都仍在希望最简单的爱情。面对臣仆，女王没有理由拒绝——"我赐你如愿以偿，我的臣仆，你将做我花园里的园丁。"这便是女王的答案。

多么美好啊！

《园丁集》讲述了真挚的、普通人的爱，暖暖的感情萦绕在字里行间。吟诵的诗行，诉说了百年前的爱情，这爱情于今日还是那样的简单、温暖。

任遐想飞翔

渴望着扬鞭策马，驰骋在广阔无垠的草原之上；渴望着扬帆转舵，遨游在波涛汹涌的大海之间；渴望着张开羽翼，飞翔高山之巅，苍穹之外，追逐如河繁星。

在《遐想集》之中，泰戈尔放开思维的缰绳。飘渺的天空，沉稳的大地；有限与无限；人类与神明；得与失；生与死……

这些诗篇，如同散文，如同高大橡树的繁茂枝叶，一枝一叶，嘤嘤细语，娓娓而谈的是细腻的哲思，精神从中升华。

飞鸟的雪羽，流萤的点点晶莹

正如同小鸟和萤火虫，《飞鸟集》和《流萤集》短小精炼，随想随记，有点像日本的俳句，三两行的句子，精致唯美，意蕴不减。

飞鸟翱翔的天空、燃烧着的木头、蟋蟀、爆竹、受到阳光接吻的乌云……泰戈尔用生活中随处可见的东西，指点迷津，生命本可以是如此简单、清冽若泉啊。

而流萤嬉戏的夜晚，则用更多的想象，编织起更清澈的梦境；沉浸在如此梦境之中，我不愿醒来。

泰戈尔的诗，是面镜子，是灵魂之镜，从中可以阅读心境，品味人生。

（作者单位：河北师范大学）

泰戈尔在我心中

章斯婷

风吹树摇，雨落满天星。以为将是一场泪水一样的淋漓大雨，泪眼模糊，反而见着满天星光。

那日中午我把自己关在房里痛哭，期望落空，对自己失望至极。刚好床头有本书，借来不久还未曾看过，随手翻翻，翻着翻着好似发现一个无忧岛，眼泪止住，心思也从狭隘的俗事里跳脱出来。书名为《吉檀迦利》，当时觉得是颇为奇怪的书名，还是初一年级的自己，不了解泰戈尔也不知其诗集。后来深入了解了，方知当时机缘巧合，邂逅了可以拯救心灵的诗人。若不是在当时那样难过的境地里读到泰戈尔的文字，恐怕自己还会陷在悲伤的小天地里不能自救，若是日后接触了，也是相见恨晚。

当时我并不清楚诗中一直咏叹的"你"是谁，朦朦胧胧，觉得大概是神明，有无边的伟力，能使人类永生；又很亲和，"你本是我的主人，我却称你为朋友"；是宁静的、美的，被唤为"诗圣"的母亲。这母亲有无数的子民，有博大的爱心，"你和那最贫最贱最失所的人们当中没有朋友的人作伴"，而且她的爱不会囚住信奉她的子民，"尘世上那些爱我的人，用尽方法拉住我，你的爱就不是那样，你的爱比他们伟大得多，你让我自由"。"你"似是无所不能、无所不在的神，也许在天边，或者就在眼前，像跟着人走的月亮，明明远在天边，可是抬头，会发现月亮一直跟着夜行人走，生怕夜行者在黑暗中迷了路。

读《吉檀迦利》，自己的悲伤忧愁能被理解、能被分担，诗中的神明像熟悉的朋友，却又叫不出具体名字，有时是无所不能的神，有时是让人尊敬的主人，有时是慈爱的母亲……幻化无数无形。想报恩，然而她却不需要我们用财富、胜利这类俗物去敬她。

很喜欢里边的一句诗："你使我一天一天地更能领受你自动的、简单伟大的赐予——这天空和光明。"想起犬儒学派哲学家第欧根尼对挡在他面前的亚历山大大帝说的一句话："不要挡住我的阳光。"天空和光明，自然而简单的赐予，如苏轼所言："惟江上之清风，与山间之明月，耳得之而为声，目遇之而成色，取之不尽，用之不竭，是造物者之无尽藏也。"身外之物，不须记挂，唯自然的天空光明，除此之外，别无所求。

高中以后，接触了泰戈尔更多诗集：《飞鸟集》《新月集》《采思集》《流萤集》……很喜欢《飞鸟集》里三首诗：

> 夏天的飞鸟，飞到我窗前唱歌，又飞走了
> 如果你因错过太阳而哭泣，那么你也会错过群星了
> ……
> 大海呀，你说的是什么？
> 是永恒的疑问
> 天空呀，你回答的是什么？
> 是永恒的沉默

在泰戈尔笔下，一花一草，一草一木，日月星辰，天空大海，都充满灵性。无时无刻，大自然都传递着真理，只是忙碌的人缺少清净的耳朵，去听。泰戈尔听到了，记录下来，留给百年后的读者。

高二有段时间逢周一要开年级大会，会上无非是讲些与成绩、排名有关的事。我厌烦了这类会，冒着点名的风险逃开了，待在班上又怕撞见老师，也不想在那时间段做功课，于是躲在一处角落里，捧着泰戈尔诗集读起来。同学们在那边听主任发言，我在这边听风声、听海声……

大学以来，泰戈尔诗集中，最让我爱不释手的是《新月集》。在我看来，《新月集》和《小王子》一样，都是写给成人的童话。只有长大了的孩子才

会珍惜那样的童话，儿童身在其中，"全然不知其欢乐对于世界的价值"。在成人渴望童年的时候，小孩正渴望着新奇的大人世界。电影《小飞侠彼得·潘》的结局，温蒂最终离开了彼得·潘，她说她必须要长大，只有彼得·潘拒绝长大并永远留在梦幻岛。彼得·潘也许是经历了成人世界的罢，否则他不会那么拒斥长大。只有体验过人世的悲苦复杂，才会重新寻找本真的童心，寻找童年羽翼的庇佑。

《新月集》与其说是歌颂儿童，不如说是寻找童心。若怀着很坏的想法来说，儿童有时并不太可爱。一位高中老师曾在课堂上说过，自从看到她自己的小孩仗着强势欺负地上的弱小蚂蚁，她就相信人性本恶。小孩子不辨善恶、不知好坏，凭着本能做出伤害小动物的事也不觉怎样，这是儿童的局限。不过小孩异想天开、天马行空的童心，是最为可贵的。

在泰戈尔笔下，孩子可以闹着玩儿变成一朵金色花，投影在妈妈正阅读着的书页上；孩子可以不用什么东西就雇佣到一个自由的人；孩子可以整个早晨坐在尘土里玩一根折断的小树枝，不论找到什么东西都可以创造出快乐的游戏，而大人整个早晨都忙着算账，一个小时又一个小时地把数字加起来，在自己永远得不到的东西上浪费时间和精力。为什么一根小树枝可以把玩一个早晨？大概是因为儿童奇异的想象力可以将一根小树枝幻想出无数故事。

神明、草木、童心，这些主题充满着光明向善的力量，泰戈尔用诗吟咏出来，愈加纯净、澄澈。

我在收集百年前天上落下的祝福，像流星般带泪微笑的祝福，珍藏在许愿瓶里，待到星星重生，打开瓶盖，就见繁星满天。

（作者单位：深圳大学）

我心中的泰戈尔

徐静婷

提到泰戈尔，我常会想到一幅黑白照片：胡子花白的泰戈尔居中，林徽因和徐志摩分立左右。林的清灵，徐的浪漫，泰戈尔的沉稳构成了一个和谐的情境：正像一个祖父带着心爱的孩童休闲在阳光的明媚里。同时他们又都是诗人，面容上散发着诗情和诗意，嘴角上洋溢着愉快的热度。就像一部泛黄的杰作，让观者羡慕向往，追思不已。

让人向往的当然还有现在稀缺的宁静。如果说林徽因的宁静里蕴着才女特有的婉约，徐志摩的宁静里含着才子不可一世的欣悦，那么泰戈尔的宁静里就有种智者的淡然和从容。

孔子云："仁者乐山，智者乐水。"老子云："上善若水。"泰戈尔就像水，因为怀着对自己，对人群，对神灵的信任，这股水流得从容坚定，勇敢终一，在任何时候都带着大气和淡然。这种气度仿佛佛龛前生发的袅袅青烟，在鎏金香炉里团聚又分散，夹织着远山传来的梵音，停驻在檐角如丝如雾的蛛网里，或融化在青草捧出的露水里。这是泰戈尔的魔力，也是其诗歌的魔力。无论描写对象之间的矛盾多么激烈，挣扎得多么痛苦，经过泰戈尔的诗心，这种负能量便变成了一股柔软而坚强的叮咛和动力。

这种甘于寂寞的宁静，坚持如一的执着常常让我想起东晋时期的陶渊明。"采菊东篱下，悠然见南山。问君何能尔？心远地自偏。"五柳先生在仕与隐之间挣扎良久，最后选择远离污浊社会，回归自然人生。如果说田园诗是陶渊明的心灵休憩地，桃花源是其理想国，那么泰戈尔的精神家园便是小大人似的孩童,慈爱而温柔的母亲,严肃而和蔼的父亲,温暖而和睦的家庭,神奇而无私的自然。走进这两个人的诗歌王国,常会看到孤独的诗人对着空无一字的天地"自言自语"。陶潜的田园诗,泰戈尔的《吉檀迦利》,与其说这些作品感动了无数读者,不如说这些作品先感动了孤独的自己。他们习惯了一份清刚与幽独,能在月夜的梅园里沁出暗香。在这一点上,俩人有共通之处。

然而又不止于此。鲁迅先生评陶渊明,说他不仅静穆伟大,而且也是金刚怒目。这种评价很中肯,想来如若一人,只会静穆而无生命冲动,其呈现的安详便会让人生厌。泰戈尔也经得起这样的评价,或者说,在金刚怒目方面,他更甚一步,因为他不仅在愤怒,更是在行动。

他是个真正的勇士,敢于面对惨淡的人生。他争取印度民族的解放,寻求沟通东西方文明的通道;他书写着祖国的精华,纯粹的诗境和思想让"文明的"西方人自惭形秽;他胸怀世界,关注人生,他可以为一个小贩违反风俗,为一个女人流下眼泪;他可以用拒绝荣誉维护自己和民族的尊严,可以为弱小而正义的民族呐喊。他希望用道德引领人生,让人们在神的荣光里幸福生活。他发于声见于行。这也不难解释,当他去世时,印度人民已将其抬到神灵般的地位。"生如夏花之绚烂,死如秋叶之静美。"这句话也许是其一生最恰当的注脚。

泰戈尔活得绚烂,死后也并不孤独。孔子曰:"有朋自远方来,不亦乐乎?"这句话除了通行解释外,南怀瑾先生又赋予其新的含义:这里的"朋"可以指有共同追求或是有赤子之心的人,这里的"远方"可以指任何时代、任何空间的存在。泰戈尔就是许多读者的朋友,他本人也是先贤的朋友。所以在人类文化的发展长河中,泰戈尔是其中最耀眼的灯塔之一。他回应着远古以来的心灵呐喊,又激发着后世心灵的创造因子。

这里的呐喊和因子就是真、善、美。从最初山顶洞人用心磨出的第一串光滑的贝壳项链开始,人类的心中已经种下了追求美的种子。自此以后,世界出现了灿烂纷繁的文明,成就了无数人类发现和创造的奇迹。即便在当代,无论现代艺术多么反传统,多么先锋,执着地控诉着时代的罪恶与荒诞,但作为恶的对立面,善总是与其相伴相生的。说也奇怪,人有时在对某件事物无限夸张、变形，使其污浊恶心的同时，必然包含对该对象的不满。而对其不描写，不赞扬的对象，反而可能会爱之更切：世界如此混乱，如何让缪斯栖居？所以当缪斯在《吉檀迦利》里显现时，许多现代派先锋不禁潸然泪下了，在它面前，"文明的"西方人感到自己正在像野兽一样生活。泰戈尔的诗就像一个吻，吻在人心古堡里的睡美人额上，顿时玫瑰花开，万物复苏。

在中国文学史上，泰戈尔最光辉的时候莫过于"五四"时期。晶莹剔透的文字，灵气逼人的才气，干净单纯的世界，让饱受欺凌的读者找到了一个暂时的安身之所，让彷徨迷茫的青年看到了希望的点点星光。

这正是泰戈尔诗歌魅力的所在：无论东方还是西方，无论过去还是将来，在世界上总有个角落有一颗心正虔诚地感受着泰戈尔，并从中获取精神安憩的场所和行动力量的源泉。

也许正因为其文字的娟秀与劲道，细腻与博大，使得泰戈尔可以吸引不同时代，不同年龄的不同读者。以我为例，我第一次接触泰戈尔是在小时候，家里有本《吉檀迦利》的小册子，这是爸爸在大学时买的课外书。上面还有我的信手涂鸦，在泰戈尔的大名下画着一个撑着蘑菇的小猫咪；第二次是在初中，当时我们学习泰戈尔的《金色花》，教语文的老先生在讲台上深情朗诵，又让我们大声读了一遍又一遍，却没有一句讲解。老师何其英明，那堂课何其有价值，让我们每个人都拥有了自己的泰戈尔。那时我眼中的泰戈尔是周伯通似的老顽童，喜欢偶然玩玩恶作剧。第三次是在高中，为了备考，我背了许多"佳句"，泰戈尔当然位列其中。2010年高考，作文题目是《绿色生活》，在王维、李白、屈原、梭罗泛滥的考场，我守着泰戈尔，写得流畅而自信；第四次是在现代文学课堂上，因为喜欢冰心和宗白华的小诗，于是我重读了泰戈尔的《飞鸟集》《再次集》《新月集》；第五次是在东方文学课堂上，系统了解了泰戈尔，在喜欢之中又多了几分崇敬。

泰戈尔一直伴随我的生命，已然成了密友。生活中，看到校园的绿意，我会想到也许住在绿叶里的生命正在窃窃私语；坐在拥挤的火车里，我会想到不着急寻找火车时刻表，而享受田庄景色中的悠闲老人，心中多了一份安宁；失败了，我会想起匍匐在神灵脚下的奴仆，于是用谦卑的心祈求再来一次的勇气；成功了，我会想起天真的孩童，告诉我不要忘记最初的心灵和希望……

  于是我发现,在我心中已"没有"了泰戈尔。我相信这也是许多泰戈尔热爱者共同的感受。因为身在其间,所以忘记存在。张爱玲在回忆其先辈时提到,她虽因无缘见到他们而遗憾,但是并不悲哀。因为先辈的血液也在她的血液里流淌。他们在她的生命里存活和安眠。

  我想泰戈尔于我们也是如此。

(作者单位:河北师范大学)

泰戈尔在我心中

苏振强

回想起来,我第一次接触到泰戈尔的诗歌,大概得追忆到七八年前了。"天空没有留下翅膀的痕迹,而我已然飞过。"当这句朴素而意味深长的诗句在一次偶然的机会中进入我的视野时,我竟被深深地吸引了。以致于在后来的时光里,提到泰戈尔或者欣赏泰戈尔的作品时,脑海里首先浮现的还是句佳句名言。

然而,在岁月进阶的过程中,它给予我的感悟与思考却又是不同的,就仿佛泰戈尔在我生命中的不同阶段用同一句话给予我不同的叮咛。

不明白为何当初一听到这句话,竟会爱不释手,或许关乎性格,关乎青春,抑或是单纯地源于泰戈尔朴实的笔调和深刻的哲思。脑海里构思的是这样的画面,鸟儿飞过湛蓝的天空,倏忽而过的身姿不会像喷气式飞机那样留下两条白色的尾巴,用划线证明自己飘过。蓝天的画布上,不会留下鸟儿翅膀的痕迹,但不能否认的是,鸟儿确实已然飞过,享受过这片蓝天下的自由与畅快。青春期的躁动,让青涩的自己亢奋地渴望着自由与飞翔,这样的一句话直抵心灵的深处,与那最迫切想要表达的心声形成某种契合。甚而,在那会儿,我还有这样的一种虚荣,在别人面前吟诵出这样的一句哲言,来修饰自己过于贫乏的涵养,润色自己太过稚嫩的成熟。因而,初中时读泰戈尔,读这一诗句,思考与感悟再浅显不过了,喜欢的是诗句传达出来的画面感,以及名家名言的崇高与光辉。

年龄渐长，泰戈尔慈爱的叮咛也在我的心中变幻着模样。依然是那句"天空没有留下翅膀的痕迹，而我已然飞过。"词句、句读没有任何变化，于我而言，心境在改变，感想也在改变。接踵而来的学习压力将我压得喘不过气。在通往大学的独木桥上，人与人摩肩接踵，争先恐后，让人身心俱疲。生活简单得只有两点一线，但生活的状态却时时如绷紧了的弦，不敢松，也不敢松。害怕即将迎面而来的挑战，高压状态下的自己，显得有些莫名其妙。泰戈尔的这句名言，却在这样一个阶段，以其朴实而轻缓的姿态，宽慰我紧张而焦虑的心灵。已然飞过的鸟儿享受的是翱翔于天空的过程，它无需在天际留下俏丽或暗淡的身影，只要在这飞翔的过程中完美地展翅，就已是最亮丽的风景。回归现实，我孜孜以求的傲人成绩、高等学府并非恐怖得令人却步。我能做的，就是在这展翅的过程中蓄势，等待直冲云霄的那一刻。这样的自我心理暗示受惠于泰戈尔朴实的诗句，那种让人感觉到轻松愉悦的慈爱叮咛。当周遭的际遇发生了变化，泰戈尔的诗句给予我的力量也在升华，而且源源不断。我的心中，已然居住着一位慈爱而睿智的老者，给我灌输着正能量。

时间悠悠前行，它没有义务去教会我们如何成长，而是推着我们竭力去破茧成蝶。在象牙塔的生活中，我们的角色悄然转变了，成为自己人生的主宰者。每一步路，每一个方向都由我们来选择。于是我们表现得战战兢兢，如履薄冰，生怕一失足酿成一生的遗憾。一样是即将迎接来自生活，来自未来的挑战，但这似乎变成难以承受之重。迷茫是这一阶段最鲜明的特征，看不清前行的路让自己踌躇起来，止步不前。重温泰戈尔的诗句，在品味中，我又获得不一样的感悟与鼓励。飞过一片天空，积攒的是人生的阅历。没有哪一只鸟儿能准确地逃离风雨交加的天空，而去拥抱自己渴望的蓝天，何况于人，在寻觅自己生命的蓝天时，我们一样得勇敢地去飞翔，在寻觅中前行，在前行中积累，在积累中选择。飞过的路，即使坎坷，即使坦荡，都是我们能够自矜的经历。泰戈尔在我心中，在这样彷徨的阶段，他的诗句又一次及时地给我以启迪。

恰如南宋词人蒋捷听雨，表达着对人生、岁月不寻常的观感。品味泰戈尔的诗句，我想，对于不同的人，在不同的阶段，不同的际遇，也会有不同的感受。当我们接触泰戈尔的作品的一刹那,这位慈爱而睿智的老者实际上已然驻留在我们心底,用他的文字与哲思叩响我们的心扉,叮咛着我们去思考和感悟周遭与命运。

(作者单位:福州大学)

泰戈尔在我心中

——闲散且美好

胡晓俐

泰戈尔的《园丁集》第一首，有这么一句：

女王：你的职责是什么？
园丁：为您闲散的日子服务。

我查阅了"idle"这个词，原来这个词有"闲置，无所事事"的意思。这个词语在后面的诗句中也反复出现。

泰戈尔都写了什么呢？他写村庄的风景、人物，在诗句中，那里永远都是宁静、简单的。人世间很复杂，城市有很复杂的格局，生活在大城市中其实只能了解你每天活动的四角天空而已。城市充满尔虞我诈的人心复杂，人与人之间的关系，太多牵制太多心机。泰戈尔写的是很平常的东西，水井、榕树、风、花……但是他写得那么美丽，他写的湖畔是最宁静的，也是最幽深的，他写星星隐没于云间，他也写女孩子的手镯，在她害羞地去见恋人的时候，手镯上的铃铛轻轻地响着。诗句是很简单的，短小精致的诗体，舒服和缓的韵律，诗歌的描写很精致。那种对一草一木的细微的感受，带有孩子一般的对自然的爱，正是因为诗句中体现出来的对自然真挚的爱，让简单的景物描写，拥有了感动人心的力量。

他写的那些人，既不去承担命中注定的职责，也不去孤独地漂流，那是史诗中不朽的人物才会去做的事情。泰戈尔笔下的人物宁愿放弃永垂不朽的一切可能性，他们的职责好像就是爱，还有被恋人所爱，那是为了爱情放弃不朽的人，是诗人。他们没有永垂不朽，爱情是简单而单纯的，像歌一样简单，就像是孩子在嬉戏，并没有追求物质生活。也许他希望描写的正是在其他人看来真正闲散的生活，是带着欢乐的音律。

我总是追求很多，我总是不满足。想要记忆太多信息，想要看完太多书，想要学习很多外语。我总是追求更好，更强，如果在别人休息的时候自己也休息，结果最后技不如人的话，就会觉得落后。这是很嘈杂的社会，现实社会有着很快的步伐，我总是对自己说，要更快，要更厉害，要不然就会被社会发展的脚步淘汰。也许很多人的感觉也跟我一样吧。每天做很多事情，列详细的清单，同时做好几件事情，即使怎么节约时间好像还是不够用，"计划"好的事情总是没办法完成。直到某一天发现，安静地坐在椅子上，只是为了欣赏今天明媚美丽的阳光，或者是体会一首舒缓的歌曲，享受好心情，这样的行为实在是太奢侈了，这时候才觉得自己可能太"忙"了吧？

也许并不是自己太忙。即使是拼命去追求什么，但是其实自己一直迷失在追求之中。想要去很多地方旅行，觉得没有欣赏那些著名的风景真的很遗憾，但是却忽略掉自己家乡的风景名胜，从未踏足其中。就因为这样，所以我不断地在路上，换乘很多班次，风尘仆仆，到达目的地之后才会大失所望，觉得"这不是我想看的风景"。我想，即使我总是在追求，但是实际上，还是不明白自己在追求什么吧？

看似只是在追求闲散，只是追求留在原地，满足于现在感受到的一切，对那些东西给予最高的赞美……有些人，看上去是胸无大志的样子，不会故意渲染那些被人们认为是积极的东西。现代人有尖锐的自我意识，追求向上，把别人踩到脚下，实际上这样的"积极"却是那么空虚。即使你真的把别人踩在脚底下了，真的爬到了很高的位置，真的比别人好了，难道人生的目的就是欺凌别人，用自己的成就嘲笑别人吗？也许很多人对人生多有误解，我觉得抱着这样的想法生活下去，生活一定会随之扭曲。我们的这个世界和泰戈尔那个有花有草的世界相比，一点儿都不美丽，而那个静谧美丽的世界，其实就藏在他心中。我想，泰戈尔领悟了真正的人生追求，善待生活，享受生命，发现生活的美，他是那么感谢周围的东西。而我们和他相比，只是在努力活下去，对生活的真正价值实际上一无所知。

对生活感到满足，是一种人生哲学。泰戈尔不是在鼓吹无法实现的乌托邦的理想，不是对生活理解很浅薄，盲目乐观的理想家。他也深感生活中的诸多不幸，他知道事物无法达到不朽，知道过于执着的追求会蒙蔽人的双眼，也知道强烈的爱意反而会造成恋人间相互理解的障碍，他是多么悲哀地描写内心的情意无法传达给恋人的绝望，他也哀叹人终究是独立的个体，无法完全理解彼此。但是即使如此，他都没有放弃要为心中所爱付出一切的心意，没有怀疑过爱和美的力量。他哀叹着正是由于自己太过于执着，所以美丽的花朵才会在手中凋谢了。

我们也见过很多人，谈着很多场恋爱。当你抱怨恋人不懂得你的心情，和恋人相处反而越来越寂寞的时候，谁会扪心自问，想想自己有没有先体谅对方的心情呢？

我不知道现在的人，读到《吉檀迦利》的时候还会不会哭泣。

不知道有没有人愿意像诗中的女孩子一样，为了自己的王子抛下最美的珠宝，即使那些珠宝被车轮碾作灰尘。对美的描述和向往永远不是贫乏浅薄的。我所追求的是美好的，我付出全部，并没有要求会有好的结局，即使结局不那么好，既然我有好的心愿和付出，那我的回报也一定是最好的。

从这个层面上来说，泰戈尔是美的追求者。

对美的追求不是无意义的，它体现的正是人的美好品质。现实中人们总是用物质来衡量爱情，但是在泰戈尔的诗歌中，爱情是纯净的美的东西。真正的唯美主义者，在大家眼里一定有些脱离现实，像是小孩子吧。王尔德说过："在我看来美是奇迹中的奇迹，唯有浅薄之人才不以貌取人"，威廉·布莱克将自己的诗集取名为《天真之歌》，他们追求的都是美，属于梦想彼岸的某种纯粹的美。尽管他们彼此有所不同，但是诗人之心都有孩子气的纯真。

也许我们都长大了，我们也无法让飞速发展的世界慢下来。但是对美的追求永远是不变的，我们可以把泰戈尔放在心中，这样我们在人生之路才不至于迷途。

（作者单位：河北师范大学）

泰戈尔在我心中

——一只叹息的飞鸟

高 亦

曾在陌生的岸看云与波的变幻，曾经手捧洁白的茉莉聆听河水的呼唤，曾经率性地将小小的纸船放入湍急的溪流，也曾在黑夜中唱着星光般闪耀的歌曲。我的诗人，你是我心中的诗人，更是天真的孩子，是自然母亲用充满爱怜的眼神看着的孩子。你在世人眼中高不可攀，被称为世界文学史上的巨匠，可你只愿赤脚行走于森林、沙滩，用天真的笔写诗。然而你又为一切不幸而叹息，当惨案发生时，你毅然为了正义而拒绝了虚荣的爵衔。你是自由的飞鸟，而天空中却注定有你飞过的痕迹。

你说过，只有流过鲜血的手指才能弹出世间的绝唱。于是，我们学会了努力与自强。在多少个决定放弃的白天和多少个孤寂难耐的夜晚，我们终于褪去了浮华与躁动，坚定地向着理想走去。你说过，如果因为失去太阳而流泪，将会失去群星。于是，我们不再在失败面前束手无策地哭泣。你说过，第一次手捧白茉莉的时候，心里充满了甜蜜的回忆。于是，我们时时记得守住自己纯洁的内心，不要让世俗沾染了童真的记忆。你喜爱榕树、金色的花朵，你想变成跟妈妈捉迷藏的孩子，你的天真与对生活的热情是我心中永远的美与激励。纵然身在闹市，读一读你，我的心就会无比安宁，笑容也悄然爬上脸庞。

你赞美这真，你爱这美，你也叹惋人世间的一切不幸。你知道在世界的角落有一个乞丐，他愿意从别人慷慨的手里接受所有赋予而别无所求。你教会我们包容与博爱,"即使爱只给你带来哀愁,也信任它。"你为了小小的漂泊者,甚至是一片秋叶而轻轻叹息着,叹息着。

　　请让我登上你小小的纸船吧,让我载着风和你的爱缓缓前行,重温你云一样的梦。让我去倾听天空永恒的沉默,还有你振聋发聩的绝响。

(作者单位:河北师范大学)

泰戈尔在我心中
——守候

李晨阳

  我是你花园里的一颗树，我在那个黎明破土而出，阳光不仅轻吻着我的脸，也同样轻轻抚摸襁褓中泪眼涟涟的你，我偷偷地望着你，听着那银铃儿一般的乐声，内心如泉水涌满了一口清澈温柔的小井。我想我爱着你。

  四季在我的枝桠与你的乳牙间潺潺而过，我渐渐读懂了天空中流云的语言，而你则在我旁边听妈妈讲完了繁星的故事。我依然偷偷地望着你，多想告诉你我拥有的秘密，只是我的躯干还受不了你的淘气。即使这样，我想我爱着你。

  等到你亭亭玉立了，我也终于能在夏日怀抱着你一同分享阳光的热情，我向靠在我身上午睡的你投下我斑驳的吻，风儿轻摇，悉悉索索，这是我凌乱而兴奋的言语，希望它没有打扰到你。我想我爱着你。

  我的树枝终于可以将你的小花园看得清清楚楚，这时你跑到我这里，在我身上刻下两个人的名字，我细心地将你目光中的幸福收藏起来，结成一粒粒饱满的果实，让风儿带着我的思念，飘向你的方向。我想我爱着你。

  然而我再也没能寻到你，我向每一只暂宿的虫儿打听你的消息，我让每一滴拍打在我身上的雨水带着我的想念汇成小溪，我请求每一缕过往的微风捎去我对你的情思。岁月将这感觉化作年轮，一圈一圈在我的体内铭刻下来，直到我身上你的名字渐渐淡去，直到这花园中的荒芜渐渐繁盛。我怕我已经认不得你现在的容颜了，我甚至都不知道我心中你曾经的样子，是否还在。

我在守候着些什么，我想我爱着你。

（作者单位：福州大学）

泰戈尔在我心中

——偶遇《吉檀迦利》

张伊莉

  初次接触泰戈尔的作品，真是机缘巧合。旧日，我曾读冰心的诗歌，她的诗素来以充满爱意和哲理著称。与此同时，我也了解到，冰心的诗歌风格，原是受到印度大诗人泰戈尔的影响。偶然看到同学有本泰戈尔著的《飞鸟集》，心动不已，我便迫不及待借来一阅。

  现今，读《飞鸟集》已是多年前的往事，还清晰地记得其中的两句——"天空没有留下鸟的痕迹，但我已飞过"和"生如夏花之绚烂，死如秋叶之静美"。过了些岁月，细细想来，不能说我对诗的理解很透彻，却也越发能体会到其中蕴涵的生命哲理。泰戈尔不仅是个诗人，还是个充满智慧的哲人。《吉檀迦利》也是他智慧光芒的结晶。

  泰戈尔是第一位获得诺贝尔文学奖的东方诗人，他就是因《吉檀迦利》而获得这份荣耀的。这对于东方的诗人和诗歌来说，不能不算是一个飞跃性的肯定。曾经有西方人质疑，为何要将这份荣誉授予了一个"名字拗口、不见经传的亚洲人"，对此我们亦无须愤怒，因为泰戈尔的诗歌，就已经是最好的回答。

  而我与《吉檀迦利》的相遇，纯属偶然。

  假期散漫，于家中翻阅书籍，无意中竟发现了泰戈尔的作品集，合集的第一大部分，便是《吉檀迦利》。于是我席地而坐，在书架下翻开书，读起诗来。不想这一坐，一个下午的时光就过去了。夕阳的余晖透过窗户，洒落在地板上，借着那一点点不断西斜的橘色光芒，我把《吉檀迦利》读完了，温暖而充实。因为是家中藏书，我便把书取下，放在我的书桌上，以便一读再读。再次阅读，我把阅读速度放得较为缓慢一些，如此，才能有更多的时间来体会深藏其中的智慧玄机。

妹妹在我的房间看见了它，说，真薄！我笑了笑，说，厚得很。她捉摸不透我的玩笑。整本《吉檀迦利》的确不厚，只有一百零三首诗，然而句句经典，字字珠玑，引人深思，其中的思想深度，又岂能轻易参透？

从书名开始，《吉檀迦利》这个名字仿佛是个谜，不得不说第一眼便被它吸引住了。这个充满神秘色彩的名字究竟为何义？原来，"吉檀迦利"是"献诗"之意。这是一部宗教抒情诗集，这是"奉献给神的祭品"。我想，既是献给神的诗歌，想必都是虔诚真挚之作，语言必定也如诗人一向的清新优美，翻开一读，果然如此！

神圣的主是诗人的信仰，《吉檀迦利》开宗明义的第一篇便是对主的赞颂。主不断以新的生命来填满诗人薄脆的生命之杯，从苇笛吹出永新的音乐，无私的主总是慷慨地赐予。在诗歌中，诗人化身为歌者，努力而骄傲地为主唱赞歌，清新优美的语句里饱含敬爱之意。诗人孜孜不倦地追随着主，即使偶有"求之不得，寤寐思服"之感，却仍坚持自己的信念，保持自己的信仰。这里面，有我琢磨不透的执着，诗人为何如此坚定地追随着主？对主的信仰是否蕴涵了他的理想和追求呢？

诗人用优美清新的语言抒发自己真挚的情感，他真诚而善良，他淳朴而深邃。

他用自己的敏锐去发现、去领悟。在他的诗歌里，有着对神的崇高的敬意和追求——"我用我的歌曲的远伸的翅梢，触到了你的双脚，那是我从来不敢想望触到的"；有对孩童纯真质朴、天真烂漫的描写——"当我唱歌使你跳舞的时候，我彻底地知道为什么树叶上响出音乐，为什么波浪把它们的合唱送进静听的大地的心头"；也有对生命独特的感悟——"通过生和死，今生或来世，无论你带领我到哪里，都是你，仍是你，我的无穷生命中的唯一伴侣，永远用欢乐的系练，把我的心和陌生的人联系在一起"；还有一份难以言表的宁静安详——"在那里无昼无夜，无形无色，而且永远，永远无有言说"。

　　我把他的诗歌读了一遍又一遍，却感觉依旧未能深刻透彻地理解他、体会他，有时偶有所悟，必定视之如珍宝，抄录在册。每次读总有新的体会产生，它仿佛一个无尽头的宝藏，探寻越深，越发现里面空旷开阔、熠熠生辉，真是怎么读都不够！

　　起初读《吉檀迦利》之时，觉得诗歌清新明快，心想，它们虽不像韵律诗那般讲究格式韵律，追求格式上的整齐划一，但意象和情感仍是十分出色的。后来才得知《吉檀迦利》原是孟加拉语的韵律诗，翻译成英语才成了自由诗。我想，假如有一个人用孟加拉语将这些诗歌读出来，一定是韵律优美、节奏婉转，打动人心的！

　　昔日读《飞鸟集》乃有心之举，今日发现《吉檀迦利》实属无意，不想，倒是成全了我一直以来再读泰戈尔作品的心愿，快哉乐哉！书桌上的泰戈尔作品集还沐浴在早晨的清辉中，等着我再续前缘⋯⋯

（作者单位：华南师范大学）

泰戈尔在我心中

周巧玲

初识泰戈尔，以为他就是课本中那个淘气的男孩，他要变成一朵金色花开在高枝上，不让妈妈找到他，却又要把自己小小的影子投在妈妈正在阅读的书页上。后来认识泰戈尔，以为他就是那个黑白照片上林徽因身边那个长着络腮胡子的老人。再后来认识泰戈尔，他是个诗人、小说家、散文家、戏剧家、画家。而我只是听说过他，在网络上搜索过他，读过他的几本诗集，仅此而已，我无法掩饰自己对他认知的贫乏。道听途说，再加上读过他几篇作品后对他的妄加揣测，拼凑出的他，会离真实的他多远，是中国离印度的最短距离，还是我们妄加在他身上的"最遥远的距离"？

当我开始写这篇文章的时候，一只鸟飞进了这间只有我一个人的教室，毫无疑问，它吸引了我的注意力。它在地上跳来跳去，在觅食的样子，每隔几秒钟就会叫唤几声，声音谈不上悦耳，但是十分清脆。我一直注意着我视线所及的地面，搜寻着它的身影，我不敢走动，不想惊扰它。我长久地凝视着这只灰色的小家伙，那小巧的身影竟然融成水墨画中的一个墨点，之后渐渐淡去，不见踪影，只留下画卷上的留白，似乎一无所有，又仿佛意境深远。罢了，只是我的心不够静，又或者是我不够专心，所以轻易地被它吸引。但是，如果是他，他是不是也会这样静静地看着一只小小的鸟儿觅食的身影，听着它的稚嫩的声音而不禁莞尔，如果会，那我想是因为我们的心都爱着这个世界吧！

我知道他是爱着这个世界的。他会欣赏一朵花，也会欣赏一粒沙；他会欣赏有力的翅膀，也会欣赏柔软的四肢；他会欣赏沉瓮的智慧，也会欣赏幼子的无邪；他会欣赏昼的光明，也会欣赏夜的黑影。如果说每位艺术家都需要一位缪斯，那无涯的时间、那无垠的空间、那无穷的生命个体都是他的缪斯。他为它们感动、欣喜、感慨万分，然后将那些情绪述诸笔端。也许他写作时，灵感如日出喷薄而出，可是在他的心灵的净化下，笔下的诗句却如白月光般纤尘不染。我想风如果会说话，那它的语调应该与他的诗句相同；我想如果流水会说话，那它的节奏应该与他的诗句相仿；我想如果花朵会说话，那它的声音应该与他的诗句相似。它们都是自然的流露，都是空谷的回声，都讲诉着光阴的故事，都诉说着生命的轻盈与生生不息。他一直告诉我们有一盏灯始终为我们守候。

有一盏灯始终为我们守候，是他心中至高无上的"神"，是他心中可以柔克刚的爱。

曾经以为，泰戈尔仿佛游离于世界之外，他轻轻地拂过人间的叹息，好像沾染了那一点人间的气息，却又如夜色中的一株白茶花干净得不染尘埃。我想捕捉什么，却又像企图握住手中的水，以为抓住了没想到又溜走了。蓦然回首，发现他不在手中，却永远在那里，在你可以看到的地方。他就是一盏灯，虽然不能握在手中，却可以挂在遥远的天际，穿过几千万个光年将光亮传到我们的心里，闪耀着没有与他的肉体一起逝去的光辉，至今仍然指引着我们方向。

当我们沉溺于五光十色的欲念时，时时能得到他的提醒：当一个孩子就好，当一个孩子拥有一只小小的纸船也会比一个成人拥有一串珍珠更快乐。

当我们陷于生离死别的痛楚中时，时时能得到他的安慰：即使如今世界的万物在你眼前似乎消失不见了，但那个失去的人不是已经重生在你的忧愁里了吗？即使那个人走了，她不是已经在你枯燥的经纬线上，修上了瑰丽的花边，足以使你日夜幸福了吗？

当我们处于无所事事的焦虑中时，时时能得到他的宽慰：不做什么事，不受骚扰地于安静中深思吧，一如那海水沉默时海边的暮色一般。

当我们面对渺茫的未来时，时时能得到他的宽慰：会有一颗星指导着你通过不可知的黑暗的。

当我越是绞尽脑汁、搜肠刮肚寻找美丽的词章赞颂他的成就和灵魂时，我怕反而离他越来越远。因为我越是赞颂他的丰富，越是觉得自己贫乏，我越是卖弄，就越是单薄。

而他，这个爱的使者，生命的引路人，在他生命的帷幕已经拉上了许久之后，隔着生命的白天和黑夜，跨过生与死的距离，让我们就给予他，他心中的无上殊荣，叫他一声"孩子"，好吗？

（作者单位：福州大学）

泰戈尔在我心中

林 菁

  我从你那里获得永生,你将它视为自己的欢乐。这脆薄的杯儿,你不断将它倒空,又不断地以新生命来充盈。

——泰戈尔

  这是第无数次读你了,在这样的夏日午后。刚刚突然下了一场雨,想来是你眼底深潭突然溅起的水花,你总是这样,以这幽深眼眸深沉地凝望尘世,你总是这样。

  书还是随意地在桌上摊开,手边是一杯已过了几次水的淡茶,不必庄重地洗手与焚香,我只须安静地坐下,便可听见你的足音。依旧是花白的头发,花白的胡子,宽松的长袍,你就这样,坐到了我的对面。而我,当看见你深深的眼眸时,我便可以一头跳进这深深的潭水,化作无限自由的鱼儿。

  你走后的世界,依旧是白天黑夜交替出现,依旧是充斥着婴儿的啼哭与欢笑,依旧有无数人在哭声中降临人世,也有无数人在哭声中永久地告别。依旧有穷人在贫困病痛之中苦苦挣扎,依旧夜夜有人在噩梦中哭醒。

  然而,我却听到,有人在吹响你那短短的苇笛,你曾携它翻山越岭的那苇笛,多少年过去,那笛管中依旧唱响隽永的乐章;我却看到,你花园里的花尽数绽放,无数的花舒展身子开到极致,无数的灵魂在盛绽的花朵上不停地歌唱、舞蹈,无穷无尽。我循着你的足迹不停地行走,不停地行走,我问这世界的尽头,你却告诉我世界本无尽无限,不如高歌。

这世间一切真若那天上的云霞变幻莫测，唯有歌声不断，唯有你的歌声永不间断。我在歌声中陶醉，忘了自己，忘了一切，也忘了你。我只知道，若遇上盛开的鲜花，便俯下身子深嗅它的馨香，若遇上溪流，便脱鞋下来濯足，若遇上那虫鱼鸟兽，便微笑着与它打声招呼，用手轻轻安抚它，若是遇上日月星辰，便跪下来，虔诚地道上千万声感谢。

你微微张了张嘴，"不要再点灯——你的黑夜已融入黎明，不要卧抱着美梦。冉冉升起了朝阳，走在宽大的大路上，不要妄图以灰尘遮蔽天空。"

是的，黑夜依旧存在，灰尘依旧猖狂，然而，黑夜终将融入黎明，而灰尘终究不能遮蔽天空。

外面的阳光又出来了，毕竟是夏日。蝉在树梢一声一声地唱着夏天，楼下传来了单车的声音，"叮铃叮铃"。房间里的风扇"呼呼呼"地吹着，伴着外面的蝉鸣，就像那年我趴在教室的桌子上望着窗外时一样。而今，我依旧有吉他和舞鞋。

茶是凉了。

你缓慢地起身。

"你以鸟的婉转歌喉唤醒欢畅，你使花朵的心胸充满了芬芳；我的心灵像贫穷的乞丐，而你，最终厚爱相帮。"

你淡淡地笑，不说一句，缓缓离去。

天空中没有鸟飞过的痕迹，但是你飞过了。

我也曾无数次梦见过那些女神般的鸟儿，她们开启我的心灵之门，然后便兀自飞走，却在我的枕边绣上了各种图案，给我留下无限芬芳。而我在欢畅中醒来，看到枕边是你的文字。

你的无尽的赐予只倾入我小小的手里。时代过去了，你还在倾注，而我的手里还有余量等待你的填充。

（作者单位：华南师范大学）

我看到

——我心目中的泰戈尔

袁皓晨

我看到——
林间新月中你沐华而来；
白沙碧波上你乘风而来；
浩瀚星空外你踏云而来。
虔诚、善良、天真烂漫、斗志昂扬……
种种优点汇聚于你身上。
代表才华的明珠，
便是由毗湿奴亲自为你镶上。
大神允许我看到一切，
那使我前所未有地如此近距离的接触、感受你。
这是我无上的荣光。

我看到——
阳光透过窗棂映出满屋飞舞的金色颗粒，
琴谱于光滑的地板上随意散落，
典雅的钢琴发出连串凌乱的乐声，
小小的你笑得调皮，
酒窝深陷，

在琴键上乱摁的同时还不忘无视一旁兄弟姐妹们无奈却自豪的目光。
山谷开满洁白的百合，
通往它的小径上长满了羊齿植物。
你——拿着工具，
跟着家人清除障碍开辟通路，
鼻尖萦绕羊齿特有的清香。
装饰得华丽的大厅灯火通明，
花园里喷泉伴着融洽的交谈声缓缓流淌，
父亲牵着你，
同宾客们见面打招呼，
大人们捏捏你的脸，
直呼可爱。
瞧，你是个多讨人喜欢的孩子。

只是孩子总会长大，
你也不例外。
我看到——
你带着令人炫目的才华，
无忧无虑地长大。
虽然祖国依旧水深火热，
但现在它沉重的基调暂时并不属于你。
刚步入成人领域的青年，
火热的心能够燃尽一切，
就连呼吸都充满了炙热的爱意。
躲在花园玫瑰丛旁偷窥从而全身沾满露水的，
是你，
少女柔软的身体盘坐在草地上，
金色的朝阳映上去犹如一尊高贵的雕像；
在贝叶上刻下心爱的纳莉妮，

却迟钝地没有去捡拾搭在椅背上的手套的，
也是你，
少女对你笑着眼中却带上丝丝失落，
忧郁使她更为迷人；
望着银河写下诗篇，
握着姑娘双手却始终吐不出话语的，
还是你，
于是你很快便得到了结局，
永远失却了她。
你为你的懦弱而羞愧，
用忏悔来告慰姑娘的芳魂。
不必悲伤，
她已融入你的生命。
重生于忧愁，
装点你的世界，
尽管你的懦弱曾间接导致她的早亡。

爱是永恒，
但并不是每时每刻都独占生命的全部。
我看到——
爱的潮水逐渐退去，
你在学识的海洋里尽情遨游，
轻快优美的字迹在羊皮纸上留下飘着墨香的乐章；
你的脑海正在上演一曲混合的交响，
毗湿奴和耶和华正在交谈欢畅，
存在于传说中的各国神祇们正把彼此的秘密分享；
你热烈地追寻着一切的终极，
探索着宇宙万物的奥秘，
人类各种美好的精神是那样令人着迷。

求知欲填满你的心，
肚里的墨水必将成为日后你奋起抗争的最佳武器。

寒秋已经降临，
常青树也挡不过肃杀秋意。
土地焦黑，
遍地尸骸，
秃鹫在空中贪婪讥笑。
美丽的土地上硝烟四起，
曾经的圣殿只剩残垣，
母亲抱着儿女无助哭泣。
我看到——
你眉峰拧起，
手中的笔仿若湿婆之戟，
兼具守护与毁灭，
直指一切；
透过肉体，
精神在跳着坦达瓦之舞，
力图拨正被打乱的秩序，
回到原来的万物祥和；
第三只眼开启，
对准了时刻吐出剧毒气息的毒蛇，
将其化为灰烬。
但是神圣的舞神心中充满仁慈，
在火圈中拍着手鼓起舞，
不仅善良而无辜的人们得到他的庇佑，
向着恶魔作战的勇士们也被强力鼓舞。
你正如能够指引人入天堂的烛火，
又能抚慰亡灵们的心伤。

当寒冬过去，
明媚春日来临，
我看到——
无数优美灵动且温暖人心的画卷，
散发着耀眼光芒由你的笔下诞生，
鲜活的生命带着泥土的芬芳。
死亡是为了更好的新生，
你在书卷翻开的阴影处无声微笑。
世间将不再有屈辱与掠夺，
自由平等的灵魂们欢唱着翩然起舞。
而你——
完成使命的神祇缓缓化作圣光，
永远与我们同在。

（作者单位：西安外国语大学）

泰戈尔在我心中

陈世婕

他们说诗人是人类世界的孩童，那么我心中的泰戈尔则是一位安静、腼腆的孩子，但这个安静的孩子有一双乌黑明亮的眼睛，深邃的黑是他的智慧，眼中闪动的光芒是他对神明的虔诚与对世人的关怀。

我依稀记得第一次听到泰戈尔名字的时候。那是在初中的语文课堂上，老师用温柔的声音念起泰戈尔的《金色花》，她沉浸在诗篇的童真中，仿佛自己就是那个调皮可爱的孩子在跟母亲捉迷藏、撒娇。我想，每个人心中都有一个孩子，只是随着岁月的流失，那个孩子越来越沉默，只能呆在每个人生命的角落，当她念起："我不告诉你，妈妈。"调皮的语气和脸上洋溢着的微笑告诉我，泰戈尔的诗篇唤起了她心底的那个孩子。

《新月集》里满是这样的故事。孩子与母亲，孩子与花，孩子与海，孩子与山川与草原。在这些画面里，有闪着金光的河，青碧色的天空，追影子的孩子，泰戈尔描绘的一幅幅纯真的画面，让我们每个人都向往。而他描述的也都是身边最普通最常见的景色，越是平淡，越值得我们细细品味，越是身边的琐事，越值得我们去注意。那时读《新月集》只觉得美好，觉得童年的可贵，想要沐浴在诗中的阳光里，想要畅游在诗中的河水里，想要拥有诗中静谧恬美的时光。想要在海边的礁石下、月光下、树荫下，去探险，去寻找，去发现，想要重新变成一个孩子。泰戈尔准确地写出儿童的无邪与烂漫，勾起人的回忆，令人对童年充满怀念，这就是新月集真正吸引人的地方所在。

后来，我才发现，《新月集》出版时，泰戈尔已经53岁。我想，《新月集》也是泰戈尔内心的孩子，这个孩子满怀好奇，不为尘世的喧嚣打扰。不由得感叹，这位面容庄重慈祥的老人在自己的天命之年依旧怀着一颗童心，这多么可贵。所以你看到的泰戈尔虽然满头白发却不显任何老态，因为，你看，他的眼睛在发光啊。

现在看《新月集》又是另外一番滋味，不再看里面的风景，而是看到句子中的深意。是啊，时光是不可逆的，无论我们多么希望，我们都不会再回到童年，当成为一个大人，在成人的世界里，我们能做什么，难道只能是怀念么？孩子之所以纯真是因为他们的自我意识还没有形成。可以说，孩子们都是忘我的，只有不在乎自己，才能尽情感受风的轻抚，感受河水的清凉，感受天地万物自然而然散发出来的本质。只有忘掉自己，才能更清澈地看待这个世界。

那天的课堂上，在介绍泰戈尔时，老师还说了一番话："每当我感觉心情低落、烦闷时，就会打开《吉檀迦利》，看过几页，心情就会平静下来了。"十三四岁的年纪，我还看不懂《吉檀迦利》，也不知道老师为什么可以从中得到平静。

那时的我当然不明白，因为《吉檀迦利》是以诗意描写生死，讲述生活。

生命远比我们想象的短暂，生老病死，无论是谁也逃脱不了这个轮回，泰戈尔深知生命的脆弱与艰辛，但他更知道，没有死，生便没有了意义。正因为我们的一生仓促而苦痛，我们更该珍惜，更该不遗余力地献出爱。"夜像黑岩一般的黑。不要让时间在黑暗中度过罢。用你的生命把爱的灯点上罢。"泰戈尔的诗句告诉我，唯有爱可以拯救荒凉。

而短暂的爱是容易的，而持久的爱很难坚持，所以除了爱，泰戈尔也歌颂神。在神的面前，我们可以轻易地看出自己的脆弱和渺小。我们只能虔诚地在神面前，就像永恒和无尽面前祈祷，祈祷在广袤无垠的神域里，我们作为凡人的微小的痛苦已不再是痛苦。

如今的我已不是那个课堂里的少年，但踏入大学的大门却依旧感到迷茫。而泰戈尔却从未迷茫，他依旧用智慧的双眼穿透虚浮，像一尊平静的木雕，站在人群里，暗暗发出幽香。我想一定是因为他有信仰。信仰，在这个时代里急需精神的依托。泰戈尔告诉我，信仰就是能在这个千变万化的世界里提醒我们：有些东西亘古不变。一切都在发展，当新的东西出现，我们除了惊奇还有害怕。信仰是在我们脆弱无助的时候安抚我们，使我们得以走下去的东西。我们解决掉一部分问题，然后新的问题出现，一切看起来一样却与原来那么不同，我们需要信仰，因为没有人可以获得永恒的安宁。我们只能依靠信仰找回内心的平静。经济的发展带给人们物质生活的提升，同时也对人们的精神生活发起了挑战，生活给我们更多的选择却依旧没有给我们生命的答案，是不是因为生命的底色只有靠自己去探寻。

诗人说，风后面是风，天空上面是天空，道路前面还是道路，我愿带着泰戈尔教给我的童真和信仰在自己的道路上走下去。

（作者单位：深圳大学）

泰戈尔列传

牛国君

泰翁者,姓罗宾德拉纳特氏,天竺国加市人也,性温顺,身长八尺,额宽唇阔,眉浓目璨,长髯飘飘。其行也,肃肃如松下风,高而徐引。其态也,轩轩如朝霞,朗而清举。观之风神秀逸,虚怀雅量,气魄宏伟。

其宗乃加市望族,其父以德行称于世,无论庙堂之高,江湖之远,咸皆称善,门生故旧,从举如流。至若弟兄姐妹,皆以天才之名闻达于当世。政经商教,乃至宗教艺术。泰氏宗族,赋得风流,领一时风骚。每至吉日佳期,胜友如云,高朋满座,群贤毕至,少长咸集。开文艺沙龙,广延宾客,大开门路,声威日隆,举世称盛。一时盛景,不一而足。熏染日久,泰翁少时亦以聪慧称道于世,八岁即能诗。十三岁能为累牍骈文。处世应对,落落大方。行动坐卧,随性不羁。常坐于明窗之下,俯案而书,专精诵读,而不滞于外。时人皆奇之。

年十八,别父兄,去国离乡,负笈挈书,远渡重洋,就学于大不列颠国。始开眼界,明西学,知天下诸国,强弱林立。东方文明,滥觞于数千年之前而至于今。虽民风纯恕,文德明良。但沉稳有余进取不足。故而积弱如今。观西方诸国,锐意进取,鼎力改革,普及教化,发轫于科技。故而列强并起,逐鹿天下,至于凌役亚洲诸国。泰翁感念故国,遂志于投身民族运动,振国民之士气,开新化之先河。借博爱宗旨,树文明新风。

后二年,学讫归国,事于文化事务,数年内,成果卓著,声名鹊起,蜚声于内外。甲子年,文集《新月集》付梓,一售而尽,上至豪贵之家,下至贩夫走卒,竞相传写,一时洛阳纸贵。各学堂有司,录为必读。此数年间,亦诸多政论时文,针砭时弊。如椽巨笔,抨击进犯诸强。一经刊出,贩夫走卒奔走相告,文人公知亦深为折服,世人皆奉之当代文宗。

又数年,观社会之弊垢益深,感民智未开,西风未盛,难脱封建桎梏。遂有志于建学育人。为疲敝之国觅无量光明。乃于圣地尼克坦建一学堂。凡音乐、艺术、科技、人文,哲学诸科无所不教,公平、民主、平等、博爱无所不授。于疲敝愚昧之中,兴文明开化之举。一时从者云集,相随者众。皆赞泰翁之深谋远虑,筹划周详,为百年义举。其后又隔数十年,渐成南亚之学术交流中心,文化圣地,德望深孚,枝繁叶盛,泽被后人。

癸丑年间,以诗集《吉檀迦利》受瑞典国之诺贝尔文学奖。举世哗然。西人皆疑之,东方腐朽积弱国民,受此荣光,何以?及至诵读,人皆叹服,其语言之清丽精简,意蕴之深婉幽渺。哲思之宏大精微。竟至于斯。若沙粒内无限星河,照见五蕴皆空,可度一切烦厄。世人遂以"诗圣"称之。

苏子由曾言:"文者气之所行。"泰翁笔法散淡之余,亦颇有浩然之气。曾不以身份自矜,常显没于鄙室陋巷,与草莽交游为乐。亦不耽以诗才傲世;国难之际,时有敲节击筑。长啸放歌之举,恣肆放达,以抒襟怀。乃至遇列强之长枪铁炮,色亦未尝稍变,而泰然处之。泰翁尝致言于英国总督:"得道多助,失道寡助。凡所为贵有天下者,肆意极欲,而使天下苦之,人怀自危之心,其亦必不得存。"时人闻之,莫不叹服。

泰翁性冲淡,喜玄谈。寄情流俗之外,神虚天地之间。但求无己无功无名,梵我一如。数十年勤思不辍,采众家所长,继往圣绝学,始乃大成。著《人的宗教》,流诸于世。

甲子年春,应讲学社梁启超,胡适等人之邀,泰戈尔造访中国。数千社会名流,文人墨客设宴相和。适逢盛会,梁任公取"如日之升,如雷之震"之意,赠泰翁以名曰:竺震旦。泰翁亦于会上慷慨陈词:"余之来也,非旅行家,非传教者,实为求道,故余所携,惟敬与爱,余居中国,如居古庙,每觉背后有无数牺牲之精神,因得成就如此伟大之文化,惟世界日趋败坏,故吾人在任何地方均见彼死笨无生气之痕迹,而予吾人以无限之创痛。"其后四十余日内,泰翁足迹遍履神州各处,讲演亦数十余场,每至一地,反响殊为热烈。观者如堵，群向行礼，颇极一时之盛。林徽因并徐志摩随侍左右。泰翁亦与志摩相见恨晚，倾盖如故。朝夕论道，忘年相交，颇有惺惜之慨。其后数十年，通信不辍，诗书相和，亦是一段旧时佳话。

晚年潜心写作之余，积极投身社会运动。其时印度处英国之治下。英国以严律御之，以致百姓流离，饿殍遍野，民不聊生。为得独立自主之平等权利。扫除社会疲敝之态。泰翁不惜以老迈羸弱之躯，奔走呼号，广发议论。大倡独立。为国与民，呕心沥血，夙兴夜寐。而致颐养之年，亦未尝稍息。苦心忧虑之下，辛巳年中，终不支辛劳，竟弃世而去。从梵中来，亦终归于无所有中去。

朱家骅公吊之曰："呜呼哀哉！先生硕德，绝代诗才。斥虚伪文明居心默化，痛繁华世界刻意潜移。清歌百首，雅曲千章。融会中西文化，贯通今古图经。悯人道之沦胥，倡大同之旨趣。设庠名邑，培育列国英才。命驾吾邦，交游一时艺苑。主国家解放，林肯差可比肩；联中印邦交，玄奘未能专美。惊闻溘逝。不亦痛哉！不亦痛哉！"余人闻之，亦深以为惜，悲苦之情，一往而深，莫可名状，唯黯然涕下而已。

（作者单位：西安外国语大学）

泰戈尔
——由《美》看泰戈尔的人生哲学

陆 旭

夕阳坠入地平线，西天燃烧着鲜红的霞光，一片宁静轻轻落在梵学书院娑罗树的枝稍上，晚风的吹拂便驰缓起来，一种博大的美悄然充溢我的心头。

泰戈尔，古老的印度文明下养育的一位心灵纯美的智者。你以广博的胸怀感受着世间自然的圣洁，你以深邃的目光透过外在的表象感悟到生命的真谛——"啊，美呀，在爱中找你自己吧，不要到你镜子的谄谀中去找寻。"你说空虚的欲望宣扬的美是海市蜃楼，只有当我们完美地认识真理时，才能摒除"占有"、"享受"、"把美当做时髦的奢侈品"的障碍，而是用纯净的目光，看见世界蕴藏的欢乐。

你以虔敬的目光欣赏自然，在广袤的森林养育下，你坚信人与自然相容相谐。"水不仅洗涤了四肢，而且触及了人的灵魂而使人的心灵得到了净化。地不仅支撑了人的身体，而且还使人的精神感到愉快。"徜徉在对祖先的遐想之中，眼前如锦的霞光夕照，你默默祈祷："要学会以虔诚使之愈加神圣。"而我们呢，对自然的占有掠夺征服，让这神圣的艺术女神沦为女婢，然而失去了她，同时也丧失了我们的福祉。你以鸟儿作喻，那坚硬的蛋壳让自己局限在以自我为中心的狭小空间，只有给它致命一击，突破它，才能获得空气与阳光的自由，完成它生命的最终目的。世界本是一体，没有人真正能占有什么，而当我们突破了自私的牢笼，把自己融入其中，便拥有了欢乐。当我们俯瞰全局，把局部的矛盾掺入整体，便不难发现一种恢宏的和谐。

你话锋一转，由物及人，你说我们很容易领略大自然的庄严神圣，恢弘壮美，却很难用同样的眼光看待人。我们习惯性地把眼光局限在人的局部的缺点上，而忽略了他作为一个整体，同样是美好的。即使有更多的不足，你也会用爱包容。你说恶其实只是不完美，是美的前身，你相信通过努力改正，恶会变成善，世界终将归于和谐，因为和谐才是自然之道、宇宙之理，是永恒不变的法则。

你对中国怀着深情厚谊，同样古老的文明，同样智慧的祖先，你深深爱着中国这片土地上孕育的思想。虽未曾谋面，但句句经典在，种种流传在，你踏上这片国土，与我们的古圣先贤会心一笑，那是理解，是赞同，与他们是知音，是朋友。善良的孔子"钓而不纲，弋不射宿"，雄辩的孟子"穷则独善其身，达则兼济天下"，隐逸的庄子"至人无己，神人无功，圣人无名"。你呢？一曲"生如夏花之绚烂，死如秋叶之静美"与之交相辉映。与人无争，与世无求，但一颗真心、诚心、善心热度不减，绵延不绝。心怀宽广可盛家国，胸襟坦荡可鉴天地。淡然、怡然、欣然、悦然，祥和宁静之中，静享人生的真味。

你用一颗如童心般乐观纯真的心看待生活。你用绝美的诗句笑对苦难，"世界以痛吻我，要我报之以歌"；"是大地的泪点，使她的微笑保持着青春不谢。"你以过人的智慧体察人生，"有一次，我们梦见大家都是不相识的，我们醒了，却知道我们原是相亲相爱的。"我们这才明了，所谓的争执与陌生都是迷梦中的状态，只有相亲相爱才是觉悟。

你深谙佛陀的教诲，断烦恼破无名，为众生无自我，慈心不杀，行善积福；你洞悉基督的要旨，敬上帝爱世人，轻物质重精神，救赎世界，福荫人间。你深信奥义书，以亲证无限为人生追求，你说："让我的爱在白天的侍奉中得到力量，并在夜晚的和谐中获得安宁吧。"说法不同而实质无二。生命的真理本来就是一，这些圣哲无不领悟其要义，通过姿态万千的外衣，你们展示着如一的美丽。

泰戈尔，我心中美的化身，你用美丽的词句唱响生命的颂歌，尘嚣喧嚷之外，且听一曲真善美，一抹夕照之中，静观叶落，笑对人生。

（作者单位：天津师范大学）

泰戈尔在我心中

——借诗圣之名，把爱放在字里行间

余世宽

那是一天沉闷与懈怠，
你轻盈到来邀我坐在你身旁，
从此，
我的世界里，
空气变得无比清新。
我的伊人，
你不时让我窥探到你的内心，
是那么的盈盈动人。
我静默地对你微笑，
却无不动以真情。

你说我斯文的脸庞会俘获无知少女的心，
你说我天秤的风流会无法专情。
但你不知道，
我不屑在除你之外的其他少女面前投以忧郁的眼神，
而我屡屡的爱意都告诉你我是那么的始终如一。

我不停地等待，

把我的心折磨在空虚的伫望之中,
你挣脱了他的怀抱,
我是那么的欢快,
对你这滢滢之水更加心魂缭乱。
你热切的脸,
如夜雨,
搅扰我的梦魂。

清晨、中午都过去了。
暮色中,
我趁着七夕的余晖,
含羞带喜,
向你敞开了我的一切。
我以为可以顺利得到你的首肯,
美美地安然入眠。
但你嫣然拒绝,
让我不知所措。
我自恃洞察一切的缜密,
却被这青涩的冲动弄得六神无主。

真的,
我很难受,
我告诉你我会等候你,
等候那忽然的回心转意,
而你说不需要等待,
我也许不会走到你的世界深处。
这一晚,
我朦胧瞥视你面纱背后的脸,
企图搂着你婀娜的腰,

狠狠地亲吻你的红唇。
可我知道，
梦醒之后，
一切又会重归痛苦之中。

后来，
你来了，
带着淡淡的妆容，
是如此的美丽，
我是多么想呆呆地看你一辈子，
但我知道不能。
你看着我疲倦的双眼，
说我没用，
要开心，
不要想太多。
我在这尴尬的气氛中，
失去了绅士的举止，
竟不敢多跟你说上几句话。
你走了，
掀起一阵淡淡的清风，
我知道这是你身上的味道，
我是多么想回头看看你的背影，
但我湿润的双眼遮住了阳光。

我坐在椅子上，
凝望窗外，
梦想着你能忽然回眸，
接受我的爱。
但我知道你巨蟹的性子，

是根本没有回旋的余地。

我白天在想你，
没有了工作的效率；
我夜晚在想你，
没有了入眠的兴致。
我的身子很累，
我呼唤你能给我一点交流，
但终究还是徒劳。
你少了以往的主动与热情。
你开始变得冷淡，
让我在荒芜的小径上孤独地摇曳。

于是，
我知道了什么是世界上最遥远的距离，
也明白了为何千年来就有那衣带渐宽终不悔的深情。

时间流过了，
还听不见你甜美的声音。
我面前虽一片光彩，
但我却失去了欣赏的欲望。
慢慢地，
我感觉到，
我旁边那伴侣的位置，
永远在等着你来坐下。
也许你不会来，
但它一直在那，
不会染上一点尘土。
我的双眼望穿秋水，

为的是再见到你那爱笑的眼睛。
你看不见你自己,
你看见的只是你的影子。
我希望是一场梦,
梦中我们形同陌路,
但我希望,
再度梦醒,
我们可以相亲相爱。

泰戈尔在我心中
——爱的歌颂家

卓爱玲

"我曾在百种形象百回时间中爱过你,从这代到那代,从今生到他生。我的爱心织穿起来的诗歌的链子你曾仁慈地拿起挂在颈上,从这代到那代,从今生到他生。"爱,总是诗人所不缺的,但爱却也分有多种,有男女之爱,亲情之爱,祖国之爱,自然之爱。泰戈尔总在诗中提到爱,不管是何种,都让人觉得温暖,却又有些哀伤。而他,在我心里,便是一个充满了爱,同时怀着悲悯看世界的爱的诗者。

哀伤,是因为爱。在泰戈尔诗中,弥漫着敏感而又真诚的感情,那是女子刻骨铭心的爱恋。"我俩是从太初的心底涌出的两股爱泉上浮来。我俩曾在万千情人的生命中游戏在忧伤的充满着眼泪的寂寞中,在甜柔的聚合的羞颤中,在古老的恋爱永远更新的生命里。"当初爱泉涌出,来不及收回,便已浇灌出爱之子了。女子娇羞的神情和期待的哀伤的眼睛,都是泰戈尔透露出的对这世界的哀伤。印度传统文化下的女子,有着多重悲哀。在无尽的束缚和压抑之下,情窦初开的少女之心便轻易被迷惑。然而,即便是爱,却无法爱。在如此环境下,女子只能默默守着与爱人的美好回忆,孤独思念。在一起时的甜蜜,犹在脑中轻轻回荡。当然,并不是每段爱情都没有结果。泰戈尔是爱的诗人,爱的歌颂家,断不会只传递没有结果的爱。圆满的结局是抚慰受伤心灵的一味药。所以,"那奔涌的永恒的爱的洪流至终找到了它的最后完全的方向。一切的哀乐和心愿,一切狂欢时刻的记忆,一切各地各时的诗人的恋歌，从四面八方到来，聚成一个爱情伏在你的脚下。"

这样感性的泰戈尔，才是我心中的泰戈尔。"我渴望静默地坐在你的身旁，我不敢，怕我的心会跳到我的唇上。因此我轻松地说东道西，把我的心藏在语言的后面。我粗暴地对待我的痛苦，因为我怕你会这样做。我渴望从你身边走开，我不敢，怕你看出我的懦怯。因此我随随便便地昂着头走到你的面前，从你眼里频频掷来了刺激。"安娜的不幸使他痛苦，女人们的苦难也使他难过。对于安娜的爱，他却只能选择怀念，默默守着他们之间的那份纯真的感情。"天空中没有鸟飞过的痕迹，但是我飞过了。"即使另娶他人，也不忘将安娜之名寄于新娘身上。而这么做，无疑又是另一段悲伤的故事。但即使是泰戈尔如此敏感之人，却也不一定能看到身边人的哀伤。

泰戈尔，能引起我共鸣的一位诗人，总是以他感性的心和悲悯的眼去看待苦难中的人，不管是化作夏花，化作飞鸟，都将悲苦的爱抒怀到极致。而这些他心中的形象，却都是他所向往的自然，所喜爱的无忧的世界中的存在。"你独自看守了一夜，你的眼睛疲倦了，可爱的人！灯光昏淡了，在晓风中闪摇。拭去你的眼泪，我的朋友，把纱拉上你的胸前。秋晨是静止的，树木的芬芳在空气里，草径是爱抚般的温柔。让可怜之夜的花环扭弯地放在床上吧。到这清晨的世界中，采下鲜花来兜在你裙子里，也把新蕊插在你发上吧。"不是他的悲伤，却似他的悲伤。在寂寞的夜里，渴望着清晨的到来，将身心融进清晨的世界里。逝去的人儿回不来，而独剩生人孤独地寻找着希望。而这希望，泰戈尔却期待着自然可以给予。花的娇颜似乎真的能够拂去脸上的悲伤一般，他充满了安慰和期待。这样的爱，这样的感同身受，这样的善解人意，泰戈尔是细致的，是温柔的铁汉对爱的呵护。

他的爱，他的情，他的敏感和他的莫名的哀伤总使我为之动容，而他，也因此居留在我心中的某个位置。这样的柔情铁汉，这样细致的一个人，歌颂着他期待向往的，单纯的爱，正如我歌颂着他的爱一般。

（作者单位：福州大学）

用诗歌涂鸦幸福

——我心中的泰戈尔

蔡晓娜

读他的诗集犹如看天真纯朴儿童的故事,里面铺满唯美的画面;读他的诗集正如看纯真烂漫天使的脸,上面画满他跟天使的故事。看着它就知道一切事物的意义,感到平和,感到安慰。彷徨的生灵在物欲横流中堵塞了那双原本聪慧的双耳,迷茫的众生在浮躁和无奈中淡忘了上帝旨意的圣书,但,一切都因他而回归淳朴。

泰戈尔,一个伟大而又忧伤的诗人,对人类苦难表达了深切悲悯的诗人。一个智性而又胸怀宽广的诗人,一生都在不断反省自我完善的诗人。在他的诗歌世界中,苦难是不算什么的,只要神性永存;坎坷是不算什么的,只要智性永恒。在他的诗歌世界中,思想的深邃,情感的强烈,比喻的完美与动人,音调和色彩的广泛多样,和谐优美地表达着内在蓬勃的激情:从灵魂对永恒的追求到被游戏的儿童激起的欢乐。在他的诗歌世界中,印度充满了神性的诗意,充满了宗教中最完美的光芒:在那块苍茫、宁静、圣洁的土地上,他寻求灵魂的平静,永远与自然生活协调一致。

他作为一个诗人,从不搬弄华丽词藻,从不炫耀文字技巧,从不堆砌那些浮华的装饰。他只崇尚纯真和简朴,企望自己的生命"简单正直像一枝苇笛",让神"来吹出音乐",从而达到梵我合一的境界。

那是一个植根于印度哲学思潮的时代,他成长在印度文学的海洋又屹立在印度艺术的巅峰之上,深受西方文化影响。对生活的认识,对宇宙的思考,对生命的遐想……在这些诗中我们发现了一种极其普通的情感，使人想起在生活的烦恼之中、在城市的喧嚣之中、在文艺作品的粗制滥造之中以及广告的漩涡之中常常被忽视的许多东西……

《新月集》是诗人从睿智洁净心灵唱出的天真的儿歌。他熔铸儿时的经验，借助儿童的目光，营造了一个晶莹的童话世界，而深达的哲理，则时时从童稚的话语和天真的画面中流露出来。可以说，智者的心灵与纯真的童心在《新月集》里达到了最好的融合。还有抒情浪漫的《园丁集》，精致达理的《流萤集》，哲理智慧的《飞鸟集》……泰戈尔将这些清新隽永的财富奉献在我们面前，不含半点杂质。他捕捉了大量关于自然界的灵感。他说天空的黄昏像一盏灯，他说微风中的树叶像思绪的断片，他说鸟儿的鸣唱是晨曦来自大地的回音——他将自然界的一切拟人化。他让天空和大海对话，让鸟儿和云对话，让花儿和太阳对话……在他的诗里，世界是人性化的，自然也是人性化的，万物都有它们自己的生长与思考；而他为它们的人性化整理出缕缕思绪。

泰戈尔也曾是个孩子呀！他那颗天真、美丽、童稚的心永远没变。那颗童心，不似大人们的"噗通、噗通"的慢节奏走步，而是"怦怦"的跳跃式行进着。前面有水，不怕；前面有山，不怕；前面有坑，也不怕！就这样跳着笑着，没有人追得上，快快乐乐地走自己的路。他用这颗心与明亮的眼睛所看到的世界竟是如此单纯而迷人：这个世界永远鸟语花香，永远绿荫环绕，没有战争、饥饿与恐慌，最大的矛盾也无非是孩子偷吃时母亲爱抚的轻斥。

有时，我们嘲笑别人的无知与幼稚，天真与幻想，却不去责备在人世中打了几个滚儿的自己。自己世俗、圆滑、污浊，或许在嘲笑的同时我们也在暗自伤心与嫉妒，那些我们已经失去了的尚且还留在他的身上。所以我说，泰戈尔是个孩子，在他拥有幸福的同时净化了自己的心，让自己又回到那最初的美好。我们望尘莫及，只能哀叹，而后通过阅读泰戈尔试图去回味去怀念我们已经失去的童年。

是的，似乎只有在泰戈尔那清丽与充满神性的诗歌中，我们才能为精神觅得一处净土。我羡慕泰戈尔那纯粹、自然、充满诗意的生活。"如果你因失去太阳而流泪，那么你也将失去群星了。"在《飞鸟集》中，泰戈尔写道，

"有一次，我梦见大家，都是不相识的。我们醒了，却知道我们，原来是相亲相爱的。"这就是泰戈尔。他对世界和人类的爱，对生命的赞美，构成了他神性思想的主旋律。他是一个真正的诗人，在他的《飞鸟集》《园丁集》中，在那些清晰的笔触中，我们分明感到了诗人纯洁的文字如精灵般萦绕在心头，洗涤着我们的心灵，我们分明可以听到来自内心最真实最本我的心跳。他睿智眼神散发着光芒，他深刻思想在历史道路上留下了悠远回响。他的笔下，每个字都充满思想，每句话都饱含哲理。他将他的思想用诗的语言与世人分享，影响着千千万万的读者。

他就是清澈的智者，美的天使，孩子的知己。虽然他写的清丽的小诗基本题材不外乎小草、流萤、落叶、飞鸟、山水、河流……但初读这些小诗时，我们就像在初春，推开窗户，看到一个淡泊清亮的早晨。一旦尝试溢美之词，才知道语言的贫乏。由衷感叹诗人用生花妙笔，就轻轻画出了一颗敏感天真的心灵如何历经凡尘荡漾出微澜。多羡慕这样的一颗心啊！真诚，彻底，无私，广阔，干净得让人不能相信，但它又是人世间的，它起落，变化，随缘，敏感，平凡的如同你我。他满怀着对人生的热情和爱恋，慈祥地握着我的手，把我这个在婆娑世界中孤独流浪小孩的内心世界，又细细地抚摸了一遍。不由得让我当时泪流！清新的诗句，让我学会带着爱，用一颗平淡的心去看待这个纷繁的世界，去感受被喧闹的城市所掩埋的一份平静与安逸。

他是一个月光型的作家。他常让读者联想起美好，他广阔无垠的境界往往在不经意中被人领受，月光包容了他。只有在某种氛围像刺痛一般尖锐地将读者唤醒时，才猛然察知它的存在。那种无边无际的深远和奥妙，伸手可触，却无法穷尽。正如孔孟老庄，一代又一代人来了又去，去了又来，谁敢放言已完全将他们读尽？但他们的言辞像月色如水一般，漫进每一扇窗棂，漫进每一个似解不解的眼帘，穿过一阵又一阵的尘世烟雾，抵达无数人秘密分享的宁静之夜……

那些早已熟稔的文字和那广为流传的诗句，就像一杯杯的香茗，品上一口便久久萦绕在心头。走近泰戈尔，他的精神是那般深邃，那般丰富，又那么细腻。一章章诗篇，或小巧玲珑，或灿烂恢宏。泰戈尔用他的哲学和诗歌给了世人许多智慧，许多启迪。轻轻地翻，慢慢地逡巡，蓦然间，便会有一段段值得收藏的名句闯入你的眼帘。

　　读着泰戈尔的诗，一切都宛如泻在时光斜坡上的一缕阳光，不唯美，但浪漫，虽然简单，却很纯粹。当白昼与黑夜、溪流与海洋、自由与背叛在他的诗中演绎着生命时，我仿佛可以触摸到世界的正面与反面，这头与那头。我仿佛感到泰戈尔那些精致的语言凝聚成千万颗晶莹的水滴，在他那简单的坟墓上空化作美丽的彩虹。愿他喜爱的白昼与飞鸟、黑夜与群星，永远伴着他的灵魂。

　　泰戈尔就如他所写的诗句"死亡之泉的注入，让生命的死水，得以活化"一样，虽离开我们那么多年了，但他留下的那些宝贵精神财富却毫不褪色。感谢泰戈尔这一位充满思想、热爱和平的哲学诗人。他给世界、给宇宙留下了永不磨灭的美丽诗篇，用诗歌涂鸦幸福！

泰戈尔在我心中

——读《一个女人的信》有感

吴映丹

全世界都知道泰戈尔是个诗人。但全世界不一定都知道的是,泰戈尔是个真正的诗人。他从头到脚的每一寸肌肤,从内而外的每一个呼吸,以及穿透过肌肤,伴随着呼吸而错落于纸上的每一个字符,都是证明。泰戈尔曾经说过:"文学为了弥补表现力的不足,借助两个主要手段,一是图画,二是音乐。"而这种糅合了图画和音乐的文字,不仅成就了他的诗歌,也成就了他的小说。他的小说,语言凝练,句式整齐,韵律和美;环境描写与情节发展相得益彰,意味隽永深刻,富有现实主义精神。总而言之,行文如歌如画,极有"诗味儿"。

在这些如诗的小说中,《一个女人的信》是我的最爱。每读一遍,都忍不住要随着弥娜和姆丽纳尔一起唱:

爸爸也罢,
妈妈也罢,
周围一切听其便,
坚定不移啊,弥娜!
命中注定要发生的事,
天神啊,就让它发生吧!

是的，这信来自名为姆丽纳尔的女人，她在结婚15年后毅然决定离家出走——走出痛苦之渊，走向自由之途。

她的痛苦来源于妇女之身。印度社会在漫长的封建统治下，封建制度极为严酷，妇女们自诞生之日起，便受到诸多限制——除了政权、族权、神权、夫权的种种压迫外，还有更加残酷的种姓制度和婚姻制度，其中包括童婚制、陪嫁制和殉葬制。自印度沦为英国殖民地后，殖民主义者为了巩固殖民统治，大力扶持封建制度，致使妇女们遭逢更加悲惨的境遇。从《一个女人的信》中，长嫂和宾杜的身世便可窥斑见豹。

说回姆丽纳尔。小时候，她和兄弟都发了高烧。结果，阎罗王攫取了兄弟的生命，却也攫取了她逃离这不自由的人世的第一个"机会"——多年以后，她才明白，这世间，唯有自己能够争取自由。

12岁那年，这个羞涩的农村姑娘被推到两个陌生男人的跟前，接受"考察"——"那天，我父亲忐忑不安，母亲则不断地默念着杜尔伽女神的名字。……全家，乃至整个村庄的人，都提心吊胆。这种情绪像一块石头压在我的心上。那天，整个空间的阳光，世上的一切，仿佛都在强行把我这个12岁的农村姑娘，推到两位监考官的眼前，当时，我真是羞怯得无地自容"。这场从提心吊胆与无地自容开始的婚恋把姆丽纳尔从孟加拉乡下带到了加尔各答，但她并没有因此而脱离痛苦之渊。

她因为美貌而来到这一家，与丈夫之间感情淡薄。虽说他给了她不愁吃穿的生活，并且脾气和善，没什么坏毛病，但这并不能够满足姆丽纳尔，她那得天独厚的智慧，以及爱好自由的气质。

作为次媳，姆丽纳尔的行为受到种种限制，然而她自有她的自由。她悄悄地写诗，在诗歌里自由翱翔，用文字符号呐喊着"我是女诗人，不是次媳"；她无友无伴，牛犊是她"整个城市里最亲近的生物"，即便因此受到种姓的质疑，她也毫不在乎；女儿夭折之后，她愈发受人忽视——这可并不是什么坏事儿，姆丽纳尔以为："一个女人在家里受到忽视，那是她的福气。如果受到尊重，反倒会增加苦恼。"她在家中的生活静如死水，直至宾杜到来。这是这家中唯一与她相亲爱的人，激发了姆丽纳尔全部的智慧与勇气。她收留宾杜，给予她极大的关心和爱护，尽管家人对此表示不满，但他们不得不敬畏姆丽纳尔的智慧。后来,他们只能"求助神明",给宾杜找了一个未婚夫。这看似完美的安排,实为最残酷的迫害——男方是一个疯子。宾杜几度尝试逃离,结果都被送回。最后,这个可怜的女人用衣服烧死了自己。

这一烧,也把姆丽纳尔彻底烧醒了。

当死亡之笛抚慰着这个姑娘破碎的心灵,在我生活的朱木纳河畔吹响的时候,我的胸口仿佛中了一箭。我问苍天:为什么世界上最卑微的人,所受的灾难也最深重呢?为什么那巷子里,四面高墙围着的可悲的小房子,是那么可怕呢?为什么无论我怎样伸手呼叫,也得不到你们生活中的一滴琼浆玉液,一时一刻也迈不出深宅大院的门坎呢?为什么在你们的世界里,我必须幽禁在那卑鄙龌龊的砖墙之内,过那种苟延残喘的生活呢?我这样日复一日地生活是多么渺小!生活中被约束的传统、习俗、流言蜚语、诽谤中伤——这一切又是多么渺小!难道你们的极乐世界毁灭之后,那种贫困的情况还会永久存在吗?

如今,宾杜已经借着死亡的机会,永远地摆脱了不幸的人生。那么她呢?
她要走!
她必须走!
她不能再忍受这种只有生存而没有生活的状态了,她必须尽快逃离这痛苦之渊,去寻找属于自己的自由!

借着到圣地进香的机会,她逃出来了。她终于可以义正言辞地对那淡漠的丈夫以及他的家人说一声:"我再也不会回到你们那个马肯博拉尔巷27号的家里去了……我再也不需要这样的生活了。"

放弃了次媳的身份,放弃了不愁吃穿的生活,她活过来了。

我亲爱的姆丽纳尔,她终于活过来了,真真正正地活过来了!正如毛姆在《月亮与六便士》中所说的:"人的每一种身份都是一种自我绑架,唯有失去是通向自由之途。"

我爱姆丽纳尔,爱这女人对自由的热爱,对人格的维护,爱着她的自由思想和精神追求,尤其是那从骨子里透出来的奋力反抗黑暗现实的精神——

敢于反抗的女人总是极具魅力。

泰戈尔曾作《论妇女》，在文中极力称赞女性。他说，"妇女在人类创造中是很久远的，妇女的力量是一种原始的力量。"在他的眼中，女性就是一首和谐的诗，代表着韵律、完善、联合与均衡的发展。因此，在他的作品中，这种原始力量被表现得淋漓尽致。但凡读过他的作品的人们都会情不自禁地感慨："泰戈尔是一个偏爱女性的诗人"。

这种偏爱，不仅在诗，亦在小说。

除了姆丽纳尔，他的长篇小说《戈拉》中的苏查丽妲和拉丽妲也是新女性的典型形象。她们勇敢地冲破了家庭束缚，参加社会公益事业，开办女子学校，投入爱国斗争，大有"巾帼不让须眉"的气势。同时，她们也打破了印度社会中的陈规，跳出种姓制度与教派的圈子，为自己争取婚姻自主权，嫁得如意郎君。

这类独立自主、坚强反抗的女性形象与传统的东方女性形象大相径庭。单就泰戈尔笔下的女性形象来看，姆丽纳尔与其长嫂已是鲜明对比；苏查丽妲和拉丽妲也绝不可能如同摩诃摩耶那样，听从兄长的安排，离开情人，与一个即将死去的人成亲后，随即殉葬。这类女性身上放射着女性自我觉醒意识的光芒，也表现了泰戈尔对于女性的进步性认识——他主张让妇女走出家庭，走出社会，发挥作用；他认为妇女解放能够促进国家繁荣昌盛。除了在作品中表现女性解放的主题，泰戈尔在生活中也身体力行。他让自己的妻子接受教育，鼓励她学会孟加拉文、梵文和英文等，并且指导妻子完成《罗摩衍那》的改写。可见，他不仅是一个偏爱女性的诗人，更是一个偏爱女性的印度诗人。他一面深切地同情印度妇女背负的苦难，一面真诚地赞美她们在苦难之中所展现的美与力量。而对母爱的追寻，对妻子的深情，以及自己女儿在童婚制度下的惨痛经历等，使他的这种同情更加深刻，也使这种赞美更加诚挚。

爱的路总是越走越宽的，泰戈尔对于妇女的偏爱逐渐发展为对于人的普遍关注与价值肯定。他的每一首诗歌都是浪漫的歌颂，他的每一部小说都是现实的揭露，诗歌与小说如同经纬般交织成一片星月夜。就像文森特·梵高在圣雷米创作的那幅著名油画作品，交互运用两种线条风格，通过歪曲的长线与破碎的短线，呈现出炫目的奇幻景象。唯一不同的是，泰戈尔的这片璀璨星空充满着人性与人道，充满着一个诗人对这世间的终极关怀。

泰戈尔是个真正的诗人，这是全世界都应该知道的事。

（作者单位：深圳大学）

泰戈尔在我心中

——非心中之光不能抗黑暗

蓝思琪

　　泰戈尔的《飞鸟集》，是我最喜欢的一本现代诗集。飞鸟拉开了诗集的序幕，他道，夏天的飞鸟，飞到我前面唱歌，又飞去了。与这句诗邂逅的时候，只将其当作是无关痛痒的话擦肩而过，可是当我读到最尾时，才发现这看似平淡随和的句子竟是泰戈尔贯穿始终的心境。飞鸟，泰戈尔又称其为漂泊者，在泰戈尔的心中喻指变幻的事物，此诗集也就是诗人对变幻事物的感知与情怀。

　　泰戈尔诗的一个很大的特点就是善于把自己的情感和外在的事物融为一体，特别是和自然界的结合每每都让我叹为观止。他写道，忧思在我的心里平静下去，正如暮色降临在寂静的山林中。有时候，真是让人摸不清他到底是在用自己内心的感觉来描写景色，还是在用景色来比喻自己的心境，因为两者都写得那么真切而用情，它们已经相互辉映，好像在此时此刻全世界的爱恨情仇都不复存在，整个世界洋溢的好像就只有这样的平静和安宁。

　　更让人惊奇的是，诗人与大自然的关系并不是只是像一个赋有天赋的才子能够将世间的花鸟虫鱼信手拈来形容自己的情感那样，而是如恋人关系一般，我们能够看到他诗间和大自然的对话和私语是多么的温柔体贴，也能感受到他眼中的大自然对他的回应是何等的浪漫多情。我彷佛可以看到诗人微笑着写道，静静地听，我的心呀，听那世界的低语，这是它对你求爱的表示呀。我开始好奇，我开始想象，我开始惊叹，是怎样善良和美丽以及富有创造力的灵魂才能够保持这种永远在恋爱的心态、热恋的心情？有时候诗人会回归到诗人应有的哲思——如果你因失去了太阳而流泪，那么你也将失去群星了。他是清醒地爱着这个世界的，他是理智地和大自然恋爱的，他在好生经营着——不要因为峭壁是高的，便让你的爱情坐在峭壁上。

我们会发现诗人的诗呈现出来的画面都让人非常惬意，你会很放心地打开心扉，让这些字句停驻在你的心里，甚至融入你的灵魂。因为这些诗句美好但却不造作，用现在的话来说，就是充满正能量，虽然他甚少提到什么励志的字眼，但是这些字句会让你知道这个世界多么美好，他已经告诉你会有成块的乌云，会有狂烈的暴风雨，会有漫长的黑夜，会有无尽的死亡，但是他会告诉你这些也是美丽的，因为这些推动才有了无际的蓝天，湿润的土地，光明的白天，陆续的新生……诗人接受这些负面的事物，并没有逃避它们，可是他并不恨它们，可以说，诗人对它们的爱和芬芳的鲜花、潺潺的流水一样，在他的眼中，它们皆是"飞鸟"，它们每一个阶段都是不同的，它们的每个瞬间都是新鲜的，它们不会停留，但是答案却永远都是欣欣向荣的。

是诗人心中的光使然，是诗人心中的光让他即使面对黑暗，也看得清终点——那永远都是枝繁叶茂的景象，所以他的心中才会永远充满感恩和安宁。

我不是个坚强的人，我是个容易感觉到委屈的人。在公交车上被人撞得摔倒在地。因为太累没听到售票员的报站而错过该下的站导致迟到，我会忍住眼泪给随和好言的朋友打电话，告诉我如此那般的狼狈，然后听着那些果不其然的安慰。

努力地学习却没有获得好的成绩，我会感到很委屈，当这种委屈无法排遣时，我会诅咒这个道貌岸然的世界。我祈求光明快点来临，驱散眼前不知浓薄的黑暗。

学业、事业、爱情和家庭，人的一生无非都是绕着它们。

心地善良的好朋友说尽好话，不停地为抱怨者的心脏注射吗啡，镇住了痛却也怕极了再次的伤害；头脑清醒的好朋友可以层层剖析，一点一点地挖进心中痛苦的源头，在他们强烈的冲击面前，你是个弱者，或者说在你站起来之前是个弱者。

其实无论别人如何安慰，如何说服，如何给你建议，做决定的始终是自己，能拯救自己的也始终只有自己。他人提供的帮助，就像是手电筒那样，在漫长的人生路中迟早会有没电的一天，会有用坏的一天。我们不能依靠手电筒的光伴我们渡过一生中时时降临的黑暗，我们充其量只能借助手电筒的光来启动自己心中的光明。

在很多人看来，诗句是生活的麻醉剂，可是泰戈尔之于我的，是一剂清醒药，他点亮了我心中之光，让我可以在微笑和感恩中抵抗黑暗。

只要光明不灭，泰戈尔便是不死的。只要我还爱这个世界，泰戈尔便居住在我心中。

（作者单位：深圳大学）

常读常新的泰戈尔

高晓金

在泰戈尔获得诺贝尔文学奖之后 100 年的今天,我重读泰戈尔,其诗歌的魅力正如他在 1913 年创作的《园丁集》结尾处所预言的一样——魅力依旧、影响深远:

你是什么人,读者,百年后读着我的诗?
我不能从春天的财富里送你一朵花,从天边的云彩里
送你一片金影。
开起门来四望吧。
从你的群花盛开的园子里,采取百年前消逝了的花儿
的芬芳记忆。
在你心的欢乐里,愿你感到一个春晨吟唱的活的欢乐,
把它快乐的声音,传过一百年的时间。(297) ①

如果把诗人比作天上的繁星,那么泰戈尔无疑是最亮之一。以至于中国

---

① 本文中泰戈尔的诗歌若无特殊说明,皆选自《泰戈尔诗选》,冰心、石真、郑振铎译,北京:人民文学出版社,2003 年版。

读者不假思索地将近年来流行的"世界上最遥远的距离"① 一诗归功于泰戈尔笔下。的确,此诗表现了人与人之间细腻的情感,把那种难以名状的情愫刻画得撩动人心,与泰戈尔诗歌中对爱情的描摹是相通的,如《园丁集》第41首:

> 我想对你说出我要说的最深的话语,我不敢,我怕你哂笑。
> 因此我嘲笑自己,把我的秘密在玩笑中打碎。
> 我把我的痛苦说得轻松,因为怕你会这样做。
>
> 我渴望从你身边走开,我不敢,怕你看出我的懦怯。
> 因此我随随便便地昂首走到你的面前。
> 从你眼里频频掷来的刺激,使我的痛苦永远新鲜。

经典之所以为经典,能历久弥新的很重要一点或许就是常读常新!泰戈尔在我的阅读史中就是这样的一位经典作家。

小时候,阅读泰戈尔,读到的是孩童的天真和母亲的慈爱,以及诗人笔下温馨欢乐的家庭生活。"当我吻着你的脸蛋儿叫你微笑的时候,我的宝贝,我的确明白了在晨光里从天上流下来的是什么样的快乐,而夏天的微飕吹拂在我的身体上的又是什么样的爽快——当我吻着你的脸蛋儿叫你微笑的时候。"(187)浓浓的母爱跃然纸上。而《纸船》一诗中:

> 我每天把纸船一个个放在急流的溪中。
> 我用大黑字写我的名字和我住的村名在纸船上。
> 我希望住在异地的人会得到这纸船,知道我是谁。

---

① 原诗是:"世界上最遥远的距离,不是生与死的距离,而是我就站在你面前,你却不知道我爱你,世界上最遥远的距离,不是我就站在你面前,你却不知道我爱你,而是爱到痴迷,却不能说我爱你。"此句诗现在版本较多,各个说法不尽相同。作者说法也较多,一说出自张小娴的小说《荷包里的单人床》,另一说出自印度著名诗人泰戈尔诗集《飞鸟集》,但有人表示《飞鸟集》中并未收录。

我投我的纸船到水里,仰望天空,看见小朵的云正张着满鼓着风的白帆。

睡仙坐在船里,带着满载着梦的篮子。(202)

孩子对未知的大千世界的好奇心让人感佩不已。又或许诗中的孩子与当年远赴重洋求学的冰心一样,通过小小的纸船,表达对身处异地的母亲的相思之情:

母亲,倘若你梦中看见一只很小的白船儿,
不要惊讶它无端入梦。
这是你至爱的女儿含着泪叠的,万水千山求它载着她的爱和悲哀归去。

后来啊,阅读泰戈尔,是为了给热烈的青春增添一副强心剂,因为泰戈尔通过自己的诗歌告诉了我们如何去做生活的强者,去对待人生中所碰到的种种境遇。在你因为遗憾或错误而捶胸顿足、止步不前时,他会对你说"如果错过了太阳时你流了泪,那末你也要错过群星了。"[1] 在你以为自己正经受着不幸和困境时,他又说道"我曾经受苦过,曾经失望过,曾经体会过'死亡',于是我以我在这伟大的世界里为乐",[2] 如此比较,自己所经受的困苦又有什么了不起呢,而只有经历了这些才能更坚强地在这个世界里获得快乐。

泰戈尔传递的这种献身精神和进取奋斗精神让我不自觉地想到了德国文学大家歌德,其传世之作《浮士德》给了我类似的感动和鼓舞。很长一段时间里,泰戈尔的这些诗歌如同人生哲理警句指导着我的学习和生活,也激励着一个渴望走出大山、渴望读懂人生、渴望走向更宽广世界的女孩勇往直前地奋斗!

而现在,阅读泰戈尔,更多的是折服于他对印度古代经典作品的集大成

---

[1] 《飞鸟集》,郑振铎译,上海:上海译文出版社,1992年。第6首。
[2] 《飞鸟集》,郑振铎译,上海:上海译文出版社,1992年。第322首。

创作，以及诗歌中闪烁的智慧光芒和宗教哲学思想！

1900年初版的《故事诗》是泰戈尔前期诗歌创作中一部极其重要的孟加拉文叙事诗集，在印度历来被视为泰戈尔留给人民的最好的精神遗产之一。诗集主要取材于印度古代经典作品中的历史传说，其中既有佛教故事、印度教故事和锡克教故事，也有拉其普特人及马拉塔人的英雄传说。在当时爱国主义激情汹涌之时，泰戈尔热情歌颂了民族英雄在抵御异族入侵时英勇献身的精神，极大地鼓励了印度人民反抗英国殖民者的斗争意识，增强了印度人民的民族自信心和自豪感。印象极其深刻的是讲述锡克教宗师与帕坦人故事的《最后的一课》，当时的印度就像诗歌里的帕坦人的儿子，锡克教宗师戈宾德抚养教育他就如同英国殖民者对印度的殖民统治，最终帕坦人的儿子难捱杀父的深仇大恨，拔出匕首闪电一般刺进戈宾德的胸口，这影射着诗人对印度获得独立的渴望和追求！

而我最喜欢的是令他蜚声世界的代表作《吉檀迦利》。在印度语里，"吉檀迦利"是"献诗"的意思，即泰戈尔献给一位神的诗歌。在他的笔下，这位神具有不同的名称和身份，有时是"主人"，有时是"朋友"，有时是"父亲"，有时又是"国王"，当然，更多时候还是直接称他为"神"或者"上帝"。或许是中文翻译的缘故，读者常有读圣经诗篇的感觉，全诗充满了对最高存在的一种感恩和赞美之情。而这恰恰是当今中国人最最缺乏的信仰，抑或说宗教情感，于是从他的这部作品中，我读到了宗教意义上的谦卑、忍耐、忠诚、信心……这些看似平常的文字，却隐含着不平凡的哲理，而我们一般人往往无法体悟，因为我们不知道"离你最近的地方，路途最远，最简单的音调，需要最艰苦的练习。"（125）

早在1915年10月，《新青年》就登载了陈独秀所译的几首泰戈尔的短诗，如果说当初的引介是为了时势的需要，那么现在的经典重读就是为了内心的需要。正如冰心在1920年热情地写道："泰戈尔！谢谢你以快美的诗情，救治我天赋的悲感；谢谢你以超卓的哲理，慰藉我心灵的寂寞。"（85）接待过泰戈尔访华的徐志摩也曾撰文道："我们实在不配说泰戈尔的诗，因为我们读了他的诗，只是深深的感到他的伟大的人格，热烈的爱情，超越的思想和小孩子一般的纯洁精神。语言文字实在不足以表示我们灵魂的波动。我们觉得他的诗安慰了我们的痛苦，减轻了我们的烦闷。读《吉檀迦利》时感觉到他的伟大，读《园丁集》时感觉到他的温柔，读《飞鸟集》时感觉到他的轻灵，但是这些都还是文字上的话，泰戈尔的好处是要超过文字去领会的，是要你人格去领会的！"①

　　翻译过泰戈尔诗歌的郑振铎在译序里也毫不掩饰自己的溢美之词："我喜欢《新月集》，如我之喜欢安徒生的童话。安徒生的文字美丽而富有诗趣。他有一种不可测的魔力，……《新月集》也具有这种不可测的魔力。它把我们从怀疑、贪婪的罪恶的世界，带到秀嫩天真的儿童的新月之国里去。它能使我们重复回到坐在泥土里以枯枝断梗为戏的时代；它能使我们在心里重温着在海滨以贝壳为餐具，以落叶为舟，以绿草上的露点为圆珠的儿童的梦。总之，我们只要一翻开它来，便立刻如得到两只有魔术的翼翅，可以使自己飞翔到美静天真的儿童国里去。"

　　文学作品的过分经典化容易使读者将其束之高阁，只知道它好，却不知道它好在哪里。在泰戈尔获得诺贝尔文学奖 100 周年之际，我热切地呼唤中国的读者捧起他的作品来，好好阅读一番，因为常读常新的泰戈尔将带给你一份别样的感动！

（作者单位：北京大学）

---

① 《泰戈尔谈中国》，沈益洪编，杭州：浙江文艺出版社，2001 年，第 96 页。

星光璀璨

——《吉檀迦利》中的神学探究

付泽新

在东方文学的范畴中,印度文学是不可忽视的一环,泰戈尔作为印度文学创作领域的巨擘,其抒情宗教诗歌集《吉檀迦利》更是为他赢得了诺贝尔文学奖的赞誉。《吉檀迦利》并不是一部单纯的抒情诗集,它包含着泰戈尔及印度文学所特有的浓厚的宗教情感与宗教观念。《吉檀迦利》充满着浓重的抒情感,这种感情以一种密码式的絮语娓娓道来,含蓄的语调背后隐藏着一声声炽热的呼唤。《吉檀迦利》中的意象神秘而韵味深远,飞鸟、芦笛、风雨、阴云、闪电、锁链、转瞬即逝的花朵等意象的背后包含着另一个宏大的空间。这一空间中涵盖着神性与人性的交汇,在这里神有着不同于西方的传统意义上的神的色彩,传达出具有东方意味的神义观念。本文从《吉檀迦利》的文本阅读出发,分析文本背后的宗教精神,找寻泰戈尔的神学理念。

在《吉檀迦利》中的神是一种泛化的存在,他并不固定在某一实体上,也没有固定的膜拜对象。相对于基督教中的一神论来说,《吉檀迦利》所要表现的是一种泛神论的思想。在西方基督教思想中,上帝是三位一体的存在,上帝道成肉身化为第二位格,并以圣子的形象出现在人间,他以一个固有的形态存在。而泛神论表现出更为古老而原始的宗教情绪,神无处不在,他没有一个固定的形态,但是却在时间与空间上达到一种永恒。神与人的交流并不通过固定的宗教仪式来完成,而是通过心灵间的感悟来达到体察与领悟,这正与泰戈尔梵人合一的理念相融合。在《吉檀迦利》中泰戈尔通过诗意的语言表达出这种思想，如"把礼赞和数珠撇在一边罢！你在门窗紧闭幽暗孤寂的殿角里，向谁礼拜呢？睁开眼你看，上帝不在你的面前！"（第11首）。神并不是需要祭拜的僵死的泥偶，而是人通过自我的有限感知到的无限的存在。神可以外化成自然界中的一切，在《吉檀迦利》中出现的七月的骄阳、黄昏的雾霭、惊天的闪电、炎热的夏季都可以是神的意旨，通过个体生命中的外在环境传达着生命的真谛。

《吉檀迦利》中的神与人在某种状态下是合一的，神性中蕴藏着人性的成分，但是在更高的层次上神性是对人性的一种升华与超越。就第一个层面来说，神并不是高高在上的，他有着人性所拥有的品质，并与人站立在同样的世界中，体现着人性中美好的一面。如泰戈尔称"你本是我的主人，我却称你为朋友。"（第2首），神不是一种理性的存在，他更多的是通过感情澄净之后而产生的虔诚，人通过自我虔诚的信仰与呼唤来达到与神的共鸣。人与神之间可以进行平等的交流，神可以是人的朋友，可以是人的倾诉者。在《吉檀迦利》中，神走下了神坛来到人间，"他是在锄着枯地的农夫那里，在敲石的造路工人那里。太阳下，阴雨里，他和他们同在，衣袍上蒙着尘土。"（第11首）这在更深层次上来说是一种人性的关怀，在这里宗教的神秘感与人道主义的关怀融为一体，而这也正是泰戈尔乃至20世纪整个印度社会文化生存的土壤——传统与外来、东方与西方、宗教与道德的交融。

在泰戈尔的话语体系中，神在某种程度上是人的升华，这一观点通过《吉檀迦利》中声音的隐喻传达出来。《吉檀迦利》的诗句充满着无声的音乐，而这一音乐感在构成文本的抒情意象的同时，也构成了神与人关系的一组对照。如"我不知道你怎样地唱，我的主人！我总在惊奇地静听。"（第3首）歌声成为人神交流的纽带，歌声同时又是一种赞美，是对于真善美的感悟与触发。"歌"成为一种隐喻与象征，人的唱是因为神赋予了人唱的能力，这种能力使人能够领悟万物的神秘与美好，继而来歌颂神的伟大。在自然神的面前，人类只能顶礼膜拜这种崇高与伟大，在这种崇敬感的面前，人类能做的只有虔敬地聆听，以至于在神的面前人类开始了集体的失声——"我的心渴望和你合唱，而挣扎不出一点声音。我想说话，但是言语不成歌曲，我叫不出来。"人类的微小来源于人个体的有限与追求的无限间的矛盾，如泰戈尔所说的："一觉醒来，我发现我在自己的宝库里做了囚人"。（第31首）人的无限制的欲望与虚伪使人丧失了原始的美感，而通过虔诚地追寻神的足迹能够化解这种矛盾。在《吉檀迦利》中，诗人以一种强烈的感情的爆发来完成对神的赞美，包含着诗人的"小我"在"大我"中融合，完成一种虔诚的静修。正因为人的不完美，才需要用虔诚来祈求神的抚慰，这种宗教式的虔诚是印度传统文化中重要的一部分。神成为困惑的人类的引导者，缓解着世人的焦虑，给予内心坚硬焦躁者以甘霖，给予失去恩宠者以欢歌。

　　《吉檀迦利》中神的存在分为外化与内在的两个部分，由于泛神论的影响，神以自然万物的形象出现，成为包裹在人生命中的物质所在。在《吉檀迦利》中万物的存在都依赖于神的旨意，同时也传递着神的真谛，人可以从一朵转瞬即逝的花朵中读出永恒，又能从永恒不变的沙石中悟出时间的流逝。因此人将对神的崇拜转换为对自然的崇拜，在一次次与飞鸟、海洋、花朵、风霜、太阳、岩石的沟通中找寻到生命的制高点，自然界中所有的有声与无声都转换成为神的低语与教诲，完成对生命的敬畏与训诫。人本是自然中的一部分，但是人总是在脱离自然运行的轨道，被自我的欲望束缚住了手脚，《吉檀迦利》中诗人则要找寻人的原始本真。如第8首中写道："如你的华美的约束，使人和大地健康的尘土隔断，把人进入日常生活的盛大集会的权利剥夺去了。"人世间创造的繁杂缛节都是一种羁绊，而生命的真谛在于回归本性，人的本性就在于外化的自然中，在于神创造的生命的原始形态中，在抛弃了一切人为的刻意才能达到这种本真。要达到这种状态还要通过神的内化来完成，神与人通过心灵的交汇来达到人神合一的状态。神通过自然的静默、美丽、永恒转化为爱，而爱在人的内心中倒映出自我的存在，使人完成了对神性的崇拜。因此在《吉檀迦利》中，神最终的表现是从外在走向人的内心，通过人在内心不断地向神性靠近，达到人神合一的伟大境界。泰戈尔曾说："旅客要在每个生人门口敲叩，才能敲到自己的家门内心，人要在外面到处漂流，最后才能走到最深的内殿。我的眼睛向空阔处四望，最后才合上眼说：'你原来在这里！'"（第12首）要追求神的内化并不是一件简单直接的事情，只有通过不断地在外在的世界披荆斩棘消除心魔，在生命的历程中翻越坎坷，在绝望的井底看到希望的源泉，在醇美的自然中发现生命原始的律动。只有通过种种的追寻与摒弃之后，神才会与人在心灵上产生共鸣。

《吉檀迦利》中神是爱与美的象征，真善美成为贯穿全书神性的主旨，这也是神对人性的升华。《吉檀迦利》中的神传播着至真至善与至美，这是一种超越了爱的爱，是比真更真的真，是一种本源的美。这种极致的感官感受带给人的是一种心灵的净化，只有在虔诚的心灵状态下才能感知这种真善美。泰戈尔说："我要永远从我的思想中屏除虚伪，因为我知道你就是那在我心中燃起理智之火的真理。我要从我心中驱走一切的丑恶，使我的爱开花，因为我知道你在我的心宫深处安设了座位。我要努力在我的行为上表现你，因为我知道是你的威力，给我力量来行动。"（第4首）这里他明确提出了人对于真善美的追求，这种追求的目的是为了达到与神的统一，以期沐浴在神的永恒的光芒里。但是神的爱是超越人间的爱的，因为它具有无条件性，"若是我不在祈祷中呼唤你，若是我不把你放在心上，你爱我的爱情仍在等待着我的爱。"（第32首）神无条件地爱着人，超越了一切人世间的条件与束缚，这正是真正的爱。

泰戈尔的《吉檀迦利》在短小的篇幅中用隽永的语言表达着自我的虔诚，并构建了神与人交融的世界，涵盖了万物，涵盖了瞬间与永恒，涵盖了有限与无限，涵盖了东方与西方的哲学，值得后世读者细细品味。

（作者单位：北京大学）

"不盛不乱，姿态如烟"
——我心目中的泰戈尔

曾欣欣

都说诗人是"人类的儿童"，他们有着世人逐渐被泯灭的纯真；也曾经听过这样一个说法，说泰戈尔是"儿童的天使"，他有他的天真与和善，才能构建出"树木踮起脚尖，窥视着天空"一系列的作品，那么"不盛不乱，姿态如烟"。

尤其欣赏他"不盛不乱，姿态如烟"的潇洒，原来，只是如此淡泊、清透的姿态就可以如此扣人心弦。

"生命，一次又一次轻薄过，轻狂不知疲倦"。然后，轻狂的我们都以为轻狂的生命需要怒放，让鲜亮的花开得如火如荼，却常忘了其实她并经受不起肆无忌惮的挥霍，只因繁华褪尽，烈火成冰后，剩下的只是残阳月华，如何能宠辱不惊，又谈何"生如夏花，死如秋叶"般平静？

在泰戈尔诗里，生命轻狂，她"以寂寞的镰刀收割空旷的灵魂，不断地重复着决绝"，却又苦尽甘来，"重复幸福，终有绿洲摇曳在沙漠中"；而头置簪花，浓缩在风霜雨雪的感动中一路盛开的美丽，只会让人越咀嚼越是沉醉。

都说生命之轻，难以承受，但与其让眼泪佐味，何不放轻姿态，如烟浪漫一回。我心目中泰戈尔领悟的生命如此，爱情亦如此。

张爱玲说，"于千万人之中遇见你所遇见的人，于千万年之中，时间无涯的荒野里，没有早一步，也没有晚一步，正巧赶上了"，所以，爱情是一场优雅的等待。泰戈尔说，"我不能选择最好的，我等待最好的来选择我"。不盛不乱，不急不躁的等待，并非人人都能做到，相反多的是那些"最初不相识，最终不相认"的挥霍。只是眼泪，感动得了亲情，却感动不起爱情。当爱已成往事，如何姿态如烟、全身而退？所以，等待吧。

等待吧，那个让你"眼睛为她下着雨，心却为她打着伞"的人终会来成就你的梦想。在爱情里，奋不顾身、渴望成蝶故可理解，但往往只是成了扑火的蛾，空剩发自肺腑的体会。出生、财富、地位、聪明与美貌，我们无从选择，但我们可以在等待中不断地完善自我，终会有走向红毯的那一天，相见恨晚未尝不是一种美？

"生如夏花，死如秋叶。"我心目中的泰戈尔对生命、对爱情总是一副骑士豪情，他不会因错过太阳而哭泣，毕竟还有星星和月亮——这也是我最欣赏他的一点，不急不躁，不怨不痴，只是做好了等待的准备，然后在重叠的日子里，很浪漫地巧合遇上了所等待的，很美。

很好奇，如此不盛不乱的他如果生活在我们这个时代里，是否还能姿态如烟？记得他说，"在人生中童年最伟大"，是因为童年里有他追求的纯真与和善吧，我猜。"我们萧萧的树叶都有声响回答那风和雨。你是谁呢，那样的沉默着？我不过是一朵花。"正是诗人的自我定位，明明充满了值得炫耀的，却把姿态放得很低很低，如同童年期的我们，常常不计较得失、没心没肺地天真着，只是后来的我们，怎么了？

我心目中的泰戈尔，不盛不乱，姿态如烟。如此纯真、和善的绅士，拥有的尽是我所羡慕之心态，但我，难以做到，徒有艳羡之情。

看，他头置簪花，一路走来，背后，是一片绿洲摇曳。

（作者单位：福州大学）

泰戈尔在我心中

徐 豪

这盛夏即将落幕,时光之鸟飞过太阳的羽翼,将我们照耀。
"让最后的果实长得丰满。"
时间注入果实中。开花结果,果熟蒂落,你在远方描摹时间自上而下的形象。我们奉献果实,奉献时间贮藏的形状,神的谕旨在头顶。
我看见透明的杯子,金色的马车,还有无岸之河、无桨之船、无花之果;
我看见取暖的灯火,洁白的莲花,还有众人祈祷、百兽俯首、草木欢喜;
我看见——
饮水止渴的人们拂去身上的尘土,咀嚼着贫穷和饥饿,晨光从晦暗的云彩的缝隙里流出,水流奏起吉祥的音符,婴孩睁开眼睛、唇上闪现出娇嫩的蓓蕾。灯火已经点上,众人奉献花环。
朝我走来,朝我走来你就不会怕了。
我们说开始,我们说新生。
到河的对岸去,那些少女变成了母亲,飞鸟衔来娑罗树的种子已获得重生。我们说到你,说到众人之中的那个人,有众生之象、无形之象、无象之象,你给予、奉献,供养无可归依的漂泊之魂。
黄昏来临,我们坐在树下,祭献的花果散发着幽香。
我们借助最后的光亮,阅读你的诗篇。
鸽子惊恐地四处飞翔,塔尖指向月亮上变幻的黑影。请你告诉我,我该如何表达、如何倾诉、如何赞美呀!

你走来——

你走来，我们便不怕了。

果实挂在枝头，贮满我们的悲苦和欢欣。

你来到我们中间，带来自由和不尽的解脱。你的王冠，你的衣袍，你的光彩照耀我们的眼睛。夜晚终于来临，我们忘记今世的困顿，停下来，走向更大、更深的苍茫天边。

我们静静地等候，没有言语。

请赐予我疲倦的旅程、甘苦交集的重逢，我看见扎进泥土的双脚长出根须，姓氏的枝头开出芬芳的花朵，我们的指纹、手掌、丰收的果实，这一切，这一切都在遥远的王国里呀。

时间啊，你主宰一切！你来到我们中间，带来圣洁的泉水。

我们依偎着你，承受大地承受之幻象。

你带来远方的风雨和种子，耕耘我们心中的花园，那个美丽的花园，投下温软浓郁芬芳的影子。

（作者单位：中国外文局中国报道杂志社）

乐锦集

陈 兰

一、苇笛

蒲苇似梦般轻柔，月光为它镀上颜色。在一切不明朗的氤氲里，只有你清澈的笛音进入了我心的福地。

我仰起头问："为何这般好听？我快消融在无边的快乐里。"你轻抚着苇笛，静静地看着我，没有言语。

我却突然明白，简单正直就是生命的真谛。华丽的最易腐朽，弯曲的总是攀附，永恒对它们来说总是童话而已。而苇笛却在一瞬间成就生命。

二、琵琶

琵琶说："为什么我总被认为是凝重悲怆？那个女子的眼泪穿越了多少时光，怎么还会落在别人的眼眶？"

昏庸的时代，人们总习惯于以柔克刚，还自以为是胜利的一方。弱肉强食的时代，人们总倾向以暴制暴，胜者为王败者寇是他们的信条。

"为什么不停止这些纷争呢？"琵琶问。

"你听，风穿过密林的沙沙声，水钻出泉眼的噗噗声，花绽开蕊儿的声音，在树下闭着眼睛漫游，聆听到阳光一眨一眨的声音……"

如果这些，他们都听不到，如果这些，也不能让他们安宁，那要怎样才可平息？

琵琶说："自然之神，请把你的歌儿借给我！我以后唱给他们听！"

三、拨浪鼓

"咚咚咚……"孩子们蹦蹦跳跳地拿着拨浪鼓，转圈玩。大人们不明白那么单一的声音有什么好听的，那么乏味的游戏有什么好玩的。他们忘了自己曾是孩子。

"吵死了，去远点地方玩！"一个父亲吼着，蒙上了被子，隔离了喧闹。平日的劳累躯体只能在周末得到缓息，那声音只会让他想起堵车时司机不停按出喇叭声、电脑屏幕前不断的按键声。

孩子们在空地上玩着，其实，仔细听，"咚——咚咚——咚咚咚"，像夏天的雨把树叶当做了小鼓，敲打起热情的旋律。没有多余的话语，孩子们的笑声与树叶飞舞。

四、号角

我曾在一棵树下休憩，沉醉在微酣中的鼻息，被远方的号角声打断。

花瓣纷飞，体味到美的余音。噢，你有你的青春时光，我又何尝能享有永恒？

它是什么树，我不知道。但我记得它一树繁花的样子。

站起身继续走，不去拍衣服上的泥土印，那记录着半梦的浅痕。有时候不必万事俱备才出发，年轻是在没有准备好的时候也能欣然远行。

每个人都渴望过流浪，或是一场奇异的冒险，或是一次不知目的的旅行，只有流浪，年轻的心才能在颠簸中获取自由的错觉，安宁的快慰。

号角被吹响，提醒唯一让你迈步的远方，掩埋的只能是躯体，不能让它殉葬。

五、竖琴

在一个乐器行里，新学员好奇地问："为什么这竖琴要密封在玻璃柜里？"

"这是我在一次旅行中无意中发现、用高价购买的爱尔兰竖琴，它有好几百年的历史了，为了防止被损坏，我特意请人做了这个柜子珍藏它。"店长回答。

竖琴想起了：一个吟游诗人用自己弹奏出最美的情歌，送给心上的姑娘；一只鼓翼而来的云雀休憩在自己的身上，它的歌喉宛转悠扬；清晨时分，它和睡莲一起苏醒，铺洒的阳光、弥漫的莲香、汩涌的音乐，多么难忘……

如果再也不能奏出动人的乐章，那我宁愿投身厨房的火膛，谁要世人的景仰或珍藏？

（作者单位：武汉市湖北第二师范学院）

泰戈尔在我心中
——读《吉檀迦利》有感

林 冉

"我一生中一直在凭借着我的歌在寻找你。是它们挨门逐户领着我，我凭着他们而有了知觉，摸索着我的世界"。这是泰戈尔《吉檀迦利》中的一句令人感动的话，他还说当他为他心中的那个"你"歌唱时，他热泪盈眶，骄傲得心都要迸裂了。如此沉醉，如此忘我，这该是一种多么崇高的敬仰与崇拜！有些人认为，《吉檀迦利》是泰戈尔向神敬献的"生命之歌"，他将自己对神明的虔诚与谦卑深深地刻进了文学的时空里，经过日月轮回的洗礼，诗集中所散发出来的莲花般的幽香挥之不去，每每读来，都别有一番新的收获与感动。

初读《吉檀迦利》，它并不是那么通俗易懂，却也没有那种拒人于千里之外、高高在上的傲气，就像泰戈尔说神明是他的主人，而他把神当作朋友一样。《吉檀迦利》同样是给人以一种难以抗拒的亲近感。在天黑时、在旅途中、在莲花开放的那一刻、在小屋门前、还是在雨夜，泰戈尔的心无时不刻不与他的神在一起，在虚虚实实、真真假假的情景中，他语重心长地告诉我们现实的真谛。在《吉檀迦利》的世界中，充斥着清新动人、多彩多姿的大自然绚丽之景，还有神奇虚幻、妙不可测的空灵玄想，又有人世尘俗的喜怒悲乐与参透禅理的人生感悟，它真诚、无私、广阔、纯净地让人毫无理由地被它所吸引，仿佛就是生活中平凡、敏感、有起有落变化的你我，因此《吉檀迦利》中的每字每句都深深感动着我，我也仿佛与他一起用他的歌在追寻着冥冥之中自在一方的神明，虔诚而单纯。

不论是人与人结缘，还是人与书结缘，都必须在各自的内心找到一处心灵的契合点，让他们磨合产生共鸣。说来也是巧合，大年初一，我与家人一起来到家附近的一座寺庙上香，这是多年以来我再一次踏进寺庙，心却很空，只为去探访一次神明的尊荣。刚踏入寺庙，在烟雾缭绕之中，寺庙肃静、庄严，一时竟产生一种想哭的冲动，却也没有忍住，任凭泪水浸湿眼眶。是啊，何不倾听心的声音，释放心中最单纯的想法呢？径直走进观音大殿，双手合十跪于菩萨前，眼前一片黑暗，没有恐惧，耳边只有洗礼心灵的经文萦绕，听不见纷纷扰扰的喧闹，世界仿佛停止在这一刻。没有满腹的愿望、祈求要说给菩萨听，就只是自觉地放空了脑袋，静静地享受此刻的安宁，那些我曾经得到的、失去的都让它过去吧。而当我读到《吉檀迦利》中"我渴望而得不到的，我已经得到的——都让它成为过去吧。"这句话时，我想我真正与这本书结缘了，他的话不正是我所体悟到的吗？有得有失才是生活，有舍有得才是境界，而或得或失都将成为过往云烟，人生若是频频回头追溯便失去了享受前方美景的绝佳视野，适时适当地抛开过往的所得才能换得更为宽阔的视角。泰戈尔这位老人用他的虔诚与释然给我上了一节意义非凡的人生课程，浮躁、功利或许成为众多现代人的通病，真正懂得放下的人不多，而拥有虔诚之心的人也较少。学学这位哲人，我们将会收获新的生活方式与人生态度，发现"柳暗花明又一村"的惊喜之景。

泰戈尔说他用他的歌一直追寻着他所敬仰的神，以虔诚、崇敬谱曲，以坚持、信仰写词，这歌如明灯点亮了印度的天空，同样也绚烂了世界的文学色彩。感动世人的是这位伟大的诗人对世人永远的鼓励与启示，这就是我心中的泰戈尔。

（作者单位：福州大学）

泰戈尔在我心中

——当飞鸟触动心弦,爱在弥漫

相 敏

泰戈尔这个印度的天才大诗人,虽已逝世多年,但其留下的瑰宝却无时无刻不在为世人所享,他对世人的影响并不会随着时间的流逝而消褪,这些优美的作品,经过时间的沉淀,犹如美酒般更加的香醇诱人。在泰戈尔姹紫嫣红的文学苑里,诗歌犹如一株散发着幽香的奇葩,尤其是那些晶莹清丽的哲理小诗,更是堪称经典。

当问及生活态度,当看到飞鸟经过,当路过野边的繁花,当触到翩翩而下的秋叶,泰戈尔这几句脍炙人口的小诗,便会时时掠过心头。他的"如果你因失去了太阳而流泪,那么你也将失去群星了。""天空没有鸟的痕迹,但我已飞过。""使生如夏花之绚烂,死如秋叶之静美。""我们把世界读错了,反倒说,世界欺骗了我们。"这些优美的蕴含深刻哲理的小诗陪伴我度过了初中和高中的几千个日日夜夜,至今我还是喜欢。它们犹如装饰我的一串耀眼的珍珠,让我在犹豫彷徨的时候可以坚定地看着它们,勇敢地去面对现实。

泰戈尔有一颗敏感而又细腻的心,又有一双善于发现美的眼睛,再加上渊博的知识,高贵的修养,一句句散发着幽香的文字便流出他的笔端。虫鱼鸟兽,山川河流,雾霭流岚,都在他的笔下绽放光彩。大自然中,无论是生命的诞生还是陨落,都能让他那颗极易触动的心柔肠百结。他更是一位疾恶如仇,打抱不平,有着高尚人格的正义诗人。看到真善美,他会激动不已,大力歌颂;出现假恶丑,他则会极端愤怒,嗤之以鼻。生在不平之世的他,对祖国母亲的赤子之情,对民族独立的热切期望,在这位爱国斗士的笔下,洋溢在字里行间，无论如何黑暗，他仍坚信黎明终会到来。他的《曙光》"在黑沉沉无底的静夜的海面／像漂浮的彩色水泡／曙光无限地延伸。"诗歌饱含着对未来的乐观情绪。

他那优美的自由小诗展现了社会百态，蕴含人生的喜怒哀乐。短短的两行诗，把对社会，对历史的深刻认识和人生体悟说得清清楚楚，道得明明白白，高度的艺术概括力令人赞叹。"河的此岸暗自叹息：'我相信，一切欢乐都在对岸'；河的彼岸一声长叹：'也许，幸福尽在对岸。'"以精炼的话语告诉世人，我们总是追求自己得不到东西，却往往忽略了自己拥有的幸福，孰不知，自己现在拥有的就是他人苦苦追寻的，还是好好珍惜身边的快乐，别身在福中不知福，错过了多少欢乐。他的诗想象力丰富，比喻新颖别致，一切事物出自他带有魔法的笔下，熠熠生辉，令人过目不忘。他把旭日比作是洁净的圆果，把夜看作是别绪萦怀的思妇，又让丽日成了露珠晶亮的胸饰，田野当成熟透的果子，弯弯的新月又成了宝石的一缕光泽，她热切的脸便如夜雨似的，搅扰梦魂……他那瑰丽的语言犹如颗颗晶莹透亮的宝石，闪烁着永不褪去的光芒。当读到"晨曦的双目微启／旭日的额上／夜的离别之吻——／启明星，闪闪发光。"一下子打动了我，一幅"黎明时刻，旭日已冉冉升起，但天边那颗调皮的启明星仍不肯离去"的画面掠过心头。此时我的心底涌出的只是三个字"太美了！"短短的几个字，让我享受到了动人心魄的美。"如果你因失去了太阳而流泪，那么你也将失去群星了。"又如一句语重心长的话语，在读者的耳边谆谆告诫，温和地传授着人生的经验，让后来人少走一些弯路，少犯一些错误，欣赏着路边的野花，愉快上路……

泰戈尔走了，却从没离开。笔端下流淌的涓涓细流，流进人们的心田，丝丝浸入，绵远悠长，滋润了多少心灵，于无声无息中，已再难拔出。冰心深受《飞鸟集》的影响而写作《繁星·春水》，她曾真挚地感谢泰戈尔"以快乐的诗情，救治我天赋的悲感；以卓越的哲理，慰藉我心灵的寂寞。"郭沫若也称自己文学生涯的"第一阶段是泰戈尔式的"；叶芝也表示"每天读一句泰戈尔的诗，可以让我忘却世上一切苦痛"……泰戈尔澄澈的心灵，优美的风格，给人罕见的精神美。他温暖的语言，清新明丽的风景，给人慰藉，疏通人们淤塞的心灵源泉，救治人们创伤而孤寂的灵魂，让我们感受到大自然的智慧,社会的温馨,未来的光明,给人希望,催人奋进。

  他总是在观察社会,欣赏自然,记录生活的点点滴滴,用寥寥数语,展现人生的真谛。读这些散发着哲思的小诗,进行一场心灵的旅程,犹如醍醐灌顶,令人茅塞顿开,让我如何不爱?

(作者单位:福州大学)

访印度泰戈尔故居

刘 萍

泰戈尔的诗,是我年轻时最喜欢阅读的文学作品。记得大学时代,枕头底下压得最多的就是泰戈尔的作品,以致获得了"文学青年"的称号。读二年级时,半夜做梦,如飞鸟状,莫名其妙从上铺摔了下来,室友们手忙脚乱把我从帐子和被子里挖了出来,迄今仍是同学们的谈资之一。

迄今我也不确定,这与泰戈尔《飞鸟集》有否关系。

在我的书架上,仍保留着不同版本的《飞鸟集》等作品,如此精致、优雅、美好,轻声吟诵,恍入人间仙境,似桃花源里,即使在周边的一片市声中,也能给人一种难得的静谧之美……

这次来印度,一到加尔各答,便直奔泰戈尔故居。故居位于市中心一处人口稠密的居民区,中国人有大隐隐于市的说法,于此而言颇为贴切。在故居外的马路口,一座牌坊上面,竖立着泰戈尔像,这是这座牌坊的最特别之处,当然肯定与泰戈尔出生在此有关。

经向路人询问,我们从牌坊下的一条小路进去,一路上但见嘈杂景象,黄包车一辆接一辆,车身似乎比老上海的黄包车要高一些;偶尔见到一名拿着竹竿(指挥交通用)的警察;狭窄的人行道早被各色人等占据:懒洋洋的摊贩,泥鳅般黝黑精瘦的孩子,坐在地上的玩牌者;仿佛来到了夏日下老上海旧城厢的某条街道。

徒步约10分钟,到达故居大门,一座被绿树和草坪围绕的L型三层红砖房赫然矗立眼前,印度传统建筑风貌中,又明显带有英国殖民地建筑风格,院子内鸟语花香，环境宜人。在印度各大城市，往往一边是富豪区，一边是贫民窟，所谓"贫民窟里的百万富豪"，一墙之隔，两个天地。

故居现在是泰戈尔印度大学的一部分，我们没有朝故居后面的校园去。院子的一端，楼前伫立着泰戈尔的半身铜像。大概是暑假的缘故，偌大的院子和故居没见到什么人，却见鸟儿漫步，松鼠探头探脑，有着一份圣地般的静谧。"鸟儿愿为一朵云，云儿愿为一只鸟。"在院子里漫步，会不由自主地冒出几句泰戈尔的小诗。

进入故居参观，先脱鞋，亦不得带照相机和包袋。在印度，凡进入神庙、圣地或纪念地，须脱鞋赤脚以示尊重，因为鞋子脏且不说，皮鞋多真皮，属风俗禁忌。不带相机、包袋，自然也是为保护故居文物起见。在印度博物馆参观时，虽允许带入照相机，但被要求按机购票，我们的每架相机上就挂上了盖着"已允许"的小纸片，那自然是付过买路钱的。

故居内部的房间宽大高敞，房间外均有敞开式围廊，这对减缓印度炎热的天气很有好处。房间很多，从泰戈尔出生的产房，到泰戈尔最后的安息房，都保存完好。故居展出大量泰戈尔的生平资料，包括照片、绘画和实物，还有许多来访者赠送的礼物。泰戈尔出生于加尔各答一个富人之家，家族里名人辈出，泰戈尔祖先的几幅油画，几乎有真人般大小，不愧为贵族世家。

泰戈尔本人也擅长绘画，他的绘画作品挂满了一间房子，但没有任何说明，要不是我对他的画作有所了解，谁也不知道这竟然是泰戈尔的原作。泰戈尔的绘画作品尺幅不大，但情感炙热，色彩浓郁，线条奔放不羁，画面富有想象。印度朋友告诉我，这些作品不久将来华展出。

仔细看完挂在墙上的照片，泰戈尔的生平活动大体了然，但并未发现他与中国的丝毫内容，要知道，泰戈尔曾经三度访问中国。相反，泰戈尔访问日本的图片资料，却专门辟了两个展室，反映泰戈尔与日本友人的交往。据说这些资料和布置，均由日本方面收集提供，这对宣传日本文化起了很好的作用。

出了故居大门，回到车水马龙的街道，一个小乞丐缠上了我。如时光倒流，遥想80多年前，爱因斯坦、泰戈尔等人相继来华访问，爱因斯坦只在上海逗留了半天，称所见所闻是"一幅悲惨的图像。"而仙风道骨的泰戈尔，却与爱因斯坦大相径庭，十分迷恋中国传统文化，认为现代化已经破坏了上海的迷人风貌，因而大声疾呼要保留中国的"原生态"。不过，若泰戈尔地下有知，他对现今印度社会的"原生态"，又有何感想呢？

编者注："泰戈尔与中国"永久展览已于 2013 年 5 月 15 日在该校泰戈尔博物馆开展。5 月 15 日，加尔各答总领馆与泰戈尔印度大学在泰戈尔故居隆重举办中国展厅落成仪式。印度各界友好人士、泰戈尔印度大学师生，部分华人华侨，中资企业代表共 150 余人出席。展厅由中国文化部捐资筹建。8 间展室包括历史上的中印交流、泰戈尔家族与中国、中国书房、泰戈尔作品中的中国、中国画室、泰戈尔 1924 年中国之旅等主题。展厅设计包含大量中国元素，风格稳重大方，展室内张贴字画、悬挂灯笼、摆放文房四宝，陈列大量中文图书等，处处透出浓浓的中国味。泰戈尔故居是泰戈尔家族世代生活的地方，是印度著名人文景点，每年吸引大批游客参观。中国展厅里的展品将长期展出。

致泰戈尔的信

亲爱的朋友：

很遗憾我的这封信失去了任何得到回复的机会，但是我仍然想传达我对你的敬爱与怀念。

不过首先，请体谅我在称呼上想要与你亲近些的心思吧！时空已经把我们离间，但庆幸，文字却将灵魂固化为锁链，连接着你我。每当有鸟群飞过头顶的一方天空，我就会想起你，甚至有时会想，你是否也化为了它们中的一员，成了自由的使者，继续传播着爱与真的福音妙语。

已经无法衡量你的那些福音妙语究竟为人世带来了多少美好，就像我无法说出你与你的诗对我与我的生活的影响有多深。这种影响源于我的好奇心，源于徐悲鸿为你画的画像和老师对你的评价。画中你是最慈祥的老人，但你又是老师口中拥有孩童般纯真的人。渐渐地，你与你的诗像一眼清泉，自然而然地流淌进一位小读者的生命中。这份缘也渐渐滋长。

偶然一个机会，我在新同桌那里发现了关于你的书。书的设计很有创意。紫色的封皮上用凹凸法做了一群紫色的飞鸟，使它们以有形的飞翔姿态静止在与背景的融合当中。一番交谈后，他居然大方地将新书借给我看，也是这回，我第一次读到了你的传记。之后几天我激动地和我的新同桌谈论你与你的文字，这些谈论不仅为我们的热爱又添上了一捆干柴，还使我们得到了珍贵的友谊。后来，在我们即将分开的时候，他慷慨地将书题上赠言送给了我。

至今我都十分珍惜那本承载着珍贵友情的你的书。你就像一座桥，一座沟通人与人心灵的桥，它架在我与我的朋友间，也架在世上所有喜欢你的读者之间。所以，让我们都因你联系在一起吧，一起增添人世间的美好，将美与真更广地传递下去！

　　请祝福我们！

你的小读者：许鹏鸣
（作者单位：河北师范大学）

我与泰戈尔
——在语言的浩瀚中飞翔

闫鬲骐

他是我的朋友。

我听说,他第一次与泰戈尔的邂逅是在小学时,当时因为要参加一个市里的英语演讲比赛,便买了三本泰戈尔的诗集,一本是《飞鸟集》,一本是《新月集》,还有一本是《园丁集》。他捧着新买来的诗集,配合着半生硬的英语,在字里行间搜求演讲的素材。于是,泰戈尔的诗集就这样落在了一个城市中,落在了一个孩子的书房里,之后又落在了那个孩子的心中。就像泰戈尔所说:"诗人的风,穿过森林和海洋,找寻属于自己的足迹。"

他喜欢在睡前躺在床上,在柔和的灯光下行走在泰戈尔语言的海洋中。因为泰戈尔的诗给他一种童年的梦想,给他回忆的空间。在安静的夜里,他看到繁星和月亮窃窃私语,听到合欢树开花的声音,闻到小草的幽芬,这正是他童年的回忆。他也喜欢在夏日的午后在清凉的屋檐下阅读,此时他看到的是睡莲上休憩的红嘴雀,是晨曦中飘散的微风,是天空中飞翔的候鸟。来自印度的奇异风光被泰戈尔带入了他的心中。

在他的心中,泰戈尔是一位纯粹而博大的诗人,他纯粹如清泉,博大如恒河,沉静如夜色。当他用泰戈尔的眼睛去看这个世界的时候,他看到了一颗如孩子般的智者的心,他想,智者的心就是要像孩子一般充满好奇的吧。

于是,他的梦境常常被这位智者引导,游览自然的浩瀚。他见到一位身穿白袍的长须老人,在晨光中徐徐向他走来,他们一起走到湖边,半湖的睡莲谦卑地在水面上绽放，翠鸟和红嘴雀在其上梳妆；湖的另一半则是被微风吹起的皱纹，仿佛是被声音填满的一样。泰戈尔告诉他仰望天空，因为天空中的飞鸟是自由的心灵，天空中的飞鸟翱翔在无边的浩瀚之中，正如自由的心灵遨游在真理之中。他们又走到了一片森林之中，他看到小溪欢快地流过森林，奔向大海。泰戈尔说，你要向小溪学习，学着快乐地走到大海。泰戈尔对他说，你要敬畏夜色的静谧和浩瀚，其中包含着无限与永恒；又说你要懂得爱，用爱吟诵出葡萄架下的诗篇。

他阅读泰戈尔，阅读自然，阅读生命与死亡，阅读白昼与黑夜，阅读有限与无限，阅读傲慢与谦卑。他写诗来赞美生活，感谢这位智者带给他生活的智慧。他曾经让我看过他写的诗，于是我在这里抄下了他的诗篇：

> 诗人的风，穿越过森林与海洋，寻找
> 属于自己的足迹
> 从海上吹来的晨风，带着十二月还未燃尽的
> 轻语，如同北极光穿越千年的孤寂
> 诗人的风，吹过七月的葡萄架
> 吟诵爱的赞美诗篇
> 诗酿成酒，榨成晶莹的果实
> 诗人的风，穿越了森林和海洋，寻找
> 属于自己的足迹

许多年来，他总是和我谈起泰戈尔，他给我讲从他小时候与泰戈尔相遇到如今与泰戈尔在文字间交流的故事。他说他喜欢泰戈尔语言的浩瀚，喜欢在语言中徜徉的快乐。

他是我最好的朋友，他就是我，是我心中渴望梦想的精灵。

（作者单位：北京大学）

评委特别推荐稿

生于沸水的金色花
——泰戈尔的诗意，苦难与想象力

胡佳依

今夜，我重读《金色花》。

假如我变成了一朵金色花，为了好玩，长在树的高枝上，笑嘻嘻地在空中摇摆，又在新叶上跳舞，妈妈，你会认识我吗？

你要是叫道："孩子，你在哪里呀？"我暗暗地在那里匿笑，却一声儿不响。我要悄悄地开放花瓣儿，看着你工作。当你沐浴后，湿发披在两肩，穿过金色花的林荫，走到做祷告的小庭院时，你会嗅到这花香，却不知道这香气是从我身上来的。当你吃过午饭，坐在床前读《罗摩衍那》，那棵树的阴影落在你的头发与膝上时，我便要将我小小的影子投在你的书页上，正投在你所读的地方。但你会猜得出这就是你孩子的小小影子吗？当你黄昏时拿了灯到牛棚里去，我便要突然地再落到地上来，又成了你的孩子，求你讲故事给我听。"你到哪里去了，你这坏孩子？"

"我不告诉你，妈妈。"这就是你同我那时所要说的话了。

有谁读完此诗嘴角不浮现笑容的吗？这蜜似的爱意、丝样的柔情，好像叫人穿越迷雾，拂去肩上婆娑的树影和透过曼陀罗馥郁的花香而见到一对母子。那对母子,他们亲亲热热地依偎在一起,母亲的手环绕在孩子的颈脖前,一同阅读《金色花》。那孩子,或许很小呢,或许还不识字呢,母亲一个字一个字念给他听,他领悟了,便手舞足蹈起来,要当诗里的"坏孩子"。

"我不告诉你,妈妈。"他拉长了细小的声带,抬头去找妈妈满含笑意的眼睛。五月的空气甜嫩似笋尖,小小的骨骼因为寄托着神的爱,也在努力地拔节。

他的妈妈看着他的脸,一定是不会落泪的。因为一切都发生在最好的时候,不是吗?可谁知道泰戈尔写下此诗时,刚刚失去了自己的小儿子,而就在前一年,他刚刚失去了妻子。那对彼此寻找的母子相聚在天国,而非人间。喜马拉雅山脚下爽飒的风与光明的晨曦让诗人的笔呈现一个再简单不过的道理:一切都必须发生在最好的时候,不是吗?妈妈是美丽的妈妈,孩子是纯真的孩子,所有多舛的命运还在观望,而久经人世的沧桑尚未降临。

金色花震颤着细软的花瓣,它的娇小与可爱显而易见,孕养它的无尽的哀思却未必能得到了解。天真而飘逸的想象竟是以最深沉的感情为底色的。泰戈尔,民国时期的文人习惯译他为太戈耳(或太戈儿),这个有些怪异的异国名字伴随着他在斑驳旧照上雪白的大胡子,给人以神之使者般肃穆而神秘的印象。我们知晓他与徐志摩夫妇交好,他启发与影响了一代从事新诗创作的中国文人,他的佚句和他的名言那般耳熟能详,然而我们确乎难以将他视作一个亲近的人。这或许是由于泰戈尔的作品翻译素来以英语作为媒介,他本人中晚年也以英语替代孟加拉语进行创作,强有力的西方视点的聚光灯让他成为了一名比地理意义上更遥远一些的"他者"。

也许在这般英语语境中,我们忽视了他所处的时空并不如他表现出的气质那般沉静而庄严,恰恰相反,那是以战争为名的20世纪,是殖民主义铁骑下怅惚流离、各邦异治的印度半岛:

早在16世纪初,欧洲列强的长矛刺向了恒河流域的文明古国;1757年,英国殖民者终于凭借武力和强权取得了对印度的绝对统治;百年后的1849年,印度全境沦陷,彻底成为宗主国的廉价原材料供应地和倾销市场;20世纪初,东印度公司的设立无疑让巧取豪夺的殖民压榨越演越烈。

在种族灭亡的空前压力下,反对英国殖民统治、追求民族独立与自由的思想已是共识，然而知识阶层对以何种方式展开民族解放运动却各执一词，分道为和平派和激进派两大派别。顾名思义，前者主张和平改良，希冀在吸取英国资产阶级文化精髓的基础上改良印度落后文明，在不超出英国殖民体系的圈子内谋取更多的政治权利。这一派后来分裂为"元始梵社"和"印度梵社"，泰戈尔的父亲即是前一团体的领袖人物。后者则在主张以暴力推翻殖民政府的同时，提倡完全的复古主义，要求遵守印度教的所有传统。诞生于19世纪70年代的新印度教即归属于这一派别。

泰戈尔的家庭背景与教育经历注定他不可能全然认同于激进派的主张，但相对于父亲的保守立场，他更具反抗精神。对于民族的苦难，泰戈尔有独属自身的表达方式：以清新代替血腥，以神迹代替人意。

即使只以《新月集》为例，我们也不难发现泰戈尔在讴歌儿童天性的同时，隐秘而巧妙地敲打着成人的弊病：贪婪、言而无信、价值混乱。他大量的戏剧、小说作品都脱胎于现实，字里行间却流露着一种似与残酷的现实格格不入的诗意的表达。《邮政局长》中，孤女的爱情不被领悟，邮政局长病愈后不告而别；《河边的台阶》中的古苏姆，因为爱上酷似亡夫的苦行僧而被拒绝，最终举身赴清池；《摩诃摩耶》中摩诃摩耶因情人违背誓言而出走他乡……读者甚少被强烈的悲剧情绪击中，弥漫心头的则是一种淡淡的、仿若与生俱来的哀愁，然而剧中人物的经历却又是实实在在的悲剧，他们有的付出了生命，有的付出了一生的爱情。

泰戈尔绝非不明苦难之人。他13岁丧母，中年丧偶，几度丧子；为印度自立四处奔波，几经磨难；他虽为高贵的婆罗门种姓，但在青年时期就熟悉农民生活。泰戈尔是虔诚的，却也是超前的。他虔诚是因为触及到了本心，直抵信仰的根基，为此世俗中的繁文缛节可能成为他理想的阻碍，也使得他的宗教哲学五味杂陈，不为时人理解。他一生或多或少受到这种理想与现实落差的影响，例如尽管他本人反对童婚，却不得不在22岁那年接受家庭安排，迎娶11岁的小新娘；他反对种姓制度，却不得不接受自己身为婆罗门种姓中一员且享受其种种权利的事实。这种矛盾的生活赋予了他作品超脱于现实的诗意，却也羁绊了人们理解他作品中对民族苦难、宗教悲剧的描摹。

印度著名的泰戈尔评论家纳拉万教授曾经说："正如持久性与变迁、宁静与骚动在罗宾的哲学里并不是相互排斥的力量，正如死亡不是生命的否定，而只是生活交响曲的另一个乐章一样，宽厚与严厉，欢乐与痛苦也不应被看作单纯的对立面，而应该看作是在这一汪洋大海里的不同的波涛。"不同于基督教的二元对立，印度教给出了关乎人性的更多元的可能性，而泰戈尔的作品无疑是以诗意对这种可能性作出了探索。

我们见惯了声泪俱下、用血写就的控诉书，忘却了清新纯美的诗歌未必不是对苦难深切的描摹，一往情深的想象实则在着力挣脱苦难的束缚，而与神对话的祷告千丝万缕于人间实际的苦难。

历史的步伐并不孤单，它如雾气弥散，又如光线凝聚。同样的时代迁徙到东亚大陆，晚清初民，军阀混战与颠沛不堪为这个时代蒙上浓重的阴影，启蒙与救亡的协奏曲却依然固执地发出自己的声音。五四之后，中国有了"人"。如果说文学中的女性形象（或沿用左翼"妇女文学"的概念）在明朝话本小说中已有了复杂而独特的体现，女性的苦难得以以更温柔与平等的目光加诸审视，那么儿童文学的创造与发挥几乎滥觞于那个时代。那不再是童区寄传、李寄斩蛇中的猎奇色彩与假托少年英雄的教化功用，而是描摹儿童的常情常态，借儿童承受的损失寄寓民族兴亡的悲哀。当我们穿越时代的迷雾，在扁平的历史地表中重新构画出三维的纵深，再度阅读那些饱含着天真之态与纯洁之心的儿童文学，我们会发现叶圣陶、冰心、徐志摩、郑振铎等人的创作与翻译营造的不仅是一个清新、柔和、活泼的小世界，更点染皴描出那个小世界之外风雨飘摇、凄凄如晦的大时代。

这不是很奇怪吗？我们有一千种方法描写苦难，极尽一切惨烈、凄哀、悲怆之能事，却只有一种方法逆溯苦难，写的尽是花与儿童，动物与游戏。先秦时代山崩地裂，人在自然面前如蝼蚁举身无力，却诞生了《山海经》那般雄壮的神话，有了精卫那弱小而倔强地去衔枝填海的形象。明朝封建礼教严苛万分，青春少女为守闺阁只能任凭黄昏雨中胭脂泪，却有汤显祖写出了杜丽娘那般"生者可以死，死者可以生"的至美故事。他在写这个故事的时候，是否也寄托了对早夭的两个女儿无尽的思念，以至于在他的笔下，生死的界限如此混沌，而真情如此清明。

那后一种方法或许能被概括为想象：一个只有春天或冬天转瞬即过的世

界，一群不会成长、永远天真的儿童，一个善解人意、不曾体尝悲哀的母亲，一只只飞往宇宙的彩色气球，一颗颗从不失望、笼罩寰宇的星辰。最让人心动的想象其实都出于最深沉的感情，深情反哺的想象有最灿烂的外表和最哀戚的核心。

正如沈从文先生感慨的："你们能欣赏我故事的清新，照例那作品背后蕴藏的热情却忽视了。你们能欣赏我文字的朴实，照例那作品背后隐伏的悲痛也忽视了。"假如《金色花》只是一朵绽发着细小光彩、美丽得无足轻重的花朵，而《新月集》不过一尾横架天宇的、载满诗歌的弯舟，这天真到让人心疼的伤感是从哪里来的？假如妈妈不曾留意孩童的增岁、视他们的隐现如四季的变迁，而幼子不过暂居人间的过客、身上背着相忘的18个前世姓名，这让人在蜉蝣短暂的人生中无时不在的因离散的悲哀、为团聚的欢欣是从哪里来的？

郑振铎在译序中说："很多人以为《新月集》是一部写给儿童看的书……实际上，《新月集》虽然未尝没有几首儿童可以看得懂的诗歌，而泰戈尔之写这些诗，却决非为儿童而作的。它并不是一部写给儿童读的诗歌集，乃是一部叙述儿童心理、儿童生活的最好的诗歌集。"而我以为，这不仅是一部叙述儿童心理、儿童生活的诗歌集，也是一部告慰挣扎于苦难中的人们，以静美纯真反衬苦难而寓托向往光明的希冀的作品。

金色花，是生在沸水中的花。苦难没有灭亡它，便反之孕育它璀璨而完整的光辉。那母亲怀抱着她的孩子，在这世界中独独占据一隅。吟诵者与殉道者途经他们身侧，片叶不曾流动，唯有婆娑的树影静静落他们满身。

（作者单位：北京大学）

在迷惘中挣扎

——我读泰戈尔

韩 杨

> 哪是夜哪是白昼,哪里出现日月星斗?
> 谁来了谁又走,哪里是生命聚会的绿洲?
> 谁在笑谁在唱歌,哪里是心灵欢乐的处所?
> 哪是路哪是屋,游子在哪里,何处是迷途?
> 从宇宙大树上飘下的叶子落在了何处?
> 在无限中拼命漂浮却找不到归宿。
>
> ——泰戈尔《刚与柔集·永恒》

跳着情感与意象的华尔兹,行进在心灵的路上,
泰戈尔是诗者,亦是旅者,更是医者。
他满怀柔情歌遍千山万水,以虔诚的姿态景仰自然;
他一腔热血笑看风云变幻,用激荡的文字拯救苍生。
他躲不开爱,也躲不开悲伤;
时而冷峻如冰,时而激情似火;
在矛盾和迷惘中挣扎前行,
让冰冷的绝望和炽热的爱恋在奔涌的血液中交织,
书写成一卷卷壮丽的诗篇。

夜与昼

与很多诗人不同,泰戈尔非常钟情于黄昏和清晨的描写,这种夜与昼的交替时刻似乎给予了他更多的创造空间和活力。

清晨,曙光微露、繁星渐隐、明月西沉,苍茫的黑暗慢慢现出光明的预兆,蕴蓄着蓬勃萌动的生机,太阳从地平线上升起,一切都焕发出新的力量。这是生命轮回与延续的证明,也是人们在水深火热中挣扎的希望。黄昏则恰恰相反,活跃的万物渐渐归于沉寂,太阳隐去光辉,清冷的月色照耀着大地,黑暗即将到来,将人们高涨的热情浇灭,一切生灵开始陷入漫长的沉睡。

这种昼夜交替的过渡时刻,与泰戈尔的心理状态完成了巧妙的契合。他的迷惘与徘徊,他内心深处的矛盾与纠结,与清晨和黄昏有着极大的相似性:一个不明晰的时间,夜与昼的界限无法确定,似乎足以使人怀有光明的希望,但当下却是昏暗的存在。正如泰戈尔的内心,既抱有家国复兴、黎民幸福和泛爱主义盛行的政治社会理想,又难以在现实世界中得以实现,失望与希望的声音不断地回荡在他的耳边,对他的创作产生着巨大的影响。

因此,他的诗歌总有两种声音,一种忍受着痛苦的折磨,一种则高唱着生命的赞歌:

> 来吧,晨空唤我亲如兄弟,
> 我飞身跃入你的怀中,
> 我的生命随晨光扩展,
> 与你的生命水乳交融。
>
> ——《晨歌集·黎明盛会》

诗人所期待的生命与光明相联系,他憎恶黑暗,向往充满阳光的世界。他的信仰给了他无穷的动力,在飓风、白云、晨空、太阳和霞光等一系列表现光明的意象之后,太阳神苏里耶出现在结尾,为"我"戴上了金色项链,前面的歌颂顿时化成了神灵的认同,让人们顿悟,这一系列对美的追逐竟是为了太阳神的那串项链，让看似渺小的生命获得寰宇之神的肯定：

> 太阳神取下金色项链，
> 亲手挂在我的胸前。
> 尘土上我是尘粒之尘粒，
> 知道了寰宇是我的兄弟。
>
> ——《晨歌集·黎明盛会》

结尾的"尘粒"与"寰宇"相对比，表现了生命虽如尘粒般渺小，却依然崇高，值得尊重，使生命的伟大彰显出来。

此外，诗人把他的信仰和诗歌融为一体，抒情的同时，也是在表达信仰；但信仰却从未成为诗歌的主旋律，因为背后还有超越信仰的普遍情感，那便是爱。爱是人的最高情感，信仰也是爱的一种，太阳神苏里耶正是这种普世之爱的承担者，作为宇宙中活力的给予者，他的出现让诗歌开头提到的恋人与母女们的生命得到了保障和认可，使得人与人之间的爱得以延续，并无限传播。

然而，基于诗人复杂的矛盾心理，也有很多略显压抑阴沉的描写：

> 夜色将尽，旧岁黯然离去。
> 此刻，残破的生活已被我弃于泥地。
> ……
> 我每天咬紧牙关承受痛苦的压力。
> 坎坷的路上朝既定的目标坚定地奔去。
> 假如决心崩溃，心儿软弱、疲惫——
> 所有的过失，我低头承认，真心诚意。
>
> ——《吉德拉星集·新年》

"新年"这个意象的选择非常巧妙，像黑夜与白昼一样，这是一个新旧交替的时刻，旧的即将离去，而新的就要到来。旧岁代表漫无边际的黑夜，新春象征灿烂光明的白昼，一半是海水，一半是火焰。诗人将情境设置在旧岁的边缘，内心的痛苦与挣扎在"黯然离去"、"残破"、"崩溃"、"疲惫"等词中显露无疑。诗中虽然表达了对未来的信心，但依然可以嗅到一股浓重的悲观情绪，诗人在这样的矛盾中不断推进诗歌的内容，在结尾升华出积极的情感：

> 来吧，新的白昼！
> 圣洁的泪水，
> 装满福祉之壶。
>
> ——《吉德拉星集·新年》

同一首诗中情感蕴含着如此强烈的反差，可见诗人内心的矛盾之深，爱得愈是深刻，期盼得愈是热烈，现实所带来的痛苦也就越巨大。诗人正是这样不断穿梭于黑夜与白昼之间，既渴望光明，却又不敢完全相信光明即将到来，放不下绝望，也永远不舍得失去希望，因此往往寄希望与神灵和大自然的力量，愿生命的轮回在时间交替之时得到延续，渴盼黄昏的绝望隐去，黎明的希冀尽快来临。

刚与柔

在意象的选择之外，泰戈尔诗歌中语言的刚柔变换也充分显示着他矛盾的内心。有的诗中语言雄浑有力、豪放磅礴，有的诗则温柔婉约、清雅恬淡。刚与柔相济，冰与火调和，方为泰戈尔的本色：

> 黄绿相间的稻田上，掠过被太阳急追的秋云的影。
> 蜜蜂忘了啜饮蜜汁，陶醉在阳光里面胡乱地飞舞嗡鸣。
> 鸭群在河中小岛上毫无理由地快活喧闹。
>
> ——《园丁集》

这样宁静隽永的风格令读者感受到一种扑面而来的清新,午后阳光照耀下的稻田、秋日的白云落影、啜饮蜜汁的蜜蜂、河中小岛里的鸭群,这些意象的组合配以自然典雅的语言,使人的心情瞬间从忙碌的工作中沉静下来。诗人运用这种缓慢的格调传达出慢节奏的感情,构建了一幅安宁祥和的秋日村景,展现了他内心柔和的一面。

夜来了,我的脸埋在手臂里,梦见我的纸船在子夜的星光下缓缓地浮泛前去。

睡仙坐在船里,带着满载着梦的篮子。

——《新月集·纸船》

与前一首诗的明媚温暖不同,这首诗将情境设在了夜晚。但并没有黑暗沉郁的压抑之感,跳跃灵动的诗化语言,充斥着童心的描写,都使作者对爱的崇尚与追求显露无疑。

"纸船"是作者较为柔和恬淡的诗集中一个很常见的意象,我想,这或许和船这种工具本身具有的漂泊感有关。诗人渴望爱,却难以在生活的每一个角落中找到爱,更难以在全社会实现他泛爱主义的理想。因此他只有寄希望于文学作品中,但根深蒂固的恐惧感又在作祟,使他无法尽情描绘一个充满爱的世界,所以诗人运用"纸船"这类漂泊感与流浪感很强的意象,也是他内心缺乏安全感,找不到归宿的写照。同时,"纸"也是脆弱而易被水打湿的,这便更给了诗人足够的空间去隐藏自己的恐惧和悲伤,把爱的话语放在前台,而矛盾挣扎的心理却在意象中隐含意义的后台尽显。

当然,泰戈尔作品中也不乏语言刚劲有力、悲壮雄浑的诗歌:

从峥嵘圣洁的贡特里山峰,
落下千百条燃烧的涧水,
溅出火热的梵音,
溅出气壮的情思;
朝东南方向奔流,

朝西北方向奔流，
带着幼稚的冲动在天宇狂舞。

——《晨歌集·创造·生存·毁灭》

这是一首出现了许多神灵的长诗，全诗都充溢着火热的激情，这一段描写是诗歌前半部分的节选，已经可以看出其语言的豪迈壮阔。"梵音"是"火热"的，"涧水"是"燃烧"的，"情思"是"气壮"的，这些形容词的使用一改《园丁集》《新月集》等诗集中的温柔平和，开始喷薄出无限的力量。在涧水的奔流中蕴蓄着冲动、翻腾着激情，也延续着生命：

万世绵延的生命获得不断更新的外形；
无穷无尽的生命似乎片刻之间又想愉快地把自己耗尽。
末了天穹布满爱的引力。

——《晨歌集·创造·生存·毁灭》

可见，无论是刚还是柔，作者的落脚点始终是生命和爱，这也是困惑他、使他迷惘的出发点和根源。读泰戈尔的这一类诗歌给人的感觉像打一场精彩的战役，读者和文字两方本难分胜负，但气势非凡的文字却够深刻感染着读者，使读者的神思随着磅礴的意象和描写飞扬跳跃，时而惊恐万分、时而紧张惊险，跌宕起伏便构成了读者主要的情感体验。

很难评说这两种风格的诗歌究竟孰优孰劣，但可以确定的是，诗人以他矛盾的心理为素材，书写出众多风格迥异，语言或优美或激荡的诗歌，为读者提供了一场感官上的饕餮盛宴。

爱与恨

关于爱与恨的矛盾是泰戈尔所有矛盾的集中表达，"爱"指的自然是广义上的，对广大人民的同情与怜悯，以及对亲人与恋人之间情爱的歌颂赞美。在对爱的抒发与表达上，泰戈尔是毫不吝啬的：

爱是自由和伟大的，
爱是山岳般崇高的。
太阳俯视大地时，
从不乞讨。

——《暮歌集·宠爱》

　　就像暗夜的漆黑从不会影响白昼的光明一样，泰戈尔内心难以克服的恐惧和矛盾也从未影响过他对爱的歌颂。诗人的文学创作建立在自己对生活的真切体验之上，与幼年生活经历有关，他有着很强的自我和个人意识，并对大自然有着无限的向往，诗人在回忆录中提到：

　　我们只能从栅栏里面窥视自然。有一件我们得不到的、无限的、叫做"外面"的东西。它的闪光、声音和香气，时常从它的空隙里来摩触我。它似乎在栅栏外做出许多想同我玩的姿态。

　　成人愈是约束，童年泰戈尔对外面世界的好奇心和男孩特有的反叛心理就愈强，也更容易培养出独立的人格与浓厚的个人意识。这种自我意识使他的关注点始终在人个体本身，把人视为大自然中平等的一份子，没有优劣高低之分，给予每一个人同样的爱和关怀。对于大自然中的事物亦是如此，诗人热爱每一朵花和每一株草，每一缕阳光与每一滴露水，投射到人类社会中，自然就是对人类普遍而广泛的爱。而这些在泰戈尔诗集中反复高频出现的意象，也强化了诗人对爱的主张。

　　泛爱主义之外，诗人还对母爱与情人之间的爱有着特殊的观照与浓墨重彩的描写。这二者也共同构成了诗人作品中出现大量女性形象的基础：

无底深沉的黑夜的露珠在你眼睫上颤动，
常青年代的青苔在你的头发上攀缘。

——《诗选》

"露珠"和"青苔"是大自然中常见的现象,一般用于描写白昼的环境,而诗人此时将露珠和"无底深沉的黑夜"相结合,再一次暴露了内心的矛盾所在:既有着对女性的独特留恋,却又忍不住斥责阿赫里耶对爱情的背叛,因而在美好的意象上添加了阴暗的修饰词,透着深深的无奈与凄凉。但每一个生命都值得被原谅和歌颂,女性的美好依旧使人迷醉,英雄的抚摸终于使她恢复了生机,再次显露出令人喜悦的美感:

在你的觉醒中你有新生和古代的奇迹,
你和新花一样的年轻和山岳一样的古老。

——《诗选》

爱终归占据了上风,沉郁的气息虽一闪而过,却留下了诗人内心悲伤失望、挣扎徘徊的浅浅印记。

对于母爱的描写更是纯粹自然,营造出一幅幅温馨暖人的图景,仿佛空气中都充斥着浓浓的爱意:

假如我变成了一朵金色花,只是为了好玩,长在那棵树的高枝上,笑哈哈地在风中摇摆,又在新生的树叶上跳舞,妈妈,你会认识我么?

——《新月集·金色花》

女性形象并未明确出现,但隐含在文本的内在话语中,是传达爱的一个不可或缺的要素。孩子的可爱活泼令人怜爱,阅读时心会不自觉地变得柔软,很容易嗅到其中的融融爱意。

然而也有一些作品,与上述这些作品有着迥异的风格,我们可以从中看到深重的悲伤和绝望的呼号,甚至还有与这个社会脱节,理想得不到实现的孤独愁苦:

是谁把我关在深夜的牢房里,
让我陷入囹圄之中,

> 我活着仅仅是为了进入梦境，
> 做破坏和建设之梦。
>
> ——《画与歌集·午夜的宇宙》

与爱相对，我把这种情感归结为"恨"，这不同于传统意义上的仇恨，而是一种失望和无奈的遗恨与感叹，他恨这个社会把他锁进深夜的监牢，难以给他希望，也恨自己看不到通往未来的方向。他有梦，却只是梦，难以成为现实，这样的迷惘和徘徊让他茫然痛苦，自己内心的分裂与双重感受让前面的路变得模糊。

当然，对于那些入侵者，他也有着真正的"恨"，这种"恨"就不再是温和的哀叹，而是强烈的憎恶与呼喊：

> 在古老国家的会议厅里的
> 计划和抗议都在紧闭的慎重的嘴唇中间压平了。
> 同时从天空中横飞过那带着炽燃的诅咒的
> 没有灵魂的兀鹰的机群
> 携带着那垂涎人类脏腑的饥饿的飞弹。
>
> ——《诗选》

众多凶恶狠毒的意象连缀起来，构建了一个阴暗可怕的场景，仿佛美杜莎毒蛇一般的头发，可怖的氛围向四面八方扩展，在这样深重的恐惧下，作者可谓已经将家国之恨表达到了极致。

从以上这些方面看待泰戈尔诗中所传达出的矛盾与迷惘，我们可以发现，诗人与中国的鲁迅有着极大的相似性。鲁迅正是这样，怀着对人民的热爱，渴望拯救苍生于水火，却囿于现代中国的战乱与黑暗，在不断的斗争中看不到希望，只能暗自彷徨、高声呐喊，无奈地感叹："人与人的魂灵，是不相通的"。

因此，借用鲁迅文章中的概念："在进化的链子上，一切都是中间物"，我认为我们也可以将泰戈尔看作这样一个"中间物"，他处在印度社会现代化转型的社会背景下，同时经历着现代社会经济文化的飞速发展和殖民主义对祖国的日渐侵蚀。他的思维与视野已经扩展到了未来，但躯体仍在现实之中，站在这样的历史交叉点上，他艰难地连接着过去与未来。

在许多国家的进化更新中，都会出现生长的阵痛，那些有着前瞻性眼光、能深入思考和认识社会现状的知识分子们就成为了阵痛的牺牲品，经受着极其难熬的精神折磨——已经认识到了社会所存在的问题，希图提出解决问题的办法，医好人民的伤痛，完成民族国家的复兴。但却被持续黑暗的社会现实所击败，难以获得人们的理解，看不到希望，陷入绝望的轮回之中。

所以，泰戈尔的孤独不仅仅是诗人个人的原因，而是时代所注定的，作为战乱中的清醒者，产生这种灵魂的分裂几乎是必然现象，他过早地认识到了社会精神的荒芜，使他逐步脱离人群，用更高的角度与姿态审视现实。但对自然和人类的热爱又使他不断向人群靠近，企图站在人群中感受爱与温暖，两种相反的力量互相抗衡，迷惘由此而生。

读泰戈尔，真是一件幸福而充满活力的事情：

从迷惘中看到希望，

从黑暗中看到光明，

从诗人眼中，

看到整个世界。

（作者单位：北京大学）

以生之有限，歌爱之无限

曹 颖

在爱之光中，一切有限才融入无限。

——泰戈尔

我问，爱是什么？你说，爱是"我爱他并不因为他好，只是因为他是我的小小的孩子"。

我问，爱是什么？你说，爱是"手握着手，眼恋着眼，这样开始了我们的心的记录"。

我问，爱是什么？你说，爱是"您的阳光对着我的心头的冬天微笑，从来不怀疑它的春天的花朵"。

这都是你笔下的的爱，孩童可心的爱，恋人相依的爱，生命灿烂的爱。你的诗集中，字里行间都洋溢着满满爱的味道，它无所不包，它无处不在，在新月的皎洁里绽放着光辉，在园丁的辛勤里浇灌着花朵，在飞鸟的自由里俯瞰着世界，在一切的有限里，眺望无限的时空。细腻的笔调，动情的语言，你用诚挚的心书写并歌颂着这个世界上最美丽最温柔最动人最明亮的字眼——爱！

翻开你的诗集——泰戈尔！短短长长的诗句，在耳边回荡起一首首关于爱的歌谣——

新月，童心里爱的纯洁

> 我爱他并不因为他好，只是因为他是我的小小的孩子。
>
> ——泰戈尔

在《新月集》里，泰戈尔用纯真与快乐铸造了一座属于孩童的城堡，这里神秘而美丽，和谐而美满，细腻温馨的笔调下跳动的尽是自由、无忧、天真、善良的音符，歌唱着童心里爱的纯洁与无暇。

孩童是《金色花》里散发芬芳，沁入心脾的小小美丽——"我要悄悄地开放花瓣儿，看着你工作"，"我便要将我小小的影子投到你的书页上，正投在你所读的地方"，多么调皮的孩童，他要变成一朵美丽的金色花，在妈妈找不到他的时候默默注视她。然而孩子始终是依恋妈妈的可人儿啊，"当你黄昏时拿了灯到牛棚里去，我便要突然地再落到地上来，又成了你的孩子，求你讲故事给我听"，孩子还是要回到妈妈的身边，因为依恋和不舍的爱，在泰戈尔的笔下，孩子与妈妈的故事缓缓流动着温馨。孩子是怎样一个舍不得离开妈妈的小天使呢？在《告别》里泰戈尔生动地回答着——"我要变成一股清风抚摸着你；我要变成水中的涟漪，当你沐浴时，把你吻了又吻"，唯有懂得孩子的心的人才能这样细腻地描述吧，"我要坐在各处游荡的月光上，偷偷地来到你的床上，乘你睡着时，躺在你的胸上。我要变成一个梦儿，从你眼皮的微缝中钻到你的睡眠的深处"。孩子爱着妈妈就像妈妈对孩子的爱一样简单纯真，每个孩子都是母亲心中最柔软的一隅，《开始》里母爱的温柔在泰戈尔的笔下轻轻地诉说——"你曾经是我藏在心底的心愿，我的宝贝。你曾藏在我儿时玩的泥娃娃的身上，每天早上我用你塑造我的神像，那时我塑造完又捏碎的就是你。你曾同我们家的守护神一样被敬奉，我敬拜家神时也就敬拜了你。你曾活在我一切的希望和爱里，活在我的生命里，活在我母亲的生命里"。在母亲的眼里，孩子就是她的宝贝，是她的守护神，是她生命中不可割舍的珍贵，这是母亲对孩子的疼爱，也是诗人泰戈尔对孩童的呵护与疼爱写下的心灵之歌，诗人不允许庸俗的世人去责备这些童真的花朵儿——"为什么你眼里有了眼泪，我的孩子？他们真是可怕，常常无谓地责备你！"泰戈尔怎能容忍这些可爱的小小心灵受到惊吓，在他的笔下他们就是世间最珍贵的宝，不容伤害，"他们总要为了每一件小事去责备你，我的孩子。他们总是无谓地寻人错处。你游戏时扯破了你的衣服——这就是他们说你不整洁的缘故么？呵，呸！秋之晨从它的破碎的云衣中露出微笑。那末，他们要叫它什么呢？"泰戈尔的每一句诗里孩童永远是最美丽的存在——没有人能够阻碍他们的自由，"只要孩子愿意，他此刻便可飞上天去"；没有人比得上他们的机敏，"孩子知道各种各样的聪明话，虽然世间的人很少懂得这些话的意义"，然而孩童单纯的爱永远是留给他最爱的妈妈——"孩子在纤小的新月的世界里，是一切束缚都没有的。他所以放弃了他的自由，并不是没有缘故。他知道有无穷的快乐藏在妈妈的心的小小一隅里，被妈妈亲爱的手臂所拥抱，其甜美远胜过自由"。

　　这便是泰戈尔的孩童之爱，在《新月集》里，孩童的世界简单而美好，无忧且无扰，儿童们的游戏，孩子们活泼的想象，泰戈尔用诗句凝固它们特殊的隽永和魅力，把我们带到了一个纯洁的儿童世界，用文字谱写一首母爱与童真的不朽乐章，描绘一幅梦想与现实交织的绚丽画卷。这样的爱，不仅仅是诗人泰戈尔本身对于孩童的美好祝愿，更是对孩童世界的真实描摹，小小的年纪，单纯的幻想，这是长大成人后很难再拥有的美妙，但泰戈尔可以用最真挚的心去感悟这个奇妙的世界，告诉我们孩童是怎样美丽的存在，他们对于世界，对于母亲的爱又是怎样的纯洁而动人；于是我们愿意和诗人一样祝福这些可爱的小小精灵——"祝福这个小心灵，这个洁白的灵魂，他为我们的大地，赢得了天的接吻。他爱日光，他爱见他妈妈的脸。他没有学会厌恶尘土而渴求黄金。紧抱他在你心里，并且祝福他。不要在忙碌中把他忘了，让他来到你心里，并且祝福。"

　　不管他好不好，我们都爱他，因为他们是我们小小的孩子，在新月里，装着童心纯纯的爱。

园丁，相恋时爱的真挚

　　　　手握着手，眼恋着眼，这样开始了我们的心的记录。

——泰戈尔

泰戈尔用一部《园丁集》让爱情在圣洁的殿堂里开出花朵，这是园丁辛勤耕耘的收获，就像是恋人苦苦相恋终成的良缘，带着那么些小心翼翼却又是那么的灿烂美丽，它们可以绽放在满天霞光映红的村落里，也可以出现在夕阳西沉的芳舍中，既发生在汲水的河岸的台阶上，又出现于绿叶成荫的榕树下，无处不在的爱情，飘散着花的香气。可不就是泰戈尔笔下这样纯粹简单的爱恋才让人心驰神往吗？——"手牵着手，眼望着眼；就这样开始了我们的心路历程"，约好一起走的路程，洋溢着有如凤仙花般香甜的爱情萌发的味道，"你橘黄色的面纱迷醉了我的双眼；你编织的茉莉花环像一种荣耀，震撼了我的心。这是一个欲予欲留，忽隐忽现的游戏；有些微笑，有些娇羞，还有一些甜蜜无谓的挣扎；你我之间的爱单纯如歌"。没有修饰，没有夸张，你所赞美的就是这样单纯如歌的相恋，纯真而质朴。而诗人在诗中也一直告诉我们作为永恒主题的爱情到底是作为怎样的一个存在被感知，这个简单却又一直扑朔迷离的问题在诗人的笔下就变得那样明朗而美好——"如果它只是片刻的欢乐，它就会在悠然的一笑中绽成花朵，而你就能在刹那间看到它领会它。如果它只是一种痛苦，它就会溶化成晶莹的泪珠，不用说一句话就反映出最隐秘的秘密。然而它是爱情啊，我的亲爱的。它的欢乐和痛苦是无限的，而无穷的是它的贫乏和富足。它像你的生命一样的贴近你，然而你永远不能完全了解它啊"。这便是诗人描述的爱情的感觉，有欢乐有痛苦，贴近生命深处确又变化莫测。当然诗人的眼里爱情单纯却不是游戏，"如果你要这样，我就停了歌唱。如果它使你心震颤，我就把眼光从你脸上挪开。如果使你在行走时忽然惊跃，我就躲开另走别路。如果在你编串花环时，使你烦乱，我就避开你寂寞的花园。如果我使水花飞溅，我就不在你的河边划船"，相恋是心的相偎相依，它简单却神圣绝不是所谓的嬉戏，诗人严肃的态度告诉我们什么是爱情，即便你不懂它也应该懂得对它的尊重。

这便是泰戈尔的恋人之爱，《园丁集》里融入了诗人青春时代的体验，这也使他能够更加细腻地描叙爱情的幸福、烦恼与忧伤，泰戈尔的诗句是用鲜花编织的一串串鲜艳的花环，献给那些相亲相爱，相思相念的情人们。作为爱情诗不可避免地描述了爱恋、幽会、相思、追求、期待、新婚甚至离别等种种场景。但在《园丁集》中不仅没有俗不可耐的画面，也没有单调的枯燥的爱的场景，而是通过脉脉含情的明亮的眼光，使人心烦意乱的莞尔微笑以及叮当作响的脚镯的声音，使我们强烈地感受到那些坠入情网的人们各种细密的、精微的、瞬息万变的感情和心理活动，爱情生活中种种难以言喻和难以捕捉的情感，状态和动作，都被诗人化为美丽动人的形象，用散发着芬香和闪耀色彩的诗句表达出来。而泰戈尔在回首往事时吟唱出这些恋歌，在回味青春心灵的悸动时，无疑又与自己的青春保有一定距离，并进行理性的审视与思考，使这部恋歌不时地闪烁出哲理的光彩。当我们阅读这些美丽的诗句时，如同漫步在暴风雨过后的初夏里，一股挡不住的清新与芬芳，仿佛看到一个亮丽而清透的世界，一切都是那样的纯净、美好，使人于不知不觉中体味爱与青春的味道。而这全部的情感都是诗人投入了自己的身心去感悟到的，发自内心的对于爱情的感悟才能体会到爱的真谛，正如泰戈尔自己表达的那样："听你的将是我的心，不是我的耳朵。"也只有拥有这样诗心的人才能写出这样真挚而动人的爱。

不管在天涯还是海角，只要我们手握着手，眼恋着眼，爱情从那一刻起就会记录我们对彼此的真挚。

飞鸟，生命中爱的博大

> 您的阳光对着我的心头的冬天微笑，从来不怀疑它的春天的花朵。
> ——泰戈尔

在泰戈尔的笔下，无论怎样的爱都是美丽而真实的，无论是孩童之爱还是恋人之爱，而这背后都是他对于生命的关照，是他从生活的体会中感悟出的爱，因为这一切的一切，他热爱着世界，热爱着一切源头的出发点——生命。在《飞鸟集》中，看似短小精悍的诗句，却无不饱含着深刻的哲理，包含着泰戈尔关于生命真谛的领悟，他至始至终怀有对这个世界的热爱与热忱，向我们倾诉生命是什么，为何值得我们全部的爱。

可以在寒冬里燃烧全部的希望，只要"您的阳光对着我的心头的冬天微笑，从来不怀疑它的春天的花朵"，即便有寒冬，只要有阳光的存在，诗人依旧会相信春天的花朵会开，这便是爱，与希望同在。"燃烧着的木块，熊熊地生出火光，叫道：'这是我的花朵，这是我的死亡'"，若没有对生命的热爱，何能以如此的壮烈高歌死的壮丽，木块燃烧成灰，但火光将绽放最灿烂的花朵，即便死亡也是值得。诗人全部的所求在于"生如夏花之绚烂，死如秋叶之静美"，夏花和秋叶是多么美丽，将如此好的比喻献给生死，只怕是因为热爱着美好的生命才能给出如此的称赞吧。因为"我们在热爱世界时便生活在这世界上"，诗人从不惮于他对于世界的热爱的表达，这也正是他要用他的诗篇歌颂与传达的，传达他对世界与生命的热爱与眷恋，以唤起万物的共鸣，因为"爱就是充实了的生命，正如盛满了酒的酒杯"，这样的甘甜与香醇让人如饮甘饴，一切的源头皆因爱。这样充满爱的生命应该再无遗憾了吧，就像诗人说的——"当我死时，世界呀，请在你的沉默中，替我留着'我已经爱过了'这句话吧"。诗人已经爱过，再没有什么放不下的遗憾——"总有一天，我要在别的世界的晨光里对你唱道：'我以前在地球的光里，在人的爱里，已经见过你了'"。无论在怎样的空间里，都对曾经拥有过的爱与感恩充满了无限的眷恋，因为这个留下过诗人的爱的世界是那么的可爱，所以泰戈尔庆幸他爱过，他来过。很多时候，我们会觉得这个世界有太多冷漠，其实是因为每个人都抱着拒绝与防备的态度去与人相处，但从《飞鸟集》里我们可以感受到诗人所拥有的那种快乐与乐观，无论面对怎样的困境，他都能够以一颗感恩的心去感谢，去相信这个世界依旧是美好得多。即便世界以痛吻"我"，但"我"依旧要报之以歌，那时因为诗人相信世界，相信生命，相信爱，所以，我们期待这个世界是如诗人笔下描绘的那样"有一次，我们梦见大家都是不相识的。我们醒了，却知道我们原来是相亲相爱的"。我们相亲相爱在这美丽的世界，热爱自己，热爱每个人，热爱这个因生命而蓬勃的世界。

这便是泰戈尔的《飞鸟集》，以一颗赤子之心抒发出对自然，对人类，对宇宙间一切有生之物的赞颂与热爱，如珍珠般的诗句闪耀着无限的光芒，不仅唤起我们对大自然、对人类、对世界上一切美好事物的爱心，而且也启示着我们如何用有限的生命执著于现实人生的理想追求，让自己的人生充满欢乐与光明。每个人漫长而短暂的人生旅途都不可能十全十美，一帆风顺，我们会遇到困难与挫折，迷茫与彷徨，但是泰戈尔给我们的启示是不要因为错过了太阳而去流泪，错过了今天的太阳，只要你能正视黑夜，并执著于黑夜的追求，那么，闪烁在夜空中的群星，仍然会给你报答的，它会给你力量，给你信心，去勇敢地迎接或追逐明天的太阳。无论面对多么艰难的人生境遇，泰戈尔都能满含一腔热情去高歌，这是因为他对生命与生活充满爱，而他的这种爱广博且浩瀚，凡是世间的种种都可以纳入他爱的范围，归根结底这一切的爱都源于对生命的虔诚与感激，正因为生命，才让我们拥有了爱的能力，所以一切的前提是善待生活本身，热爱生命本身，尽管泰戈尔发表《飞鸟集》距今已近一个世纪，然而我们仍能强烈地感受到诗人笔下大自然的勃勃生机，对人生的严肃思考，爱心与同情心，以及抑制不住的激情和快乐。这些富于智慧的思想和美好的感情，发自于诗人对生命热爱的内心，也在今天，以他的诗歌传递给我们信心和力量，告诉我们爱生命，爱生活，爱万物。

我们不畏惧冬天的寒冷，因为生命的爱洒下的阳光会让我们的心头开出花朵。

"我相信你的爱"

"爱"一直是泰戈尔思想的主要核心之一。诗人提倡的是人类最广博的爱，无论是《新月集》里的母爱与童心，还是《园丁集》里恋人之间的心心相印，再或是《飞鸟集》里对世界与生命的虔诚，他以最包容的心来看这个世界，把所有的有限都融入他无限的爱中。泰戈尔自始自终都对人类抱有信心，怀有理想，在他的诗歌中蕴含的是对于生命本体和生命归宿的思考，用清新隽丽的语言抒发了对以"人"为核心的生命体系的尊敬，以及高歌了以"人"为核心的爱的包容万千，通过诗歌的言说方式透射出深藏在诗歌中的关于生命的关怀，诗歌里蕴含的是诗人信仰的光辉，执著的热度，生活的勇气……所谓生命美学亦或是爱的美学便是泰戈尔诗歌经典的凝结吧。

在泰戈尔的诗集中，我们无处不感知到生命是多么美好，即使落入尘土中，也有梦想为你拭去心灵上的蒙蔽，跃入宁静的深处，好处和坏处是可以融和在一起的，因为一切总是可爱的，而这一切的可爱是因为我们心中有爱。

生命中一切都是美好的，就算有不如意的存在，生命的本质也是美的，只有坚信生命的本质是美的我们才会对一切都有爱的关怀，即便生命总有终结，但有限的生命会在无限的爱中得到传递与延伸。就像泰戈尔一样，因为他怀着爱的心，去奏响爱的歌谣，让美丽动人的诗歌得以代代相传，才能让我们感知到爱的存在。所以我们因《新月集》里童心之爱的纯洁而快乐，因《园丁集》里恋人之爱的真挚而甜蜜，因《飞鸟集》里生命之爱的博大而开阔，这一切都是诗人用他不朽的诗歌留给我们的财富，启示我们相信爱，教会我们感知爱，促使我们传递爱。哪怕生命有限，只要歌唱着无限的爱之歌，万物便能生生不息地永久传承，在爱之光中，一切有限都将融入无限。

在《飞鸟集》里，诗人用这样一句话作为全篇的终结："'我相信你的爱'。让这句话做我的最后的话"。

那么，最后的最后，我也要将这句话献给这位以有限生命，歌唱爱之无限的伟大诗人，献上我对诗人泰戈尔的全部尊敬——

"我相信你的爱"。

（作者单位：北京大学）

亲爱的女孩

——在短篇小说中,遇见泰戈尔

于 茜

宁静的夜里,倚在柔软的床,夜的恬静让人不舍晚安,于是又翻看枕边的故事。

曾经做过的文艺的梦,应是闲静的夜陪伴美丽的诗,然后在香水般芳香美好的梦中入眠。菩提树、恒河边、吟游的诗人、冥想的智者……梦中的印度,遥远而神秘,美丽得仿佛是梦幻,一首首美丽的诗,像散落的星辰,而心便是夜晚深蓝色的天际。

而今日的夜晚,翻开这本集子,抚摸哭泣的文字,却也翻开了另一个印度,另一个泰戈尔。

他的诗,是爱,是美,是哲思,有神秘;而他笔下的故事,却是悲悯,是愤慨,也是无奈,也是伤感。一个浪漫,如梦境的美好;一个现实,如生活的多艰。

他以诗名而被世人称颂,却也写下了众多的小说,并开创了印度文学现实主义的叙事传统。那妙笔生花、爱憎分明的故事,如一幅生动却色调深沉的画卷,勾勒出印度 19 世纪 20 年代城乡生活的种种,带着作家的良心与悲悯,责任与情怀。他笔下众多让人愤慨的故事,如一把刺向社会的刀子,却亦带着几分力不从心的无奈。

也许是出于对女性的尊重,抑或是现实的可怕让人最为揪心,泰戈尔笔下众多的故事,都将目光投向了女性。而对于读着这些故事的我,也许是出于同为女性的机缘,让这些女孩们的故事,变得格外刺眼。她们的生活,仿佛和我处在不同的世界。她们的故事,让人愤慨,亦哀婉动人。

这个夜晚,借着这故事中的文字,跟随泰戈尔,去远方吧,回到过去,来到那个有着古老的传统,美好却也曾凄惨的旧时的印度,只为遇见你们,我亲爱的女孩。

"笔记本"

遇见乌玛是在一个傍晚,吃过晚饭,散步的时候。夏日的傍晚,暑气已经渐渐退去,而天还算明亮。街道上不时传来牛的叫声,它们在这个国度生活得很是自由。

有一个七八岁左右的小姑娘,一个人坐在树下,借着还未离去的阳光,像拿着什么宝贝一样抱着一个精致的笔记本,用一支斑驳生锈的旧钢笔,很认真地写着。她的衣着微微破旧,头发梳得也不是很整齐,然而,她写字时候的神情,却有一种专注,和由内而外的愉悦,让人不禁忽略了她的穿着,而为她的神情所打动。她叫乌玛。

我走上前去,想和她说说话,走近叫了她一声,却把她吓了一跳。

"你有个很可爱的本啊。"我对她说。她只是腼腆地笑笑,微微低着头。

"你上学了吗?"

她点点头,然后抬起头,微笑着,显出很得意的样子,又开始低下头写上几笔,然后再抬头看看我。

"乌玛,快回家。"我背后传来一个男人的声音,他是戈宾德拉尔,乌玛的哥哥。他的语气里有一丝不快,似乎来自异国他乡的我的关切此时被视为一种侵犯。

小女孩紧张起来,脸上的笑容也湮灭在男人的呼喊中。她紧紧抓着她的笔记本,跑回了家。

再次遇见乌玛,已经是两年后。我带了几本当作礼物的童话书和精美的笔记本,又来到了这个印度小村庄。

乌玛的哥哥说,乌玛已经嫁人了。9岁的女孩嫁人了,哥哥平静地告诉我。夏日乡村草丛里的鸣虫，吱吱喳喳地唱着属于它们的平静的歌。我突然感到了自己的软弱。

我向他打听乌玛的去向，而他说："乌玛现在的生活很好，请不要去打扰她。"语气有些严肃。

离开乌玛家几天以后的一个下午，在喧闹的集市上，我见到了乌玛。

瘦小的女孩，脸上却已有了岁月悲凉带来的沧桑和静默。她跟在一个成年的男人后面，表情怯懦。那一高一矮的两人对于我来说很难想象他们的关系是父女，还是夫妻。

女孩儿的眼神回避我的对望，她的躲闪透露出她遇到的困境。

我冲上前，和乌玛身旁的印度男人说："我是乌玛的朋友，可以让她和我单独聊聊吗？"

男人用异样的眼光看了我一眼，提示着我异乡异客的身份，但他还是同意了我的请求，虽然带着几分不快。"赶紧回家，别错过做晚饭。"他对女孩抛下一句话便离开了。

我和乌玛坐在一棵大树下，树阴散漫地挡住阳光。她哭了，默默地流泪，没有啜泣。

我也没有说话，只是把那几本书和笔记本塞到她怀里，却被她推了回来。

"我已经不需要这种东西了，谢谢你，姐姐。"她从嘴里挤出一句话，然后把头埋在怀里，流泪。我一时无语，只感到心里一阵难以吐出的冰凉的堵。此时的我，能给予这个女孩的，仅仅只有内心的怜悯，而她需要的却是拯救与力量，而我甚至说不出一句恰当的安慰话。

女孩抹着眼泪跑走了。我一个人坐在树下，喧闹的集市，这一刻特别安静。

"女乞丐"

克什米尔的一个小村庄里有一个发疯的女乞丐，她到处流浪乞讨，每到晚上就一个人坐在破旧的茅屋里哭泣。我遇见她，是一个清晨。她敲我的门乞讨，破旧而凌乱的头发和衣着吓了我一跳。然而挡在额前的几缕头发之下的憔悴的面容上却依稀可以看见曾经的美丽。

她叫科莫尔。

那天晚上,房东太太给我讲了她的故事。

"那时候,她一定很美吧。"我说。

"是的,那时候科莫尔也是富贵之家的小姐呢。可是后来……"

透过窗外望去,村子四周绵延起伏、高耸入云的群山,把村子里一间间小茅屋包裹得隐没在幽暗的树丛中。几条湍急欢快的小溪流经成的绿阴,滋润着村中茅屋周围的土地,卷着从树上落下来的花朵和树叶流入附近的一个湖里。远处的池塘,平静祥和,映着天空的阳光和云朵。美丽的小村庄,像是诗人的梦境一般。

在这如梦的幻影之中,我仿佛看见,一对美丽的男女少年,手拉着手,在月色下,在森林里,在池塘边,快乐游玩。

然而有一天,女孩的父亲去世,女孩家也渐渐衰败下去。边陲爆发了战争,男孩奔赴了战场。

冬天,女孩的母亲卧床不起。冰冷的夜晚,冒着风雪出门乞讨的女孩,却又遭遇强盗的绑架。焦急的母亲心急欲焚,狡猾的奸人却趁机而入。远方的战火已经停息,男孩却锒铛入狱。女孩成了奸人的妻子。

那一日男孩归来,却因为习俗的阻碍,无法与女孩团圆。满怀期待的女孩,却在希望中破灭了梦想。她的心灵再也承受不起这样的打击,以癫狂的方式,转移了悲伤。

村庄还是一样的恬静美丽。科莫尔的伤悲似乎并没有在这个宁静的村庄留下痕迹。房东太太锅里的咖喱味道,告诉我中午的临近。

癫狂,是一种应对外界压抑时的转移和自我保护。也许当你的神智不再清楚,你的痛苦便不再清晰。

科莫尔,此时的我,却只能当一个旁观者,静默地听你和你的故事。

合上书,故事里的她们仿佛还在身边,还在眼前,然而她们的世界,却又那样遥远。

闭上眼睛,任思绪飞扬,恍惚中的时光又变了形状,渺渺中,一位年迈老者的形象进入了我的视线。

老人背着手，徘徊于初见暮色的傍晚的恒河边，脸上凝重的神情告诉人们他的心事重重。

"印度的女性低下的地位和悲惨的处境是政、族、神、夫四权束缚的结果。"他说，语气坚定，慷慨中带着无奈与悲愤。"历史的沉重，宗教的压抑，都让这些女人的命运充满了波折。"

"如果历史太过沉重，那么可以重新开始吗？如果宗教太过压抑，那么可以抛弃宗教吗？"我用急切的口吻，问着稚嫩的问题。

然而，老人只是笑笑。

"如果家庭太过束缚，那么可以走出家庭吗？"

老人还是笑笑，嘴角上扬的神情中带着几分凄然，他说："印度，印度可以割断历史吗？可以离开宗教吗？可以抛弃家庭吗？可以吗？"

他转身，面向恒河，望着对岸被晚霞染成暗红色的天空。

"如果每个女孩，都能有一支笔，都能有一本书，能有一间教室，那么在不远的未来，也许一切都不会是如今的样子了。可她们，能吗？她们可以受到教育的拯救吗？"

老人喃喃自语，没有回头，消失在人群中，消失在我眼前，消失在这一夜我的脑海中。

他是泰戈尔。

夜已深沉，寝室里寂静一片，唯有我的灯光还在留恋着喧嚣的白天。

如今的印度，又是怎样的情景，那里的女孩，可还能懂得这片土地上曾经有过的悲伤？

他说，教育可以改变印度，改变印度的女孩，而他走后的日子里，印度发生了怎样的变化，树下还有没有默默流泪的女孩呢？

今天的我们，是否已离开了泰戈尔的时代？

其实我希望，那样的故事已经远去。

其实我希望，你们不会再懂得曾发生过的伤悲。亲爱的女孩。

（作者单位：北京大学）

面纱后的她
——泰戈尔短篇小说中的女性

李 喆

亲爱的泰翁,翻开你的短篇小说,我频频见到了女性的身影。你耐心地、仔细地讲了一个又一个女性的故事,让我为异国的她们欣慰、伤感、叹息。我想,这不仅是故事,更是发生在印度土地上的历史和现实。让我尝试着揭开美丽的面纱,离你笔下的她们,更近一点。

命运之殇

一句"纤妙说应难,须从掌上看",绕上裹布,缝上针线,生生缠出中国历史上千年的"三寸金莲"。那"小脚一双,泪水一缸"的悲楚,束缚了多少柔美的憧憬,折断了多少尊严的羽翼;一副"第二种骨架",撑起鲸骨象牙,勒紧肋骨内脏,苦苦维持着欧洲女性挺拔苗条的身段。那迷人的线条、婀娜的体态,刺穿了多少健康的生命,摧毁了多少爱美的青春。我曾以为身体的折磨是女性最不堪回首的噩梦,但你却说,历史会裹挟社会宗教的混沌,以更加狰狞的面目扭曲着女性的命运,堂而皇之地折磨着印度大地上那些温暖而脆弱的生命。

你悄悄跟随着寡妇迦冬比妮,俯身倾听她对心爱的侄子的喃喃细语,亲眼目睹她被抬入火葬场,然后在漆黑的夜晚醒来。你无法帮她辨明死活,只能以"死人"的身份寄居在婚前好友的家中,备受屈辱。在终于醒悟自己还是"活人"的时候,那愤然的呐喊"我没有死啊,我没有死"却无法换来亲人的承认,最终"以死证明,她原来并没有死"。

你娓娓讲述着莫哈玛娅一生,当我还沉浸在拉吉波羞涩而坚定的告白时,她哥哥的冷酷出现拉开一系列悲剧的序幕:被迫嫁给奄奄一息的老婆罗门,在火葬场举行婚礼;第二天便成为寡妇,被绑在火葬堆上焚身殉夫,遭受毁容;大难不死后投奔拉吉波,却因一层薄薄的面纱阻隔,无法享受婚姻的幸福;最终因为丈夫的失信绝望出走,走向生命的终结。

你深邃的目光离不开这些美丽而不幸的女子,匆匆用笔记下她们命运中的恐怖与曲折,可这数笔"匆匆"却奇谲得同一场闹剧,完整得像生生不息的生命长河沉淀下的起伏。你故事中的偶然、美好、残酷、憧憬、绝望不着痕迹地嵌入印度传统的根基,在宗教的肃穆下祈祷,在社会的沉重中挣扎,向这个走向文明的世界大声控诉真实上演在印度女性生活中的种姓、童婚、殉夫、包办、虐待……你没有把《摩奴法典》的冰冷规定记下,但那些充满种姓歧视、男尊女卑、失却人性的法律认知已深深浸入每个人物的言行,渗入他们无法摆脱的命运血骨之中。历史传统像一个巨大的牢笼,困住了所有渴望爱和自由的人生。

看到库苏姆走向河水的怀抱,我叹息了;触到宾杜双手的冰凉,我心痛了;听到女乞丐的哭泣声,我流泪了。可你,还是那么冷静地、坦荡地讲着她们的故事,撕扯着印度传统中溃烂流脓的疮疤。你用心良苦地取舍素材,安排情节,时而紧促,时而舒缓,用巧妙的结构串联起一段沧桑的人生。这些属于苦与痛的故事带着被理想文明宠坏的我们走入印度女性生活的现实,她们用泪水与血水汇成的生命长河倒映出历史和传统肆意搓揉女性命运的历史事实,构造一个"理所当然"之外的"悲惨世界"。

诉请之愿

你是一个深刻的哲人,能够拨开琐屑,抚摸本质,构筑一个循环复杂的因果轮回。可是你又是那么的细腻,把耳朵贴在每一个人物的嘴旁,用手感受她们胸口的跳跃,以一颗包容而忠诚的男性之心倾听印度女性的情。

你定是一名天生的诗人，才能用诗化的语言诉说深情："那些有生以来除了嘴唇的颤动之外没有语言的人，学会了眼睛的语言，这在表情上是无穷无尽的，像海一般的深沉，天空一般的清澈，黎明和黄昏，光明与阴影，都在这里自由嬉戏。"素芭的眼睛在你诗一般的语言中发亮流转，那流畅整齐的句式、朗朗鲜明的节奏像一支乐曲般婉转悦耳，她的孤寂、忧伤在蕴含丰富的大眼中闪烁，无言却令人沉醉，无声却让人怜悯："从小她就生活在这河岸上，在这休息的时候，如果不是这河水伸出手来，把她拉入自己的怀抱，那么还有谁来拉她呢？"你看似随意的一问，却在凝练的含蓄中道出库苏姆诗意的生命尾音。河水的怀抱像母亲的温暖，水流的叮咚似脚镯轻响，一个年轻的女孩对童年的无忧的怀念和情意的向往在这隽永的韵律中缓缓淌出，耐人寻味而意蕴深长。

你定是一位出色的画家，才能用真实的细节展现深情。你曾用字句勾勒出这样一幅画：少女勒祖静静坐在门口，屋内的灯光透过门缝将这个纤弱的身影印在墙上，她的双唇分分合合，手指划来划去，像哑剧一般静默，空气中却漂浮着"咿咿啊啊"的回音。在这个孤单却暗涌着暧昧的希冀的画面中，洋溢着少女情窦初开的心悸与温存。我仿佛可以看到勒祖两颊隐隐浮现的粉红，贴在额前的细黑的发丝和指尖划动时的谨慎与珍惜，她的心砰砰跳动，似乎要跳出胸膛，穿过门板，痴痴落在邮政局长手中。一个细节、一幅画面、一份痴情，定格在少女孤独的人生的最美时刻，感动了轻轻摩挲书页的我。

你定是自然虔诚的孩儿，才能用自然的环境衬托深情。就在科莫尔的生命即将走到尽头的那个夜晚，"浓密的云雾遮住了满天的星斗，可怕的雷声在每个山谷中回响，雷电不断地耀眼闪光，照亮了每个山岗。霎时间大雨滂沱，狂风大作。"是科莫尔的悲痛？还是寡妇的绝望？强烈而复杂的情感在电闪雷鸣中酣畅淋漓，那是对爱情流逝的呐喊，那是对疾病愤然的咆哮，那是两个被命运扼住咽喉的女性的凄惨呻吟。你也定是为她们感到痛苦，才会把这浓情寄予天地间最骇人的自然力量，用这自然的情景的激荡撼动读者的心。

在你的笔下，每一位女性都沾染了抒情的浓墨，她们是生命的载体，更是情感的主体，抒发着撼动人心的情感力量。这些情渗入字句中，凝在细节里，寄于自然间，让人物故事因为细腻的情意而丰富饱满，对爱、对命运、对梦想的共鸣久久回荡在你我之间的互动中。

觉醒之念

你总忍心将现实的残酷赤裸裸地再现于笔下，让在印度社会中苦苦挣扎的女性们用生命去实践印度传统文化所要求的忠贞、忍耐和无私，而她们个人的需要与追求则受到无情的打压，甚至在人格与肉体上惨遭摧残，最终都走向了人生的悲剧。但又是为什么，我总能在丑恶中读到美好，在荒谬中看到希望？

我站在河边的台阶上看恒河水汩汩向前流去，听水花激荡起库苏姆那没有爱情幸福的哀歌，而那个天真无邪、活泼可爱的身影成为台阶上最美好的剪影，那虔诚的信仰与纯洁的爱情为台阶留下最富诗意的回忆；我登上克什米尔的小山顶，每天都能听到晚风带来寡妇放声痛哭的声音，而那凉爽的树荫下，始终回荡着少年男女愉悦的笑声和朗朗的读书声。你从不把生活描绘成一副美好的田园图画，却一直不遗余力地歌颂那些低贱却单纯的普通女性身上的美好人性，用无情的故事启发人生的意义。

你承认印度女性的无助，却仍然用她们的精神点燃希望的星火：姆丽纳尔从自己和宾杜在夫家受到的不公待遇中彻底认清了旧式婚姻家庭对女性的伤害，写下了反抗的宣言书；吉丽芭拉不消沉于丈夫的冷落欺凌，投身于艺术的舞台，大放光彩。即使如迦冬比妮一般以悲壮的方式证明自己的存在并不多余，却也是对遗弃寡妇的反抗，抗争意识的觉醒。

我感受到你对传统伦理道德对女性的束缚与迫害的愤慨；我听到你努力争取女性解放的呼喊。我深切认同你不仅"揭示"在印度社会中女性走向毁灭的真实图景，还通过塑造认同自我价值、追求人格解放的女性形象来启发寻求出路的尝试。印度历史与传统施加在女性身上的枷锁实在太过沉重，直到今天，仍然能看到印度人民为解放女性进行不懈的努力。而你笔下的这些点点星火，不仅点燃了印度女性的希望，还照亮了她们为实现女性价值、提高女性地位的道路。

亲爱的泰翁，你曾说："上帝派遣妇女来爱这个世界。"而"爱是亘古长明的灯塔，它定睛望着风暴却兀不为动，爱就是充实了的生命，正如盛满了酒的酒杯。"女性以她的柔美与善良温暖了世界，却也因其无助的脆弱承受了太多的苦痛。幸而有你，用你成熟优美的笔触带我们走入印度女性的世界，让我们享受她的爱的同时，学会爱她。

（作者单位：北京大学）

我心中的泰戈尔
——用文字谱曲的灵魂歌者

马晓静

> 我像麝鹿一样在林荫中奔跑，为着自己的香气而发狂。
> 夜晚是五月正中的夜晚，清风是南国的清风。
> 我迷了路，我游荡着，我寻求那得不到的东西，我得到我所没有的东西。
> 我自己的愿望的形象从我心中走出，跳起舞来。
> 这闪光的形象飞掠过去，我想把它紧急捉住，它躲开了又引着我飞走下去。
> 我寻求那得不到的东西，我得到我所没有的东西。
>
> ——《园丁集》

出生在印度加尔各答的泰戈尔，你的诗歌随着胡格利河飘荡，你的传奇一生在印度土地上流传。一个富有哲学思想和文学艺术修养的家庭，培育出印度伟大的诗人、文学家、艺术家、哲学家以及社会活动家。

19世纪60年代，是泰戈尔出生的时代，也是英国政府全面统治印度的时期。生活在富裕高等种姓家庭的泰戈尔并没有放纵自己，两耳不闻天下事。他与家人积极参与到各类文学讨论及民族革命运动中，为印度摆脱英国殖民统治贡献自己的力量。一首首诗歌、一篇篇小说、一部部论著、一幅幅画作，不但成就了泰戈尔，更加丰富了那段对印度对世界而言黑暗屈辱的历史。

我心中的泰戈尔，不仅仅是一位文学家，更是一位伟大的人道主义、爱国主义者。他的作品表达了对英国政府的痛恨、对印度民众的同情。每次阅读泰戈尔的作品，都能体会到印度人民在殖民压迫与种姓制度压迫下苦苦挣扎、向命运做抗争、努力改变现状的向上乐观精神。即使是在当下，行走在印度大陆上依然能够感受到印度人民从内心散发出的乐观与满足。正如泰戈尔在诗中写道："世界以痛吻我，要我回报以歌。"通过描写人民大众的积极向上乐观精神，并亲自参与到反抗运动中，泰戈尔成为了一位深受人民喜爱的作家，他作品中丰富生动细腻的描写激励着一代又一代的印度人坚强乐观。

泰戈尔的爱国思想并不流于表面，他主动加入"梵社"，参加印度宗教思想与社会的改革活动，向印度各民族教徒宣扬科学，破除宗教偏见和社会陋习，推动了印度近代科学思潮的发展。在他的作品中能看到古老的印度民族文化与现代科技的碰撞。泰戈尔在1901年创办的一所学校已经发展成著名的国际大学，他以自己的实际行动告诉世人，"知识是珍贵宝石的结晶，文化是宝石放出来的光泽。"

泰戈尔早年在英国学习西方文学。他学习西方文化，吸收西方文化精华，同时发扬印度古典宗教及哲学文化的精髓，以文字的力量唤起民族觉醒、引导着更多的人追求自由与民族解放。在吸收发扬印度宗教哲学"梵我合一"时，形成了"泛神论"这一宗教哲学观，同时吸收西方人道主义思想和博爱主张，形成"泛爱"思想。泰戈尔主张人类之爱与和平主义，批评否定当时阻碍民族解放运动的教派和强烈反对不合理的种姓制度。当1919年英国殖民政府在阿姆利则屠杀印度人民时，泰戈尔当即写信给英国总督表示抗议，并声明放弃英国政府授予他的"爵士"称号。泰戈尔多次出国访问发表演讲，谴责殖民主义和帝国主义的侵略。他引导带领印度以及各国人民为自由独立摆脱殖民统治奋起反抗，也为中国以及其他被侵略国家做出了榜样。

泰戈尔曾三次访问中国，支持中国人民反抗侵略，发表文章谴责讽刺侵略者的恶行。《死亡的贸易》与《敬礼佛陀的人》强烈斥责了英国向中国销售鸦片的罪行与日本侵略中国的行径。不仅如此，泰戈尔对现代中国文学创作的影响也十分巨大。在"五·四运动"之前，泰戈尔的诗就已经被译成中文，但自从《飞鸟集》被翻译出版后，中国诗人如冰心等开始模仿创作类似的富有哲理的新诗。冰心的诗作中最为人们所熟知的《繁星》《春水》便深受泰戈尔作品的影响。

泰戈尔又被称为"诗圣",一生共创作了50多部诗集,其中一些翻译成英文。例如,《园丁集》《新月集》《飞鸟集》《吉檀迦利》《采果集》等等。泰戈尔更是凭借《吉檀迦利》获得了诺贝尔文学奖。《吉檀迦利》拥有的独特艺术性让它流传世界,优美的韵律描绘出蕴含哲理的、自然的并且让你回味无穷的诗句。

我生命的生命,我要永远保持纯洁,因为我知道你鲜活的抚摸,留在我身上。

我要驱除我思想中的一切虚伪,因为我知道你就是真理,你在我心中燃起理智之火。

我要驱走我心中的一切丑恶,让爱之花常开不败,因为我知道,我内心深处的圣殿里有你的一席之地。

我要努力在行动上体现你,因为是你的神威给了我行动的力量。

(《吉檀迦利·纯洁》)

泰戈尔的文学成就不仅仅只是创作出人民大众喜爱的作品,更为重要的是作品在表现美的同时也能够对人民对社会起到引导作用,并对后世产生深远影响。毫无疑问,泰戈尔的作品做到了这一点。泰戈尔的诗集中,有讴歌印度优秀传统文化的,有赞颂反抗侵略的斗争精神的,有揭露社会黑暗面的,有抒发对青春、爱情以及自然的热爱的,也有传颂哲学思维表达"泛神论"思想的……"真理之川从他的错误的沟渠中流过","错误经不起失败,但是真理却不怕失败","我们热爱这个世界时,才真正还在这个世界上","你可以从外表的美来评论一朵花或一只蝴蝶,但你不能这样来评论一个人","要是爱情不允许彼此之间有所差异,那么为什么世界上到处都有差异呢?","我们把世界看错了,反说世界欺骗了我们","生活不是局限于人类追求自己的实际目标所进行的日常行动,而是显示了人类参加到一种宇宙韵律中来,这种韵律以形形色色的方式证明其自身的存在"……这一句句短小而又富有哲理的小诗，从印度大陆流传到世界各地，成为人们在生活中不断告诫自己、提升自己的名言警句。精炼的语言加上优美的意境勾勒出一个又一个醒世格言，影响了几代人。艺术不分国界，泰戈尔用自己的才华解释了这句话。

"整个民族都把自己的智慧卖给了骗子。怕神、怕鬼、怕喷嚏、怕木星——什么都怕，没完没了。在这个世界上，要为真理进行多么顽强的斗争啊！……这一切……就像一块沉重的巨石，跟喜马拉雅山一样重，压在印度上面，谁能把它搬走呢？不管什么伤害我们的祖国，无论伤害得多么重，都一定有办法治疗——治疗的方法就在我们手里。"（《戈拉》）

《戈拉》是泰戈尔长篇小说的代表作。小说通过描写主人公戈拉的生活，向读者展现了在印度殖民统治下，印度各阶层的矛盾，以及印度人民为追求自由独立、反抗压迫、不断探索民族解放道路的艰苦历程。当时的印度思想正在觉醒，在追求民族解放的同时守旧派势力顽固阻挠。戈拉作为一名爱国进步青年，积极投身民族解放运动中，努力追求自由的思想与爱情，前进的道路上虽然苦难重重，但他都一一克服，最终得到自我解放，为建立一个独立民主、平等自由的新印度不断地努力着。

泰戈尔通过对人物之间的对话、心理、场景的描写，对自然风景的描绘，无一不体现出泰戈尔对祖国的深沉的爱。读者在阅读时能够清晰感受到当时的进步青年的激情与希望，通过作者的文字，一幅幅迷人的印度自然风光尽现眼前。当戈拉得知自己并不是婆罗门后代时，他对祖国的热爱，对自由的向往以及决定彻底抛弃宗教和种姓束缚的种种想法通过他的一言一行全部展现给读者们。"这么长时间以来，我一直在竭尽全力地理解印度，可是我处处碰壁，我一直力图把这些障碍变成信仰对象，为此日以继夜地工作。我塑造了一个完美无瑕的印度，为了把自己的信仰完整地保存在她那坚不可摧的堡垒里，我进行了多么艰苦的斗争！可是今天，我那幻想的堡垒像海市蜃楼一样，顷刻之间消失得无影无踪。而我完全自由以后，突然发现自己站在巨大无边的真实之中，我的心感受到全印度的一切善与恶，苦与乐，智与愚。现在我真的有权为她服务了，因为真的劳动场所已经展现在我面前，这不是我幻想出来的——这是为两亿印度儿女谋幸福的真实场所。"这不仅是戈拉想说的、想做的，更是泰戈尔想说的、想做的。

泰戈尔用文字表达了自己内心的想法，以及千千万万印度青年在当时的切身想法，富有感染力的文字在当代社会依然能够唤醒人们心中的激情。是时代成就了泰戈尔，也是泰戈尔影响了一个时代，影响了在这个时代中生活的爱国青年、民族义士以及文学创作者。正如泰戈尔所说，"生命是永恒不断的创造，因为在它内部蕴含着过剩的精力，它不断流溢，越出时间和空间的界限，它不停地追求，以形形色色的自我表现的形式表现出来。"泰戈尔的生命以诗歌名句的形式在不同的时代得以再生，永不落伍。

（作者单位：西安外国语大学）

夜　谈

汪　忞

　　闷热的夏夜里，蛙声仿佛粘滞在一起，没有气力。黑色的夜空降落在敞开着的窗前，遮住了遥远的星，只透出一点朦胧的月的光晕。那光晕就像这窗内的青年此时的心情一样，在黑暗的包围中，显出惨淡和无奈。青年在窗前站立许久，背后与胸前的薄衫已被汗水濡湿，他却仿佛没有察觉一样。他的眼睛望向浓浓的黑夜中，目光空洞而又沉重。

　　一丝细弱的风从窗前悠悠地经过，一阵凉意使青年从他暗黑的幻梦中醒了过来，但等他有所反应的时候，那风早已远远地飘过了夜色里花园的围墙，他便也对使他清醒了的原因失去了线索。他伸手触到窗前的书桌，沿着桌沿走了几步，找到了椅子，坐了下来。他在桌面上摸索着，转动台灯的旋钮，灯光柔和地流淌出来，灌注了整间屋子，使它变成了黑色海洋中的一个明亮的小岛。

　　青年随手从桌上立着的书里抽出了一本诗集，任意地翻到一页，心不在焉地读了起来。但慢慢地，他飘忽的眼神开始随着长长短短的诗句移动，他的眼睛时而眯起，时而睁大，双眉紧蹙，眉心堆起褶皱。终于，他把书往桌上一丢，双手猛地捂住脸，痛苦地喊道："我不离开你，不，我不离开你。为你我犯了罪，惩罚我吧，我的主人，假使你愿意，杀死我，用你自己的手来结束我的罪恶！"他的泪从指缝里流到手臂上，身体不住地随着抽泣而起伏。

　　"继续读下去吧。"一位穿着长衫的男子来到青年的身边，坐在桌沿上，他微卷的头发与胡须里仿佛有风的呼吸，眼睛映出灯光，好像驱散黑暗的明星。

青年抬起湿漉漉的脸，看着长衫男子，男子眼中的光亮使他激动的心渐渐平静了下来。他拿起书，翻到之前的那首诗，接着往后读。一会儿，他轻轻合上书，再次抬起头来凝视着长衫男子。

"美丽而可悲的夏玛啊，她住在我的灵魂里。我虽身为男人，却感受到那曾经折磨着她的爱情的火也在炙烤着我的心。"青年长叹一口气。

长衫男子安静地看着青年。

青年接着说道："为了使我所爱的她快乐，我用尽计策，甚至违背了在我天真的幼年中，善良的母亲传授给我的道德。当我独处的时候，我总像在地狱里受着魔鬼的拷问，但只要她出现在我眼前，我立刻就像被天使带进了天堂。可惜我从来没有得到她的理解和爱，她鄙视着我，躲避着我。当她黑色的眼睛冷冷望向我，我就像落进这个闷热的夏夜一样，快要窒息而死。请你告诉我，难道我也注定要像夏玛一样，在青春刚刚开始的时候，就永远离开我爱的人？"

"年轻的人啊，"男子说，"你要知道，花朵在最娇艳的时候往往要受到暴雨的冲打。当乌云散去，阳光重现，鸟儿再次在枝头鸣唱，那仍然开放着的坚强者，在遍地落蕊中显得格外美好。"

"没有她的爱，我将在雨中凋零。"

"傲慢的花朵只知低头欣赏自己的美丽，暴雨才会无情地折断它的颈项。"

"我何曾将一丁点骄傲留给我自己呢？我早已将我的心和我的尊严放到她的脚下。"

"你既放弃了你的骄傲，为何还为她的冷漠而痛苦？你既说你爱她，为何你的爱却杀死了它的姐妹——善良？"

青年沉默不语。微风在窗前哼着宁静的小调。

"年轻的花朵，抬起你的头，对着神的天空展开你的花瓣，那里有絮般的云、高飞的鸟和飘落的菩提树叶，你应谦卑地爱它们，因为它们即是神，她也即是它们。

"这黑夜中藏着白莲花，你要采下它，献到神明的脚下，在你朝圣的路上总有各种诱惑与灾难，你要有师利摩蒂的决心，才能抵达。神派来拉姆达斯告诉你,苦难降临在你的身上,正如它降临在你的同胞身上一样,所以不论你尊贵如皇后格鲁那的丈夫或乔萨罗国王,还是贫贱如乞女比丘尼,你都要记住别人的苦难即自己的苦难。把你的爱情放到对神和对一切人的爱中,因为仁慈和善良才能给你的爱人带来真正的幸福。"

"滴答、滴答……"雨滴打在窗框上,又像玉珠一样跳进窗里。

青年的手指抚摸着诗句,望向窗外,他的眼睛里映出灯光。

一场夏雨到来了,雨滴都在他的目光中闪烁出光芒。

秋日的天空清朗高远,落日留下的余晖中飘着凉意,群鸟拉着时间无形的巨网飞过,让暮色侵染了浅红与淡紫。深青色的影子降落在一方单薄的墓碑上,又像被子一样轻轻覆盖了那隆起的土与土边坐着的中年男人。

在夜的拥抱中,男人默默地回想着20年前的夏夜,那夜的雨在他的回忆里汇成一条河,缓缓流淌。他还记得那场夜雨后的清晨:他踏出门,看见遍地落花与碎叶。他在花园中寻觅多时,终于找到了一朵没有被雨打落的白色的花。那花儿朝向天空,接受着倾泻而下的阳光的祝福,它的花瓣上沾着尚未蒸发的水珠,折射出金色的阳光中七彩的天堂。男人不忍心将它摘下,便把它移植到一个小花盆中。

为夜雨声所扰的人们尚未从睡梦中醒来,街道上空荡荡的。男人捧着花盆,走向他爱慕的那个女子的家。他从自己的脚步里感到一丝胆怯,他的前进中有逃避的冲动不安地闪现,但是他低头看看手里那朵绽放着的小白花,这个虚弱但又坚强的白色的精灵,他无法不保护它,他知道,自己的退缩将成为打落它的冰凉雨滴。

仿佛感受到这朵白花的温暖一般,他来到了女子的窗前。窗帘合着,房子里静悄悄的,但他好像听见女子的呼吸在温柔而平静地起伏着。他把花盆放在窗台的中央,低头吻了一吻那朵白花,转身准备离去。

就在这时,一位衣衫褴褛的小乞丐经过他的身边,不小心跌倒在路上,手臂上搭着的布袋里装着的不知是什么,发出巨大的声响。旁边的一户人家被吵醒了,有人把窗子打开往外看,然后骂骂咧咧起来:"是那个脏兮兮的死小孩,怎么到今天还没有饿死!"小乞丐颤抖着想站起来,逃离这诅咒,可是他的膝盖摔破了,手臂也擦出伤痕,坐在那里又惊又怕。

夜 谈

男人蹲下来,帮小乞丐把布袋背到肩上。

"孩子,你还能走路吗?"

小乞丐不敢说话,只是低着头瑟瑟发抖。

"不要害怕,孩子,你的清晨受到祝福,你将吃到美味的食物,换上干净的衣服,希望它们能让你的伤口少些疼痛。"

男人扶着小乞丐站起身来,和他慢慢地往回走去,不均匀的脚步声轻轻地响在空空的街上。

男人结婚的时候,妻子告诉他,正是在那个清晨,她决定重新审视他这个人:"我在窗中看着你的背影,和我从前所认识的你是如此不同,我从没有看到过你向一个卑微者俯下身去,亲切地对他们说温暖的话。而那株小白花,比起你曾经送我的所有贵重的礼物更加美丽。"

妻子的话在男人的脑海中如沙滩上的海浪一般发出令人平静的回响,他的手指触摸着墓碑上浅浅的字,想起后来和妻子一同度过的20年。他在毕业后成为一名医生,在一家公立的大医院工作,可是医院里为了金钱、权力而斗争不止,对病人却敷衍了事。他决定离开医院,开设自己的诊所,虽然这需要一大笔钱以及繁琐的准备工作,但妻子坚定的支持给了他信心。后来,这间小诊所收容了许多没有钱在大医院治疗的病人。虽然这里的药物、器材没有医院里先进,但人们还是喜欢这位对病人尽心尽力的医生,无论刮风下雨、严冬酷暑,这间小诊所从来没有对病人关上大门。

但是十天前,当人们路过诊所的时候,都奇怪地停下了脚步。诊所的门上贴着一张纸,上面写着"暂停营业"。大家不知道,在门的那一边,医生正跪在病床前,床上躺着他那永远闭上了眼睛的妻子。

男人抚摸着身旁的泥土,仿佛抚摸着仍然睡在病床上的妻子。他从口袋里拿出一本小小的诗集,念给妻子听。

"云霾堆积,黑暗渐深。呵,爱,你为什么让我独在门外等候?

在中午工作最忙的时候,我和大家在一起,但在这黑暗寂寞的日子,我只企望着你。

若是你不容我见面,若是你完全把我抛弃,真不知将如何度过这悠长的雨天。

我不住地凝望遥远的阴空，我的心和不宁的风一同彷徨悲叹。"

从墓碑旁走来了一个穿长衫的男人，他灰色微卷的头发与胡须似曾相识，他的目光如明星降落到人间，秋虫的低鸣与他脚步的节奏相和谐。

"我已永远丧失我生命的珍宝，我只想与她同去，即使杜尔西达斯也无法将我挽留。"医生悲伤地说。

"飞鸟总要归巢，珍宝总要回到匣中。"长衫男子也靠着墓碑坐了下来。

"我明白，"医生轻声说，"但我无法抑制自己的悲伤。这十几年来，我看遍了生老病死，以为自己已经能够承受这样的离别，但当神真的带走了她，我才发现自己如此软弱。"

"悲伤并不是弱者的象征，你的痛苦说明你心中的爱与真。但不要让这悲伤压倒了你，不要忘记悲伤背后珍贵的东西。

"二十年来，你将你的爱给予你的一切同胞，为他们解除苦难。你脱下了你王子的衣袍和珠宝项链，打破了你自己铸成的铁链，在劳动与汗水里接受了神的伟大的爱。你亦使你的妻子——一位善良正直的女人，得到幸福。

"神的对人的爱是让人自由，而尘世的人爱人的方法，才是用尽方法拉住对方。神的爱不是紧紧地跟随，而是在时间之河的流逝中等待你以祈祷洗刷自己的灵魂，从而向神靠近。这个过程也许是痛苦的，但终有一天你会丢弃旧船，跳进形象海洋的深处，渴望死于不死之中。你生命的弦琴，将在无底深渊旁那无调的乐音的广厅，与永恒的乐音合拍。"

"那么她是去了那藏着珍珠的深海了吗？这就是为什么她在离开的时候带着微笑吗？"

"微笑是神的表情，她已去神那里等待着你，而神与她就其实也仍在你的身边。但离你最近的地方，路途最远。旅客要在每个生人门口敲叩，才能敲到自己的家门，人要在外面到处漂流，最后才能走到最深的内殿。"

医生抬头望着天上的星星；淡淡的光洒在他的脸上和他身旁的墓碑上，轻风与虫在低声对语，大树低头细听，偶尔发出沙沙的叹息。

"请你原谅我吧。"医生对着墓碑说，"你的离去让悲伤暂时蒙蔽了我的心灵，尽管这悲伤一时还无法消除，但我已经在对你的回忆中找到了正确的路。我们的爱并不因它自己而永恒，只有将它放在对神和世界的爱中，它才能带我再次找到你。亲爱的，让我再给你读一首诗，一首你曾在窗前吟诵过的诗。"

风止息了，秋虫安静了，树的枝叶也停止了摇晃。

"在我向你合十膜拜之中，我的上帝，让我一切的感知都舒展在你的脚下，接触这个世界。

像七月的湿云，带着未落的雨点沉沉下垂，在我向你合十膜拜之中，让我的全副心灵在你的门前俯伏。

让我所有的诗歌，聚集起不同的调子，在我向你合十膜拜之中，成为一股洪流，倾注入静寂的大海。

像一群思乡的鹤鸟，日夜飞向他们的山巢，在我向你合十膜拜之中，让我全部的生命，启程回到它永久的家乡。"

夜空里，一颗流星划过，它映在医生与长衫男人的眼中。

雪花静静地落了一夜，轻轻地飘落在街道的泥地上，昨天孩子们留下的爆竹屑上，人家门前停着的自行车上，和车边那棵老树上。

"吱呀——"一扇门被推开了，一位老人走出来，踏在白色的雪地上。他关好门，把大衣的领子拉拉紧，向前走去。

脚印跟着老人来到了医生的门前，门关着。老人敲了敲门，没有人回答，他又敲了两下，屋檐上的一块雪落在他的肩上，但仍然没有人来开门。老人走到窗边，用袖子擦了擦窗子，踮起脚，右手在眼睛上方遮着，朝里面张望。房间里暗暗的，一丛微弱的火苗在炉中慢慢摇晃，桌前没有人，病床也是空的。

"医生！医生！"老人喊了两声，回答他的只有被雪覆盖着的街道的宁静。

老人转身准备走了，觉得奇怪，回头又望了一眼，然后重新踏进了雪中。

在房间里，医生躺在他自己的床上，怀中抱着三本诗集，枕边是妻子曾经戴过的戒指。昨夜，他又梦到了她，容颜正如她离开之时那样清秀。她温柔地拥抱了他，对他诉说她的思念。他亦将双臂环绕着她，她是如此真实，甚至带着体温与头发的馨香。他在这熟悉的香气中醒来，她却从眼前消失了。

医生坐了起来，窗外是静谧的黑夜，似乎还有窸窣的碎语。他点亮台灯，才发现那是玲珑的雪花在纷纷降落。

"神啊，感谢你赐予的美丽。"他轻声说。

他拿出一本诗集，在灯下读了起来。

一个青年踱到窗前，望着纷纷扬扬的雪。他的微卷的黑发在灯光的映照下显出朦朦的光，虽然穿着长衫，但仍可看出他的身姿挺拔。

医生抬起头来，对他说："我以为再见你时你的头发将像今夜的雪一样洁白。"

青年回头，朝他轻松地一笑。

"是什么让时光松脱了抓住你的双手？"医生问，"请告诉我，是星光与花瓣？是诗？还是神？"

"我以为你已可以回答这个问题。"青年半坐到书桌上，拿起医生手中的诗集，修长的手指抚过平滑的书脊。

"哈哈……"医生也轻松地笑了出来。

"我将要回去了，"医生望向窗外，轻声说到，"将要回到她的身边。我用四十年的时间留在这里，完成我们共同的使命，现在，我将回到她的身边，再次把她拥在我的怀中。我们将一同接受神的祝福。

"有一瞬间，我已感到衰老在召唤着我，我以为我将无力地离开我的身体。但当我读到你的诗句——你在和我一样衰老的时候所写下的诗句——我得到了最后一次领悟。"

青年诚恳地望着医生的眼睛，让他继续说下去。但医生沉默片刻，似乎在搜索合适的话语。他凝视着一片落在窗上的雪花，说："在白雪之下生长着的，是春天吧。"

青年点点头，说到："那朵白色的花，永远开在你的灵魂中。"

"我已无力再捧起一个花盆，但我感到它在我心中盛开。"医生说。

"快乐，悲伤，思念，愤怒……"

"时光无法使它凋谢。"

医生转向青年："谢谢你。只是有时我觉得，我所看到的只是你的一小部分，你的言语的海洋，我只采到一朵浪花。"

青年回答："言语的价值不在长短，一朵浪花里，有整个海洋。"

医生点点头，从桌上拿起另两本诗集，那在60年前与40年前的两个夜晚，他曾独自诵读的诗集。他又打开抽屉，拿出一个小木盒，把木盒里的妻子的戒指握在了手心。

"走吧。"他说。

他躺到床上，把戒指放在枕边，三本诗集抱在胸前。青年的头发已变得雪白，皱纹爬上了他的脸，如同一个80岁的老人。老人坐在医生的身边，面朝窗外纷飞的大雪。

"你真的曾在三个夜晚来到我身边吗？"医生闭着眼睛问老人，"或者这只是我头脑中的想象？"

"当然是在你头脑中的，"老人说，"可这就能说明我并不是真的吗？"

黎明的女神来到世界，黑夜悄然离去。雪已经停了，宁静蔓延在街道上。

（作者单位：北京大学）

晨光渐逝而我没有走近你

邓银磊

有一次，我梦见彼此竟是陌生人，醒来后才发现，我们原是相亲相爱的。

如果爱情在开花结果后依旧是患得患失的彷徨，那么还是将一切停留在最初吧。停留在我偷偷在晨光中跟随着你，看着你在林中轻快穿梭工作的身影，闻着你的发香，就这样愉快充实的过上一整天，晨光渐逝而我没有走近你。

我喜欢最初。

最初都是美的，都是有活力有朝气的新生。雏鸟破壳而出时呼吸的清凉空气，草苗顶开泥土沐浴的第一缕阳光，幼龟经过在沙滩上漫长的旅途第一次浸泡的海水，还有我第一次见你时初夏的微风，一切是新的，什么都有希望。

泰戈尔说，要相信爱情，即使它给你带来悲凉也要相信爱情。

我喜欢过一个人。

他纤瘦，皮肤白得透明。他的手生得很漂亮，不像其他男孩子那样宽厚有力，却骨节分明，你会觉得他一定要去弹钢琴，这样的一双手，不弹钢琴怎么可以呢。

他爱读泰戈尔，他经常很沉默。水里的游鱼是沉默的，他就像那游鱼一样。

他很少笑，即使笑的时候嘴角也是扯开些微的弧度又恢复原来的样子。这样的一个人，不论生活在哪里都平凡得不值得讨论，没有任何出色的地方。如同浩瀚苍穹中的一粒星星。

可我就是喜欢他。

我从未向他表示过什么，我觉得自己就像少年的维特或是一个陌生女人来信中的那个女子，作茧自缚，不过当然也没那么严重。爱情带来的是满足，如果仅仅见一面就觉得满足，那么也就不必渴望得到什么实质的东西。

我因为他而开始读泰戈尔。我觉得一个人的文字的影响力在于读他的文字时所产生的共鸣，我读着泰戈尔的诗，那些真切的言语有时候甚至让我怀疑他是不是在写我自己。

我渐渐能体会到他的心情，体会到读泰戈尔时候的他的心情。文字其实就是一个很奇妙的东西，或许不同的人看了会有不同的想法体会，但文字带来的共鸣是相同的。我在读泰戈尔的诗集的时候，就会在想，他也读过这首诗，他会不会也被这句话所触动，他读这首诗的时候脑中浮现的是谁的影子？

有人说，就算我们不能在一起，但是一抬头，我们仰望的是同一片天空。而此时此刻的我们，读的同是泰戈尔，那么我们的距离，会不会，有没有，拉近那么一点点。

在朦胧中的东西总是美的，总能令人心驰神往。被薄云遮掩的月色，犹抱琵琶半遮面的女子，还有分不清亲疏远近的感情。

我相信泰戈尔，我相信爱情。所以我在等待。

那天午后，其他人去上体育课，我一人留在教室看书。

他突然走进教室——阳光穿透云雾四散开来。

他一步一步走近我——停留在窗边的鸽群展翅飞向远方。

他立在我的桌前，扯了扯嘴角——夏日的微风吹得树叶沙沙作响。

我鬼使神差地想起泰戈尔那句诗：你默默微笑着，不对我说一句话，但我感觉，为了这个，我已经期待很久了。

嗯，为了这个，我已经期待很久了。

我悄悄地跟在你的身后，追逐着你，仰慕着你，晨光渐逝而我没有走近你。

可是你却走向我了。

（作者单位：深圳大学）

泰戈尔在我心中

——睁眼之旅

童 瑞

吱嘎。林孝转动钥匙，进了门。

黑暗，潮湿的空气扑面而来。林孝背着书包熟络地在黑暗中按开了灯座的按钮。她一屁股坐在了沙发上，电流穿过的白炽灯嗤嗤地在她头顶上方，定格的家具，漆白的墙壁，安静的空间，包围着林孝，让她坐在沙发上停顿了几秒，她倒什么也没想，放下书包，按照往常的习惯去看看冰箱中有什么可以填肚，从晚自习回来总是比较饿，进入厨房时，她顺便打开了电视，林孝觉得在吃东西时和着电视的声音总是一件还不赖的事。

爸爸已经出差快半年了，林孝早就习惯了每天打开门，家里向她洞开的黑暗与寂静了。爸爸在家时她也竟会怀念这样的氛围，希望爸爸赶快又出差去，因为和爸爸一起在家，她的脾气总是很暴躁，而她是不喜欢这样的自己的，所以她就简单地盼望着爸爸出差就好了。她记得：

爸爸在家兴许是耐不住这样的寂静，以打牌来度过傍晚到凌晨的时光。爸爸打完牌回到家，打开那盏白炽灯，手肘支在沙发的靠臂上，手掌撑着他的额头，皮鞋跺着地面发出一定频率的声响。在房间里看书的林孝早已把笔尖深深地触在本子上划个不停，她的脑袋痛得不行，起身用手把衣柜门甩的嘭响，冲出去对着父亲哭着大喊："你不要再跺脚了！不要再跺脚了！我受不了，我求你了！"

她觉得还是像今天这种时刻平静得多。

爸爸出差时，她本在姑妈家暂住，也许是姑妈家的灯光太明亮了；也许是和哥哥的性格不合，她觉得不自由还是回到了家里。

林孝吃完了宵夜，在电视前傻笑了一会，之后看了会书，就睡了。明天得早起。明儿周末，姑妈说要去给林孝买几件衣服。

"咦，小珍姐，吃饭了吗？这是去哪儿呀？这你女儿吗？长得好像呀！"

"唉，这我弟弟的女儿，从小就没妈，造孽得很，这不，我带她去市场买几件衣服，孝儿，叫阿姨。"

"阿姨好"

……

"我们先走了，中午还得赶回家吃饭。"

"阿姨再见"

林孝每次都很有礼貌地跟姑妈的这些朋友打着招呼，跟着姑妈出去的次数多了，她口气越来越礼貌，内心越来越"骄傲"：你看，没妈的孩子礼貌照样好，别以为我怕你，你不会看到没妈孩子的懦弱。

"姑妈，你为什么总是要向别人说我没妈呢？很烦耶！"

"这样别人知道了，才会同情你，让着你呀！"

小小年纪的林孝，不知所以然的五味杂陈，她内心渴望别人的同情与关爱，即使是来自别人的应承，但这样的同情又让她没面子极了。小小年纪的林孝她不知道，她生命中最缺乏的东西，内心最盼望的东西，是让她的"骄傲"无力招架的东西；她更不知道，她的生命早期的经历必须要有这样的"骄傲"护身。这样的吊诡让以后的林孝渐渐尝到了自我否定的痛楚。一种要打破硬壳释放生命必经的痛楚！

高考成绩单放榜，结果出来，没有达到林孝模拟考惯常的水平。老师，同学都叫林孝一手准备复读，说这是最主要的准备；一手随意填个学校。

林孝又骑着那个单车，又背着那个书包赶到学校。闷热的教室，知了百无聊赖地在窗外叫着，吊扇在上面费力地转着，衣服粘着流汗的肌肤，一切都是甩不开的发腻的触觉，混沌，压抑，内心的"岩浆"找不到出口喷发。

林孝在内心大喊："我一定要离开这里，只要离开四川，无论多远都好。"回去林孝就填报了志愿：深圳大学。

林孝知道她选择的意义与后果吗？她当然不知道。她只知道那时要不断地逃离，如果不逃离，那是很痛苦的事，这种痛苦是听着父亲跺脚时的头疼，是按住心脏使之不能搏动的压迫感与呼吸急促的感觉。她那时无知又冲动地为自己找了一个出口，她不知道这个出口通向哪里，也不知道内心的这些冲动要带她去什么地方。

列车不断南下进入广东，列车上的人们已经快两天没洗漱了，一个个蓬头垢面扛着行李下到自己的终点站。一排排的楼房进入了她的视野，还有那些一间挨着一间的厂房。家乡的亲戚知道林孝来深圳求学，各个都对她说，那是一块好地方。林孝依旧看着窗外，寻找着这片热土的好。那些穿着一样靛蓝色服装款式的工人，两三个结伴着去上班，手里拿着包子和豆浆杯。那些楼房的一面墙壁被分割成许多一样大小的方块，噢，原来是他们的阳台，阳台钉着一样的防护栏，铁杆上挂着各色的胸罩和底裤，仿佛在嘲笑着下面靛蓝色款的工衣，笑得那么招摇，那么"淫荡"。这时林孝和各色内衣达成了默契，跟着笑了。

这就是广东特色吗？这种嘲笑中居然这么桎梏和悲伤，那一刻林孝在心里说："早知道坐飞机多好！"可是，今日在火车上的林孝与他们有什么不一样呢？内心在这刻与他们一样是被锁住的。鸟换了一个地方飞，却还是在笼子里。内心有些东西按住林孝的眼睛看向窗外的那些场景，林孝不得不看。

大学忙碌着学业，林孝有时往这个世界看看，但多数她有点局促。内心没有痛苦时她仿佛只知道学习，一向是欲逃离显示着她自己被压抑，还在盼望一种释放，而在平常她就沉睡着。有机会她和同学到海岸城那样灯火通明，充满穿着各式好看服饰的人们和脸上挂着美丽妆容人们的地方。这时她会感到一阵眩晕，她不明白这是怎样的感觉，内心会羞怯，："我配来这种地方吗？太亮了，太不习惯了"。

一天，林孝和 Z 在图书馆看书看得太累，出来透气。

"你有时会厌恶自己吗？"林孝问 Z。

"不会。我很爱自己，我认为我是独一无二的。"

林孝又感到眩晕，为什么 Z 是这样想的？"骄傲"的林孝，一直以来维护自己的林孝，怎么厌恶起自己呢？林孝觉得自己是矛盾的。她开始反思这种

"骄傲"是怎样对自己，对世界产生了隔离。

林孝老家有个同学 F。今年保研到了北大法律系，人也长得漂亮。小学毕业后就不再联系了，林孝在网上偶然逛进她的空间，看着她的照片，觉得 F 像朵花似的漂亮极了。林孝在电脑前埋着头感到一阵悲伤："为什么阳光照在 F 身上，F 像朵花似的绽放得那么明媚与芳香，为什么我总是那长在角落的快枯萎的花骨朵，还没开放却要死去。"林孝从不知道她内心有这种想法，林孝感到自己孤独极了，她看到自己像是被抛弃的小孩，不该接受到阳光与温暖，就像那时母亲的离开。这刻林孝脆弱极了，她不知道怎么办，以前维持自我意识的办法通通不管用，她趴在桌上任由泪水流下。林孝她自己不知道，一束纯白的光正在照耀着她，正是这束光指引她看到什么是真正地骄傲。

林孝一直很喜欢哈尔滨，她趁这次放寒假准备去一趟，路过南京时她去找了一位她十分喜欢的哦先生。哦先生是她们在豆瓣上认识的，聊天让彼此都很舒服。哦先生吸引林孝，是因哦先生有趣：爱猫，喜欢为猫的照片附上各种好玩的解释；爱花，喜欢在路边拍下各种花。林孝由着这种吸引去了南京。

她们在玄武湖边坐着。

"你为什么不说话？"林孝说道。

"难道在一起一定要说话吗？"哦先生回答着她。

林孝感到身体里流着一股暗流，沉默中内心起伏个不停。林孝大胆地在起身后伸手帮哦先生捡去粘在衣服上的草屑。

她们往台城走去，一路湖风，风灌进林孝的毛衣，有点凉了。林孝不自主地主动靠着哦先生，尝试着把身体的一侧挨近他。

"你不觉得我们挨得太近了吗？"

"太冷了！"

林孝爱恋这样的温度，这样的依靠。在去往哈尔滨的火车上，林孝想想自己的行为都觉得不好意思，但是忍不住却又想微笑，这真暖和啊。

一天林孝听着 Secret Garden 的歌。歌声仿佛把她带进一座森林——

森林中满是间距一样的树木，茂密的树叶遮蔽着天空，这个独特的空间仿佛充斥着诡秘似的幽静与神秘，没有道路，只有自己在宁静中。我走啊走，依然一样。我走到森林中的溪水旁,我累极了,躺在岸边,让流动的水声伴着我吧,让我的身体化为泥土吧,让我和周围的小野花做个邻居吧,我裙子下有着许多伤口,我累极了。

我愿伴着宁静与水声睡一觉。不知睡了多久,抬头光影婆娑,我把手伸入湿润的土壤,皮肤有种绷紧的压迫感;我把脚泡在溪水里,让水流过我的肌肤,舒缓,漫不经心。树的絮丝缓缓落下,落在下面。蘑菇长在大树的根部;小鸟从这里扑哧跳到那里。野花开在这丛,又在那丛出现。

我哭了,泪水不知顺着哪儿落在土壤里,它不知与水交融在了一起还是躲进了土壤干燥的空隙中,不见了。

仿佛我在此存在了良久,与它们共成长,如此静谧,如此不与外界道。而只有它们才看得出我,甚或说它们没有"看见"我,才在"我"旁流过、开放、落下、隐去,带走我身上伤口流出的脓水,敷以甜蜜的汁水。

某个时刻,我也成长了,结成了果,嘭的一声掉在土壤上。我睁开了眼,起身,离开它们。而它们依然生长着,不足与我道。

林孝一看这首歌,歌名是 first day of spring.

夏日的一日,林孝在图书馆翻开泰戈尔一首很有名的诗歌——《生如夏花》:

生命,一次又一次轻薄过
轻狂却不知疲倦
我听见回声,来自山谷和心间
以寂寞的镰刀收割空旷的灵魂
不断地重复决绝,又重复幸福
终有绿叶摇曳在沙漠
我相信自己
生来如同璀璨的夏日之花
不凋不败,妖冶如火
承受心跳的负荷和呼吸的累赘
乐此不疲

林孝看着窗外，南国的蓝天，白云，棕榈树在晶莹的泪水中熠熠生辉。她对泰戈尔回道：

生命须向上实在地绽放，即使我们经历过怎样的低谷。

泰戈尔，你的生命之花，从童年时分就一直在引导着我。而在爱：生之本质中才有内心的自由啊！

（作者单位：深圳大学）

仰之弥高 钻之弥坚

——泰戈尔在我心中

刘 建

算来,我从初次接触泰戈尔的作品至今,快有半个世纪了。

1965年秋,我考入高中。那时,我的课余读书兴趣主要在中国古典文学和英语。我理想的大学和专业是,北京大学中文系或北京外国语学院(今北京外国语大学),以图在将来成为一名作家或翻译家。那时,高考并不像今天这样容易。甚至就连升入高中也很难。我初中近50个同学中,进入高中学习的不到10名。所以,我是从进入初中起就开始苦读的。我们那一代人,衷心相信读书可以改变命运。

一天,我们几个在文科方面表现出优势的同学,在语文老师关鸿昌先生的安排下得以进入学校书库翻看学校藏书。没走几个书架,我就看到了小林多喜二的《党生活者》,薄薄的一本书,但由于其中篇章曾入选初中语文教材,因而为我所熟悉。接着,我看到了冰心翻译的泰戈尔的《吉檀迦利》。"你已经使我永生,这样做是你的欢乐。这脆薄的杯儿,你不断地把它倒空,又不断地以新生命来充满。/这小小的苇笛,你携带着它逾山越谷,从笛管里吹出永新的音乐。……"这是我第一次读到泰戈尔的诗歌。第一首诗就紧紧攫住了我的心。那些清新隽永而略带神秘色彩的诗句立刻深深地吸引了我。我当时已经读过中国新文化运动以来的几乎所有新诗,也读过俄国诗人普希金、莱蒙托夫、英国诗人雪莱、拜伦、济慈、德国诗人海涅乃至阿尔巴尼亚诗人弗拉舍里等人的诗歌。尽管如此,我还是觉得,泰戈尔的诗歌与我已经读过的任何中外诗歌都不相同，具有一种非常独特的韵味和魅力。可惜，我在同年年底在校图书馆阅览室读到姚文元的长文《评新编历史剧〈海瑞罢官〉》并在随后读到其他火药味愈来愈浓的批判吴晗等人的文章。山雨欲来风满楼，黑云压城城欲摧。"文化大革命"很快全面爆发，学校停课，图书馆被关闭。没有人读书了，也几乎无书可读。我少年的梦想骤然随风而逝。

1966年6月初，我的一位本来温雅的音乐老师王先生将自己珍藏的一些中国古籍摆放到校门口的毛泽东大像前，表明他与"封资修"货色彻底决裂的决心。我从旁经过，迅速翻看，发现有余冠英的《诗经选译》等十余本书。这些书都是我十分喜爱的，心里想将它们拿走，可是不敢。它们是被付之一炬还是变成了纸浆，我至今不得而知。王先生当时坐二望三，还是个年轻人。他在一次音乐课后还曾将我叫到他的办公室当面试唱。

由于王先生的示范作用，由于形势所迫，不少老师都将个人藏书交出。给我印象最深的是，知名俄文翻译家郑孝时先生的译著《海上猎手》、《立陶宛故事集》以及他发表在报刊上的不少文章都被交出或抄出。它们被弃置在校传达室中，我匆匆翻看过后，觉得郑先生的文笔十分优美。虽然担心他的那些文章被毁灭或湮没，但我毫无办法。连我自己珍藏的《英语学习》合订本也被占领宿舍的别派同学撕去当了手纸。与此同时，我开始留意和搜集被散乱丢弃的可读书籍。我在教学楼的窗台上拣到北京大学教授王力先生的《诗词格律十讲》。那是一本小册子，我乘人不备，将它塞入自己衣兜带走。我后来离校插队前还意外获得郑振铎翻译的泰戈尔诗集《新月集》。封面是蓝色的天空中的一弯新月。我爱不释手，如饥似渴，将那些奇特而优美的诗句铭记心中。在那荒诞的岁月中，阅读泰戈尔的诗歌使我荒芜的青春得到些须慰藉。

1970年秋季，我在太行山区插队时被选入毛泽东思想宣传队。那时，工作队的名称已不时新，所以取了个新的名号。我随队进驻长岭村。我们的主要任务是指导"一打三反"运动。在这个有数百户人家的山村，还能看见大跃进的遗迹：人们用当年大炼钢铁遗留下来的报废坩埚垒筑的院墙。我的主要任务是整理材料。那时，"文化大革命"虽然还在上层的推动下勉强推进，但实际上已属强弩之末。不仅农民没有积极性，工作队也想息事宁人。所以，我们一行八人驻村半年，虽然发现了村里不同家族之间的一些矛盾，但并没有看到任何阶级斗争的动向，因而未能找到一个"阶级敌人"。不过，我却在到农户家吃派饭时巧遇泰戈尔。我看到一本50年代的文学教材，里面收录了我国第一位孟加拉语专家石真先生翻译的泰戈尔的长诗《两亩地》。我如获至宝，将此书借到手，将全诗抄录下来。《两亩地》是一首叙事诗，却具有浓郁的抒情气息。诗人笔下的孟加拉风情深深地打动了我年轻而寂寞的心。

1974年10月，我连参加考试带被推荐，得以进入山西大学外语系英语专业学习。我的兴趣爱好转向英语和英国文学。英语之外，读书很杂。1977年夏季毕业留校任教后，我在当年岁暮出版的一份《参考消息》上看到中国将恢复研究生招生的消息。我报考了吕叔湘先生的英汉比较语法专业。来中国社会科学院语言所复试时才获悉，这个专业并非冷门，全国考生达800名。12个参加复试的同好被选中6人，但吕先生只能招收两名学生。词典专家闵家骥先生建议我加入《现代汉语词典》编辑小组。此时，在为新成立的南亚研究所而奔忙的赵国华先生前来，力劝我投身于印度研究。他告诉我，季羡林先生是所长，印度具有异常丰富的文学传统，我可以研究英语文学，也可以研究泰戈尔。于是，我在不意之间进入南亚研究领域，获得在北京大学读书三年的机会。此举将我的学业与泰戈尔密切联系起来。在有幸亲聆季羡林先生教诲之余，在学习与专业有关的课程之余，我还选择了一些别的名师的课程，如林庚先生的"楚辞研究"、袁行霈先生的"中国诗歌艺术欣赏"、吴组缃先生的"中国小说史"、李赋宁先生的"英国文学史"等。可以想见，我那时的心志还没有完全转向南亚。然而，一旦确定专业方向后，我就很快开始学习孟加拉语。李玉洁老师设法延请我国孟加拉语教学的开创者、中国国际广播电台孟加拉语部译审李缘山先生（1942—2006）出任我的老师。我在一两年内读完了北大图书馆、国家图书馆和中国科学院图书馆所收藏的泰戈尔的所有英文著作以及相关文献，接着随李缘山先生学习和阅读孟加拉文《泰戈尔短篇小说集》。我的硕士论文《试论泰戈尔的短篇小说创作》，大约是我国以泰戈尔研究为题的学位论文的第一篇。

20世纪80年代后期至90年代初期，我曾到美国威斯康星大学南亚学系做访问学者数年。我不仅学习了诸多相关专业课程，而且搜集了不少中文、英文和孟加拉文图书资料。我发现，仅研究泰戈尔的文献目录就构成一本很厚的书。其间，我还曾到芝加哥大学、西雅图华盛顿大学以及国会图书馆查询图书或学习。我逐渐打好了自己的研究基础，也拓宽了自己的学术视野。泰戈尔主要用自己的母语孟加拉文创作，但也用英文写过一些诗歌和大量演说。因此，一个人只有具备丰厚的专业知识和全面的专业理论素养，同时熟练掌握英文和孟加拉文，才有可能从事泰戈尔研究和泰戈尔作品翻译。我虽然写过十数篇与泰戈尔有关的论文，翻译过他的《孟加拉掠影》、《人的宗教》以及一些短篇小说，但在这位伟人面前，我依然觉得自己的学力远远不够。

泰戈尔在60年的创作生涯中笔耕不辍，在诗歌、小说、戏剧和散文等领域都取得了卓著的成就，给后世留下数量惊人、种类繁多的艺术珍品。他的作品主要收藏收在多达三十余卷的《泰戈尔文集》之中。此外，他还创作了两千余首歌曲和大量绘画作品。随着岁月的流逝，他的作品愈益放射出璀璨的思想光芒，显示出永恒的艺术魅力。他的作品不但属于印度，也属于世界。他不但属于20世纪，也属于未来的所有时代。只要高山常在水常流，他的作品就会不断有人阅读和欣赏并从中受益。

2010年12月，我应邀参加在加尔各答举行的泰戈尔国际学术研讨会。我在到达加城的当天就前往圣蒂尼克坦参观泰戈尔创办的国际大学。这是倾注了泰戈尔后半生心血的地方，是他为自己的教育理想树立的一座丰碑。我有一种来到圣地朝觐的感觉。我心中潜藏已久的想望终于实现。泰戈尔在功成名就之后，在长期资金短缺的情况下，坚持创办和发展这所大学，体现了他伟大的实践精神和崇高的公益精神。他没有将自己关在象牙之塔，而是胸怀天下；他没有独善其身，而是力图为印度民族启蒙。他不断外出，为自己的学校筹集经费。他将自己的诺贝尔奖金和在各国讲演所得的报酬全都投入学校的运营之中。世界闻名的印度大导演萨特亚吉特·拉伊和后来出任印度总理的英迪拉·甘地，都曾是国际大学的学生。诺贝尔经济学奖得主阿马蒂亚·森幼年时亦曾在随家人与泰戈尔的往还过程中耳濡目染，亲沐诗人的教泽。他的名字还是泰戈尔亲自给他取的。我国的文化名人谭云山、徐悲鸿、吴晓铃、徐梵澄、常任侠等曾先后在国际大学执教。如今，诗哲虽迁，遗训尚存，遗迹犹在，令人缅怀。两天的会议结束后，我又择机参观了泰戈尔在加城的故居。我认识到，无论在印度还是在世界范围内，泰戈尔都是一个罕见的全面的天才，很少有人像他那样同时精通那样多的艺术门类；泰戈尔所以能够成为一个非凡的诗人和作家，他的不断创新和娴熟技巧固然发挥了重要作用，但他博大的人道主义精神和深刻的哲学思想更是功不可没。一个无法洞悉历史走向同时缺乏真知灼见的诗人或作家，是不可能写出可以永远流传并不断影响世界的伟大作品的。

泰戈尔是文学王国的一座高峰，是思想天空的一颗恒星。随着岁月的流逝，我对诗人的敬仰有增无已。我愿在余生继续为研究和翻译泰戈尔而略尽绵薄之力。

（作者单位：中国社会科学院）

泰戈尔在我心中

吕惠玲

泰戈尔是伟大的作家。阅读泰戈尔，让我得到了丰富的滋养。印度在我眼前展开了丰富的图卷。帕德玛河两岸的景色，美丽的田野风光，四季的变迁，让我心驰神往。而泰戈尔对种姓制度，嫁妆制度和女性生存状况的描写，揭开了古国面纱，让我看得更清楚。他对人性、宗教、文化和制度的深入剖析，则提升了我的思想境界，直指内心关于本源和意义的探索。

泰戈尔对女性处境进行了细致的观察，全面描写了女性的外貌，情感，家庭和社会压力，突出家庭社会的双重压迫，揭示了不合理现状。《女乞丐》揭示悲剧的根源，种姓隔离和金钱权势的隔阂让科莫尔没有接触过别人。而曾经受过父亲帮助的官员也不愿意借钱。悲剧的根源指向了女性的不独立、社会的不平等和人心的冷酷。《河边的台阶》八岁开始守寡的库苏姆是早婚制度的牺牲品。悲剧就是把美好的东西毁给人看。本该拥有青春，快乐的库苏姆，只能沉入无尽的黑暗。《一个女人的信》中1914年的姆丽纳尔和1879年易卜生《玩偶之家》的娜拉同样勇敢地走出了家门。姆丽纳尔在夫家不受重视。宾杜的悲剧让她看清了夫家的伪善和礼教的残忍，看清了命运，毅然出走。传统、习俗、礼教，把宾杜推向了死亡的深渊。自诩高贵的人，还会为残忍的行为找到诸多借口，继续残害女人。

女人的不幸和财产相关。《邮政局长》中描述了一个没有财产、没有结婚希望的孤女勒祖。社会对孤女缺乏关爱和人道主义关怀，孤女也无法获得经济独立，只能任人欺凌。

《法官》中基罗达是个被抛弃的女子,却被初恋送上了绞刑架。是社会对不起基罗达。女人无法获得工作,只能靠男人。而像基罗达这样被人拐走,没有婚姻的女子,只能走向堕落,除了勾引男人别无出路。

女人即使有婚姻,也未必幸福。《判决》面对盘问,契达姆把哥哥的杀人罪推给了妻子,这是他的第一反应,也是他潜意识中的选择。他让妻子顶罪,更是伤透了妻子的心。《笔记本》中乌玛没有受教育的权利,只能早早嫁人。男性用自己的霸权把妻子禁锢在家里,不允许她们读书写字。《借债》则充分揭示了嫁妆制度的丑陋。女性在夫家的地位完全由嫁妆决定,没有嫁妆的女人,连女仆都不如。嫁妆被看做是宗教道德,婚姻完全就是一场交易。即使新郎接受了现代教育,也无法从根本上扭转现状。媳妇动辄受到侮辱。娘家人也受到了怠慢。女儿向父亲控诉说:"给钱才丢脸呢。难道你女儿就没有尊严了?难道我仅仅是个钱袋,只是有钱时才有身价吗?"婆家正是把媳妇看成了钱袋。媳妇直到病死也没能见到亲人,却得到了隆重的葬礼。婆家也收获了赞誉。讽刺的是,婆家很快找了个新媳妇,索要两万卢比的现款,立即到手。媳妇的死没能引起婆家的忏悔。婆家反而变本加厉。

泰戈尔对女性总体是同情怜悯的,笔下女性聪慧美丽,却都有着不幸命运,受家庭和社会的压迫。但在《诀别之夜》中,作者塑造了一个自私的莫妮。可见作者还是用全面的眼光看待女性的,有善良聪慧可怜的少女,有麻木不仁自甘压迫的,也有自私残忍的女人。受压迫的少女中,有敢于反抗的摩诃摩耶和姆丽纳尔,也有无奈自杀的库苏姆和宾杜。

泰戈尔还批判了种姓制度的不合理。《弃绝》儿子宁愿放弃种姓也要和首陀罗之女在一起。悲剧的根源直接指向了种姓制度。泰戈尔敢在1892年的印度公开发表这样的小说,当时传统势力非常强大,他不惧指责,勇气让人钦佩。《摩诃摩耶》中摩诃摩耶虽为名门,因没有足够的嫁妆难以找到新郎。名门望族为了保持面子和地位不能下嫁。而随着经济发展,社会越来越看重钱财。出身在金钱的冲击下越来越没有效力。没有足够的嫁妆,男方不愿意娶出身高贵的女子。《一个女人的信》的长嫂,空有高贵的出身,在夫家只能自甘低贱。出身,成了对女子的禁锢而不是资本,阻止女子寻找出身卑微的好姻缘,被迫待嫁。《陌生女人》中科莱妮和《四个人》中那宾妻子的妹妹也是因为出身高贵，家庭破产难以找到门当户对的新郎。《四个人》的西瓦达斯"只不过"种姓高贵，因为娶了富商之女命运变好了。

泰戈尔也批判对金钱的过度追求和势利。传统嫁妆制度反映的正是对金钱的极度追求。《流失的金钱》中贝德亚那德本来宁静平和，妻子却不满贫困，以为有钱才能幸福，殊不知对金钱的追求永远没有止境，会把人拖入痛苦的深渊。《艺术家》中戈宾多很有钱，却还在追求金钱，患得患失。贝德亚那德"许多天都在烦虑的状态中度过，直到他素日宁静自得的脸，起了憔悴的皱纹。他双目深陷，带着贪婪的神气，发着像中午烈日下沙漠地上灼热的沙子发出来的闪光。"[1] 走上了绝路。《姐姐》中本来感情和睦的夫妻因为金钱翻脸，可悲可叹。《陌生女人》更是狠狠地嘲讽爱钱如命的舅舅。舅舅居然要在婚礼之前检查新娘的首饰，亲手毁了外甥的好姻缘。《艺术家》揭示了金钱至上者的真面目并加以批判，"从此以后，这一家对于金钱的崇拜，就以各种不同的形式表现出来，并与日俱增。一讲到钱，总是赤裸裸的，毫不掩饰，仿佛文雅一点就有损于金钱。"[2]

泰戈尔解构了权威，《非法入内》中贾伊卡莉，仿佛是庄严敬神的精神领袖。而实际上她却非常贪婪，"急忙制止了他，并赶快关上了庙院的大门"[3]，丑态毕现。完全不介意猪玷污神庙了。后来主人要求归还猪，她大骂并赶走了他们。他们虽然亲眼看见了猪，却不敢相信，彻底解构了她的庄严和权威。《法官》中莫希特对女人严加管束。而正是他毁了基罗达，还不只毁了一个女人，现在却对女人严厉惩罚。而基罗达直到死前还珍视他的戒指。莫希特的丑陋肮脏让人更加同情堕落的基罗达，基罗达精神上远比莫希特高贵纯洁，反衬了他的肮脏。

泰戈尔解构了礼教，揭示了礼教的虚伪。《一个女人的信》中夫家很虚伪，不但不同情孤女，还用众多借口欺凌甚至逼死她。《四个人》中诃里莫汗以礼教之名行卑鄙之事，甚至包庇儿子，要把那尼逼上绝路。

泰戈尔还解构了宗教。《四个人》中诃里莫汗，虽然虔诚献祭，实际上却

---

[1]《流失的金钱》《四个人》泰戈尔著，董友忱、谢冰心等译，北京华文出版社，1998年，第94页。
[2]《艺术家》《四个人》泰戈尔著，董友忱、谢冰心等译，北京华文出版社，1998年，第288页。
[3]《非法入内》《四个人》泰戈尔著，董友忱、谢冰心等译，北京华文出版社，1998年，第196页。

毫无同情心，贪婪卑鄙。他是按照得益的多少来报以尊敬之情的。婆罗门法师大腹便便，饱食终日。实际上诃里莫汗坚信的是自私的本能。他散布谣言，包庇儿子，厚颜无耻，甚至咒骂沙奇士破坏伦常。宗教，只是他伪装的工具罢了。编辑们依靠杜尔伽女神发财，制造舆论用无辜女人献祭。而宗教领袖斯瓦弥琪，以虔信为名掠夺财产，反对达米尼帮助亲人，把达米尼当成工具、牺牲品和驯服对象。达米尼的反抗和质问揭露了他的罪恶。他肆意指使沙奇士干活，拉拢"我"和沙奇士，想把我们囚禁在宗教天堂中，成群结党来抬高身价。他接受信徒的供养，却无法解决真正的问题。那宾妻子死后，他依旧唱歌跳舞。达米尼的质问彻底解构了所谓的灵修事业，"从这样一个无耻、残忍、毁灭一切的地狱里，你们又能找到什么方法来挽救人类？"[1]。

解构了权威，礼教和宗教，作者表达了幻灭的思想。《四个人》中沙奇士一直在彷徨，指向了幻灭，始终无法找到终极意义。《活着还是死了》中迦冬比妮明明活着，却被所有人当做死人。最后用死亡证明自己原来没有死。除了死亡，她无法证明自己还活着。人们是活在别人的眼光中，活在和别人的联系中，当所有人都切断了和你的联系，把你当做死人的时候，活着和死了没有区别。而《脱离苦海之路》又是自证的难题。别人都以为法基尔昌德是马肯拉尔，即使有人怀疑，却被宁愿相信的人们狠狠斥责。如果不是海姆瓦蒂和真正的马肯拉尔出来作证，法基尔昌德真的无法逃脱这个身份了。他们长得不同，但人们加以想象和解释，认为他就是马肯拉尔了，实际上他是谁并不重要。重要的是别人认为他是谁。《饥饿的石头》中辉煌的石头城吞噬了几乎所有人，实际上一切都是虚假的。

泰戈尔认为内心的自足和幸福才是最重要的。贝德亚那德曾经贫困而宁静自得。《编辑》中父亲最终意识到亲情才是最重要的，否定了外在的工作名声荣誉。《胜与败》中通过公主的肯定，承认了情感，美感，自然，艺术的重要性，讽刺了对言辞、才学和知识的过度沉迷。《艺术家》中母亲坚持让孩子学习艺术，要把他从金钱的诱惑中拯救出来，获得内心自足。《四个人》中沙奇士和伯父通过助人获得内心安乐。

---

[1]《四个人》：泰戈尔著，董友忱、谢冰心等译，北京华文出版社，1998年，第353页。

泰戈尔对女性的人道主义关怀散发着神圣光辉,这是不加伪装,发自天性的对另一个性别的关爱。而他对种姓制度、金钱至上的批判又是如此深刻到位。他还解构了权威、礼教和宗教的虚伪,探讨了不少哲学问题,似乎指向幻灭。但泰戈尔之所以伟大,不仅仅在于他对女性的关怀和对丑陋的批判,更在于他指出了光明的道路,内心的自足和幸福才是最重要的。

(作者单位:北京大学)

一诗一人一世界

苗云辉

泰戈尔,一个陌生而熟悉的诗人;一个普通而伟大的诗人;一个梦幻与现实交织的诗人;一个陷入复杂与拥有纯真的诗人。因为读诗,我们读懂了泰戈尔;因为读诗,我读懂了他的世界——读懂了他的深蕴的情感,读懂了他厚重的哲学。

认识泰戈尔可以说一种偶然,也可能是冥冥之中的一种缘分。那是因为第一次读到他的诗集《故事诗》的时候,当时就被里面的佛教故事、印度教故事和锡克教故事深深地吸引,当然还有拉其普特人及马拉塔人的英雄传说。比如《密约》诗中写道,一个苦苦的修行者,坚守着心中的信念,埋葬了美貌多情的姑娘送来的秋波,抵抗着爱情的诱惑,拒绝了姑娘的密约。而当姑娘身染鼠疫,被城里的居民丢弃在河边,面临着死神的威胁时,修行者勇敢地伸出了温暖的手,给姑娘身心的慰藉。这是对"密约"的最崇高的诠释。再比如说《轻微的损伤》中讲到了一个高贵的王后受到惩罚,颂扬了王子犯法与庶民同罪的思想。这些故事用诗的语言呈现给读者,给人以耳目一新的感觉。这些故事在泰戈尔的笔下,非但没有减少其故事性,反而使其表达更加生动而有韵味,更加深刻而令人思考。

在《故事诗》中我读了 24 个故事,更读出了 24 道风景。读着这样的故事,我仿佛触摸到了印度这样一个古老民族的脉络和心跳,也深深被一个又一个或平凡或伟大的故事中的言行感动着。《故事诗》与其是一部诗集,不如说是印度的史事的随影甚至精华,它如《荷马史诗》一样能在印度生生不息,代代相传!

　　如果说《故事诗》充满趣味性的话,那泰戈尔的代表作《吉檀迦利》就显得深奥而神秘许多。因为这部诗集是一部颂神的献诗。这部诗集共收录诗歌一百零三首,其中大部分是献给神灵的。当我读了这些诗歌后,我发现泰戈尔心目中的神其实就是一个无形无影、无所不在而又无所不包的精神所在:它不但拥有着主宰万物的超自然的力量,显得宏伟巨大、飘渺不定;同时又展现着远非常人的极度的威严,凌驾于尘世之上;更把自身分化到宇宙世界的方方面面,突出自己具体之所在,具体之影响。所以泰戈尔笔下的神不是传统宗教观念中的神,它带有更多的社会、人生的色彩,带着更多的"人性"的光辉和"结合"的意义。

　　《吉檀迦利》可以说是泰戈尔诗歌创作的高峰,也是最能代表他思想观念和艺术风格的作品。因此他被盛赞为"亚洲第一诗人"。诺贝尔文学奖评委会更是给予了高度评价:"他对真理的热切探求,思想的洞察力,广阔的视野和热情,雄浑的表现手法,以及他在许多作品中运用这种手法维持和发展了生活的理想主义哲学。"这些评语肯定了《吉檀迦利》中所蕴涵的深刻的思想,所表现出的诗人不懈探索的精神,以及带有象征色彩的东方式的表现手法。

　　《吉檀迦利》能受到这样高度的评价甚至是推崇,这作品的艺术成就当然是密不可分的,作者获得诺贝尔奖可谓实至名归。这部诗集,我读了已不下5遍,常读常新,常有新的收获,新的触动,新的思考和领悟。首先,在思想内容方面,《吉檀迦利》虽然是颂神诗,但泰戈尔很少谈到"神"字,他用"你""他""我们的主""天父"等称谓来代替神。这样不但使神人化,具有了人的情味和情感,更能表现人对于神的感觉和思考,人对神的感知和领悟,对于宗教对于人生、国家和社会真正的初衷和意义。

　　仔细品味这些颂神诗,人们几乎感受不到那种庄严肃穆的庙堂气和远离尘世,沉重威严的宗教气氛,相反,这些诗却给人一种近于田园诗般的清爽、和谐感觉,带有比较明显的民主倾向和自由的深蕴。因为在这部诗集中有相当一部分诗写的是人的情绪,表现的是人的一种心理过程。而这种情绪和心理过程又是在特定的历史环境下特定的人们所特有的。印度附当时国情和人民困苦挣扎的生活状态,泰戈尔描绘的是一个殖民地附属国的知识分子追求理想过程中的憧憬和渴望，以及理想破灭后的苦闷和彷徨。如果从这个意义上说，《吉檀迦利》是一代知识者的内心剖白，而不再是表面上神的歌谣。这种表白体现在泰戈尔正面歌唱自己的理想，表现了对事物不断发展，对未来迁城的信心和希望。最后使他坚信"清晨一定会来，黑暗也要消隐，你的声音将划迫天空，从金泉中下注"。

其次，在艺术表现方面，《吉檀迦利》最大的特点是带有比较浓厚的神秘主义色彩。诗人以生花妙笔记录下自己对社会、人生或自然现象的敏锐印象或独特感受。作为伟大的诗人，他没有直接描写现实生活，也没有直抒胸臆，他更多的是表现主观感受以及内在情绪的波动，并且把这种独特的感情、印象，镶嵌在富于象征意义的形象中。

最后，在《吉檀迦利》中，泰戈尔采用富有生命力的词汇搭配、静物动写，赋予抽象的事物以具体的生命，构成的画面活泼而有生气。风格清新自然，带着泥土的芬芳。泰戈尔向神敬献的歌是"生命之歌"，他以轻快、欢畅的笔调歌唱生命的枯荣、现实生活的欢乐和悲哀，表达了作者对祖国前途的关怀，对人民的关爱。作品发表之后，引起了全世界的轰动，受到各国人民的一致好评。

《吉檀迦利》不愧是泰戈尔的杰出代表作，其创作风格，情感表达，思想内涵和意境升华等方面都鲜明地突出了其表现特点和艺术特色。因为泰戈尔的诗歌主要风格就在于将抽象的思想观念、深邃的哲理意识和无形的精神活动变成生动可感的、具体有形的艺术形象，他善于通过拟人化和形象化的艺术手段表达自己的思想意图。这在《吉檀迦利》中都得到鲜明而深刻的体现。当然泰戈尔其他的诗集也都是非常优秀的。比如《游思集》就是泰戈尔诗歌集的典范。举个简单的例子，在《游思集》上篇第17首是一首典型的象征诗。小岛、作物、大河、木船、村姑分别是人的栖息地、人一生的成就、岁月之河、时光之舟和驾驶时光之舟的神祇的象征。每个人一生的成就、痛苦和欢乐、奉献的爱，可以装载在时光之舟上，一代代传承下去。但时光之舟上没有人的"立足之地"，每个人必然被岁月遗弃，不久就消失在遗忘的深渊里。在这里，泰戈尔把象征手法运用到了炉火纯青的地步。

一次偶然的机会我读到了泰戈尔本人翻译的其诗集的英文版，感觉语言清新自然，流畅而明快。原来这也是泰戈尔的一种诗歌创作延伸的方法和途径。对于文学作品的翻译，尤其是像充满感情的诗歌作品的翻译，往往因为地域文化的差异而不能准确和清晰的表现其原有面貌，甚至误解作品原有的意味、意境和内涵。而泰戈尔诗歌之所以成功，之所以风靡全世界，很大的原因也在于其坚持自己翻译自己的作品。泰戈尔的成功经验告诉我们：诗歌最好由诗人本人翻译。译者若不是诗人，起码也应知晓并能运用诗歌技巧。翻译不宜拘泥于"信达"，应尽力做到"神似"，而不是"形似"。无论是诗人或别的译者，都应对读者所在国的文化传统和语言叙事方式有全面的了解，遣词造句契合读者的审美习惯，译作才能为读者接受。

纵观泰戈尔的一生，他共创作了50多部诗集，12部中、长篇小说，100余篇短篇小说，60余种戏剧，还有大量有关文学、哲学、政治的论著和游记、书简等。此外，他还是位造诣颇深的音乐家和画家，曾创作2000余首歌曲和1500余帧画，其中歌曲《人民的意志》是印度国歌。在60余年的艺术生涯中，他继承了古典和民间文学的优秀传统，吸收了欧洲浪漫主义与现实主义文学的丰富营养，在创作上达到炉火纯青的地步，取得了辉煌成就，成为一代文化巨人。

回眸叹息，不觉有些遗憾，遗憾我迟到这人世间，遗憾未能与大师见面。不过，我还是幸运的，你也是幸运的，大家都是幸运的，因为这弥足珍贵的诗篇，因为这意蕴悠扬的情感，因为这亘古永存的内涵。

(作者单位：湖北省江汉大学)

泰戈尔在我心中

刘志晓

不知道从什么时候起,童年渐渐远去,当追忆往昔,也只有断句残片。那时候对一切都充满了好奇,那时候用彩虹编制了所有的幻想,那时的事物都是那么地不可思议。对于我们,童年的回忆,童年的行为,也只是茶余饭后的笑料,对此我们一笑了之。当我们以成年人的身份去看别人的童年时,便觉得高高在上了,以成人的思维去约束孩子,把孩童天真的行为当作笑话。自认为长大的我们,不屑与孩童为伍,并且为自己树立了成长的界标。

也许是看到了这样的轮回,泰戈尔便以他丰富的想象,从儿童的视角写出了天真烂漫的诗歌。这些诗歌便成了我们搜索童年的引擎,也是我们理解孩童,理解过去的自己的宝典。从某种意义上说,泰戈尔在我心中像是老顽童,在他的诗歌中可以看到不曾磨灭的童心。这也是他让我们感到最温馨的地方。

有墙头草随风而倒的,有迎合大众而丢失了自己的,有矛盾焦躁的,有将错就错越走越远的,也有懊恼过去改过自新的,有从来没有自我的,有渐渐发现自我的,有迷茫无措,走一步悔一步的。无论如何,这些在时间上也只能线性地出现,占据时间的长度。

当我们在举手表决的时候,往往喜欢随大流,坚持的一方举手者寥寥无几时,往往在心里打了退堂鼓,或者畏畏缩缩地低低地举手,或者干脆弃权。在西学东渐,东方各国纷纷效仿西方的时候,当西方文明被认为是改造旧社会的必由之路时,泰戈尔却坚持重视东方文明,这也并非是保守而是思考更全面更长远罢了。重视东方文明并不是要排斥西方文明，阻止进步。也许是说在进步的时候不要迷失了自己。这又与我们今天所说的取其精华，去其糟粕异曲同工。对传统批判地继承又极其相似。这也是我们多少年来总结的经验，由此我们又不得不佩服泰戈尔的高瞻远瞩。有与众不同，必然会遭到排斥，当他周游各国宣扬自己的主张屡屡受挫的时候，他没有低低地举手也没有选择弃权。而是为了自己的思想主张不懈地努力着。这又让我想到了孔子，在战争纷乱的年代，不断宣扬自己的政治主张，虽然当时并不被诸侯国所接受，他也在周游列国期间受尽了苦难。当一条道路走不通的时候，他选择了另一种方式继续宣扬自己的主张。虽然时隔数千年但这两位智者身上却有着很多相似。他们有一个共同的品格，就是坚定自己的主张，尽管不被当时的主流认可，尽管有很多非议。最终历史也为他们的选择，做出了一个肯定的答复。

他的童心带给我们温暖，他对自己理念的坚持的态度，让我们不断地积极进取，这就是泰戈尔带给我们的力量。

（作者单位：河北师范大学）

泰戈尔在我心中
——初读《金色花》印象

朱烈荣

泰戈尔，一个熟悉的名字，从上个世纪到现在一直是响彻云霄，即便如此，但我们还是有好多人对泰戈尔知之甚少，只停留在"他是印度伟大的诗人，获得过诺贝尔文化奖"等粗线条的认知。究其原因，有多种多样的：或是受文化程度的限制，所学内容尚未涉及到泰戈尔；或是因兴趣爱好不同，不喜爱文学所致；或者物质条件的限制，进不了校门，买不起书本甚至看不上电视而致……我也因学习中的涉猎点不同，而对泰戈尔知之不多，作为一位中学老师，也只是仅停留在给学生"一滴水"的授业层次上，可以说，对泰戈尔缺少深入的了解与研究，但作为入选人教版七年级教材的泰戈尔散文诗集《新月集》中的代表作——《金色花》的一位教者，又不得不多占有一点"水"，以浇灌学生干涸的心田。这就是我对泰戈尔了解的基本现状。

初读《金色花》，感觉其清新之风扑面而来，因为文章里闪动并跳跃着一个活泼可爱的小精灵与一位充满信任与慈爱的母亲形象。郑振铎在《泰戈尔传》中说："他却是个爱的诗人。爱情从他的心灵魂里泛溢出来，幻化成了种种式样：母亲的爱、孩子的爱、妻子的爱……一切都从他优美的诗歌里，曼声而恳挚地唱出来。"泰戈尔提倡不排除物质方面但比它更高的精神生活层次，他的哲学以"爱"为归宿，求完美的"爱"的精神世界。在他的散文诗里常常有着宗教意义的、更为广博的爱，最高尚、纯洁的爱。《金色花》中便蕴含着这种庄严的、美丽的爱。可以说，这两个形象是泰戈尔心中理想的、美好的心灵寄托，在我看来，里面的那个小精灵就是泰戈尔化那充满爱意与可爱的化身。

他是个淘气可爱的小孩。"为了好玩"，他会跳到树的高枝上，既哗哗啦啦地摇摆着树枝以引起妈妈的注意，又在上面跳起了舞蹈，想以翩翩的舞姿蒙蔽妈妈的眼睛，让妈妈认不出也不敢相信是自己的孩子，竟然能有这么好的舞姿！不但如此，当他听到妈妈的呼唤时，竟然"暗暗地在那里匿笑，一声儿也不响"，这样，一个"淘气包"又招人喜爱的小孩形象便跃然纸上了。

他是个懂得感恩的小孩。瞧，他悄悄地开着花瓣儿，为的是给辛勤工作的母亲能有一个清新的环境，让母亲闻着花香而心情舒畅；也还能为母亲带来一丝林凉，并在母亲读《罗摩衍那》时，将自己的影子随母亲的目光一同移动，旨在保护母亲的视力不遭强光的侵害。况且，他的感恩是那样的悄无声息，不露痕迹的，正如母爱之无私一样。

他是个聪明好学的孩子。他在顽皮嬉戏后，还不忘学习。不是吗，他在与母亲悄悄地闹过后，他又求母亲讲故事来听，那颗机灵的脑袋就是靠这些既玩又学的过程不断地得到充盈，就这样，活脱脱地让我们看到了一个天使般的小精灵。

一首诗，集中于一天里的三幅画面，渗透着人间最圣洁的、最美好的、最永恒的感情，那就是扯不断的母子情。著名诗人冰心曾说过："每个人的童年生活都像一颗闪光的珍珠，串在了你记忆的项链上，即使两鬓斑白的时候，岁月的尘埃也掩埋不了它那诱人的光泽。"印度诗人泰戈尔的这首《金色花》，带我们走进了那新月般纯洁美好的童真世界，去重温金色童年的梦，去感受孩子心中那份挚爱纯情。每当诵读它的时候，就像是在观赏一幅流动的、甜美的、温馨的图画，又像是在聆听一首圣洁的、优美的、永恒的旋律，真是让人爱不释手，回味无穷。

（作者单位：江西省泰和县上田中学）

泰戈尔在我心中
——爱依旧温暖

陈梦莉

> 总是在不经意间回眸,思索着过往。有甜,有苦,有喜亦有悲。轻掩双眸,细细回味,感受那一路的起伏跌宕,一路的弥足珍贵。回首间,在人生的某一个转角,有一份爱,这份爱依旧温暖。
>
> ——题记

漫长的暑期,总有一种无所事事之感,枯燥而又乏味。彼时的雄心勃勃,豪情壮志,早已被这酷热的暑期涤荡殆尽。慵懒的午后,实在是闲的无聊,便开始整理起自己的书架。它的上面盛放着我最钟爱的东西,最亲密的朋友。总想以此打发自己闲余的时间,顺便拾起一些那被灰尘尘封已久的岁月残片,那些青春记忆。

之前很久的一段时间里,我总喜欢将泰戈尔与张爱玲,与村上春树联系在一起,并不是他们应该在一起,实在是出于我的个人爱好。我喜欢看书,看不同人笔下不同人物的性格,不同作者文字里所描绘的故事情节。而他们则正是如此。同一种事物,同一种情愫,在他们的笔下却彰显出不同的韵味。村上春树所展现的是阳光中又带有几丝彷徨的青春故事,有一种忧伤之美;张爱玲的文字里却是华丽之中透露的凄凉沧桑之美;而泰戈尔的笔端所迸发的却是一种独特的清新,彷佛那一片无垠的草原之上散发出的阵阵青草的芳香,是那样的清澈而有又特,纯净而又自然,没有一丝杂念。

泰戈尔在我心中

爱就是充实的一如盛满了酒的酒杯。这是我最初体验到的泰戈尔，第一次真正的去触及，去体味泰戈尔内心深处的那份真诚，那份清新自然。时隔数年，当我再次翻阅这本《飞鸟集》，这本小诗集时，他所传达给我的依旧是那份温暖。这本小诗集是诗人的自我描绘，仿佛自己就是那只飞鸟，经过长途跋涉，留下的片片足迹，这些看似平常的文字，记录下的却是诗人内心漂泊的历程。

飞鸟再一次触动了我的心弦。我怀着探索的心，再一次走进泰戈尔，再一次去试着探寻他给我们留下的那一份纯真的情愫，那一份清新的爱情，可他给我的却是另一个答案。他是诗人，也还是一位小说家。小说创作贯穿他整个生涯。他被称为"孟加拉中短篇小说的开创者"；一位"在印度至今无人能与之相比的短篇小说大师"；是"世界上最伟大的小说家之一"。小说应该更能真实地反应真实的他。我迫不及待地想知道，想知道抛开诗集之外那又将是一个怎样的泰戈尔。

一阵子折腾，虽然有些累。可还是感到挺开心，一个下午充满能量。似乎那一瞬间我找到了目标，从迷茫中找到了希望。终于我也如愿从附近书店找到了一本《四章》。尽管只有一本，还是倍感欣慰。

故事女主人公埃拉一直热恋着阿廷。然而，现实终是不能如人所愿，埃拉所从事的事业使得她欲爱不能。她不得不去抑制内心那份对爱情的冲动，她拒绝了对阿廷深深的爱慕之情。也许她懂得如果把阿廷吸引到身边，却实现不了对自己的爱，最终会欠下情债，她又无法去偿还的一份感情的债。这种感情与信仰的激烈冲突，内心无法弥补的歉疚之意终日折磨着主人公，心中无片刻宁静可言，一种深深的疼痛。泰戈尔用他独特的手法剖析了主人公内心意志和本能，理性和情欲，传统的伦理观与热烈的情爱之间剧烈的冲突。真实地再现了那一时代的人们在各种生活境遇中心灵的真实。细致的心理描写，对男女之间关系的细致描述，对那份情感的准确把握，给我们展现的有飞鸟中的那分自然，也有别样的贴切。

深深记得在最后一场中，当埃拉知道印德拉那特为了确保不泄漏党的机密正指使阿廷暗杀自己时，她恳求一直深深爱慕的阿廷结果自己的生命。"埃拉抱住了阿廷的脚，恳求道：'杀死我，阿廷，亲手杀死我吧，我不能奢求更好的结局了'。她从地上站了起来按住他，一遍又一遍地亲吻着。一边不住地说道，'杀死我阿廷，现在就杀死我！'她撕开了她衬衣的前襟。阿廷呆呆地站着，象一座石像。……埃拉紧紧地抱着阿廷，接着说：'阿廷，我的阿廷，我的君王，我的上帝！我至今为止尚不曾向你表白我对你的挚爱，现在我以这种爱的名义要求你——杀死我，杀死我。'"接着，她让阿廷丢开准备毒杀她的氯仿，她希望清醒地死在他的怀中，并祈求让他们最后的吻永恒。这种悲壮热烈而又缠绵悱恻的爱情场面表现出的是不同于飞鸟的泰戈尔。

一首歌，因为有人聆听就生动；一段文字，因为有人懂得就有暖意；一份爱，因为有人回首就温暖。这一切无需张扬喧哗，只是用心去慢慢感受，去聆听，去聆听大师心底的声音。这个暑期让我收获最多的是再次认识了泰戈尔，认识了这位伴我整个青春的文学大师，再次在人生的转角感受到大师留个我们的那份爱，它依旧温暖。

"世界对着它的爱人，把它浩瀚的面具揭下了。它变小了，小如一首歌，小如一个永恒的接吻。"细腻的情思，过往的岁月都如细沙般从指缝间悄然流泻，若婉蜒盘旋的山路，曲折迂回，只是因为我们少了份山花烂漫，少了许多的纯真。有人说人生如圆，岁月辗转，从起点到又回到终点，似一场梦的消逝。梳理那些过往岁月，回忆那些远逝的青葱岁月。这一刻好想回到从前，回到那如初恋般的青涩，天地任我遨游，怀揣生活的梦想，激情四溢的年纪。我也深知回不到从前，而今只是滋生一种奢侈愿望，那些年少轻狂无拘无束的岁月，早已没入时间的洪荒里，安静地细数生命的轮回。现在只有不断去追求，去开创自己的一片天。让自己化作一只飞鸟，翱翔天宇。

（作者单位：深圳大学）

从未走远的泰戈尔

边慧媛

泰戈尔,印度的灵魂诗人,伟大的作家、艺术家、哲学家和社会活动家,是印度无限灿烂文明中永远无法忽视的一颗璀璨明珠,更是世界文学史上一座亘古矗立的丰碑。泰戈尔的作品以及其所反映出的思想与精神世界仿佛陈年的美酒,从未因岁月的流逝而折损一丝一毫,反而因沉淀而愈加散发独有芬芳。他以惊人的艺术全才纵横在文学园地的各个领域,为我们留下了 50 余部诗集,十几部中长篇小说,90 多篇短篇小说,20 余种戏剧,还有大量散文与杂著。他还创作了两千余首歌曲和数量繁多的绘画作品。世界上同时作为两个国家国歌的词曲作者的,恐怕就仅此一人了。那浑厚又激昂的曲调现在仍响彻在印度与孟加拉两国的上空,鼓舞着人们永不泯灭的民族与团结精神。

泰戈尔 1861 年 5 月 7 日出生于印度原孟加拉省加尔各答市。那时的印度正处在英国的奴役之下,民不聊生。但绝望中也总会有希望出现,黑暗的统治下改革的暗流不断涌动。加尔各答一直是印度宗教、文学、民族主义运动的核心地区。从小沐浴在这种改革与重生的环境中的泰戈尔自然"天生反骨"。他出生于婆罗门最高种姓,却从未把种姓制度看在眼里;他拥有极高的印度传统文化修养,却深深痛恨传统教育制度;他是名门望族,却更爱田园生活与下层劳动人民打成一片……他用他的天资、自律与勤奋自学获得了渊博的学识和深厚的文化素养,他用近十年的乡村生活积累了他一生受用无穷的艺术宝藏。1913 年,他的宗教抒情诗《吉檀迦利》荣膺诺贝尔文学奖,他的才情获得了世界的肯定。但泰戈尔的魅力绝不仅限于他惊为天人的艺术才思上，他的济世情怀与凛然正气更值得我们钦佩和敬仰。两次世界大战以及其后的印度、中国等地反殖民主义，反法西斯主义战争都得到了他大力的支持。他坚定的站在正义的一方，用他的笔与他的行动表达了对同胞，对受苦受难的人类的同情与歌颂，像怒吼般鞭挞了那些惨无人道的战争发动者。

泰戈尔最令我心醉的是他凝练却又韵味无穷的一首首小诗。我们面前呈现的再自然不过的万般景色，我们体会着的再熟悉不过的各种感情，在泰戈尔的笔下都有了新的定义。光变成了赤裸着身子在林中不断调皮的孩子；向上伸展的绿树是大地对天空暗哑隐秘的渴望；沉默温顺又不离不弃是阴影对光的爱；夕阳的云彩因太阳的一吻而变成了金色的宝箱……是要怎样淡然的心境与对自然的柔情，才能蕴造出如此超凡脱俗的想象。他那敏锐又灵动的才思像是在柔和的晨光中，在充满露水的森林里轻快跳跃的小鹿，总能让你感受到爱、平和、睿智与生生不息的希望。

没有神与爱，印度或许无法存在。泰戈尔的《吉檀迦利》体现出神性的诗意，充满了宗教的光芒。我如此浅薄，无法理解泰翁笔下那玄乎其玄的神与神意。但即使浅薄如我，也感受到了泰戈尔对那既是他的国王与主人，又是他的父亲与朋友的神的顶礼和膜拜。他把深奥抽象的印度哲学，把梵我和一的最高追求融在其中，却又亲切地向人们娓娓道来。泰戈尔笔下的神并不在那冰冷的雕像中，也不是什么空洞的理念，他的神遍布在广阔的天地间，隐藏在鲜活的生命里，静静地存在在每个人的灵魂中。只有通过爱，爱自己，爱他人，爱这个世界，才能找到真正的自己，才能接近神，与神合一。

但歌颂真善美并不是泰戈尔的全部。泰戈尔的可贵之处更在于他并不像有些文人，趋炎附势畏惧邪恶，满足于自己的成就而不顾世事。他因为英国殖民者血腥镇压反英群众的"阿姆利则惨案"而愤然辞去英国政府授予他的爵士头衔。他有自己的想法与声音，他敢于为这世界的正义，为苦难的大众振臂高呼。他看得到那些把生命系在一小块土地上悲惨的农民，他看得到那些被陈规陋习紧紧攥住无法呼吸的印度妇女，他看得到不堪剥削与压迫流离失所的悲惨，他看得到这个社会的黑暗与丑陋。他把自己的文字变成长长的鞭子，抽打着鞭挞着批判着这些吃人的封建礼教与制度，他用自己的方式爱着自己的国家，希望她向更光明的方向走去。

1924年，泰戈尔访问中国。大概因为印中同样古老又厚重的文明，因为相似的殖民地的苦难，因为同样的不甘凌辱而奋起，泰戈尔与中国人民的情谊真挚又珍贵。在抗日战争中他愤然抨击日本军国主义惨绝人寰的侵略行为，揭露他们的狡诈与伪善，站在了无数被压迫凌辱的中国人民身边，给予了最坚定又不遗余力的支持。

这样的泰戈尔不仅是一个名垂千古的诗人，更是披着战袍的民主斗士。他为了国家，为了千千万万被压迫的劳苦大众发出雷霆怒吼，浩然之气绝非一般文人所有。

泰戈尔于1941年8月7日病逝于加尔各答。一代文学巨匠的离开是整个人类的损失，但我相信泰戈尔从未真正走远。我们的现在与未来仍需要泰戈尔的精神作为支撑发展下去。

我们需要泰戈尔的童真与柔情，他对万物的敏感，对造物主的感恩。我们每天匆忙赶路，对周遭的感知仿佛只停留在温度的变化。我们忘记了观察，忘记了聆听，忘记了宽容，忘记去感受与感恩那些近在咫尺的美好。很少为"草色遥看近却无"而兴奋，很少为"映日荷花别样红"而激动，很少为"满地黄花堆积，憔悴损"而惆怅，很少为"千树万树梨花开"而停留。而泰翁却用他的文字提醒着我们去留意那些身边细小的美好，用孩提的眼、纯粹的心再去观察这个世界，让灵魂净化，让心收获平和。

我们需要泰戈尔凛然大义的正气与从不妥协低头的民族精神。现在虽已不是以前战火硝烟的年代，可并不意味着民族精神可以有一丝一毫的削弱。民族精神是一个民族的脊梁，是一个民族之所以能被称为一个民族的核心与关键。没有了民族精神的国家，与那无干的树，无茎的花又有何异？我们与人为善，但却绝不能也不可以在原则性问题上低头。泰翁的作品中那些为了祖国的呐喊，也同样激发着我们的民族自尊心与自豪感。那铮铮铁骨，那以天下为己任的豪情永远不会也不可能过时。

有人说，泰戈尔离我们越来越远了。可无论是从他的作品，还是他的人格魅力，我们都还可以汲取如此多的的养分，让我们的心灵得以震撼，泰戈尔又怎么会越来越远呢？泰戈尔是这个世界的礼物，是黑暗中的光芒。他用他的才华与他的精神照亮了世界，也同样使自己永垂不朽。所以，泰戈尔从未走远，他永远驻足在每一个被他感动的人的心中。

（作者单位：西安外国语大学）

金桥上空闪闪发光的金像

王镫令

我的老家在上海市中心襄阳南路都福邨。它往西一千米,在岳阳路口,有一座普希金金像;它往东一千米,在南昌路口,有一座泰戈尔金像。

普希金1828年29岁的时候,认识了著名的汉学家比丘林。比丘林将他翻译的《今日西藏行,附成都至拉萨路线图》送给普希金,还在书的扉页上亲笔题词:"赠予善良的亚历山大·谢尔盖耶维奇·普希金君,译者谨表诚挚的敬意。"第二年,又将他翻译的《三字经》再送普希金,并且告诉他:东方学家、外交部官员希林格和比丘林将奉命组团,于1830年2月,到中国西北边境考察贸易。普希金兴奋了,他想同行到中国旅游,立即于1830年1月7日,写信给沙皇政府第三厅厅长班肯多夫将军:"我想申请允许我随同前往中国的使团访问中国。"班肯多夫将军于1月17日批复普希金:"您想随同我国使团赴中国的愿望是不能实现的,因为全部使团组成人员均已确定;况且如果没有事先通知北京宫廷,也就不得由别人替换。"普希金想到中国旅行的愿望未被批准,他在中国没有故事,成为中俄文化交流史上的一大遗憾。

泰戈尔不同。他三次访华,他在中国留下许多感人的故事,他是成千上万中国人心中的金像。早在1920年,泰戈尔还没有访问中国的时候,他已经是不少中国人心中的金像。有一位中国青年,当时只有25岁,在美国哥伦比亚大学攻读哲学博士,他的名字叫冯友兰。这位好学的青年,发现亚洲第一位诺贝尔文学奖获得者泰戈尔在纽约演讲,立即写信,殷切求见。泰戈尔在纽约的安排极其繁忙,然而打开信件,发现是来自中国青年的请求,在百忙之中欣然接受这位只有25岁的中国青年的拜访。于是,60岁的泰戈尔与25岁的冯友兰,产生了意义深远的哲学对话。

60岁的泰戈尔,一见到25岁的冯友兰就亲切地说:"中国是几千年的文明国家,为我素所敬爱。我以前到日本没到中国,至今以为遗憾。然而,我终究必要到中国去一次的。"

我以为正是这次表态,促成了1924年的泰戈尔首次访华。当然,徐志摩1923年努力劝说"讲学社":杜威、罗素访华一切费用都是中方负担,泰戈尔访华只要路费,演讲一律不收分文,风格何等之高!终于落实了泰戈尔访华的起码开销。徐志摩主动担任泰戈尔演讲的翻译,同样分文不取,他被人们津津乐道也是理所当然的。

但是,虽然早在1913年,泰戈尔就以他伟大的诗作《吉檀迦利》荣获诺贝尔文学奖,而当时中国知识界认真研读泰戈尔作品的人并不多。1924年,29岁年轻气盛的北大教授林语堂,就急于向名家挑战。他自己说:"读过泰戈尔一本诗集的三四首诗,不觉得他有什么意味,他曾给我何等的冲动。"泰戈尔访华,在上海、杭州、南京、济南受到的欢迎是主要的。但是,进入北京就应了王警涛先生在《申报》的警告:"闻道赴北京,北京多蝎蝎。满城浓瘴气,何处寄仙骨。"在水木清华与协和礼堂的活动,泰戈尔很高兴。但是,5月9日在真光影戏院第一次公开演讲,就有人在下面发传单:《我们为什么反对泰戈尔》、《送泰戈尔》。原定的6次公开演讲,被迫取消3次。许多激进的知识分子根本就没有仔细研究过泰戈尔,就在那里公开反对。他们以为泰戈尔鼓吹"东方文明超过西方文明"是麻痹青年的斗志。林语堂在《晨报》发表讽刺文章《吃牛肉茶的泰戈尔》:"其精神救国论是凑数的滥调,或无赖的敷衍。"

像林语堂这样一批激进青年,既不肯细读泰戈尔的原著,也不去细读1920年冯友兰在纽约拜访泰戈尔的重要对话,就在那里瞎起哄。让我们接下去看那重要对话:

冯友兰在听到泰戈尔希望访问中国后兴奋地说:"中国人目前的求知欲很强,一定会热情欢迎您访问中国。"同时,冯友兰指出:"中国的古老文明很不适时,所以中国正在着力改造旧文化,以适应新世界。"泰戈尔表示赞同,并且指出:"东方国家要学会用自己的眼光来研究自己的文明,哪怕是研究自己错误在哪里。"泰戈尔还说:"东西方文明各有特点,相信将来一定可以互相调和。"冯友兰立即请问:"但现在两相冲突之际,我们东方,应该怎样改变,以求适应?"泰戈尔毫不犹豫地回答:"现在西方对我们是取攻势,我们也应该取攻势。我只有一句话劝中国:'快学科学!'东方所缺而急需的,就是科学。现在中国派许多留学生到西洋,应该好好地学科学。这事并不甚难。中国历来出过许多大发明家,这种伟大民族,我十分相信,他能学科学,并且发明科学的,东方民族决不会灭亡,不必害怕。"

泰戈尔在1920年的讲话何等精彩!何等激情洋溢催人奋进啊!冯友兰在1921年的《新潮》杂志上发表了他的《与印度泰谷尔谈话》,那些激进青年怎么就视而不见呢?我以为,泰戈尔的谈话在90多年后的今天仍然极有价值,值得深思,值得学习!

1927年,有一位中国青年,当时只有29岁,在马来西亚,为华侨子女教学中文。他的名字叫谭云山,曾经在湖南第一师范学校和毛泽东同学,并且参加毛泽东组织的新民学会。1927年7月,泰戈尔到东南亚演讲,谭云山特地赶到新加坡拜访泰戈尔。泰戈尔对中国青年的要求总是欣然接受,特别照顾。一席亲切谈话,从此改变了谭云山的命运。当时,国际大学正缺中文教师,泰戈尔热情邀请谭云山前往印度国际大学执教。于是,谭云山与泰戈尔亲密共事15年。他以"湖南牛"的蛮劲儿,在泰戈尔身边刻苦学习,终于成为泰戈尔研究的专家,成为中印文化研究的专家,成为中印文化交流的杰出使者,成为"现代玄奘",不但与泰戈尔,而且与"圣雄"甘地、尼赫鲁等印度领袖有着亲密的关系。

1931年,因夫人陈乃蔚父亲去世,谭云山全家回国奔丧。办好丧事,到达上海。谭云山在江湾立达园教书,同时撰写《印度周游记》《海畔》等著作。1932年9月,"圣雄"甘地为印度人民的解放事业在狱中绝食,谭云山也在上海绝食表示同情和支持,直到英国当局迫于社会压力接受甘地要求,甘地宣布解除绝食。这期间他还辛苦奔走,和蔡元培、周谷城、梁漱溟等筹备"中印学会"。蔡元培担任第一任会长,谭云山任秘书长。1934年谭云山和妻子带着两个较小的孩子返回印度国际大学。将大果子谭中和二果子谭正留在中国。谭云山将孩子称为"爱之果"。大果子和二果子是中华人民共和国成立以后才回印度的。

新中国成立后,谭云山得悉他一直崇拜的学长毛泽东担任国家主席,在印度写下动情的诗篇:"衡岳崔巍灵秀钟,三相七泽多英雄;美人香草今何在,海角天涯古国中。"他写信给毛泽东表达自己的敬意和思念。毛泽东回想起来以后,热情邀请老同学回国观光。在全国政协二届三次会议上,谭云山当选为特邀委员。

中国印度学泰斗季羡林先生说:"谭云山的特殊性在于他和中印两国的领袖都有深厚的友谊,是沟通两国的'金桥'。"是的,说得太好了!我以为在这座"金桥"的上空则是闪闪发光的伟大的泰戈尔的金像。

今天,日本有一股右倾势力,想侵占中国的钓鱼岛,离间中印友谊,并且企图为他们"二战"的侵略暴行翻案,重新将野口米次郎的理论搬了出来:日本发动的战争是为了在亚洲建立一个伟大的新世界,所以杀人是不可避免的。最近,我在南昌路口泰戈尔的金像前面给我的学生朗读了泰戈尔1938年9月6日对野口米次郎的反驳:"人类虽然遭到许多失败,但还是相信一个基本的社会道德结构。因此,当你说到那种'虽然可怕,但为了在亚洲大陆建立一个伟大的新世界而必然要采取的手段'——我想,这意味着把轰炸中国的妇女儿童和毁灭古代的庙宇的学校作为了亚洲而拯救中国的一种手段时,你是在为人类开辟一条生活道路,而这条道路甚至在兽类中也不是无法避免的……你是在骷髅的塔顶上建立你的亚洲概念。"泰戈尔最后写道:"祝愿我所爱的贵国人民不会胜利,但能悔悟。"他们果然没有胜利,他们至今悔悟了没有呢?泰戈尔太伟大了!一切都在预言之中。他的金像在金桥上空闪闪发光,中印人民抬头可见,世界人民抬头可见,令人惊叹!

(作者单位:上海建平中学)

长相思 百年间

颜治强

今天我们聚在一起,庆祝泰戈尔获得诺贝尔文学奖百年。正好去年这个奖也到了中国,九九加一,我们现在庆祝的既是印度的百年,也是中国的百年、东方的百年。泰戈尔是印度的,莫言是中国的,然而却通过一个西方人设置的大奖,成为世界名人,对东西方都产生了影响,这究竟意味着什么?这意味着喜马拉雅山南北的两个国家都有自立于世界民族之林的愿望,东方和西方都有相互打通、彼此了解的愿望。然而百年之间,这些愿望是怎样实现的呢?

要回答这个问题,我想从泰戈尔得奖说起。1912 年,经英国画家和英印关系活动家罗森斯坦搭桥,泰戈尔在伦敦结识了一些英语诗人,并且递给他们一些已经发表的孟加拉文诗歌的自译稿。叶芝和庞德等人看了如获至宝,不仅立即张罗发表,而且迅速将其推介给西方。令人意想不到的是,经过西方的宣传和得英文之便,泰戈尔的名声还传遍了东方:进入印度不懂孟加拉语的各个地区,进入亚洲、非洲和拉丁美洲。在大一统的、语言高度统一的、备受列强欺凌的中国,泰戈尔遇到了最多的知音,产生了最广泛和深入的影响,就是这样发生的。百年以来,陈独秀、郑振铎、冰心、吴岩,以及无以数计的其他人前赴后继,相继把泰戈尔译介进来,希图重振民族精神。研究印度学的人知道,英文是泰戈尔晚出的、次要的、面向外界的一面,孟加拉文才是其安身立命之所。可是由于语言障碍,在最初的 70 年间,我国只有石真一人得以窥其堂奥,翻译活动不得不依据英文材料。有幸的是,随着解放后培养的黄志坤、董友忱和白开元的出现，泰戈尔的孟加拉文诗歌终于对我们露出了金身。更为有幸的是，共有十多人参与，完全依据孟加拉文本翻译的《泰戈尔作品全集》正在紧锣密鼓地进行，有望给我们带来更大的惊喜。

莫言在印度的影响我不清楚，但是我敢肯定他不是通过汉语到达的。

这件事给我们的启示是，尽管中国和印度对彼此如此重要，但是由于语言不同，了解实属不易，翻译实属不易，研究实属不易。就拿并不看好自己的英文的泰戈尔来说，他当初带着仅供参考的想法把译文拿给英国人看，根本没有想到发表。叶芝他们要发表，他不可能没有提醒他们，跟自己格律工整的原作相比，草稿本上的散行根本不是诗。对于泰戈尔英译诗的质量，东西方都有人赞誉，可是孟加拉的文人却有保留。这个很好理解。正如李白的《蜀道难》和杜甫的《秋兴》不可能在今译中超越一样，泰戈尔讲究声韵和格律的孟加拉语诗歌也不可能由散文化的翻译超越，哪怕经他本人的妙手。其实，无论从东方还是西方的角度看，泰戈尔英译发表，并非因为其比原作更加美妙，而是不得已的事。尽管这样，译作的作用仍然不容低估。正是读了《吉檀迦利》，我们才知道印度有伟大的诗人；在翻译泰戈尔的过程中，我们才知道印度有生机勃勃的现代文学和光辉灿烂的古代文学；在此基础上，中国才创立了印度语言文学研究和教学的机制，恢复和更新了与印度的联系。然而，在肯定英文作用的同时，我们也应该看到不足。去年初，为了写《泰戈尔翻译百年祭》，我检视了一百年间人们做过的诗歌翻译，发现由于无法依据孟加拉文勘定，前面70年的人过分拘泥于英文词语的意义，翻来倒去，似乎把一切都搞透彻了，可是拿兼通孟加拉文和英文的白开元的本子一对比，才发现他们连 God 的意思都搞错了。由此可见，对于泰戈尔的创作来说，英文是表，孟加拉文是本；对于学术界来说，不得不经历一个由表及里的过程。

大家知道，近年来印度英语文学研究不断升温，这在中国既引起了兴趣，又触发了焦虑。与一百年前一样，前者传达的信息是中国对印度的高度关注，并且拥有英语这个普遍的条件。那么为什么又焦虑呢？因为担心冷落了印度的其他语言文学。其实，作为双语作家的创作，印度英语文学不仅有英语的一面，还有本土语言的一面。英语的一面每个人都懂，本土语言的一面，得有专学和专攻。就文学是社会生活的反映这点讲，懂不懂作家的母语都可以谈文学，就文学是语言的艺术这点讲，不懂恐怕是参不透、说不明的。谁具有全面研究的能力呢？当然是像白开元一样同时掌握英语和印度语言的人。由此看来，印度英语文学给中国带来的是新的机遇和挑战。

从印度的语言和文学，我还想到其它东方国家的语言和文学。回溯历史可以看到，被西方征服的国家和地区要么弱小，要么四分五裂，后者通常伴有繁多的语言。南亚是这样，黑非洲也是这样。这种状况不仅给了外敌入侵的机会，而且给了他们的语言生根的条件。1857年，以英国与印度的关系为例，马克思提出了殖民主义具有破坏和建设作用的双重使命说。综观两个世纪以来的印度和东方，不能说他不是正确的。那么就语言而论，英国究竟为印度做了什么？通过强行统一，它无意中给了它谋求独立和建设现代化国家的语言——英语。印度尚且如此，情况更为复杂的其它东方国家怎么样？固然，非洲有斯瓦西里语、约鲁巴语、豪萨语、伊博语、祖鲁语等等。但是在中国人中间，谁能够并且愿意依据文本系统地研究用它们形成的文学呢？恐怕一个也没有。哪个学校有这种教学活动呢？恐怕一个也没有。除了这些，非洲还存在用西方语言创造的文学：英语文学、法语文学、葡萄牙语文学、西班牙语文学。可是由于对象国贫困——不是文学的贫困——后面三种都没有中国人去治，于是只剩下英语了。与非洲类似的还有加勒比和南太平洋英语岛国。我最近做了个统计，地图册上标明的以英语为官方语言的国家有59个，20多亿人口。它们有的有，有的没有本土语言文学，英语文学却多少存在。可惜由于认识和投入不足，其中三分之二没有被我们译介和研究过。我认为，既然别无门径，与其让它空白，不如姑且试之。

作为世界上使用同一语言的最大族群，中国人难免在语言和文学之间划等号，以为英语语言和文学都是西方的东西。这不禁使人想起既招人诟病，又令人叹息的"东方就是东方，西方就是西方，双方绝不相见。"可是吉卜林的原话是：

只要天地仍然站在上帝面前接受法力无边的审判，
　啊，东方就是东方，西方就是西方，双方绝不相见；
　可是，当来自天边的两个巨人面对着面，

> 哪里还有东西、边界、人种、出身贵贱！①

　　自从殖民时期以来，东西方关系一直是件吊诡的事：如果屈从西方，东方就会丧失一切，如果排斥西方，东方就会衰落消亡。与吉卜林诗歌中的巨人一样，东西方是在战场上相见的，短兵相接也包括语言。在蒙受了巨大的牺牲后，我们把他们的武器夺了过来，然后才开始成为平等的对话者。泰戈尔利用了英语，使自己和印度文学得以为我们所知，重启了印度与中国的交往，把印度与世界上最遥远的国家联系起来。其它许多东方国家何尚不是如此？长相思，百年间。一百年来，为了实现民族复兴之梦，中国不仅被迫向西方学习，也被迫通过西方走向东方，——冰心用情和用力于泰戈尔和纪伯伦，就是一个很好的证明。让我们带着振兴东方文学之梦，各尽所能，不择细流，一起走向明天。

（作者单位：浙江湖州师范学院）

---

① Oh, East is East, and West is West, and never the twain shall meet, Till Earth and Sky stand presently at God's great Judgment Seat; But there is neither East nor West, Border, nor Breed, nor Birth, When two strong men stand face to face, though they came from the ends of the earth!

泰戈尔在我心中

——我与泰戈尔的散文诗缘

黄紫藤

少年,夏日,我躺在大伯父家堂屋的泥地上,仰面朝天,手捧书卷,记得就有《高玉宝》《十万个为什么?》《宇宙奥妙》《闪闪的红星》《艳阳天》《金光大道》等等,大都是从同村同学刘业高的哥哥那里借来的,也有的是从同学家里求来的,就我的印象而言,当时虽然年少无知,但是下决心借书前,还是会翻一翻,直觉一下每本书上文字的味道,是否亲切芬芳。很奇怪文革时代辗转进入我视线的这本小册子,竟能深深地吸引我这个贫穷乡村的孩子,《吉檀迦利》,不错,就是《吉檀迦利》,好像这本小书里面还包括了《新月集》的文字。于是,江淮丘陵上一个十分懵懂无知的孩子,于盛夏午后与壮劳力的堂哥躺倒在堂屋的泥土地上,房梁上燕子衔泥,啁啾不已,堂哥酣然午休,我竟然深深跌入《吉檀迦利》人神交感的幻境中不能自拔……

你已经使我永生,这样做是你的欢乐。这脆薄的杯儿,你不断地把它倒空,又不断地以新生命来充满。

这神奇的句子一下子抓住了一个少年的心,虽然不是很明白,就是觉得这本小书很有味道,以至爱不释手,一有空就想翻开来看上两眼。后两年,我已经考入安徽省含山县师范学校,忽一日,读到了冰心的《往事》,如电击然,正如青年时代的冰心所说的:

我心中深深的受了感动——

母亲呵！你是荷叶，我是红莲，心中的雨点来了，除了你，谁是我在无遮拦的天空下的荫蔽？

读冰心的散文，被她超然庞大的爱意所笼罩，于是在含山师范的教室走廊里走来走去好像丢失了自己，那时候我根本不知道冰心文字的魅力缘起于泰戈尔，对于她产生了特别的崇拜情结。暑假去舅舅家走亲戚，在大舅的橱柜里不知道怎么回事又翻到了一本民国时代的国文课本，猛然间翻到了一篇奇怪的文章，名字叫《海》，《海》里面的文字是这样的：

在一个风狂浪骇的海面上，不能准说我们要到什么地方就可以达到什么地方；我们只能把性命先保持住，随着波涛颠来簸去便了。

也是不知道为什么，我竟被这篇文章深深地吸引了，不能自拔。

当我知道许地山和《空山灵雨》的时候，可能已是若干年之后了，当我知道泰戈尔、冰心和许地山的内在关联，那已经是十几年之后我接触禅佛学理，并着手研究中国20世纪的散文诗的壮年时代了，师范生时代因为沉默寡言，被人称作"书呆子"，青少年时代吸引我呆在书里不能自拔的就有这个印度老人泰戈尔，冰心和许地山，后来我研究中国散文诗、中外散文诗，还是绕不过这三位老师，我至今出版的两部专著《中国散文诗研究》和《中外散文诗比较研究》都得感恩三位大师。

1985年，我在合肥教育学院英语系读书时，写作课老师要我们在教师节前夕，写一篇怀念老师的文章，本人憋足了劲，还是写出了一篇自己甚难满意的文章，9月10日的《安徽日报》上整版刊登教师节专稿，其中一篇文章引用黎巴嫩作家纪伯伦的散文诗，表达作者对于当年小学恩师的怀念——

那在殿宇的阴影里，在弟子群中散步的教师，他不是在传授他的智慧，而是在传授他的忠信与仁慈。

读到这句话的时候，真是万分激动，因为我觉得而且是隐隐约约觉得，这句话说出了我对于小学时代启蒙老师的全部感怀，马上摘抄下来，记录这句话的札记本早就不知飘散何方，但是几十年来我都在默默地怀想、涵咏这伟大的诗句，虽然难以企及，我在自己的教职生涯中，也是在向着忠信与仁慈的境界攀登，虽然艰难困苦，我在自己的学术生涯中，隐隐约约觉得也是在向着忠信与仁慈的境界攀登，做真学问，做真心人，这句信念感言与散文诗有关，与泰戈尔、纪伯伦有关，当千百万读者都在庆幸自己与泰戈尔和纪伯伦这两位东方大师今生有缘的时候，渺小的我，也在我自己的一隅一角品味大师，品味与两位大师息息相关的散文诗，并试图发现什么，有所言说，因为他们的散文诗现在还在深深地感动着我的良心。

1913年《吉檀迦利》英译本出版，泰戈尔成为亚洲第一个获诺贝尔文学奖的作家。随后冰心翻译了他的《吉檀迦利》，郑振铎翻译了他的《新月集》，文革期间我在邻居伯父家里仰面捧读的那本书，应该就是冰心老人的译本，因为至今也无人能够超越冰心对于《吉檀迦利》的深心解会。从泰戈尔至郭沫若、冰心、郑振铎、徐志摩、许地山、王统照，至千百万现代文学读者，这中间实际上贯穿着一条无法抹平的文学痕迹和思想痕迹。在历史的长河中，泰戈尔在中国曾遭误解，但是他的文学作品特别是他的散文诗，在中国读者中长盛不衰，我一个乡村孩子，文革时期还可以读到《吉檀迦利》和《新月集》，就是最好的佐证。

而纪伯伦呢，西方人称印度的泰戈尔和黎巴嫩的纪伯伦是"站在东西方文化桥梁的两位巨人"，试看纪伯伦的散文诗：

理性与热情

在山中，当你们坐在白杨树荫下，分享远方田野的和平与宁静，——让你们的心在寂静中说："上帝寄寓于理性。"

当暴风雨来临，狂风震撼森林，电闪雷鸣宣示云天的庄严宏阔，——让你们的心在敬畏中说："上帝运行于热情。"

既然你们是上帝畛域中的一道气息，上帝森林里的一片树叶，那你们也应当寄身于理性，运行于热情。

上帝——那个超越性的精神性存在合情合理，情理并包，而且芸芸众生的我们也无须回避欲望的纠缠，因为我们和上帝一样安息在理性里，运行在热情里。当代有学者论及纪伯伦艺术精神的独特性时指出：纪伯伦作品中的审美观，构成了与西方现代审美观的根本差异，与西方在不和谐的丑中展示个别的、特殊的美不同，通过运用"通感"、"应和"手法，纪伯伦在文学创作中表现了人、自然与神之间相互应和的和谐之美、普遍之美。

泰戈尔的"神"也不是高高在上的神，远离人间的神，泰戈尔文学艺术里引起人们无限向往的神无处不在，他存在于孩子的游戏之中，存在于深渊的海上，存在于疲乏喘息之中，存在于梦醒时悲哀的苦痛之中，存在于"你眼里频频掷来的刺激"、"染衣女内心感受不到的爱抚"以及"八年前多少个夜晚与亡妻的伉俪生活的潮水中"……

你潜藏在万物的心里，培育着种子发芽，蓓蕾绽红，花落结实。
我困乏了，在闲榻上睡眠，想象一切工作都已停歇。早晨醒来，我发现我的园里，却开遍了异蕊奇花。

今天我们读泰戈尔依然新鲜如昨，相信即使是视唯美主义批评家们为陌路的80后、90后们也依然能从《吉檀迦利》《新月集》《飞鸟集》《园丁集》等散文诗中读出他们的感触、他们的苦恼和美学的憧憬，那是因为泰戈尔的文学和艺术来自生命本身的跳动，他的"梵我同一"的命题实际上已经幻化为"情我同一"、"爱我同一"、"天我同一"的艺术境界。

上个星期，在《中外散文诗欣赏》课堂上，我有意让全班同学利用一堂课时间，熟诵牢记泰戈尔的三句格言警句散文诗，它们是：

果实的事业是尊重的，花儿的事业是甜美的，但是让我做叶的事业吧，叶是谦逊地专心地垂着绿荫的。

天空中没有翅膀的痕迹,而我已经飞过。
使生如夏花之绚烂,死如秋叶之静美。

我觉得人的一生能够牢记这三句散文诗,并身体力行,他就是一个幸福的人了。

(作者单位:深圳大学)

追寻泰戈尔的足迹

尹锡南

与泰戈尔的初次谋面是在孩提时代。那时，我在故乡重庆酉阳的一所中学读书，订了山西省一份专供中学生阅读的《语文报》。某一天我在报上发现了泰戈尔的诗歌和关于他的介绍文字。泰戈尔幼年时常被一个叫夏玛的仆人严厉管束。夏玛肯定熟悉印度大史诗《罗摩衍那》里具有无边魔力的画地为圈法，他常常画好一个圈，让小泰戈尔如《罗摩衍那》里的悉多和《西游记》里的唐僧一般，老老实实地呆在里边，不许随意走动。泰戈尔在圈里不甘寂寞，望着眼前始终陪伴他的一棵大榕树，开始构思人生的第一首诗。成年后他在诗集《新月集》中还对记忆里的榕树脉脉含情道："多汁的根从你的枝上垂挂下来，啊，古老的榕树/你昼夜凝立着，像一个苦行僧在忏悔/你还记得那个幻想和你的影子游戏的孩子吗？"泰戈尔这段刻骨铭心的幼年往事打动了我那爱诗作梦的一颗童心。多少年后想起与泰戈尔诗歌的第一次邂逅，仿佛想起自己最初那"在水一方"的"所谓伊人"。此后，我开始贪婪地读起泰戈尔的诗歌来，印象最深的是他的《飞鸟集》，那些精彩绝艳的诗句伴随着我度过了贫穷寂寞而又天真淘气的少年时光："鸟儿愿为一朵云/云儿愿为一只鸟。""使生如夏花之绚烂/死如秋叶之静美。""我是一个在黑暗中的孩子/我从夜的被单里向您伸出我的双手，母亲。"我与泰戈尔美丽而长久的异国缘分就这样结下了。此后，我在四川大学攻读硕士学位时，选择了泰戈尔作为研究对象，后来，我的处女作《世界文明视野中的泰戈尔》出版。记得我在处女作后记中写下了这样的话："在泰戈尔面前，我就仿佛呀呀学语的儿童面对神秘莫测的大千世界,又仿佛一位朝圣者走在通往心仪已久的圣地途中。每一刻里,我都会静悄悄地对自己说,这边风景独好!⋯⋯这时才知晓,与一颗伟大而智慧的心灵对话有多么愉快。有道是,情到深处人孤独,爱到至境心憔悴。而这样的孤独与憔悴恰是学者的境界,愿这样的境界永远与我相伴。"我与泰戈尔的灵魂对话越来越频繁,我们跨越中印异质文化的心灵交汇越来越融洽。后来,台湾一家出版社邀请我撰写了《发现泰戈尔》一书,再后来,泰戈尔的影子走进我的博士论文《英语世界中的印度书写》里。他的伟大思想已经化为我的文化血液日夜不停地汩汩流淌。这便使我心中埋下了一粒愿望的种子:去印度朝觐泰戈尔!

在印度留学的地方、靠近巴基斯坦的古吉拉特邦安定下来后,我就筹划着去朝觐泰戈尔的国际大学及其故居。从地图上看,古吉拉特在印度的最西边,而泰戈尔的国际大学和他故居所在的西孟加拉邦加尔各答市则在东边,中间的距离几乎和成都到北京相差无几。因为这是我第一次在异国独自远距离朝圣,我尽可能地作好一切准备,包括饮用瓶装水和熟鸡蛋等食物,以备不适应印度火车饭菜的我在旅途中食用。

2005年2月16日上午10点,我在留学所在地附近的阿南德火车站上了火车,床位在空调车厢的AS1(30)。印度的火车比中国火车开得慢,因此,整整40多个小时的旅行中,白天我就背着买来的价值五百卢比(约合一百元人民币)的傻瓜照相机,长时间站在打开的车门边,饕餮着沿途印度农村的原野风光,不时还按下快门,捕捉车门外一幅幅令人心醉的异国风情:那是与我家乡重庆酉阳县完全相似的山地田野,或黄或白的牛群在原野上吃草;一株株叫不出名字的大树长满红叶,仿佛是展现印度人不绝如缕的生命活力;一条条通向并横穿铁路的小道,人们骑在摩托车或自行车上等火车通过并向我招手致意,间或有一辆牛车拉着干草等在路边;车站上人群熙熙攘攘,几位印度妇女头扛沉重的行李款款走来,一些人则在标着"Pine ka pani"(饮用水)的水龙头前捧水而喝⋯⋯到了夜晚,我仍然守侯在车门边,一如既往地饕餮着车门外的印度夜景,直到友善的乘务员前来提醒并关上车门为止。记得第二天接近黄昏时,火车在邻近西孟加拉邦的奥里萨邦境内行驶时,突然,我的视线里出现了漫山遍野的原始森林,仿佛是盛满我童年记忆的酉阳森林扑面而来，刹那间我被一种幸福感震惊了。我想起了家乡，遥远而又真实的中国故乡。

次日即2月18日凌晨2点45分，火车到达加尔各答市的霍乌拉（howra）车站。我按照此前一位孟加拉朋友的指点，马上去找车站内值勤的警察，请求帮助。他们告诉我，凌晨有车到一百多公里以外的国际大学，于是我改变主意，决定先到那里去。他们叫了一个名为西西里·平托的果阿妇女带我去买好了到国际大学的火车票。天渐渐亮了。开往国际大学所在地桑地尼克坦（Santiniketan）的本地火车出发了。我兴奋不已，因为过几个小时，我就能看到心仪已久的国际大学了！我照例站在门边，欣赏着印度风光。过一会儿，孟加拉乡村真实而又绿色的田园风情仿佛是宽银幕场景次第展现在我眼前。路边是农夫们低矮的茅舍或平房被椰树和芭蕉等植物所包围，四周是水塘和长满绿色庄稼的田地，这番陶渊明似的素朴格调让人顿生怀古之幽。不远处，农民们正在田野里插秧播种，公路上卡车忙碌地跑来跑去，田地里各式庄稼长势良好，不禁让人联想起辛弃疾的婉约宋词来："稻花香里说丰年，听取蛙声一片。"我，一个中国农民的儿子，看到这些自小就熟悉的农村场景，眼睛里湿润了。这时，我才明白，为什么泰戈尔那么热爱他的故乡孟加拉，并写出散文杰作《孟加拉掠影》里那些启迪人心的绿色句子："在这样的地方，你唯一想做的事情，就是凝视着再凝视着自然风光，展开想象的翅膀。""世界对于我来说，永远是新鲜的；就像今生和前世都曾挚爱过的一位老友，我们相知既久且深。"他还写道："当我在乡间与大自然密切接触的时候，在我身上的印度人气质顽强地表现出来。"是啊，孟加拉如诗如画的田园风光仿佛一位睿智而温柔的情人，时刻抚慰着诗人永远年轻的心。泰戈尔没有他那个时代里西方人患的忧郁症，他的生命时刻流淌着孟加拉原野自然清新而又生机蓬勃的"韵律"，那是梵语诗学所谓的"艳情味"（Srngara），一种以自然为情人的最美的情味。后来，独立的孟加拉国采纳诗人描写孟加拉田园风光的一首诗为国歌，就是对他一生热爱孟加拉所作的最高奖赏。

任凭思绪漫无天际地流淌，时间很快地过去了。车厢里走出一位印度朋友提醒我，我的目的地要到了。我走下车来，来到桑地尼克坦火车站。这是一个不算太大的站。我叫上一个人力车夫，用简单的印地语对他说，我要去国际大学。他拉上我就走。这就是真实的桑地尼克坦，让人亲切也使人辛酸的桑地尼克坦。这里没有古吉拉特富裕，看不见机动的三轮摩托载客，只有人力车夫赤着脚满面尘垢地拉着车颠来簸去。街道上尘土飞扬，人们或骑着自行车或来来往往，小贩们推着平板车上的货物穿梭着。当街挺立的榕树展开繁茂的枝叶，为她身旁的各式店铺遮挡阳光。店铺上那些眼花缭乱、龙飞凤舞的孟加拉文招牌看得我心花怒放，遗憾的是，我不认识泰戈尔生前使用的这种书写漂亮、发音柔美的字母。

不一会儿，到了国际大学的行政大楼前。我遇到了一位名叫普拉塔麦西的印度学生，他在这里的"中国学院"（Cheena Bhavana）即中文系学中文。他叫来了一位比我年轻5岁的中文老师阿维杰特·巴纳吉（Avijit Banerjee）先生。他曾到北京语言文化大学学过一年中文。他是中国学院说中文最流利的一位，他的妻子也在北京学过一年中文。阿维杰特把我送到离国际大学非常近的一家尼萨旅馆，每晚一百卢比，算是比较便宜的价格。当天下午，阿维杰特便来叫我去他岳母家做客。她的妻子因为生产待在岳母家。老人家对远道而来的客人表示欢迎，还专门为我煎了一种可口的孟加拉甜饼，让我感到泰戈尔后人们对中国客人的一片深情。

次日，阿维杰特便带我参观坐落在国际大学校园内的著名的中国学院。泰戈尔于1921年12月创办国际大学时定下的的宗旨是："Yatra Visvam Bhavatyekanidam."（世界在此相汇成为一个鸟巢。）因此，它沿用至今的校名就是"Visva Bharati University"。这是一所没有围墙的大学，显示了师尊泰戈尔开放式的自然教育理念。它的四周只用一些铁丝和篱笆简单地装饰一下。这里没有北京大学等中国高校那些富丽堂皇的校门和招牌，但丝毫没有影响它的世界知名度。走进校园，满目只见遮天蔽日、姿态各异的大树。在食堂和印地语学院旁边，就是著名的"中国学院"。这是一栋两层楼式的建筑，正面的墙壁上是前国民政府主席林森刚劲苍健的题词："中国学院"。作为龙的传人，看到异国他乡的这几个汉字，我的眼前马上浮现出泰戈尔、谭云山、师觉月（Prabodh Chandra Bagchi）等被称为中国学院"三杰"的先贤们的名字。在这个素朴典雅而又神圣无比的建筑面前，我朝向"中国学院"几个大字深情而虔诚地鞠了一躬，并念叨着："泰戈尔先生，您年轻的中国朋友来看望您了！"

我多么希望泰戈尔师尊和中国学院第一任院长谭云山先生等中国学院开创者能从历史的风云那边走出来，站在中国学院的面前，好让我年轻的手能握上一把，将他们慈祥的体温带回中国、带给21世纪里的亿万中国人。

阿维杰特先生将我带进他在中国学院的办公室兼教室里。他是一个典型的孟加拉人，气宇轩昂，炯炯有神，仿佛有泰戈尔的遗风。他于2002年完成博士论文，研究方向为汉语语法，题目为《汉语与英语疑问句、否定句语法比较研究》，导师为中国学院院长那济世先生（Artatrana Nayak）。他的办公室墙壁上贴着他从北京带来的中国版世界地图和其他一些中国画，最使人称道的是有幅画居然是他的名字"Avijit"以艺术字体排列成根根竹子，上下各有一行汉字，可能是他在北京时中国友人为他设计的。他告诉我，他们已经几年没有中文外教了，非常盼望新德里方面派一个来。他自己和学生们想去中国学习的愿望非常强烈。他希望我回国后代为联系。在国际大学的五千学生中，中国学院的学生不到一百人。我们谈话时，他的学生们陆续到来。我就开始与他们进行交谈，但这些学生的中文表达不太理想，我们没有达到彼此理解的目的。以后的几天里，我与阿维杰特用中文交流，与他的学生们便用英语交流。但我总是不失时机地教他们说中文，他们也学得很卖力。结束谈话，我与阿维杰特和他的学生们走到外面合影，拍摄的每张照片上都以"中国学院"的几个大字为背景。现在看着这些照片上一张张年轻活泼的笑容，我仿佛一下子回到了桑地尼克坦。

当天下午即2月19日，阿维杰特吩咐他的几个学生阿林、普拉塔麦西、桑托西、丽杜等陪伴我去参观国际大学附近的泰戈尔纪念馆。门票为5卢比，因为此前纪念馆里泰戈尔获得诺贝尔文学奖的一个奖品被盗，而复制品尚未从瑞典运来，所以保安盘查十分严格。里边不许带照相机拍照。我按照习惯也脱下鞋子，随川流不息的人群走进纪念馆里。这里没有解说员，人们随意观看。纪念馆里摆放着许多玻璃柜，展品就在其中。内中两物引起我的兴趣，一是一匣，上面有汉字："赠太谷儿先生欢迎词之匣。旅缅华侨谨上。1924年3月26日。"二是一个煮咖啡的器具，上有英文："Gift from China."（来自中国的礼物。）我还看到日本人送给泰戈尔的一个和尚塑像和一个匣子。泰戈尔生前欲联合中日印几大文明对抗西方强势话语在此可以发现微妙的痕迹。纪念观四周墙上是泰戈尔的美术作品和关于泰戈尔的各种生活摄影。我和几个印度学生从泰戈尔幼年时的生活素描开始观看,一直到他逝世前的各种活动身影。让我难忘的是,一幅照片上,临近人生终点的泰戈尔,虽然看上去明显的衰老,但仍然坐着兴致勃勃地观赏一些女青年的翩翩起舞。这才是闻名世界的伟大诗人的真实本性。舞者的活力象征着诗人无穷无尽的艺术创造力。乐观而印度的泰戈尔在此得到最印度的完美阐释。

接下来的几天里,我又几次去参观中国学院,拍摄了一张张珍贵的照片。我还爬上屋顶平台参观,想象谭云山生前在此操练他独创的太极神功的情景。我在中国学院内壁上发现了一些宗教色彩浓厚的画,以及谭云山先生拟定并刻在壁上的一幅"稀世珍品":"本院使命:研究中印学术,沟通中印文化,融洽中印感情,联合中印民族,创造人类和平,促进世界大同。云山敬书。"我将这些一一拍了下来。我与印度学生一起,观看了一场晚会,能歌善舞的印度学生给人留下深刻印象。我还参观了国际大学的中央图书馆和日本学院等分支机构。我惊讶地发现,光是语言方面,国际大学就开设了中文、藏文、日语、英语、德语、法语、俄语、意大利语、阿拉伯语、波斯语、乌尔都语、梵语、印地语、孟加拉语、奥里雅语等印度国内外语种,仿佛一个专业性的外国语大学。这从又一个侧面反映了泰戈尔生前包容世界的办学宗旨。那几天里,我不止一次地漫步在国际大学宽阔的校园里,在根深叶茂的榕树下驻足沉思,在中国学院旁边的静修院(Ashram)面前诗意联翩。在我走过的这片神圣的土地上,曾经留下泰戈尔和谭云山等人匆匆的脚步,也留下过徐悲鸿、尼赫鲁和许多著名西方人士的坚实足迹。而今这些脚印已经不在,它们刻在了国际大学的史册上,印在了中印友好交流和东西文化互动的历史版画里。在校园中,我看到姑娘小伙们在苍劲的大树下随处小坐,手捧书本学习或聊天交谈。一个老师在露天的树下给几个学生上课,仿佛是泰戈尔授课遗风的传承。艺术学院旁边是一些造型各异的根雕,有的屋舍正面竟然被别出心裁地绘成一幅色彩各异、巧夺天工的画。一些来自尼泊尔等印度邻国的学生在此学习,我还遇到两个美丽的英国姑娘,其中一个告诉我,她在国际大学学习美术。遗憾的是,这里没有一个中国学生。中国学生在此学习是几年以前的事情了。

离开桑地尼克坦前夕，中国学院院长那济世先生从外地出差回来了。阿维杰特将我带到他家。那济世先生非常热情地用中国筷子和可口的饭菜招待我。他以前在香港学习了两年中文，也曾经到过北京，现在是中国学院的博士生导师。他说，已经看到了我送给中国学院图书馆的两本书。我们就感兴趣的一些话题交换了看法。那济世先生希望我回国后给他寄一点中国最新的时事方面书籍。他还表达了和阿维杰特一样的急切心理，希望中国的大学能够把他们中国学院的中文教师邀请过去进行学术访问。我参观中国学院图书馆时发现那里没有足够的中文新书，甚至没有我们中国学界研究印度最权威的期刊《南亚研究》和《南亚研究季刊》。将那济世先生的话与这些情况联系到一起，我感到心情沉重。比起日本学院的房舍和足够的新日文资料来，中国学院显得有些寒碜。看来，中国政府和学界同人需要努力。只有这样，我们才对得起泰戈尔生前对中国的友好情谊。

2月22日早上5点半，我离开了朝夕相处几天的印度朋友们，往加尔各答方向进发。在车站上，我向前来送我的印度学生桑托西挥手告别，他用不太流利的汉语说道："尹老师，再见！"这句告别是桑地尼克坦和国际大学留给我的最珍贵的纪念之一。

当天上午10点半，火车把我送回了加尔各答。加尔各答大学相关机构看了我所在大学开的介绍信后，将我送到大学对面的"大佛教协会"（Mahaboddhi Society）住下。我跟一些佛教徒住在一起。非常难受的是，因为在国际大学不停地辅导印度学生练习中文发音，我的嗓子哑了，并患上了感冒，极不舒服。

24日上午，我在人的指点下，去参观坐落在加尔各答城里的泰戈尔故居约拿桑戈（Jorasanko）。泰戈尔故居的大门气势非凡，主色调是红色，折射出泰戈尔对生命的乐观解读。一块红色的石柱上写着："House of Tagores, Rabindra Bharati University"的字样。走进去便来到正门前。这是一道红色的小门，上面以孟加拉文印着里边设立的一所大学的名称即Rabindra Bharati University。站在门口望去，全是红色的建筑物，左边和中间是泰戈尔生平展览的博物馆即他的家族生活起居之处，正前方有一尊前苏联政府赠送的泰戈尔塑像。我等到11点时，买到了参观券，50卢比。解说员是一个孟加拉姑娘迪普西卡·巴纳吉小姐。她带着我参观了泰戈尔及其家族生前留下的所有生活痕迹。在她的英语解说中，我知道了哪里是泰戈尔父母住的地方，哪里是他妻子蒙纳丽尼的厨房，哪里是泰戈尔演戏排练的所在，哪里是他出生与仙逝合而为一的所在。让人叹息的是，泰戈尔祖上血脉传到20世纪七、八十年代，竟然再无后嗣。这个博物馆和桑地尼克坦的纪念馆相比，具有更多的生活气息，令人感到亲切。我在观看泰戈尔与世界各国友人的合影时发现一个遗憾的事实：泰戈尔1924年访问中国的那张摄影是泰戈尔与西方朋友从飞机上走下来的情景，而他到日本和西方的访问则配有他与日本和西方朋友的合影。我当即找到副馆长，对她说，我是研究泰戈尔的中国学者，非常崇敬泰戈尔师尊。泰戈尔生前在中国与很多中国朋友合影，我的书中便有几幅。我希望他们能把那张照片换下来，换上一张泰戈尔与徐志摩、梁启超等人合影的照片。因为，今后肯定还有中国朋友来朝拜泰戈尔的，他们看到这样的照片一定很高兴，很亲切。副馆长答应了。下得楼来，我还到后面去参观了一番泰戈尔生前进行宗教祭祀活动的地方。我还发现，博物馆里有一幅徐悲鸿先生给泰戈尔的画像，并且，在展出的关于泰戈尔作品的各国语言译本中，冰心先生的中文繁体字译本赫然在列，这多少补偿了我的一些失望。时间不早了，我回头看看掩映在绿树丛中的红色圣地，心中念叨着泰戈尔神圣的名字，恋恋不舍地往外走去，但还是一步三回头。因为，我不知道，人世沧桑，命运恍惚，今后什么时候才能重访约拿桑戈的圣地灵音。但我知道，在中国，我会在自己拍下的照片上不断地饕餮这段珍贵的幸福时光。因为，这是泰戈尔灵魂永远驻留的天堂。

次日，我在一位学习汉语的印度学生邵孟达的帮助下，买到了一套孟加拉文版的12卷本《泰戈尔全集》和其它几本泰戈尔作品。还买了一些自学孟加拉语课本。我又抱病勉力赶到邮局，将它们寄往中国。虽然花费上千元，但我觉得自己心中很塌实了。很多中国学者研究泰戈尔却不懂孟加拉文，这使其研究隔靴搔痒。我想如有可能，自己应该学一点原文，再来研究泰戈尔，这样才对得起泰戈尔这一伟人。

8月18日，我再次来到加尔各答。此行的目的是访问贾达瓦普尔大学比较文学系。行程匆忙，我只到加尔各答大学附近的一家书店买了一本泰戈尔书信集，就匆匆结束了第二次加尔各答之旅，赶往南方的班加罗尔。这次的加尔各答之行让我感慨万分。访问印度七十岁的比较文学元老、国际比较文学学会前副会长阿米亚·德武（Amiya Dev）先生时，我问这位到过北京大学的印度著名学者，他们的比较文学系与中国大学的相关机构有否学术交流时，答曰：没有，我们没有兴趣，中国方面也没有兴趣。顿时，我觉得心中不是滋味。泰戈尔是印度比较文学学科的创始人之一，他的世界眼光昭示着中印携手、东西交流，21世纪里，中印学界理应交流往来，而不是相反。

一年后的今天，我的面前放着国际大学那济世先生一个月前写来的一封信。他告诉我，四川大学寄给他的中文报纸《比较文学报》对于增加中印两国学者的互相理解非常有益。他还希望我下次访问印度时，去国际大学讲学。阿维杰特一直与我保持邮件往来。几个月前，他告诉我，国际大学终于有了一位来自安徽大学的外教马刚。于是，我的思绪老是飞到国际大学，我知道，我的心已经留在了那里。1924年，泰戈尔离开中国时，友人问他，你落下什么东西没有，诗人深情而幽默地回答说：没有，只是我的心落下了。我与泰戈尔的心互相落在了对方的国度里，这难道不是跨文化对话的魅力吗？这难道不是中国人追寻泰戈尔足迹的最佳方式吗？

（作者单位：四川大学）

诗与诗说

——阅读泰戈尔短篇小说及其他

王柯月

因为他本质上是个诗人。

——PP. Shapma

提到泰戈尔，许多人首先想到的都是他伟大的诗人冠冕和宝藏般的诗歌创作。而我们这些埋首于这位伟大文学家浩淼创作的"学术工作者"似乎总是在试图扭转这种"浅见"，侃侃而谈泰戈尔诗歌之外的小说、戏剧乃至秘不可测的哲学思想和宗教信仰，奋笔疾写他投身的社会运动与政治革命，仿佛冷门、生僻、艰涩才能显示我们研究的高深与价值，并且似乎在这条鲜有人走的小径上越走越远并乐此不疲。

而一转身我们却恍然发现，这样做才是离泰翁的灵魂，离真正的诗人，离我们的初心，越来越远。

目光回到文学创作本身。诚然泰戈尔在诗歌之外的文学创作也可谓是异彩纷呈，诗歌的精神和本质却始终未曾远离这些文本。就拿短篇小说来说，不仅是语言、手法、情感的诗化气质和由此营造的诗意氛围和广阔感染力，而且在创作准则和理论基础上都与诗歌密切相关。

不是欧·亨利的出人意料，不是契诃夫的辛辣讽刺，不是马克·吐温的幽默风趣，不是爱伦·坡的惊悚悬疑，不是蒲松龄的老辣深邃，而是诗一般的意境——我只能这样概括——关于他一生留下的 100 多篇绚丽多彩的短篇小说创作，倪培耕先生曾说，"《素芭》、《邮政局长》是抒情诗；《泡影》、《摩诃摩耶》像叙述诗；《饥饿的石头》、《客人》像散文诗。"①

为何会有如此如诗般的小说创作呢？问题的答案是如此简单明晰却又震撼人心——"因为他本质上是个诗人。他完全沉醉于诗的意境之中，他内心蓬勃的激情时时以丰富多彩的形式喷涌而出，而他的短篇小说则是他整个人格的一个组成部分。"②

语言与修辞在麦芒上舞蹈

> 绿树长到了我的窗前，仿佛是暗哑的大地发出的渴望的声音。
> ——泰戈尔《飞鸟集》

"库苏姆，你在哪儿？你离我真是太遥远了。即便用高倍望远镜对准你仔细观察，也只能看到一个小小的斑点。"

"她就像一株荷花，被人移植到陆地上去了。"

"（她的眼睛）就像海一般的深沉、天空一般的清澈，黎明与黄昏、光明与阴影，都在这里自由嬉戏。"

"一种类似动物的肉体的爱，一种想回到亲人身边的渴望，一种见不到亲人的思念，一种心灵深处如牛犊在傍晚哞叫似的对于母亲的默默的呼唤——这种近乎动物本能的爱，激动着这个羞赧、胆怯、羸弱、笨拙而又丑陋的孩子。"

凝练、隽永、含蓄、浪漫、多情、善感，这些随意从小说中撷取的只言片语仿佛就能变成一节节动人的诗行，一首首不朽的诗篇，绝不逊于《飞鸟集》或《新月集》其中之一。阅读至此，会放慢心绪，细细品味，咀嚼诗意浓郁的滋味；而放眼全文，又有被整体构思的诗意性浓郁包覆的感觉。在这里，情感的流动穿梭代替了情节的起承转合，想象反倒是勾连前后的密钥——这不正是诗歌的想象与跳跃么。

---

① 倪培耕：《诗化小说选本》序，上海文艺出版社，1997年版。
② PP. Shapma, *Application of the Rasa Theory to Tagore's Short Stories*, p. 82.

比喻、排比、夸张、象征、想象、通感、移情，这些在诗歌创作中被反复运用的各种技巧被诗人看似漫不经心地玩弄于手指之间，却恰到好处甚至锦上添花地镶嵌在小说之中。沉默的少年内心深处的力量"像正午的太阳那样静静燃烧"，蟋蟀的鸣声是"静夜的裙摆上一道淡淡的滚边"。最令我心灵颤动的句子是《河边的台阶》中婚姻不幸的少年苦森——"她就像一株荷花，被人移植到陆地上去了"——这样一株被毫无抵抗、残忍地移植到陆地上的荷花，在不幸的生活中迅速枯萎——"她的双脚也没有奏出乐曲。"

诗歌的语言和修辞，本就是一件在麦芒之尖上舞蹈的高难度之事，泰戈尔更把这看似轻盈自在却颇需功力的舞动天衣无缝地移植到小说当中，这不能不说是一项极其伟大的创造啊。

画于情，乐于心

> 这个世界的灵魂，似乎渴望在线条与色彩、音乐与律动、暗示与低语的无穷韵律中，在一切难以言传的启示中表现出来，并在人心对自己在创造中显现的之上的人的无休止的渴望中找到了自己的和谐。
>
> ——泰戈尔[①]

泰戈尔曾说："文学为了弥补表现力的不足，借助两个主要：一是画图，二是音乐。"[②]

绘画带来的是生动活泼的形象、色彩和缤纷变幻的线条感，音乐赋予的则是一种无声却涌动和蔓延的韵律——像是冥冥中神之手拨弄琴弦的起伏摆荡，也像是风之语拂动海浪扬起的波纹徘徊低回。阅读泰戈尔的短篇小说，字里行间闪耀的色彩，徜徉的韵律，轻阖双眼的刹那，都在读者的想象中呈现出画面、音乐交响辉映的立体世界，而情感和韵律从中贯穿，涓涓流淌。

这个世界，寥寥数笔，却如交响乐般冲击着哑女素芭平静的心灵彼

---

① R. Tagore, *Personality*, London: Macmilan, 1977, pp. 32–33.
② 《泰戈尔文集》，安徽文艺出版社，1995年版，第199页。

岸，——"河水淙淙，人声喧腾，渔民哼着小曲，百鸟在啼鸣，树木发出婆娑声——"，而当正午时，"人类世界仿佛突然停止了一切活动，变成一座可怕而孤独的雕像。这时候，在炎热而广阔的天宇之下，只有一个默默无声的大自然和一个默默无声的哑女，在面对面地静坐着——一个置身于火热的阳光下，而另一个则坐在一棵小树的荫影里。"一首默而无韵的诗悬在一幅恬淡、静谧的画中，悬挂着有着花瓣式大眼睛的哑女心底的苍凉。

这个世界，是太阳和乌云的二重唱，是吉莉芭拉心情起伏的变奏，是油彩的浓烈和水粉的清新——"早晨活泼易动的阳光和乌云，到了傍晚就安静下来，并且现出了疲惫的表情；臃肿的白云聚集在天边的角落里；逐渐暗淡下来的夕阳，在树叶上、池塘的水中和被雨水洗过的自然界的每一个机体上，熠熠闪光。"

这个世界，是"早春的微风饱含芒果花香轻轻拂来。池塘边老荔枝树上，繁枝茂叶丛中的一只杜鹃，毫无倦意地婉转地鸣唱，"是《弃绝》中赫蒙托对库苏姆深情缠绵的爱意；这个世界，是"一只蜥蜴从一堆堆枯枝败叶上飞快地爬过，发出了嗖嗖的声响；一阵热风忽然从田野吹来，河水猛然苏醒了，击打着那断裂的河边台阶，发出了哗哗的声响，"是《莫哈玛雅》中拉吉波洛琼悲凉的心境和凄楚结局的预示。

韵律，也是泰戈尔诗学和美学观念中的重要因素，它不是一种纯粹的形式因素，而是包含了世界和生命的内容因素。即使作为形式，韵律也是一种"内形式"或者"有意味的形式"。正是通过捕捉这种音乐、绘画、诗歌当中都具有韵律美，泰戈尔展现了人物的外貌神态和心灵图景，构建出立体诗意、与众不同的、独一无二的，却是属于小说的新境界。

让我们歌颂或憎恶，让我们相爱或厌弃

有些人是如此幸运，他们那颗富有感情的心灵，总是把他们自己的惊奇、慈爱和想象投射到世界上的每一类事物上去。

——泰戈尔[1]

---

[1] 《泰戈尔文集》，安徽文艺出版社，1995年版，第197页。

如此幸运，用一颗敏感湿润的心去承接世界上每一种情感的降临，去覆盖每一寸荒芜的土地和干枯的魂魄，即便大雨滂沱，即便毒日不堕，即便荆棘丛生。

他是幸运的，他是不屈不挠的，他是永不枯竭的泉眼。他站在屋子外面静静地看着别人的生活，他默不作声地书写，却在试图置身事外的叙述里有意无意地吐纳着笔下人物的呼吸，吐露着自己的喜悦和叹息。

诗的灵魂，是感知的敏锐与充沛，是情感的真诚与丰盈，是冲撞与喷射，是曝露与奔涌，是甜蜜与刺痛，是狂喜与折磨。他把诗人灵魂浇灌到短短的故事里，然后用诗人的方式在小说的镜框中呈现，呈现的结果便如同小说《胜与败》中的这句话——"诗人感情的激流，仿佛在抚摸、拥抱、亲吻宫殿的每一块砖石。"

泰戈尔曾做过这样的比喻，人的情感是胃液，它能把这个现实世界变为较亲切的情感世界。一首诗就是一个或几个饱含汁液的句子，这些汁液刺激人的情感汁液。文学表现的最重要内容是人的情感；文学家通过艺术的对象不仅仅只是表现对象，而是表现他自己。

表现他自己——"好像是一朵给雪水浸湿的素馨花，还没盛开就落在地上了"，是对少年寡妇深挚的怜悯与同情。

表现他自己——"不是终身幸福，就是虽死犹生"，求婚后等待答复少年的煎熬难耐。

可以说，小说的每一个人物、每一方场景，都充斥着激越的情感，无论是热爱、歌颂、赞美抑或是批判、痛苦、厌恶，都是诗人内心情感最诗化的表达。

> 我不能选择那最好的。是那最好的选择我。
>
> ——泰戈尔《飞鸟集》

与其说泰戈尔选择了诗歌，不如说诗歌选择了泰戈尔。这些文字，在形式是上小说，却在小说的外壳下面蕴藏着诗歌的语言、韵律、情怀，我倒更愿意称他们为"诗说"——诗的另一种言说，诗人和小说家讲述的自己的另一种方式。

  这也是一条少有人走的路,却也在启示我们这是走近个人内心最直接的途径,用泰戈尔的方式,用诗说的方式。

(作者单位:北京大学)

河灯的童话

——《吉檀迦利》与《没有画的画册》"放灯女"故事之比较

朱佳艺

    一部《吉檀迦利》让泰戈尔获得了诺贝尔文学奖,也为他树立了"东方诗人"的经典形象。这部诗集中的诗歌类型十分丰富,既有说理诗、抒情诗,又有具备一定情节的寓言诗。其中,创作于1905年的第64首诗(原题"多此一举"[①])描写了"我"和一名提灯姑娘的对话:"我"因为房子里"黑暗寂寞"向姑娘借灯,姑娘却要把灯放入河中,献给上天。此诗在寥寥几句间建构了宁静幽远的意境,寄托了深刻的哲思,兼具寓言诗与抒情诗之美感,可谓泰戈尔的经典之作。

    经典的形象总是能在文学史上找到共鸣和知音。对于此诗而言,这"知音"大概就是八十多年前丹麦作家安徒生在哥本哈根城里创作出的童话《没有画的画册》了。《没有画的画册》以"月亮"为讲述者,每一夜讲一个故事,共33夜,内容大多与异国风物相关。其中有一些涉及中国、印度和其他东方国家的内容,从侧面折射了19世纪西方世界对于东方的想象和认知。在第一夜里,月亮就为读者呈现了一幕印度风情画:一名姑娘在夜间悄悄来到河边,把一盏灯放入水中。她祈祷河灯在视线所及的范围内不灭,这样就说明她的情人还活着。对比这个故事与泰戈尔的诗作,我们会发现,两首作品

[①] 王坤宇:《国内〈吉檀迦利〉研究的困境及新的研究范式的垦殖》,硕士论文,北京语言大学比较文学与世界文学专业,2007年6月,第31页。

虽然在创作时间和文化背景上有万水千山之差别，但在情节、主题和表现手法上却有惊人的相似之处。这有趣的文学"巧合"恰恰提供了文学比较的空间，为我们在跨文化视野下重新审视两位作家的经典作品提供了可能。（注：本文末附有两篇作品的中译文，可供参考）

一、形象的相似：黑眼与明灯

对比《吉檀迦利》与《没有画的画册》两篇作品，我们首先会发现二者在选取形象上的相似性。两作品的布景都具备"印度，夜晚，草木茂盛的河边"三个基本要素，主人公都是一名"怀有某种希望的年轻女子"，而画面中心——也就是情节展开的焦点，都是女子手里的那盏明亮河灯。然而仔细读来，我们又会感到这些形象在"相似"之外的差异性。甚至可以说，表面越相似的形象，其本质的差异就越明显，这种悖论无疑是有利于解码二者的文化背景的。

在故事中心"印度姑娘"的形象上，泰戈尔和安徒生不约而同地描写了她"乌黑的眼睛"。安徒生把姑娘比作"眼睛放亮"的瞪羚，他笔下的姑娘有"一对亮晶晶的乌黑眼珠，隐隐地藏在丝一样长的睫毛后面"。而泰戈尔在诗中反复提到姑娘用"乌黑的眼睛"（dark eyes）注视"我"这一细节。然而，在文化比较视野下，我们不难发现这两双"乌黑眼睛"中潜藏的差异性：于安徒生而言，这种乌黑的颜色是遥远东方的象征，"瞪羚"一般的明亮双眼，衬托出了印度姑娘的美丽。这样美好、纤弱的阴性意象，正符合了当时西方世界对东方女子的主观想象。而泰戈尔则不然。泰戈尔在描写本国的姑娘时并没有把她作为"他者"看待，他笔下的"乌黑眼睛"虽然也有衬托姑娘美貌的作用，但其更重要的功能在于和"注视"（gaze）这个动作一起，烘托幽雅宁静的诗歌意境。在三次对"注视"的描写中，诗人引导读者反复想象姑娘那神秘的眼神，眼神深处寄托了诗人某种深远的神性情怀。这种内涵是安徒生作品所不具备的。

印度姑娘形象的差异性在其他描写中体现得更为明显。安徒生从各个角度描写姑娘的美丽外貌，他把她比作"夏娃"，她的身材"轻巧"、"轻灵"

同时又"那么丰满",她有"细嫩的皮肤"和"柔嫩手指",连月亮都可以看到上面的"脉纹"。这些描写都印证了西方世界对东方女子纤细、柔弱等特点的想象。与之相比,泰戈尔笔下的姑娘并不是柔弱的。她听到"我"的问话后,会抬起眼睛注视"我",没有羞怯之感。对于"我"借灯的要求,她三次提出不同理由拒绝了"我",显得颇有主见。虽然这一情节的象征性多于现实性,但我们还是能借以看出他与安徒生在认识上的差异。

在故事发生的环境上,两位作家所构建的场景都是"夜晚的河边",河边草木茂盛,有"深草丛"(泰戈尔)或者"浓密的树林"(安徒生)。所不同的是,安徒生所预设的场景比泰戈尔的更为静谧。在安徒生笔下,姑娘要穿过"多刺的蔓藤",河边甚至还有"花蛇"和"饮完了水而走过来的野兽",这些都暗示着姑娘所在的地方是没有旁人的。而泰戈尔诗中的河岸虽然"荒凉"(desolate),但姑娘身边还是有"我"与她对话,最后一段还说明姑娘是来参加"灯节",在她的灯旁边还有许多盏灯(lights)。这种差异是由于两篇作品情节的不同造成的。在安徒生的童话中,姑娘是为占卜她的情人的命运而来,故需要秘密行动;而在泰戈尔的诗中,姑娘对灯节的参与更多地体现着一种"人"与"神"的对话。关于两首作品在主题上的差异,下文将会详述。

二、情节的同构:敬神或占卜

前文已经提到,《吉檀迦利》与《没有画的画册》两篇作品的情节在一定程度上具有同构性:主角"印度姑娘"来到故事发生的场景"夜晚河边",将手中象征某种希望的"灯盏"放到河里去。然而,两作品中姑娘放灯的目的是有所不同的,这也导致了两作品在主题上的本质性差异。

在安徒生笔下,姑娘的想法是:"如果这盏灯在她的视力所及的范围内不灭的话,那末她的恋人就是仍然活着的。不过,假如它灭掉了,那末他就已经是死了。"这表明,姑娘秘密来到河边放灯,是为了占卜她情人的生死。她向梵天祈祷,是为了情人的命运。而在泰戈尔的诗中,姑娘放灯并不是为了现实的幸福,而是为了向神敬献,是一种"朝拜"的仪式。在泰戈尔的笔下,姑娘并没有祈求神来保佑什么,她的敬献是出于最单纯的信仰。值得注意的是"无用"（uselessly）一词，在三个段落中泰戈尔反复以"无用"来描述这盏小灯在河上的漂流。笔者认为，这种"无用"的本质，是与"梵"相关的一种神性内涵的外在体现。关于这一点，下一节将展开分析。

除了主人公的差异以外，两篇作品中情节的展开方式也有所不同。《吉檀迦利》是以对话体展开的，前景上有"姑娘"和"我"两个在场的形象，"我"既是故事的叙述者，又亲自参与其中。而《没有画的画册》中，叙述者"月亮"是纯粹的旁观者，无法影响故事的进展，其视角构成了对姑娘秘密行动的某种"窥视"。同时，两首作品中都有一个未曾出场的"神"在影响情节。《吉檀迦利》中的"神"也即"上天"（the sky）是姑娘敬献的对象，"神"的存在让"我"无法借到姑娘的灯。在叙述者"我"的心中，对神的敬献是"无用"（uselessly）的；而在《没有画的画册》里，"神"即"梵天"却是爱情的保佑者形象，"神"与姑娘的未婚夫并列在她的心中，因而显得更加具象。这种区别反映出，安徒生童话是对现实的诗化描摹，而泰戈尔的诗歌则着眼于带有神秘色彩的象征意义。

在情节的表现手法上，两篇作品也有所差异。泰戈尔采用的是散文诗的形式，作品分为三个段落，各段之间有高度的重复性，仅在特定位置有所变化。具体来讲，三段都采用了"在……中，我问她'……，把你的灯借给我罢'，她望了我一会，说……，我站着看她的灯……"这一结构，出现"……"的地方是作者替换的内容。这很容易让人联想起中国古代经典《诗经》中"国风"部分常用的复沓手法。实际上，"复沓"本是各民族诗歌初创期常用的手法，泰戈尔将其借用到自己的创作中，增强了诗歌的韵律感和神秘色彩。与之相比，安徒生的作品则简单得多，基本上是顺叙手法，体现了童话的特点。不过，安徒生的这篇童话不以叙事为主要功能，而是运用了大量的形容词、比喻手法和细节描写，读起来更像一篇散文诗。这使得其意境与《吉檀迦利》更为接近。

三、主题的异质："人"之爱与"神"之爱

《吉檀迦利》与《没有画的画册》两首作品虽然写了相似的印度姑娘，

具有相近的"放灯"情节,但表达的主题相去甚远。这种异质性是由作者的视角和文化背景决定的。

在安徒生的笔下,这个"放灯女"的故事是一篇关于纯真爱情的童话。在姑娘真诚专注的祈祷和"他仍然活着!"那声快乐的叫喊中,我们能读出她对情人热烈执著的爱。安徒生一生未婚,却在创作里寄寓了对美好爱情的理想,这与他早年坎坷而充满创伤的感情经历有关。他曾经爱慕几名上流社会的女子,但都无果而终,这种经历反映在他的作品里,使得他笔下的爱情具有"哀伤"和"渴望"两种不同的基调。在《柳树下的梦》、《依卜和小克丽斯玎》、《冰姑娘》、《老单身汉的睡帽》等作品中,"女性抛弃/背叛男性"是一致的主题,这类作品往往现实主义倾向较强,故事发生的地点也与作者生活的地方较为接近。而在《海的女儿》等另一些作品中,作者又着力表现女性对爱情的坚守,这些作品往往充满了理想主义色彩,有较多的虚构成分,《没有画的画册》即属于此类。除了第一夜的"放灯女"故事以外,第二十七夜"白姑娘和瑞虹的故事"也描写了女性对无望爱情的坚守,而这个故事发生在同为东方国家的中国。有学者指出,安徒生对东方爱情的表现是一种"反向建构",即"从与西方模式完全相反的方向建构东方爱情"。① 笔者认为,这样的书写一方面反映了西方世界对东方女性"柔弱、坚贞、甘心为男子牺牲"等特质的想象,另一方面也折射了安徒生个人对以"西方"为象征的世界感到失望,他渴求从对遥远东方的想象中重新建构对爱情的信仰,获得心灵的慰藉。

与之相比,泰戈尔笔下的"放灯女"故事却具有完全不同的主题。《吉檀迦利》中的印度姑娘并非为祈求人类之爱而来,她所渴慕的乃是神明的眷顾,而这眷顾在本质上又是"无用"的,所以不如说,她无所渴慕。对泰戈尔《吉檀迦利》的解读历来众说纷纭,笔者比较认可的一种说法是,泰戈尔的信仰是"梵","梵"是万物的本原,包罗一切,又处于永远的发展和变化之中。泰戈尔曾说:"在消极方面梵是静寂的,在积极方面梵在任何时候都是活

---

① 彭应翃:《论安徒生童话里的"东方形象"》,博士论文,暨南大学文艺学专业,2011 年 6 月,第 56 页。

跃的。他是诗人，他将思想作为乐器，他在有限中显示自我，这种显示出自他的极乐而非出自某种外界的需要。所以在无穷岁月中献身，满足我们的需求。"① 在这里，"灯"的"无用"性质，隐喻了"梵"与外界实际需要相互脱离的特征，可以说，姑娘手中的"灯"就是"梵"的象征，它最终要燃点自己，归于无始无终的宇宙（第二段的"天空"一词，英文原词 void，是"太空、宇宙"之意，暗含着"万物、无穷"的玄妙意味）。而"我"借灯而不得，看着灯在水面上漂走，隐喻了某种永远不能实现的希望，以及诗人对神性永恒的憧憬与追求。

可见，《没有画的画册》与《吉檀迦利》中的"放灯女"故事，都以对"爱"的歌颂为主题，然而前者是人类之爱，后者是神性之爱。二者主题的差异，体现了两位作家在思想和文化视角上的深层差异。在世界文学的历史上，它们同样有不可磨灭的价值。两位印度姑娘尽管相隔百年，相距万里，但她们乌黑的眼睛，将一样明亮地映照在追求并欣赏美与爱的读者心中。

附：《吉檀迦利》与《没有画的画册》相关章节中文译文

《吉檀迦利》第 64 首（冰心译②）：

在荒凉的河岸上，深草丛中，我问她："姑娘，你用披纱遮着灯，要到哪里去呢？我的房子黑暗寂寞——把你的灯借给我罢！"她抬起乌黑的眼睛，从暮色中看了我一会。"我到河边来，"她说，"要在太阳西下的时候，把我的灯飘浮到水上去。"我独立在深草中看着她的灯的微弱的火光，无用地在潮水上飘流。

在薄暮的寂静中，我问她："你的灯火都已点上了——那么你拿着这灯到哪里去呢？我的房子黑暗寂寞——把你的灯借给我罢。"她抬起乌黑的眼睛望

---

① 泰戈尔：《人格的世界》，选自倪培耕编选《泰戈尔集》，上海：上海远东出版社，1997年。转引自祁建立："梵"、"人格"、"爱"的颂歌——〈吉檀迦利〉的神性解读，河南师范大学学报，2009 年第 04 期。

② ［印度］泰戈尔著，冰心译：《吉檀迦利·园丁集》，长沙：湖南人民出版社，1982 年 5 月第 1 版，第 33 页。

着我的脸,站着沉吟了一会。最后她说:"我来是要把我的灯献给上天。"我站着看她的灯光在天空中无用的燃点着。

在无月的夜半朦胧之中,我问她:"姑娘,你作什么把灯抱在心前呢?我的房子黑暗寂寞——把你的灯借给我罢。"她站住沉思了一会,在黑暗中注视着我的脸。她说:"我是带着我的灯,来参加灯节的。"我站着看着她的灯,无用地消失在众光之中。

《没有画的画册》第一夜(叶君健译①):

"昨夜",这是月亮自己说的话,"昨夜我滑过晴朗无云的印度天空。我的面孔映在恒河的水上;我的光线尽量地透进那些浓密地交织着的梧桐树的枝叶——它们伏在下面,像乌龟的背壳。一位印度姑娘从这浓密的树林走出来了。她轻巧得像瞪羚(注:这是像羚羊一样小的一种动物,生长在阿拉伯的沙漠地带。它的动作轻巧,柔和;它的眼睛放亮),美丽得像夏娃(注:根据古代希伯来人的神话,上帝照自己的形象用土捏出一个男人,叫做亚当,然后从这人身上取出一根肋骨造出一个女人,叫做夏娃。她是非常美丽的。古代希伯来人认为他们两人是世界上人类第一对夫妇)。这位印度女儿是那么轻灵,但同时又是那么丰满。我可以透过她细嫩的皮肤看出她的思想。多刺的蔓藤撕开了她的草履;但是她仍然在大步地向前行走。在河旁饮完了水而走过来的野兽,惊恐地逃开了,因为这姑娘手中擎着一盏燃着的灯。当她伸开手为灯火挡住风的时候,我可以看到她柔嫩手指上的脉纹。她走到河旁边,把灯放在水上,让它漂走。灯光在闪动着,好像是想要熄灭的样子。可是它还是在燃着,这位姑娘一对亮晶晶的乌黑眼珠,隐隐地藏在丝一样长的睫毛后面,紧张地凝视着这盏灯。她知道得很清楚:如果这盏灯在她的视力所及的范围内不灭的话,那么她的恋人就是仍然活着的。不过,假如它灭掉了,那末他就已经是死了。灯光是在燃着,在颤动着;她的心也在燃着,在颤动着。她跪下来,念着祷文。一条花蛇睡在她旁边的草里,但是她心中只想着

---

① [丹麦]安徒生著,叶君健译:《安徒生童话全集》,第八册,上海:上海译文出版社,1978年6月第1版,第2页。

梵天（注：梵天（Brana）是印度教中最高主宰；一切神，一切力量，整个的宇宙，都是由他产生的）和她的未婚夫。

"'他仍然活着！'她快乐地叫了一声。这时从高山那儿起来一个回音：'他仍然活着！'"

（作者单位：北京大学）

我对泰戈尔和莫言的对比分析研究

欧洁玲

泰戈尔和莫言，都是东方大国首位诺贝尔文学奖得主。两者在作品体裁与风格、作者生平经历对其作品的影响、翻译方式、民族传统与世界意识、意识形态与身份政治等几个方面存在异同之处。

一、作品体裁与风格

泰戈尔主要的、知名度较高的、具有代表性和典型性作品的文学形式是诗歌，如《新月集》（1913）、《飞鸟集》（1916）、《园丁集》等等50多部诗歌。其诺贝尔文学奖的获奖作品也是诗歌《吉檀迦利》（1910）。其它的文学形式也有剧作、散文、小说等等，不一而足。但是最突出的，依然是诗歌。

泰戈尔的文学作品，富有哲学和文学艺术性。如"当你错过太阳而流泪，你也将错过群星了。"（泰戈尔《飞鸟集》），就含有西方谚语"不要为已经打翻的牛奶哭泣"的意思。可见，其哲理性的文化内涵也是受西方理性主义的影响。然而，诗歌中的宗教哲学思想同样深受古代印度吠檀多不二论的影响，集中探讨了"无限"与"有限"的本质、内涵及其关系。他认为宇宙万物的最高意识、最高真实、最高存在是"梵"亦即"无限"。"无限"涵盖"有限"，统辖"有限"，而"无限"又存在于"有限"之中。这体现于《飞鸟集》中的"我的存在，是一个永恒的传奇，这就是人生"。又比如同样出自飞鸟集的，"小草啊，你的足迹虽小，然而你却拥有脚下的土地。小花绽放出蓓蕾,高喊着'亲爱的世界啊,请不要凋零'"与《华严经》中"一花一世界,一叶一如来"有异曲同工之妙。

而莫言的主要作品是小说,如《檀香刑》、《生死疲劳》、《丰乳肥臀》、《红高粱家族》、《四十一炮》、《天堂蒜薹之歌》等等。其诺贝尔奖获奖作品也是小说《蛙》。对于《蛙》,他在接受采访时,说道,"姑姑的命运也带有悲剧性。她珍视、敬畏生命,对强制性人工流产的做法有意见却无能为力,内心遭受了痛苦的折磨和煎熬,而姑姑从本性上说是对生命充满了尊重和关爱。"

他的文学作品被瑞典文学院评以"魔幻现实主义融合传说、历史与当下"。也就是说,莫言善于从令人无奈的、底层民众忍受苦难的历史或现状中,融入魔幻的元素,令作者在阅读作品时,有想象的空间,不至于索然无味。例如,《天堂蒜薹之歌》第三章有描写高羊受刑的心理感受"与树一分开,高羊拼命挣扎,拳打脚踢带嘴咬,结巴警察脸上被他用指甲剐出三道血口子。正当他挣脱了腰鼓头的搂抱,欲向那一点鲜红跑去时,眼前金光一闪——紧接着又是绿光交叉飞舞,他恍惚地看到结巴警察把一个喷吐着绿色火焰的东西触到自己胸脯上。似有一万根针同时扎在了身上"。这里"一点鲜红","金光一闪","绿光交叉飞舞"和"喷吐着绿色火焰",给读者以魔幻、生动的即视感。

二、作者生平经历对其作品的影响

1861年,泰戈尔出生于加尔各答市一个有深厚文化教养的贵族家庭,属于婆罗门种姓,是印度最高级的贵族血统。13岁即能创作长诗和颂歌体诗集,17岁被迫与恋人安娜分离赴英国留学,20岁回国时安娜已嫁人并抑郁而终,22岁与当时年仅11岁的新娘结婚并将情人的名字安在她身上,此后继续进修法律、文学,同时进行写作,40岁创办了国际大学,1912-1913年间达到创作高峰,自译英文版《吉檀迦利》,并凭借此部作品获1913年诺贝尔文学奖。

总而言之,泰戈尔的才华,其家庭背景功不可没。其早年曲折的恋爱经历成为"天空中没有鸟飞过的痕迹,但是鸟儿已飞过","使生如夏花之绚烂,死如秋叶之静美","当你错过太阳而流泪,你也将错过群星了"(泰戈尔《飞鸟集》)等等名句的灵感源泉,也滋润了他由"无限与有限"哲学而衍生出来的美学思想。其早年留学英国的经历使他能够了解西方文明并与印度相对比,展示了他的博爱与人道主义。在《西方的民族主义》中他写道:"冲突与征服的精神是西方民族主义的根源与核心;它的基础不是社会合作。它已经演变为一种完备的权力组织,而不是精神理想。它像一群捕食的野兽,总得有它的牺牲品。它是真心不能忍受看到它的猎场变为耕地。"

至于莫言,本名管谟业,1955年出生于山东省高密市。极左路线从50年代末期造成了农村社会的普遍贫困,他家是上中农成分,连领救济粮的资格都没有。经济上的贫困和政治上的歧视给他的少年生活留下了惨痛记忆,父亲过于严厉的约束也使他备受压抑。这种心理特征直接影响了他后来的小说创作。6岁进校读书,12岁辍学,18岁时走后门到县棉油厂干临时工。21岁参军来到渤海边。24岁调至解放军总参谋部。26岁开始小说创作并发表处女作。29岁入解放军艺术学院文学系学习。30岁发表中篇小说《透明的红萝卜》由此引起文坛注意。此后,他的创作受到美国作家福克纳、哥伦比亚作家马尔克斯影响,即带有"魔幻现实主义"。31岁发表中篇小说《红高粱》引起强烈反响并被改编为电影。同年到解放军总政治部工作,开始有报告文学作品问世。34岁入鲁迅文学院研究生班学习,后以乡土作品崛起,充满着"怀乡"以及"怨乡"的复杂情感,被归类为"寻根文学"作家。但其写作风格素以大胆见称,小说中总是充满进攻型的语言。54岁凭长篇小说《蛙》获第八届茅盾文学奖,57岁凭借《蛙》以其"用魔幻现实主义将民间故事、历史和现代融为一体"获诺贝尔文学奖。

我发现,家乡山东省高密市、渤海边的军旅生涯在他的作品中留下了明显的印迹。比如《檀香刑》和《丰乳肥臀》中,故事的发生背景都是清末年间的高密县。在《檀香刑》第四章第三部分,袁大人为了让孙丙活到五天后的德国修建青岛通往高密段铁路的通车典礼,决定对他处以檀香刑。又比如,山东省的苍山、金乡两县同为国家命名的"中国大蒜之乡",而《天堂蒜薹之歌》故事背景中的苍天市,其实就是山东苍山县,"天堂"是县名。

其父的严厉约束和压抑影响了他的小说创作,这一点也在小说中体现得很明显，我推测，莫言在作品中体现了较明显的"俄狄浦斯情结"，即"恋母情结"。小说中主角之父大多死亡，或为反派。符合"杀父娶母"的心理投射原理。例如，《檀香刑》中的孙丙被杀；《天堂蒜薹之歌》金菊之父以女换亲；而最典型的是，《丰乳肥臀》中"我"——上官金童名义上的父亲，上官寿喜，在妻子上官鲁氏生产时，在院中被日本兵砍下头颅。生父瑞典籍传教士马洛亚牧师离开上官鲁氏，与一个回族女人生子，后来也死得早。而另一个证据是，《丰乳肥臀》作品中对于女性第二性征——乳房的描写较多，上官金童患有恋乳症，一生嗜乳，成为"雪公子"、后在"独角兽乳罩大世界"任董事长，都证明了这一点推测。此外，美籍中国文学专家葛浩文评价《丰乳肥臀》中体现了"强烈的女权主义立场"。

三、翻译方式

泰戈尔50岁开始将自己的作品翻译成英语。他说："直到50岁，我未用英语写过东西，那时我主要用母语写作。那些翻译的书成了我访问西方世界的资本。命运使我逐渐在印度以外的世界获得了地位，虽然这并非我的本意。"泰戈尔自译的《吉檀迦利》第一版于1912年问世，所有英国报纸都对这本书的出版表示欢迎，这使泰戈尔立即蜚声于西方世界，为他的《吉檀迦利》竞争诺贝尔文学奖提供了一个有利的平台。瑞典文学院评语："由于他那至为敏锐、清新与优美的诗；这诗出之于高超的技巧，并由于他自己用英文表达出来，使他那充满诗意的思想业已成为西方文学的一部分"。

举个例子说明，在《吉檀迦利》中，泰戈尔自译的版本也很符合英语诗歌的特点，也许是与他早年英国留学时，研究过莎士比亚的诗歌有关。如《自由的爱》章节中，泰戈尔自译的翻译是："If I call not thee in my prayers, if I keep not thee in my heart, thy love for me still waits for my love.""thee"、"thy"正符合古英语诗歌中的的表达，常见与莎士比亚的文学作品中。其意思相当于"you"和"your"。

至于莫言，迄今为止，莫言的作品在世界各国都有很多优秀的译本出版，美国、瑞典、日本、法国、意大利和德国等国尤为突出，译者们为树立他的国际声誉做出了杰出贡献,从而为他走上诺贝尔文学奖的"红地毯"铺平了道路。

瑞典翻译家陈安娜和美国翻译家葛浩文等人完成了出色的翻译工作。《丰乳肥臀》英译名为 *Big Breasts & Wide Hips*,《天堂蒜薹之歌》*The Garlic Ballads*,《酒国》*The Republic of Wine*。

因此,泰戈尔与莫言的相同之处在于:他们的作品都被翻译成其它语种,并得到广泛传播;其不同之处在于:泰戈尔的作品是由他自己翻译的,无论是表层意义还是深层翻译,都符合作者原意。而莫言的作品,则是由多位来自不同国籍、不同语言的翻译家所翻译家,翻译时考虑到目标语言读者的理解,细节部分有适当的调整。

四、民族传统与世界意识

莫言和泰戈尔的相同点是,都在不同程度上贯彻了民族性与世界性相结合的创作方针,这使他们的作品既带有浓烈的东方民族特色,又具有或浓或淡的世界色彩。

如莫言的作品,背景大多为清末至19世纪80年代的山东省,具有民族特色;而创作风格又有模仿哥伦比亚作家、诺贝尔文学奖得主——马尔克斯《百年孤独》的魔幻色彩。泰戈尔早年的英国留学经历使其在了解英国工业文明、殖民主义思想、莎士比亚文学的基础上,写作出带有印度文明色彩的、对印度底层人民表示博爱、人文关怀的文章。

福克纳和马尔克斯等人不仅影响了莫言的素材选择和语言运用,也塑造了他独具特色的创作理念——魔幻现实主义;东西方文学、特别是西方文学对泰戈尔的影响当然存在,但远不及莫言所受到的外来文学的影响。泰戈尔的诗依然带有神秘的东方色彩,带有宁静致远的意境,或孩童般的天真,或富有佛教中无限有限相对意义的美学思想。

五、意识形态与身份政治

诺贝尔文学奖评委们的文化误读加身份认同这种集体无意识反映在两份

相隔99年、内容完全不同的颁奖词中。近年来，他们屡次寻找符合西方主流思想的东方作品授予诺贝尔奖，这不是巧合，而是一种表面上尊重东方文化，但实际上仍然是在西方视角下的东方研究。举几个例子，2009年的赫塔·缪勒是罗马尼亚裔的德国女性小说家，2006年的奥尔罕·帕慕克为土耳其作家，2001年的维·苏·奈保尔是印度裔英国作家。

而泰戈尔的作品，瑞典文学院则视其为语言文化霸权和殖民政治、西方文学一部分而接受之。因为，印度曾经是英国的殖民地，在曾经的被统治者面前，西方有着政治上、经济上、文化上的优越感。

对于莫言，他们对作品《蛙》中反映的中国计划生育政策的无比"关切"，反映了他们误以为莫言在批判中国政府的心态。而中国在宣传方面之所以较少提到获奖作品是《蛙》，而仅仅是宣扬莫言这位作家，确实是有回避"放开二胎"这一反映了广大民众呼声的现状。

六、结论

在对作品体裁与风格、作者生平经历对其作品的影响、翻译方式、民族传统与世界意识、意识形态与身份政治这五方面进行对比分析之后，笔者的结论是：虽然两位东方作家获奖年份相隔99年、分别来自印度和中国，其获奖的两个最重要的方面，一是对底层人民来自心底真正的怜悯与博爱精神、代表最广大劳动群体的呼声；二是符合西方社会的需要。

他们两人的获奖，并不昭示着东方文明的"胜利"，而仅仅是西方工业文明、后工业文明对东方文明的好奇、关注和被同化部分的吸收。要想真正把东方文明发扬、繁荣起来，需要的不是诺贝尔奖这一浅层次的文化荣誉，而是公民全体对社会现状、社会如何进步的思考。

（作者单位：华南师范大学）

行走在螺旋时空

——以泰戈尔《吉檀迦利》第12首诗为例
浅谈旅行与泰戈尔的生命观

张哲茜

是直线,还是个圆?

似乎是循环往复的,实际却永无止境的向前。如同无限长度的弹簧,走着圆的轨迹,向着直线的方向——每个人都在如此行走,对于生命,我称之为,螺旋时空中的旅行。

这当然不是空穴来风,拉宾德拉纳特·泰戈尔告诉我,是这样的。我读过那些精致的词句,并且庆幸有生之年与至真至纯的性灵偶遇。在我彻夜航行的时候,他"持灯走来,向我招手/我询问他的姓名/寂静的夜色中,却只看到他的灯光,只感觉到他的微笑弥漫在夜空。"① 他为人类创造了无尽的精神财富,诺贝尔奖作为一种形式,一种奖励,并不能够与他对于人类精神领域的开拓的贡献相匹配,而他真正造福我们的表现是,我们努力尝试去理解他的思维,去读解他的诗,领悟他用整个生命创作的歌。

《吉檀迦利》作为他的作品中最为璀璨的明珠,一直是学界研究的宠儿。这一部献给神的诗集,充满了神圣的敬畏、崇高的追慕和无上的赞颂。但"东方文学研究界涉及泰戈尔评论的学者认为,《吉檀迦利》是一部比较晦涩

---

① 摘自《渡口集》第36首。

莫名的诗集。"① 但这部诗集大致按照"颂神→对神的追寻→寻求到神的欢乐→与神分离的痛苦→再次寻求到神,最终完成对自我和死亡的超越。"这样的顺序,层层深入,使整部诗集形成一个有内在韵律的和谐整体。②

他说:"The time that my journey takes is long and the way of it long."

行走,他和我一样,一直在行走,从不歇息——这是我们无法选择的,旅行的时间和旅途亦如此。旅行是我们唯一的使命,当晨曦微露,或者星云汗漫,当浸淫风暴,或是沐浴清朗,我们从没停止,更从没回头。旅行,是一种深刻的漂泊,我们都是时空的游子。处处异乡,也就同时蕴含了处处家乡的可能性。所以旅客即归人。不断地行走,即不断地到达,不断地出发。但没有一个起点与终点完全重合,即使在交汇的那一瞬,就算同一点出发,它们也是方向不同的向量——到达指向过去,出发指向未来。因此我们的生活永远不会以一个圆的形式循环下去,周而复始,生命中总有一些新鲜感存在于起终点的错位之处。这些无尽的新鲜感就是促使我们一往无前的本质力量,这是生命的进程赋予我们的。

他说:I came out on the chariot of the first gleam of light, and pursued my voyage through the wildernesses of worlds leaving my track on many a star and planet.

道路,是旅行者的新娘。她与旅行者的相会,没有起始,也无终止。③ 他们无论走到哪里,都相伴相随。最后,他们会融为一体,血脉相连。所以最终即使道路迷失,即使被遮掩,血液,终究能领悟那条看不见的道路。所以生命变成一种自然而然的状态,一种不需要刻意为之的从容和感性。

他说:It is the most distant course that comes nearest to thyself, and that training is the most intricate which leads to the utter simplicity of a tune.

人们常常认为《吉檀迦利》是对神的献诗,"你"就是神。纵然泰戈尔自己将神翻译为 God,但是他的概念中,神是一种力量,"永恒的原人"、"至高无上的人"、"永生的人"、"伟大的人"、"最高实在"、"无限人格"、"无

---

① 梁潮:《泰戈尔〈吉檀迦利〉国内评论要端蠡测》,载《外国文学研究》,1996 年第 4 期,第 89 页。
② 魏丽明等:《万世的旅人——从湿婆、耶稣、莎士比亚到中国》,中央编译出版社,2011 年 3 月,第 211—212 页。
③ 摘自《爱者之贻》第 47 首。

限"、"神人"。借用印度宗教的概念,神就是梵。梵,在中国是道,在古希腊是 Logos,① 在古埃及是 Maat。② 更通俗和普世地讲,它是规律,是法则,是自然,是宇宙。它的神秘就源于它的多义和不确定。也因其如此,它能代表世间一切伟大而不可名状的力量。神被人性化,或者更确切地说,人的精神力被神化了。神的意志没有终点,因而他赋予在人身上的意志极其强大。③ 在肉体精力已竭而在螺旋状的旅行中,神,是旅行的方向、旅行的终点,是旅行的引路人、旅行的伴侣,甚至,也许神,就是生命,就是自己——因为向前走的动力,就是我们自己。"④ "因为我终有一天,会在我身上遇见生命。"⑤

他说:The traveller has to knock at every alien door to come to his own, and one has to wander through all the outer worlds to reach the innermost shrine at the end.

个体生命生来都是孤独的,每个人都有属于自己的螺旋时空。但许许多多的时空可以交织,甚至部分重合。所有的相遇都是一次敲门,但所有的敲门却是为了寻找自己的家门。所以相遇,是为了遇见自己。我们永远不可能有永恒的旅伴,此时此刻的人,彼时彼刻即将告别,他们的出现为了在"干渴难忍的时候",在"黄昏的幽灵把阴影投向我生命的时候",用双手拉着我们走出黑夜。"⑥ 缘分终止,每个人又该在各自的轨道上前行。所谓的缘分本身就是一个意外,甚至是一个冒险。我们在相遇中更好地前行。我们与父母亲人相遇,与朋友爱人相遇,也与敌人相遇,我们终究了解自我和他人的差异,因此才更好认识我们自己。

他说:My eyes strayed far and wide before I shut them and said 'Here art thou!'

他说:The question and the cry 'Oh, where?' melt into tears of a thousand

---

① 逻各斯,欧洲古代和中世纪常用的哲学概念。一般指世界的可理解的规律,因而也有语言或"理性"的意义。
② 玛奥特女神,古埃及众神之一,是真理、正义与道德女神,太阳神拉的女儿。以头戴鸵鸟翎的女人形象出现。
③ 摘自《吉檀迦利》第37首。
④ 摘自《飞鸟集》第173首。
⑤ 摘自《采果集》第9首。
⑥ 摘自《采果集》第50首。

streams and deluge the world with the flood of the assurance 'I am!'

终其一生，我们在寻找神，寻找一种永恒存在的力量，而至死我们发现，原来神已经内化为自己的心灵，原来神就是生命。出生伊始，我们询问的"你在哪儿"，终于被我们自己所解答。（也就是哲学意义上的观点，我们一生就在回答"我是谁"的问题。）我们寻找到了自己的灵魂，知道"我在这儿"。假如神（或者被称作永恒的自然力）和我合为一处，融为一体，我们便明白了神就是我们灵魂的起源。当我们在这螺旋的时空中，如洪流一般滚滚向前，完成了生命的仪式，我们便可以确信自己拥有了一种强大到穿透时空的力量，足以让我们为自己的存在做出证明。

走到永生，还要多久？我们正在永生。当我们死亡，旅行并没有结束。假如有一种神秘可以超越生死界限，那么它意味着无限，无限者永恒。肉体的毁灭不过是物质的消解，而自我的精神则不朽。所以死亡并非断裂，而是另一种形式的延续。死亡后的年代里，我们还会以另一种形式存在着，即使作为历史碑铭中的一个不起眼的标点。

我以为，这首诗泰戈尔最美的诗篇。甚至再也找不到一篇将旅行写得如此智慧和富于神性的诗了。当一首诗，可以超越语言的界限，以其精致繁密而又阔远的思维冲破文化的障碍，或许就是它能达到的最高境界。在这首诗中，时时刻刻渗透着对于生命的本质、生存的价值、生命的形式的思考。读诗，某种程度上说，就是在读我们的生命。

泰戈尔的诗大多短小。一些很浅显，初读便叹其明敏聪慧，比如《飞鸟集》中的大部分诗歌，一句为一首，成为了哲理格言；一些较深刻，反复品阅甚至对印度宗教、文化略作研究之后才能领悟，深解其意，比如《故事诗集》中一些取材于佛经中的诗歌，需要足够的背景知识作为支撑；还有一些诗很艰深，反复读解、充分掌握了宗教、民间文化、和泰戈尔本人的经历之后也未必能够读懂，这样的诗大部分是涉及到神的，并且也包含了泰戈尔的哲学思想，包含了他的人生观、自然观和宇宙观。

他写过许许多多献给神的诗篇。而当我们把旅行主题和神性主题放在一个维度中时，我们惊异地发现，二者之间或偶然或应然地有某种内在的联系，这便产生了关于时空和灵魂的话题，这直指泰戈尔的思想中较为宏观的方面。

我们看不到生命这场旅行的起点和终点，但可以看到它的过去和未来，这便是旅行的直线性；我们的出发和抵达，始终有一种方向上的错位感，造成了非圆的循环性。二者结合成了我们如今感知到的螺旋时空的模型。在这个时空里，生和死的有界性被一种广博的无限性包含，因而变得不那么起眼——从某种程度上说，个体的生命是永恒的，所有的现时的和曾经的存在都会对其他的存在造成一定的影响，这是我们可以说"个体生命永生"的一个重要条件。

最后，让我们来重温这首诗：
我旅行的时间很长，旅途也是很长的。
天刚破晓，我就驱车起行，穿遍广漠的世界，在许多星球之上，留下辙痕。
离你最近的地方，路途最远，最简单的音调，需要最艰苦的练习。
旅客要在每个生人门口敲叩，才能敲到自己的家门，人要在外面到处漂流，最后才能走到最深的内殿。
我的眼睛向空阔处四望，最后才合上眼说："你原来在这里！"
这句问话和呼唤"呵，在哪儿呢？"融化在千股的泪泉里，和你保证的回答"我在这里！"的洪流，一同泛滥了全世界。

行走在螺旋时空，是为了完成和延续自己的生命，是为了寻找和接近自己的灵魂。

（作者单位：北京大学）

梵音清唱

——泰戈尔文学世界中的"神"

陆沁诗

  太阳自古老国度的东方缓缓升起，抖落赤朱丹彤，在绵延起伏的恒河水面上，溅出无数夺目的亮点；河岸百年，金色花随晨风摇曳，虔诚的教徒顶礼膜拜，沐浴圣光，仿佛那天边云彩的金影、春晨群花的芳香，都是云上诸灵展现的神迹，是梵天悲悯世人而唱的清歌。

  梵歌无言，却浸润诗人之心；在印度伟大诗人泰戈尔的笔下，妙音天女[①]播下文学与神灵的种子。于是，对神的喜爱与崇敬便从字里行间流露，于尘埃中绽放出虔敬的花朵，馨香打动世人。

  诗人曾写过《园丁集》，自愿做一个"为爱情、人生培植美丽的繁花的园丁。"[②] 初恋的羞怯，相思的苦闷，期待的焦急，幽会的颤栗，生离死别的痛苦……诗人用最优美深沉的语言，引领我们进入神秘的爱情世界，领略其中的欢与痛、甘与苦。"钏镯叮当"，"乳沫溢出"，"水罐倾倒"，"偷偷瞥视"和"裙缘触及"等细腻的铺陈，传播着男女心灵情弦的震颤和春心萌动的微妙信息。"我渴望静默地坐在你的身旁，我不敢，怕我的心会跳到我的唇上；因此我轻松地说东道西，把我的心藏在语言的后面"[③]，这样内敛又深沉的告白，却像极了虔心诚意有激动志忐的教徒，朝拜心中至高至慧的圣母！的确，泰戈尔诗中的女性，仿佛都有一层神性的光晕。我们窥见了青年恋人忽而狂喜、

  [①] 妙音天女，梵名 saravati，印度教主神梵天之妻，文艺、智慧之神。
  [②]《园丁集》：泰戈尔著，冰心译，外语教学与研究出版社，2010 年。
  [③] 同上。

忽而焦虑的爱情体验，人生沉浮中的渴求与欢悦，更惊异于更高世界的微光。因这爱情中，有着诗人心中升华了的对宗教、自然、尘世的感情。正像六世达赖仓央嘉措在"古鲁"（道歌）中所写的那位"玛吉阿米"，她并非只是东山顶、月华下的理塘姑娘，那令仓央嘉措升起风马、垒起玛尼堆、转山转水转佛塔的，是慈悲渡人的神明，是广阔无边的佛法，是以世间法让俗人看到出世法中广大的精神世界。无独有偶，泰戈尔诗作中的爱情又何尝不可以从这样的角度来看待，从而感受"梵"的真正奥义呢？

而当诗人真正描绘女神时，神明宝相端重庄静，传播给人间无限的美与爱。就像《最后的星期集》中所描绘的《吉祥天女》：

啊，吉祥女神，新年伊始，你坐在湿婆神的脚下，进行罕见的苦修。

你不思饮食，瘦骨嶙峋，乌发变得灰褐。你每日以愁思之火焚烧你的痛苦；用功果的火焰将旱魃烧成灰烬。

你变黑暗为光明，赋予萎靡以朝气；牺牲的祭火中，奢侈的垃圾化为青烟。

天边的云吼宣布湿婆神的愉悦，恩典的雨云垂临焦灼的大地，沙漠的绿茵上立着"美"的慈足。①

美丽的女神摩诃室利，舍弃了肉身皮相，带来"黑暗"之后的"光明"，"萎靡"之后的"朝气"；神之喜悦使降下"恩典的雨云"，"沙漠的绿茵"里，却有一个膜拜的身影，那正是诗人，他将自己的感情倾注于此，将印度人民对美与希望的憧憬与仁爱倾注于此。

有人说，泰戈尔对神的热爱，使他成为了一位名副其实的神的"求婚者"，那么我想，《吉檀迦利》必是他对神最诚挚的"爱之誓言"。《吉檀迦利》是泰戈尔宗教抒情诗的主要代表，而"吉檀迦利"在孟加拉文和印第文中都是"歌之献"，即"献歌"之意。向云天之巅的诸神献上源自心灵深处的赞歌，渴求与神结合，从而得到人性的升华，凡尘的净化。然而《吉檀迦利》中的神明，可正是那四首四臂、予创予灭、万物归一的大神梵天？可正是那三眼青喉、以发接恒河、在火圈中恣意起舞的主神湿婆？可正是那乘金

---

① 《泰戈尔散文诗全集》：泰戈尔著，冰心译，北京燕山出版社，2005年。

翅神鸟、坐净土莲座、下凡救世的毗湿奴？可正是那诞于乳海、手持莲花、伴随毗湿奴的吉祥天女？亦或是由梵天所创、天资明慧、安住莲花月轮上的辩才天女？

是，但也不是。以泰戈尔的出身与信仰，这些印度教的神明必然已深深根植于其心中，自然跃诸于纸上；可细细研读，诗中所信仰歌颂的"神"，并非被王公贵族、巨商富贾待为贵宾的座上之客，也非凡人平民日夜跪拜而不得一见的泥塑土偶，而是化身万千，在品鉴的工人农民中劳作，在村舍墟落的大道上行走。

鲁迅曾经说过："神话大抵以一'神话'为中枢，又推演为叙述，而于所叙述之神、之事，从而信仰敬畏之，于是歌颂其威灵，致美于坛庙，久而愈进，文物遂繁。"① 别林斯基说过："神话是远古人类的宇宙观。在印度，自古以来直到今天，统治着泛神论的宇宙观，神被理解作一种永远进行生产又永远进行破坏的大自然的力量。在印度人看来，每一个大自然现象都是梵天的化身，因此，他认为大自然中的一切事物都比人崇高，他虔信的警戒杀生，连昆虫也不例外，却把自己本身和自己的同类（同胞以及别人）的生死置于度外。耽溺于观照梵天的完美，无论灵魂和肉体都消失在这种虔信主义观照的极乐幸福中——这便是印度人生活的目的……在这个神灵的数计不清的形象中，永远可以看到那个被人畏若神明的整个宇宙的实体。"② 印度原始神话与宗教的灵魂、泰戈尔的文学思想基础，正是泛神论。

出生于婆罗门家庭的泰戈尔，受到多年的宗教熏陶和开放的文化氛围的影响，形成了对人和自然关系的独特认识。不同于西方的征服与被征服，泰戈尔认为人与宇宙之间的关系，是和谐统一的。如同中国的"道"一样，印度古代哲学中也存在着类似的观念——"梵"。

形成于公元前8至5世纪的印度宗教经典《奥义书》，讲述了关于"梵为万有本源"与"梵我如一"的思想：万事万物都具有神的属性，"梵"是万有的本源，是宇宙创造的原则，万事万物起于梵又终于梵。而"梵我如一"，

---

① 《中国小说史略》：鲁迅著，时代文艺出版社，2009年。
② 《别林斯基选集》：别林斯基著，满涛译，上海译文出版社，1980年。

正是泰戈尔思想之核心。在他的眼中,每一片树叶、每一条河流中都有神的存在,他的诗中洋溢着对于自然的热爱与崇拜,那一首首充满激情的礼赞旋律倾诉着他对万物的体验和真实的感动。因而即便是印度种姓制度中"最下等"的首陀罗,也是神的造物,他们也具有神的属性。

泰戈尔笔下的神是"活动于一切自然中,无所不在,无所不包"的,他在火中、水中、植物中、人类社会中,也在婴儿的微笑中、慈母的亲吻里。他写道:"这是你的脚凳,你在最贫最贱最失所的人群中歇足。我想向你鞠躬。我的敬礼不能达到你歇足地方的深处——那最贫最贱最失所的人群中。你穿着破敝的衣服,在最贫最贱最失所的人群中行走,骄傲永远不能走近这个地方。你和那最没有朋友的最贫最贱最失所的人们作伴,我的心永远找不到那个地方。"[1] 这位神"在锄着枯地的农夫那里,在敲石的造路工人那里",在太阳下,阴雨里,脱掉圣袍,像工人农民一样下到泥地里。这就是泰戈尔诗中神的"神格"。

泰戈尔曾言:"与我们同在的神并不是一个遥远的神;他属于我们的寺庙,也属于我们的家庭。我们在所有关乎恋爱与慈爱的人际关系中,都感觉到他与我们的切近,而在我们的喜庆活动中,他是我们尊敬的主宾。在开花与结果的季节,在雨季到来的时候,在秋天的累累果实中,我们看到了他的披风的边缘,而且听到了他的脚步声。我们通过我们崇拜的所有实在对象崇拜他,在举凡我们的爱是真挚的地方,我们爱着他。在善良的女人身上,我们感觉到他,在真诚的男人身上,我们认出了他,在我们的孩子们的身上,他这个'永生的孩子'一次又一次地再生。"[2] 这正是泰戈尔的伟大之处,他以博爱的伟大胸怀接纳了这些"最贫最贱最失所"的人们,实践了现实基础上的"梵我如一"的哲学观念;而泰戈尔的这一思想又从神秘的东方辉映着西方世界"人生而平等"的启蒙主义理想,从而指向了天、地、人之间关系的至高境界。

泰戈尔笔端的神明,带领着虔敬的人们走进那至高的神境,"走向苦痛

---

[1] 《吉檀迦利》:泰戈尔著,冰心译,中国书籍出版社,2007年。
[2] 《泰戈尔谈文学》:泰戈尔著,白开元编译,2011年。

和快乐的神秘之国","渴望死于不死之中","像一群思乡的鹤鸟,日夜飞向他们的山巢,在我向你合十膜拜之中,让我全部的生命,启程回到它永久的家乡。"而人类永远思念的永久的家乡在哪里?"在那里,心是无畏的,头也抬得高昂;在那里,智识是自由的;在那里,世界还没有被狭小的家园的墙隔成片段;在那里,话是从真理深处说出;在那里,不懈的努力向着'美'伸臂;在那里,理智的清泉没有沉没在积习的荒漠之中;那里,心灵是受你的指引,走向那不断放宽的思想与行为——进入那自由的天国"①。

还记得,冰心老人曾谈及这样一段往事:"……1924年泰戈尔到中国来的时候,我还在美国求学。后来我听到一位招待他的人说,当他离开北京,走出寓所的时候,有人问他:'落下什么东西没有(Anything left)?'他愀然地摇摇头说:'除了我的一颗心之外,我没有落下什么东西(Nothing but my heart)。'这是我间接听到的很动我心的话。多么多情的一位老人啊!"②

这位出生于恒河岸边、七叶树下的世纪伟人,怅然地将一颗心遗落在紫禁落日的长江水畔、炎黄腹地;而我,相隔一世纪的一名中国女孩,在偶然闯入泰戈尔这座摇曳着风中金色花、掠过那空中飞鸟影、充满神迹与爱意的花园后,却不知为何,甘愿全心沉醉在其中。

> 你是什么人,读者,百年后读着我的诗?
> 我不能从春天的财富里送你一朵花,天边的云彩里送你一片金影。
> 开起门来四望吧。
> 从你的群花盛开的园子里,采取百年前消逝了的花儿的芬芳记忆。
> 在你心的欢乐里,愿我感到一个春晨吟唱的活的欢乐,把它快乐的声音,传过一百年的时间。③

读罢,笑靥如花渐生,原来早在百年前,我的疑问便已得到诗人深情的

---

① 《吉檀迦利》:泰戈尔著,冰心译,中国书籍出版社,2007年。
② 同上。
③ 《园丁集》:泰戈尔著,冰心译,外语教学与研究出版社,2010年。

回答。是啊,也许冥冥中注定,我今生将跨过那百年的光阴,涉水而去,彻夜航行,赴这一场生命的盛宴;那生莲妙笔为我的生命之杯注满光明,我一路愉快而忘我地歌唱,却并不曾忘记那位慷慨的赠与者的姓名。只因我知,在旅途的前方,紫陌红尘与我同在,万物生灵和我清歌。这一刻,云端诸神,抑或俗世凡人,澄心静虑,皆谛听那一曲梵音清曲。

(作者单位:北京大学)

论泰戈尔《新月集》中的"乞儿"特性

刘立强

泰戈尔的《新月集》被称作是"朝露般晶莹的天使之歌",诗集中的"天使"毫无疑问是指儿童。提到儿童,我们首先想到的是纯真烂漫、活泼可爱。的确,在《新月集》中我们能亲切地触摸到儿童的这一种特性,但泰戈尔笔下的儿童除了有现实生活中孩子们这些特点之外,更寄托了泰戈尔对人性、对现实、对人生的许多深刻思考。在泰戈尔的笔下,孩子不仅仅是单纯、天真的代言人,而且是争取自由、拥抱理想的呼吁者。泰戈尔笔下的孩子一反无忧无虑的宠儿形象,转而扮演可爱喜人的"乞儿"形象,"宝宝本来有一大堆金银珠宝,但他仍像乞儿一样来到世上。"这些乞儿们在乞讨些什么呢?

一、乞讨在人性的封锁下被压抑的天性

不可否认人不可能逃避现实世界,从我们出生开始就和现实世界发生这样或那样的联系,随着人类文明的进步,我们更是饱受裨益。但可悲的是,我们渐渐地被物质文明充斥的世界所包围着,我们像一只被缚的蝉,被紧紧地封锁在狭小的茧里,尽管这个茧是用金丝缠绕,华丽无比,但我们却因此被剥夺了行动的自由,我们迷失了最初的自我,丧失了自己的天性。正像泰戈尔所说"鸟的翅膀一旦缀饰了黄金,它就再也不能在天空翱翔了。"人的天性正是在人逐渐凸显人性的过程中慢慢丧失的。泰戈尔的人生经历和他的《新月集》都可以作为这一观点的佐证。

泰戈尔的童年被挣不脱的枷锁捆绑着，这些枷锁在用心塑造人性时却无心在泯灭着人的天性。我们首先从泰戈尔的家庭教育谈起。泰戈尔的父亲对子女的教育非常严格，在父亲给他规定的行为法则中，没有给他留下一点空隙，在《回忆录》中泰戈尔回忆自己的童年生活时说他们在家里学的比在学校的必修课还要多，要学打拳，读文学、算术、地理和历史，还要学图画、体操、英文，星期天要上毗湿纽的唱歌课，要做物理实验，听人身骨骼的讲解，还要死记梵文文法等等。）泰戈尔所接受的家庭教育在今天的我们看来确实不难理解，和当今的父母一样，泰戈尔的父亲也是怀着一颗望子成龙的心在用心培养自己的孩子，其目的是为了让自己的孩子将来能更好地适应社会需求，在社会上有立足之处。但这样一种填鸭式的教育无疑是以一个按照社会法则制造的模子来翻刻人，使人身上拥有越来越多的人性的、社会性的东西，使人成为纯粹的人。父亲出于好心的栽培却不觉中使孩子那份天性慢慢抹杀掉了。泰戈尔的家庭是一个非常传统的印度家庭，泰戈尔从小就生活在一个严格的宗教家庭之中，他的家人住的院子有内院和外院之分，泰戈尔是不允许进入内院的，用泰戈尔的话说"我们是不允许走出家门的，事实上我们没有走遍整个屋子的自由"由此我们不难看出，泰戈尔的童年几乎没有自由、自主可言，他的生活完全被家庭所掌控着。

　　再来了解一下他的学校教育。在泰戈尔的学校学习生涯中恐怕很难找到令他感到开心的哪怕一个小小的片段，而深印在他的脑海中挥之不去的是学校老师惩罚学生的奇特招数、凶狠画面和老师表现出来的烦躁、偏袒以及上课之前无聊、乏味的英文合唱程序。常理上来讲，学校是教书育人的崇高场所，但泰戈尔在这个令人景仰的天地里并没有收获他所应该收获的东西。相反在他的眼中：

> 教室是冷酷地沉闷，四面的墙壁警察似的看守着我们。房子像鸽子笼而不像人的居处。没有装饰，没有图画，没有一点颜色，没有一点吸引孩子心灵的企图。

　　了解了泰戈尔的学校学习环境以后，我们便有充分的证据毫不附会地赞成,也更同情泰戈尔称学校为"医院和牢狱的混合物了"的肺腑之言了。在这样的环境中学习,我想有让精神病人变正常的可能性,但对于处在童年时期的泰戈尔来说,他想做的是逃学,逃脱这让他感到不快、束缚他、甚至有点折磨他的樊笼。

仅仅上面所说的两点就足以令人难以忍受,但更为让人不能接受的是泰戈尔还得受仆役的统治,在《回忆录》中泰戈尔说,"我们处在奴仆的统治之下。为着他们省事,他们几乎压制了我们自由活动的权利",据他自己回忆,他家的仆人和他之间还有一个"画地为牢"的故事。虽然我不明白为什么家里的仆人会有那么大的权利,敢那么放肆地对待自己的主人,但单单就这些仆人对泰戈尔的影响来说,是百害而无一利的。

接下来我们从泰戈尔的《新月集》中来体会一下他的这种情感。在《放逐之地》和《十二点钟》里泰戈尔向妈妈坦露自己的心声:

"妈妈,现在我要放下我的功课,我已和我的书本待了一个上午。"
"妈妈,我把所有的书都放在了书架上——现在可别让我做功课。
当我长大后,和我爸爸一样大时,我就去学所有必要的东西。
但今天,告诉我,妈妈,童话里的泰潘特沙漠究竟在哪?"

这是泰戈尔对妈妈发出的小小乞求:给我选择的自由,让我做我爱做的事情,就给我讲讲我爱听的童话故事吧!

无论是家庭教育、学校教育、还是奴役教育,它们共同的目的都是为了教育泰戈尔,从现实的层面上而言,目的确实达到了,因为又一个木偶出模了,又一个按照当时社会上大家所公认的准则来雕刻,按照这些大家所认为作为人应该具有的人性本领来雕刻的顺民诞生了。但泰戈尔家庭中那种捆绑式的教育观念,学校的冷峻古板、毫无生机的教育制度,再加上仆役身上毫无温情的统治理念却都扼杀了人天性中应该具有的自由、爱人的人文精神。我们很庆幸泰戈尔始终保留着一寸心灵的净土,始终守护着人的天然本性,也因此我们今天才有机会读到这么优秀的作品。很幸运,泰戈尔的天性并没有在人性的刻意塑造中完全泯灭,但试想如果泰戈尔童年没有接触那种纯粹的人性教育，他是否会铸就一座更加卓越的丰碑呢？

二、乞求填平现实世界和童心世界的鸿沟

现在的我们生活在和平的年代，享受着幸福的生活，但我们每个人几乎每天都会有不称心的事情，我们都免不了会唉声叹气，抱怨怒骂。看看泰戈尔生活的年代，了解他所经历过的打击，我们就会发现我们每天所感慨的"一川烟草，满城飞絮，梅子黄时雨"的"愁"只不过是一种"闲愁"，而泰戈尔所承受的远远不仅仅是愁，而是一种痛彻心扉的苦闷。

泰戈尔一出生就受到种族歧视，他一出生就属于劣等民族，他的家族由正统的婆罗门降为次等婆罗门。在印度，不同种姓之间是不能通婚的，因此在泰戈尔只能在同等级的婆罗门中寻找结婚对象。泰戈尔生活的年代印度处在英国的殖民统治之下，他的家族和印度的民族运动有着复杂的关系。此外泰戈尔的家族也深陷宗教改革的漩涡中，泰戈尔的教育理想得不到实现，办学过程屡屡受挫，教育思想不被社会所理解。再加上亲人的离世：五嫂的自杀、妻子病逝、二女儿病死，这些都使泰戈尔感到郁闷、痛心。还有一个泰戈尔十分关注的问题就是妇女问题。在印度传统宗教的统治下，印度妇女的地位及其低下，妇女是家庭的俘虏和奴隶，没有任何的自主地位。一方面泰戈尔接受自由平等的思想，认为女性应该摆脱当时社会的不公正待遇，争取自己的权利。另一方面，泰戈尔又从小受到宗教传统教育，这些宗教思想对他的影响是根深蒂固的，而这些思想正是印度妇女悲惨命运的根源，所以泰戈尔的内心充满矛盾。现实世界中的诸如此类的种种不幸、复杂、丑陋的事情使泰戈尔感到困惑、沉重、难以承受。生活在现实的成人世界中总会有剪不断、理不顺、想不通、受不尽的烦恼与痛苦。

相反，儿童的世界是一个完全不一样的天地。在《宝宝的手段》中"宝宝在小小的新月之境不受任何束缚"；在《宝宝的世界》里"我希望占据清静的一角"；在《最后的交易》中，小孩说"我来雇用你吧，什么都不付。"在童心的字典里，没有宗教陈规的约束，没有纷繁复杂的吵闹，没有金钱与权势的压制，一切都那么平和、自然、安宁、单纯。

童心世界是泰戈尔的理想世界，他承受不起成人现实世界的种种矫饰、拘束、邪恶、污垢，因此想在儿童的世界中寻找清净的一角，以此来寻得精神寄托，以此来净化成人世界。诗人希望能够消除成人世界与儿童世界的鸿沟，梦想着成人的现实世界能够和儿童世界一样宁静和谐，或者说他希望在成人世界和儿童世界之间建构一座桥梁，让两个天地能够共通，但这座难塑之桥要怎么建造呢？

三、乞求人们以爱人之心获得人生的真谛

泰戈尔一生在思考很多问题，比如我们前面所提到的，人性与天性的关系问题，儿童世界与成人世界的问题。那么，如何才能在人性和天性之间获得平衡，连接成人世界和儿童世界的纽带又是什么？

泰戈尔认为首先要遵循法的约束。在《人生的亲证》中泰戈尔说："自由若不受法律的约束，是无法获得的"、"种子的自由在于实现它的法"这其实也就是我们常说的相生相克的道理，换句话说，没有绝对的自由，没有规矩不成方圆。世界上的万事万物无一不受着规律的约束。音乐因为有高低音的抑扬顿挫才会悦耳动听；诗歌因为有格律的约束才自有它的魅力；舞蹈艺术因为有肢体协调的动作规定才变得赏心悦目……因此遵循一定的规则我们往往能把事情办得更完满。我们在返回去看看泰戈尔在童年时期所经受的种种限制，也许正是因为那些繁琐的限制才使得泰戈尔倍加珍惜有限的自由，在有限中获得了无限的真正的自由。

当人们真正地把握了法则的用意的以后，人就获得了超越法的手段——爱。泰戈尔希望用爱来处理人与人之间的关系，他想给人插上爱的翅膀，让爱的种子种在每一个人心里，让人们享受爱人的快乐：

> 然而当一个人爱的时候，给予对于他成了一种快乐的事，就像树主动舍弃了成熟的果子。我们所有的财物都因为自私的愿望之不断吸引而产生了一种重量；我们无法轻易就抛弃他们。他们似乎成了我们本质的一部分，就像有一层皮肤粘在我们身上，我们一去分开它们就会流血。

然而当我们心中充满了爱的时候，爱的力量是朝相反的方向发力的。那些紧紧粘住我们的东西失去了它们的粘性和重量，而且我们发现它们不再是我们的一部分。舍弃了它们远不是一种损失，我们发现舍弃成就了我们生命的完满。

当我们放下自我的私欲，怀着一颗爱人之心去爱身边的每一个人的时候我们才会从中体会到了生命的价值，感悟到了人生的真谛。在《新月集》中我们也能体会到泰戈尔对爱人的思想，在《娃娃天使》中泰戈尔呼吁"让他们爱你，由此他们彼此相爱"，在《召唤》中作者更是深情呼唤着"回来吧，我的爱。"

在泰戈尔看来，法不是物质性的条条框框，而是融合了爱的一种人文精神，在这样的法则培养下成长的人身上既有适应社会需要的人性品质又不会丧失人与生俱来的天性精神。人既可以获得追求自由的权利，有自我享受的空间，又可以在愉悦中做那些必要的事情，在享受中学得那些必要的东西。人既可以尽情拥抱大自然，品味大自然的神秘与奥妙，又可以在和大自然和谐相处的前提下，充分利用取之不尽的天然宝藏为人类服务。从世界的整体性出发，以爱另一个自我的态度，怀抱爱人之心对待周围的其他人。如此，成人世界才会消除压迫、纷争，消除虚伪、矫作，消除邪恶、丑陋，从而回归到儿童世界的纯洁、自然、平等、和谐。"老吾老以及人之老，幼吾幼以及人之幼。"把爱推及他人，用爱来消除对彼此的成见，消除彼此间的摩擦，用爱来填平成人世界和儿童世界之间的鸿沟，用爱来铸就连接两个世界的桥梁。这便是人生的真谛，这便是泰戈尔笔下"乞儿"最微薄的乞求。

在当今世界中，我们是否能施舍给"乞儿"这丁点的"乞食"？在物质爆炸的今天，我们是否能在丰裕的仓库中找出这一点粮食来满足"乞儿"的小小"乞求"？恐怕翻遍整个粮仓也寻觅不到这点微不足道的东西，或许我们吝啬到舍不得去寻找，那最初的天性早已被人性所吞没，最初的童真世界早已被错综复杂的物质世界所掩埋，最初的爱人之心早已停止了跳动，取而代之的是跳动频率越来越高的护己之心。我们在摘得高度发达的物质文明皇冠的同时却沦为了精神文明的空虚者。未来的世界会是怎样,我们不敢想象,但至少在希望之火未曾熄灭的今天我们应该有所行动,就让我们用爱人之心温暖他人,进而照亮世界!

(作者单位:福州大学)

一半是女人，一半是梦

——漫谈泰戈尔中短篇小说里的女性世界

陈琳琳

泰戈尔似乎有着一种特殊的女性情结，在他的诗歌中，女性幻化为爱的承载者，如同神灵一般被致以无上的礼赞。而在小说之中，女性从神坛走了下来，回归到平庸的世俗生活。乍看起来，这些女人遭受着种种压迫与不幸，挣扎于爱的矛盾与苦痛之中，早已失去了诗歌中的女神形象。然而，尽管在重压之下，她们身上依旧葆有着善良纯洁的品质，她们或者因爱而死，或者在牺牲中得到灵魂的净化。无论是沉沦还是救赎，无论是顺从还是出走，无论是沉默还是抗争，她们都如同大地母亲般的坚韧与无私，她们身上都被赋予了一种理性之美，与泰戈尔诗歌中热情讴歌的女神一致，她们寄托着泰戈尔的一种超越时空的梦想化的女性想象。

一、诗意化的女性形象

作为一个诗人，泰戈尔小说中的女性形象也带着浓郁的诗情意味。那些横遭蹂躏、倍受歧视、甚至连尊严与生存的权利都被剥夺了的女性，在他的笔下却被赋予了极强烈的美感，如同梦中的女神。一方面是外在的形体之美，如他描绘哑女素芭有着"一双缀着长长睫毛的黑黑大眼睛"和"宛如两片娇嫩花瓣"[1]的嘴唇（《素芭》）；他把寡妇库苏姆的身影看作是"一种美

---

[1] 泰戈尔著、董友忱等译：《泰戈尔中短篇小说精选》，北京：华文出版社，1998年。

景"——每当她踏步台阶上,"她那四只脚镯就叮当作声",就连水草"好像也在翩翩起舞"(《河边的台阶》);女性的嗓音也是如此的甜蜜,"恰似金质的魔杖,使字字句句都值千金"(《陌生女人》)。另一方面则是内在的心灵之美,例如《四个人》中描写不幸的诺妮巴拉——"她脸上没有一丝一毫堕落的痕迹。正如鲜花不怕灰尘玷污一般,她这马樱花般美丽的姑娘内心的纯真并没有遭到摧残……虽然她遭到如此磨难,却不显得黯淡憔悴"①,尽管巴拉曾饱受蹂躏又被无情抛弃,这样一个被印度社会视为不祥的女子,泰戈尔却仍然盛赞她的无辜与纯洁。

这样美貌而善良的女子,她们的结局往往格外凄凉。泰戈尔却常常以诗意画面来终止这些鲜活而美好的生命。科莫尔临死前面对着多次擦肩而过的恋人:"她用那饱含爱恋的痴呆的目光,望着奥莫尔的脸,一双大眼睛噙着泪水,安详而苍白的脸上,挂着一丝微笑,闪烁着光辉"(《女乞丐》);库苏姆被苦行者拒绝之后,投河自尽:"如果不是这河水伸出手来,把她拉入自己的怀抱,那么还有谁来拉她呢?月亮已经下山,夜一片漆黑";而《素芭》的结尾,作者写道:"在这个小姑娘永远沉默的心中,发出了一种无休止的不可名状的哭泣。但是除了神仙再也没有谁能听到",这隐隐暗示着素芭远嫁之后抑郁而终的悲剧结局。以如此凄美的状态平静地展开死亡,更让人感觉有一种无法言表的凄凉。这样的"美人之死"将一切美好霎时撕裂,恰似梦的破灭,反衬出女性力量的微弱、女性内心的沉痛以及女性生命的易碎,让人唏嘘不已。

泰戈尔以温情的笔触着意描摹了一个个美好的女性形象,她们大多渴望着爱与尊重,却被沉重地压迫与打击,最终走向生命的终结。诗意化的语言呈现着女性纯美的形象,渲染着哀伤凄婉的气氛,暗喻女性无助悲凉的结局。而透过这些诗意化的女性形象,我们也总能感受到泰戈尔对女性美好心灵的尊重与赞美,以及对她们飘零生命的叹惋与怜惜。

---

① 刘安武编:《泰戈尔全集》第十五卷中篇小说,石家庄:河北教育出版社,2000年。

二、母亲或情人：女性的生存困境

泰戈尔曾在小说《两姐妹》中对女性给出了一种两分法："女人有两种，一种是母亲式的，一种是情人式的。倘若拿季节来比方，那么'母亲'式的女人就犹同润泽的雨季……滋润大地，驱散干旱，满足我们的要求。而'情人'式的女人却似明媚的春季……拨动那里的金色七弦琴上寂寥无声的弦丝，使肉体和心灵弹奏出难以描述的悦耳音响"。母亲或者情人，就如同张爱玲的"白玫瑰"与"红玫瑰"，这看起来较为矛盾的两种特质却集中于泰戈尔笔下的女性身上：

泰戈尔小说中的女性内敛、顺从并且无私，常常闪烁着母性光辉，像大地母亲般关怀儿女、包容丈夫。《活着还是死了》的女主人公遭受种种冷酷的待遇，但是一看到那个"多病而瘦弱的孩子"时，"她那颗炽热的心仿佛干涸了——要是我能把他搂在怀里，替他承受一切痛苦，那该有多好哇！"在生活中，她们对待丈夫如孩子一般细心呵护：《两姐妹》中的姐姐萨尔密拉"在家里十分关切丈夫的舒适和健康；在外面则异常敏感地注意维护丈夫的声誉"；而在精神上，她们则无比虔诚地仰视着丈夫，如寡妇库苏姆把苦行者当作神："我敬重他，崇拜他，如同神灵，我的心里充满了这种崇敬的欢乐"。

由此可见，"母亲"式的女性总是严格地遵从着社会的标准与理想，为丈夫与子女默默地奉献自己的青春，乃至生命。然而她们个人的情感生活却被挤压到极为狭小而阴暗的角落里，她们的个体诉求被以男性为中心的社会遗忘或者漠视，就如同素芭一样，她的心事永远无法说出口来。即便诉诸于口，她们的声音也是何其微弱。《花圃》中，为丈夫付出了一切的尼尔佳不满萨尔拉的介入，但她的反对却并没有得到丈夫从内心里的重视。而更为可悲的是，长期的牺牲精神将她们驯化为男性的附庸，甚至完全丧失了自我意识，如萨尔密拉居然大度而平静地建议丈夫娶妹妹为妾。而相反，在萨山格看来，妻子却是一位"女神"，他承认并敬重她的高尚，但是他却从未从精神上去接近或理解她。萨山格只是把女性作为实现自我的一种途径，在他白手起家时妻子是最大的支柱，能使其迅速发达，而一旦得到物质的满足，妻子的奉献价值也就随之消亡,取而代之的是精神上的愉悦。在这个时候,萨山格开始把女性看作某种纯粹的审美客体,显然青春靓丽的乌尔密拉更能获得他的青睐。最后他荒废了家业,重新回到了原点,这个时候妻子的奉献意识又重获价值。可见,自始至终,萨山格对于两姐妹的取舍都是以自我利益为中心的,不单是作为"母亲"的姐姐的精神世界被彻底忽略,哪怕是作为"情人"的妹妹也未尝真正得到过男性的尊重。

也就是说,作为情人的女性,她们的情感重心也在于打动男性,给予男性青春的力量与甜蜜的欢乐。她们或许热烈,如乌尔密拉对姐夫不可抑制的情感流露;或许克制,如萨尔拉对阿迪特深埋心底的依恋,她们总像是夜莺一样在漆黑的夜晚为男性带来欢愉,而逃离不掉的结局则是被作为"花瓶"而最终被舍弃。哪怕是深爱着摩诃摩耶的罗耆波最终还是揭开了那层面幕,如小说中所说"这面幕却是永恒的,像死亡一样,甚至比死亡更令人痛苦;因为死亡造成的隔离的苦痛,在年深日久之后,由于绝望,还可以逐渐消失;而面幕造成的隔离,却时时刻刻在粉碎活生生的希望",这段精辟的议论大概可以概括泰戈尔笔下的男女关系,男性无法与"母亲"式的女人建立平等的精神交流,而与美丽的"情人"之间则永远隔着一层"面幕",这层"面幕"一旦揭开就意味着男女关系的终结。女性与男性之间存在着无法消弭的裂痕,因此,女性是孤独的,如《活着还是死了》里的女主人公一样,无论生还是死,女性都没有真正属于自我的位置。

另一方面,泰戈尔小说中确实塑造了几个超越传统的女性。《一个女人的信》中的女主人公大声抗议道:"为什么世界上最卑微的人,所受的灾难也最深重呢?"目睹着同伴女性的惨死,她毅然逃离了夫家。《陌生女人》中科莱尼的举动更为激进,她宁可终身不嫁,也不做男人的附庸。但泰戈尔的笔墨在此戛然而止,我们谁也不知道她们出走之后的境遇,由于缺乏经济基础,她们很大可能上将成为又一个"娜拉"。面对这种根深蒂固的被动的传统宿命,无论是顺从还是逃离,无论是像母亲一般顽强地负担一切,还是像情人一样以一腔热血捍卫爱与尊严,她们都将面临着艰难的生存困境,在此基础之上,女性精神枷锁的释放则显得更加无望。

三、泰戈尔的女性理想

虽然说在泰戈尔的笔下,女性重叠着"母亲"与"情人"两种影像,但这两者并不是截然分开的,"母亲"式的女子在婚姻被强行介入时也会闪现过"情人"式的嫉妒,而"情人"式的女子最终放弃时也有着"母亲"式的胸怀。在这两者之间,作者似乎从未在叙述中表露明显的好恶,他似乎抱着一种同情而理解的态度述说着女性的挣扎,但是无论这种挣扎能否得到解脱或超越,她们都以爱的化身存在着。这些重负下的女子,不管遭受何种折磨与创伤,她们大多平静地接受着苦难,在苦难中奉献自我,在现实压迫中获得灵魂的自由。正如前文所述,若是以一种现代性的眼光观察这些女子,她们面临着重重的生存问题,她们的主体意识被极大剥夺,她们应该像梅表姐一样的无助,像莎菲女士一样的抑郁。但是,在泰戈尔的不少小说中,这种强烈的情绪化痕迹被抹去,而代之以平静淡然的生命哲学,仿佛这些女性正是在苦难中获得精神的自由,获得崇高的自我价值。这大概是泰戈尔所塑造的女性形象与西方传统的显著差别,而支配着这种行为的是极其强大的爱的力量。于是,我们在这些柔弱的女子身上看到爱的坚强、奉献的有力。

正如同贯穿泰戈尔诗歌中的湿婆意象[①],泰戈尔小说中的女性也被赋予了这种刚柔相济的双重人格。这群被苦难挤压到生活边缘的柔弱女子事实上有着强劲的生命力,就如同泰戈尔以"大自然"来烘托素芭的美,把摩诃摩耶比作是一座"带有早秋阳光色彩的纯金塑像",这些描写都推高了女性的现实形象,使她们拥有了某种神性色彩,她们不因肉体的消亡而逝去,而是与自然、与天地共生,闪烁着永恒的精神光辉。

这种形象,事实上恰与古老的"悉多神话"一脉相承:这些女性对男性不离不弃,对爱人无比忠诚,对孩子无比体贴,而在遭到质疑、抛弃时忍辱负重,甚至牺牲自我以表明心志,最终达到灵魂上的解脱。例如《四个人》

[①] 魏丽明:《"万世的旅人"泰戈尔:从湿婆、耶稣、莎士比亚到中国》,北京:中央编译出版社,2011年。

中的寡妇达米尼最终放弃了爱人沙吉士,却在与丈夫相伴的平庸生活中重新找寻到精神价值,于是她会对丈夫说道:"这个病痛是我的秘密天堂,这是我的点金石。我是带着这份嫁妆才能来到你身边的。要不然,我哪里能与你相配呢?"她欣然接受苦痛,并且把肉体苦痛作为净化灵魂的某种必经方式,在这强大的忍耐力背后我们可以看到达米尼爱的深沉与坚定,完全超越了男女之间的小爱,仿佛折射着一种乌托邦式的大爱。正如泰戈尔在《园丁集》中所说:"你一半是女人,一半是梦",① 这些神性化的女性看起来更像是他的一种情感的寄托与理想的承载符码。因此在小说中,我们很少看到作为人格主体的女性的性格与心理状态,我们也很少看到男女之间热烈的肉体交流,而更多的是,女性成为了构建世界的和谐之美的一个重要元素。②

总结而言,穿过泰戈尔在小说中构建的一个凄美的女性世界,我们可以看到了这群梦幻般美丽的女性的现实挣扎,听到女性的内心呼声,我们会感慨她们生命的美好与易逝,但又会惊叹她们在重负之下的坚韧与博大。她们是大爱的化身,是一群爱的天使,但这种天使形象又仅仅是泰戈尔的一个美好幻象罢了。因此,泰戈尔笔下的女性世界寄托着他的宗教观念与个体情感体验,体现着古老的东方传统,同时又超越了有限时空,参与构筑着人类至美的心灵家园,它是泰戈尔理想中的一个永恒的空灵绝美的精神乌托邦。

(作者单位:北京大学)

---

① 泰戈尔著、冰心译:《园丁集》第59则,引自东达西编《先觉——泰戈尔哲理抒情散文诗全编》第96页,南宁:广西民族出版社,1995年。
② 李金云:《论泰戈尔思想和文学创作中的宗教元素》,复旦大学博士学位论文,2009年。

泰戈尔的儿童美育教育思想在我心

陈浩兴

作为一名师范生,泰戈尔的儿童美育教育思想对我日后的教育工作无疑有不少启发。了解儿童,洞察儿童天性,是泰戈尔儿童美育教育思想的出发点。他认为,一切教育都是从我们对儿童天性的理解开始的。现代教育中的所有弊端,都可以追溯到这样一个根本性的错误——忽视对儿童而言是十分自然的需求。

常常有这样的事情:孩子因为某种从成年人的角度看来是微不足道的小事而难过。在《我的学校生活》中,泰戈尔说:

> 孩子们是热爱生活的,这是他们最初的爱。生活中的所有色彩和变化吸引着他们的心灵。
>
> 遏止这种爱难道是明智的吗?儿童并不是生来就能接受学习知识的清规戒律的约束的。一开始他们必须通过对生活的热爱来获得知识,随后他们便会脱离生活去求得知识,再往后,他们又会带着成熟的智慧重返自己的更为充实的生活。

这里,泰戈尔指出了一个意义深刻的真理,由体验到知识,由知识到已受到启发的体验,然后再回到更加具体化的知识,这就是成长所凭借的自然规律。

教育者不应当打破这一韵律,而应细心地、有创造性地利用这种韵律。

那么，儿童的天性又是怎样的呢？应该如何对儿童实施美育教育呢？

首先，泰戈尔主张对儿童的美育功能是在审美愉悦中完成的。这种审美是符合儿童心理的审美，而游戏性是童心之美的基础。

他在诗集《儿童的天真》的序言中说：

我像孩童一样诞生在世界的游戏土地上。

在一首题《在海滩上》的散文诗中，泰戈尔通过一连串形象的比喻，表达了儿童的游戏与繁忙世间的、以增加收入为目的的活动之间的区别。

"在无边无际的海滩上，孩子们聚到一起欢呼雀跃。他们用沙子盖起房屋，把玩着一只只贝壳。他们用落叶编成小船，微笑着让船儿飘浮在广阔而深沉的水面上，他们不知道怎样游泳，不知道如何撒网。采珠人潜入水中采珠，商贾们乘着大船过海飘洋，孩子们却把石子收拢、丢散，他们不知道怎样撒网，也不去寻找隐埋着的宝藏。"

正是这种游戏性，使儿童世界不同于成人世界。在这里没有功利的目的，没有价值的计算，没有规律的束缚，孩子是不会遵循规律行事的——"他经常从毫无规律的自由欢乐的天堂里来，他不像我们习惯地成为沿袭规律的奴役。"

其次，泰戈尔认为应该让儿童接触大自然，在大自然中受到陶冶和教育。孩子的心灵是用一种非同寻常的方式意识到自己身边的活动，在接受感官的直观印象方面超过自己的老师。用脑学习之前，他们是用肢体和感觉器官开始自己的学习的。因此，有必要给他们这样的环境，这种环境将培育和激励他们的好奇心，使他们愉快而简单地认识周围世界，这个环境就是知识的本源——大自然。儿童在大自然中的时间越多，铭印在他们脑海中的周围世界的形象和画面越鲜明，这对儿童来说就成了进行理性思维的源泉，因为在周围世界形象的多种形式、色彩和声响之中，包含着数以千计的问题。教师在揭示这些问题的内容时，仿佛是在掀翻大自然的书。

泰戈尔认为大自然是最优秀的老师，他让学生在广场的树荫下上课，鼓励他们研究大自然瞬息万变的形态和热爱大自然。

泰戈尔认为，教育应该通过对自然的学习和直觉的锻炼而提高，以便孩子的好奇心和能力获得发展。他主张教育应该培养孩子的审美情趣，认为大自然相接触，不仅可以使好奇心、认识能力和思维能力得到发展，而且还能领略大自然的美，倾听大自然的音乐，唤起一种思绪和情感，得到美的享受。在他的心目中，美，就是人性、善良情感和诚挚态度的具体体现。在童年时代就培养儿童对美的敏感性及对于美好的事物的需要，这将决定儿童的精神和他在集体中与别人的相互关系，甚至对他一生中形成善良、正直、宽容等诸多美好的品质都产生重大影响。

再次，只有懂得欣赏美、享受美，才会产生一种用自己的双手创造美好的事物的愿望。为了保证儿童的全面发展，泰戈尔主张将他们智力方面的学习与有用而有趣的体力劳动结合起来。在这一点上，他极力赞美古代的林间茅舍的生活方式。

在简朴的村舍，他们既致力于村社在知识方面的生活，又参与其经济生活。后来，泰戈尔将这一思想付诸实践，他建立了一个农场和一个工艺中心。泰戈尔认为通过劳动，孩子除了锻炼身体各部分的能力，还应该生产或者创造出某种有用的东西，强调创造性同时也就启迪了儿童个性中的美学观。这样，劳动、人和美结合成为一个整体，这个整体给儿童以乐趣，这既是因为这个整体是美的，也因为儿童的工作给人带来了乐趣。于是，劳动、智慧、善良和美一起进入儿童的精神世界，并渗入他们的心灵深处。

泰戈尔反对对儿童进行过分警戒和约束的教育，反对过分注重智力。他厌恶印度当时的教育制度，认为这种教育制度阻碍了新一代的心灵的发展。他在很早以前就认识到这种制度的弊端，在《教育的变革》中，他说：

再没有比可怜的孟加拉儿童更不幸的人了。在那种年龄里，其他国家的孩童用自己刚长出的牙津津有味地咀嚼甘蔗，而孟加拉儿童则必须坐在学校的长凳上，他们骨瘦如柴，难看的双腿袒露在裤边角外面，不时遭受老师的严厉叱责，同时还要尝藤条的滋味。这种教育制度的一个必然后果是，在生活的每一个领域里，他们的认识力量减弱，变得不自信，变得郁郁寡欢。

孟加拉这些孩子的身体由于缺乏足够的游戏和营养食品而停止了发展，智力也同样停止了发展。鹦鹉学舌地把成堆的知识压进自己的头脑里，但头脑既没有获得力量，也没有变得成熟……

他认为这种教育制度不是建立在正常的自然成长规律之上的。教育不能局限于一点一滴地传授知识，而应当是使孩子能够理解、欣赏整个生活的和谐并为之作出贡献。

泰戈尔的美育观与他的哲学观、世界观也有着密切的关系。他的生活哲学的基础和最主要的特点是，坚持人的个性发展和对事物所持的一种根本看法，即在所谓对立的事物中不存在任何内在的矛盾，诸如灵与肉、人和神、对美的享受和对真理的探求，对传统的尊重和对实践的自由、社会的职责和个人的权力等。他在这些表面互不协调的事物内部，发掘真正和谐的因素。他认为所谓生活的进步，应当表现在有利于不受歧视地、自由地全面发展人的个性。他认为，只有当生活是进步的，才相信它；而所谓进步，只有它和生活协调一致时，才配称为进步。他希望人们从无生命的巨大石像的奴役中解放出来。

总之，他的人生的基本原理是和谐与协调，重视人的个性发展。这种思想表现在他对儿童的教育上，就主张顺其自然，洞察儿童天性，保护儿童的自由意识。激发儿童心灵的活力，使儿童得到自由、全面的发展。

在人与自然的关系上，泰戈尔认为两者密不可分。在诗人看来，物我如一，自己简直就是大自然的一部分，简直就是大自然的化身。正因为他认为人与自然是和谐地相一致的，所以他主张对儿童的教育应当与自然环境建立和谐的关系，让儿童沉醉于大自然原野的美景，星星的闪烁、牧童悠远的笛声和野花的芬芳之中，使孩子处于身体与精神和谐一致的最佳状态。

泰戈尔认为，要实现世界万物的和谐与协调，要实现人与自然的统一，其途径是爱。他认为爱是社会最完美的体现，也是实现完美境界的途径和力量。他希望用爱的力量，在纷乱的世界上实现协调，使喧哗的社会变得宁静，使生之琴弦奏出和谐的乐声。哲学上的"爱"是一个具有非常深刻内涵的词，比较抽象。而体现在泰戈尔对于儿童教育中的爱心，却是充满了热情和温馨。

不管我教什么，我总是用爱去教育，我为它尽心竭力。

他认为，在教者和被教者之间一定要有亲密的关心，一个人没有爱和同情心就不能成为一个好的教师。泰戈尔的和谐与协调、人与自然的统一以及"爱就是一切"的世界观和哲学思想，使他在人所共知的有限空间中去认识无限，在纷乱喧哗的尘世中看到和谐，在爱的幻想中攀登美的最高境界。

泰戈尔的儿童美育思想，对我国目前教育领域的状况具有很好借鉴作用。正如泰戈尔所认为的，教育应力求学生全面发展，应当在学生及其社会、自然环境之间造成一种和谐的关系，还应当在学生内心，在其自身个性的不同的各个方面唤起一种和谐感，使儿童生活在美、游戏、童话、音乐、图画、幻想和创造的世界中。只有这样，儿童才能有旺盛的生命活力和充沛的精力，他的世界观、智力和精神生活才能得到发展，在课堂内外所学到的知识也才能得到真正的巩固。儿童是国家的未来，因此，儿童的素质如何，决定着国家未来的发展前景。

今天，全社会都普遍意识到"素质教育"的重要性与迫切感。我们不能说"应试教育"的弊病是因为缺少美育教育造成的，但是，我们却可以说，缺少美育教育至少是"应试教育"之为"应试教育"的原因之一。因此，在从"应试教育"向"素质教育"的转变中，美育的作用是至关重要的，它应该是这种转变的一个重要契机。它的加入，必将给我们今天的学校教育带来全新的气象，并将对儿童自身素质的提高产生积极而深远的影响。美育对儿童素质的发展起着非常特殊的作用。它不仅使儿童血气和平，保持心理的平衡，而且还能协调儿童的各种心理因素，造就其健全的人格，最大限度地发展其各种潜能。从这个角度来看，儿童的审美发展是关系到我国未来的一个重要课题。同时，儿童审美发展是儿童自我发展、自我完善的重要内容。所谓儿童自身的发展，主要包括道德发展、认知发展、审美发展以及身体的发育成长四个方面的内容。其中儿童的审美发展对他们的道德发展、认知发展以及身体的发育成长具有积极的促进作用。倘若缺少儿童的审美发展，儿童的认知发展、道德发展，甚至身体的发育成长都不可能达到一个最高的境界。这一点在今天已经得到了大量实践和科学的证明。而且，如果缺少儿童的审美发展，儿童的自身发展也会是片面的、很不健全的。

由此可见，我国儿童的审美发展决非是可有可无的点缀，更不是无关宏旨的小问题，而是当今我们整个社会和民族所要面临的一项宏大的系统工程，它肩负着严肃而重大的历史使命，任何忽视儿童审美发展的思想和行为都会给中华民族的发展带来严重的损害。

（作者单位：华南师范大学）

泰戈尔在我心中
——读泰戈尔的自然诗

吴文莲

泰戈尔热爱自然,他称自己是大自然的"情人"和"诗人"。他的诗歌热衷于描绘大自然风光,借自然之口述说生命感悟,我们且把他以自然为题材的这类诗叫"自然诗"。在今天这个忙碌苍白的时代,再读泰戈尔的自然诗别有一番意义。

一、自然之美

泰戈尔热爱自然,认为自然界中的每种事物都是美的客观存在。他以饱满的激情、敏捷的才思去捕捉描绘自然的美丽,却又总感叹自然之美难以言表。大地、天空、海洋、森林、晨风、鸟语、花香、虫鸣……无论崇高还是卑微、壮美还是渺小、有形还是无形、生命还是非生命,都有着不可言说的灵性和美丽。

"雾,像爱情一样,在山峰的心上游戏,生出种种美丽的变幻。"

"群树如表示大地的愿望似的,踮起脚来向天空窥望。"

"绿树长到了我的窗前,仿佛是暗哑的大地发出的渴望的声音。"

从这些诗句中,我们可以感受到诗人那双无时不刻都张着、好奇地端详着周边的眼睛,以及那颗再微小的动静都能触发天马行空的遐想的心灵。他对大自然似有一种永不枯竭的好奇与热爱,观看一朵花儿的绽放,遐想天际的云儿，聆听萤火虫与星星的对话……他不拘琐细，不吝热情与笔墨，将大自然的生机勃勃、丰姿绰约、五彩斑斓流动于笔下。无论经历什么人生苦难，泰戈尔对自然的这种好奇与热情从未熄灭，而这种对生命乃至非生命本身的好奇与热爱，也滋养了他旺盛的生命力和通达的处世态度。

泰戈尔认为，大自然的千姿百态、五颜六色、清幽浓烈、静噪动息等等形式之美，不仅可以给人感官的审美愉悦，而且在体验自然之美的过程中，人们内心的各种美好情感会被激活，于是在大自然的怀抱中人们会慢慢学会如何欣赏万物、善待自然、热爱生命。他热爱自然描绘自然，大概也包含着借自然的洗礼升华自己以及读者情感的美好愿望吧！

二、神性自然

泰戈尔醉心于自然之美，与其泛神论思想有莫大的关联。受印度传统泛神论的影响，泰戈尔把梵或神视为无所不在的最高实体，但他又有所发展，认为"'梵'或'无限'本身根本没有意义，只有通过"有限"（自然）"无限"才能表现出来。对自然，"不仅把它作为一种美来欣赏，而且从内心对它顶礼膜拜。人们用虔诚的目光注视着大自然的奇景，从中领悟到至高无上的梵的存在。观赏自然可以使人自然而然地融入神的怀抱。"[①] 因此，融入自然也是泰戈尔接近神的一种方式，是他晓悟生命以至神的载体，自然被他披上了一层神性的色彩。

自然的神性首先体现在它能与人沟通，给人心灵慰藉。自然"曾进入我空落的心中"，"端详我的心灵"，"听我歌唱"（《黄昏》、《礼物》），自然在泰戈尔心中是息息相通的"我的亲兄弟"、"我的女友"、"我的朋友"、"母亲"，他甚至常常在诗中以第二人称"你"与自然直接对话，倾诉他内心真实的感受，如《园丁集》第57首诗：

我采了你的花，呵，世界！

---

① 泰戈尔著，《泰戈尔全集（卷5）》，河北教育出版社，2000年，第45页。

我把它压在胸前,花刺伤了我。

日光渐暗,我发现花儿凋谢了,痛苦却存留着。

许多有香有色的花又将来到你这里,呵,世界!

但是我采花的时代过去了,黑夜悠悠,我没有了玫瑰,只有痛苦存留着。

失恋的痛苦感受在无言而慈爱的大自然怀抱中得到了宣泄。自然显然是不错的倾诉对象,它虽默默无言,却从不拒绝倾听,让痛苦者在它的博大、坚韧中得到宣泄和启发。

自然的神性还体现在它能开启人类心灵的理性之门,给人无穷的智慧和启迪。《飞鸟集》中大量的诗歌都是泰戈尔受自然启发而得到的人生哲理。比如借花瓣明辨得与失的真理:"采着花瓣时,得不到花的美丽。"[①]。司空见惯的日落天黑也充满了生命的哲理:"夜与落日接吻,轻轻地在他耳旁说道,'我是死,是你的母亲。我就要给你新的生命。'"自然点亮了泰戈尔的理性世界,万物成了他思维的依据,离开了自然万物他似乎就没办法思考和表达。"我攀登上高峰,发现在名誉的荒芜不毛的高处,简直找不到一个遮身之地。我的引导者呵,领导着我在光明逝去之前,进到沉静的山谷里去吧。在那里,一生的收获将会成熟为黄金的智慧。"这样以自然万物来隐喻人生的表达特点,或许不是泰戈尔独有,但他却是最惯于此。这刚好从侧面印证了自然的智慧博大以及它对泰戈尔的深刻启迪,当然也可说为泰戈尔假借自然来表达思想,这或可说是自然与"我"合一了。

泰戈尔把自然与神联系,使自然具有了某种神秘色彩。但我认为,这不同于一般的神秘主义,他的神秘主义内里更多地是对自然的敬畏、感恩和亲近,如此说来,我们不妨都可拥有一点"神秘主义"去看待自然,敬畏自然。再则,也许有人认为大自然的智慧只给予泰戈尔这样的伟人,平凡如你我怎能得到呢?泰戈尔曾说:"用朴实而充满敬意的眼光来观察生活中简单、平凡的事物……甚至人类生活中最琐碎最微不足道的事情——每天从睡梦中醒

[①] 泰戈尔著,《原来你也在这里》,湖南文艺出版社,2012年,第48页。

来——也被它赋予了新的意义。"要相信大自然绝不偏心或吝啬,即使在最琐碎卑微的事情中我们也可以认识真实、善、美、喜乐,领悟生命的意义。

三、和谐之韵

和谐是泰戈尔整个世界观和哲学思想的灵魂,也是他现实生活和创作的基本法则。最初是大自然向他展示了和谐之美,大自然的和谐律动深深影响了他。他的诗中,森林、动物、花草树木、星星、月亮、太阳、人等等,总是处在一种万物同生、亲密无间的巨大欢乐中。"我们在鲜花、果实、叶片中看到湿婆狂舞的快乐的韵律;从中,听到全世界生命与生命那种自由而纯洁的聚会的消息。"① "在世界的谒见堂里,一根朴素的草叶,和阳光与夜半的星辰,坐在同一条毡褥上。"② 除了表现自然万物和谐祥瑞的关系,泰戈尔还十分善于表现人与自然和谐相处的关系。《园丁集》第77首描述了人对小动物的慈爱:西乡来的工人的小女儿像个小母亲一样,带着小弟弟在渡头无休无歇地擦洗锅盘。忽然一只吃草的小羊在小弟弟身边大叫了一声,吓得孩子哭喊,姐姐赶来,"她一只手抱起弟弟,一只手抱起小羊,把她的爱抚分成两半,人类和动物的后代在慈爱的连接中合一了。"③ 人与动物之间是可以如此温情而甜蜜的。"和谐"是泰戈尔自然诗的基本主题,他笔下的自然界即使偶有风雨雷电肆虐,却终不能扰乱和谐这一主旋律。

颂扬和谐,不仅仅是泰戈尔的个性喜好,更是他理性思考的结果。泰戈尔认为,自然和人一样有灵魂、感情和灵性,"自然界不仅是活的而且是有理智的;不仅是一个自身有'灵魂'或生命的巨大动物,而且是一个自身有'心灵'的理性动物。"④ 相比之下,现代西方文明则认为自然不过是供工业利用的物质材料和人们生活的生活资料,是一堆无生命的物质,于是肆意掠夺破坏自然的行为在现代史上愈演愈烈。今天的我们自然是十分明白人与自

---

① 泰戈尔著,《泰戈尔全集(卷5)》,河北教育出版社,2000年,第367页。
② 泰戈尔著,《原来你也在这里》,湖南文艺出版社,2012年,第86页。
③ 同上,第45页。
④ 柯林武德著,吴国盛译,《自然的观念》,北京大学出版社,2006年,第4页。

然失衡的恶果,因为我们已经饱受折磨。而泰戈尔以其敏感和深刻早在百年前就呼唤着人与自然的和谐共处,他说人类与自然"就像同一首诗的两个小节,同一部交响乐的两个乐章一样。它们是'谱了同一曲调的'。"[①] 尝试去细细观察,如果你也能像泰戈尔一样发现大自然会笑会哭会怒,"所有的花儿,专注的仰望天空,脸露甜蜜圣洁的笑","动情微笑的明月/俯瞰着地球"……那时你会明白自然与你我真的没有那么大区别,更没有等级之分。

百年前,泰戈尔以他哲人的深刻和诗人的敏感向人们展现了大自然的美丽、神秘、和谐,百年后的我们在读着他的诗文兴叹的同时,是不是也可以在现实中做点反省和努力呢?难道我们真的要让自己、自己的子孙在电脑上触摸"植物与僵尸"来认识自然吗?科学技术固然以更美好的生活为旗帜,但更美好的生活里不能没有鲜活的自然。不必说城市离自然太远,何处没有云朵、星空、泥土,自然的身影随处可寻,而且热爱自然亲近自然应该是一种生活方式而不是停留于外在的形式——好奇每一个存在的奥秘,感恩自然赐予的吃穿住行进而珍惜资源,对身边的一切更敏感细腻更亲近友好……不都是敬畏自然、热爱自然的好方式吗?

(作者单位:深圳市龙岗区中心城)

[①] 泰戈尔著,《吉檀迦利》,郑振铎、冰心译,外语教学与研究出版社,2010年,第37页。

在有限中取得无限的欢愉
——读泰戈尔

童可依

  泰戈尔的童年和少年时期是在仆人看管下度过的。他是个秉性好动,"渴望遥远的道路"的孩子。一个仆人为了省心地看管他而想出了一个法子:让他坐在一个舒适的地方,在他四周用粉笔画了一个圆圈,并恫吓道:假如他走出这个具有魔力的圆圈,就会大难临头。幼年的泰戈尔听说过《罗摩衍那》的故事,他知道悉达越过罗其曼划的线之后所遭遇的可怕灾难,于是一动也不敢动地坐在原地。幸而粉笔圈临近窗台,从那儿可以眺望外面的广场。广场上有一座闪着粼粼波光的水池。池子一边有参天的榕树,另一边是密密的椰树林。孩子从窗棂望下去,一连几小时目不转睛地注视着水池里沐浴斋戒的人群。晌午时刻,水池里只有徐徐戏水的鸭子在寻找水虫,已经没有任何人影。孩子的注意力便转向了那棵高大的榕树。他凝视榕树底下阳光和阴影的游戏。①

  幼年泰戈尔沉默地接受仆人设下的桎梏,或许并非因为他过于温顺,而是他丰富的想象力能使他在任何细小的事物中发现乐趣。在局限的角落里透过窗户看世界,长时间的静默与感受,或许恰好造就了泰戈尔终其一身的精神财富:从平凡的生活中体悟生命的恩赐的能力,在那个充斥着怀疑和无信仰的时代是一种拯救性的力量。

---

① 克里希纳·巴里巴拉尼:《泰戈尔传》,人民文学出版社,2011年,第23页。

当泰戈尔回忆起这段童年时光时,他写道:"今天,当我回顾童年的那些日子时,我一次次回想起:我总觉得生活和世界充满着一种神秘。我感到,每一个地方都隐藏着这种神秘。每天,我心里产生的最大问题是什么时候能揭开这些秘密。我仿佛感到,大自然捏紧自己的拳头,微笑地问道:'请猜猜,这里面有什么东西?'那些日子,我感到没有什么事是办不到的。"①

他的神秘体验并非某种宗教教义或哲学的转化,而是有限的事物中蕴含着无限的宇宙精神,万事万物彼此相连的亲近感受,"犹如一首歌曲的狭窄范围里包含着无限的意义。"泰戈尔是喜欢音乐的,在他幼年时,便从音乐的韵律中体悟到了有限的生命和无限之间的共鸣、振颤。一首催眠曲的第一句,"天上淅沥下雨,树叶婆娑摇曳",使他感受到了押韵诗的魔力。他后来追忆道:

"直至今天,那些日子的欢乐图景还铭刻在我心上。我明白了,诗歌为什么要有韵,诗词似乎结束,但似乎又没有完结;倾诉结束,但它的回响犹在;心灵和耳朵不断玩着押韵的游戏。这样,我在自己生活的漫长日子里,在我的知觉中,一次次谛听到雨水淅沥声和树叶婆娑声。"②

内心的声音和自然的声音轮转着游戏,相互应和。一首简短的歌谣唤起的心灵的回声,如同随着四季的有节律的轮转而时常能听到的淅沥雨声和树叶婆娑声,是贯穿一生的轻柔的旋律,联系着自我和宏阔的宇宙中的万事万物。如同地球上一切古老而又是新生的白昼,一次又一次地回到它的音乐开始的叠句。它们暗示着世界心脏的核心耸立着不朽的青春。而死亡与腐朽在世界的脸上投下瞬间的阴影,却没有留下足迹。

他爱任何超越感官范围的空间,"空间与流动","天空与河流"。他曾写道:"歌德临死时,希望有'更多的光亮'。在这样的时候,倘若我心里还存有什么希求的话,那就是希望有'更多的空间'。"而对"无限"的悟更多地

---

① 泰戈尔:《里面与外面》。
② 泰戈尔:《和父亲一起去旅行》,江苏文艺出版社,2010年,第2页。

是从生活中对美与爱的直接感知,而非从对宗教、哲学典籍的钻研中得来的。虽然他也钻研宗教典籍,并且思考与之多有契合,但在他看来对经典的真意的领悟首先需要在日常生活中实现:

> 通常人类的词汇不是一种语言,而仅仅是哑人表达语言的手势,它们可以暗示,却不能表达他的思想。他的思想越活跃,他的用词越需要由他的生活处境去阐明。那些只是借助辞典去理解他的意思的人们,他们只是表面上到了家,因为他们停留在墙外没有找到内室的入口。这就是为什么我们最伟大的先知们的教义会引起无穷无尽的争论的原因,因为我们只是按照他们的词句而不是通过我们自己生活中的实践去领悟他们的含义。苦于追求字面含义的头脑呆板的人们是不幸的,它们总是忙于结网而忘了捕鱼。①

他在一封信里写道,一天傍晚,他正在读一本关于艺术、美与美学的英文书。当他绞尽脑汁理解它的深奥定义和细微差异时,突然一阵厌倦和沮丧感袭来。他仿佛误入空虚的海市蜃楼,里面充满了嘲弄的声音。他把书仍在桌上。夜色已很深,他吹灭了灯或,想上床就寝。他刚做完这一切,一束清澈的月光,透过敞开的窗户射入屋内。于是他突然感到:"我在书本的空泛词句里,一直在寻觅什么呢?那个东西自己一直在外面久久地等待着我,那个空间寂静正是我寻求的东西。"

印度文明诞生于森林,它被大自然的浩大生命所包围。这样的环境赋予人们一种特殊的倾向:在与生气勃勃的大自然产物的不断接触中,摆脱了想在自己的占有物周围建起围墙以扩展统治的欲望,他的目的不在是获得而是去亲证,去扩展他的意识,与他周围的事物契合。他认为真理是包容一切的,没有绝对孤立的存在,并认为亲证真理的唯一途径就是使我们的生命融汇于一切对象之中。② 对于印度人来说,人和自然的和谐是伟大的事实。人能够思

---

① 泰戈尔:《人生的亲证》,商务印书馆,1992年,第41页。
② 同上,第4页。

索是因为他的思想和周围事物是一致的。判断行为的标准不是自己的运动，而是完美的宁静——存在于星空中的宁静，存在于永不停息的有节奏的创造之舞中的宁静。

而"梵"并不是使人感到尘世的虚无，使人"弃绝"尘世的东西。而是感到宇宙精神之美是从无数形象中显现出来的。在平凡事物中发现了美，使人能在外在世界里领受它，在自己内心深处里感受它。这种视野对待"自我"的问题上，也带来了双重性：自我的价值需要被肯定，但实现自我的固有价值的前提是与它自身的分离。因为，人的内在前景是与无限的力的联系。孤立的自我被哲学家描述为摩耶——一种幻觉的原因是，它没有内在真实性。"在现实中能亲证它（无限），人生就是真实的；在现实中不能证误它，人生就是死亡的孤寂"，"要在个人和众人中去亲证它"。① 实现自我，需要超越它本身并由此而展现其固有意义，而"把贮藏的财富保留在自我的黑暗中，它的行为就和它真正的目标相矛盾"②。

这或许可以解释，为何当他对祖国的现实关切最为强烈时③，神秘主义也在他那时候的诗歌中萌芽了。神秘主义不是他对迷乱现实的规避。从他孩童时代起就已扎根于他的灵魂的东西，在他生命的这一时期的诗中萌发，意味着他对自己生命中这条链环的探索，他对存在于他自己人格深处同时又超乎其外的最高人格的探寻变得更有意识了：跨越个人的界限，与众人合而为一。现实主义和理想主义的结合，并没有使他的心灵拘泥于痛苦之中，这就是他精神力量的最好证明。正是博大的爱使得神秘体验不导向虚幻的梦想和对现实的规避："也许，由于我们的生活并非每时每刻都会全部栩栩如生地展现出来，某个想象中的希望可能会诱惑我们，某个有关不受日常负担制约的、未

---

① 泰戈尔：《人生的亲证》，商务印书馆，1992年，第13页。
② 同上，第43页。
③ 泰戈尔在1893年2月的一封信里写："我们的国家实在是个不幸的为神所遗弃的国家。在这连行动的意志都没有。思想的功能、感觉的功能以及行使意志的能力，全部衰退了。人人都对巨大的真实生活毫无知觉……男男女女都像影子一样满天飞；浑浑噩噩，吃吃喝喝，例行办事，抽烟睡觉以及无休止地饶舌。我们的理智像孩子似的幼稚，我们的感情动辄变成感伤……我们多么需要成熟的努力与充实的生活啊！"

来的、光彩夺目的途径可能会吸引我们；然而，这些都是虚幻的。"①

对尘世间的一切的爱会成为桎梏："什么是桎梏？对，桎梏确实存在。一切慈爱，一切的情爱，一切对幸福的渴望都是桎梏——但这是怎样的桎梏啊！"而从泰戈尔的作品中，能看到这种爱的"桎梏"与对它超越之间的张力。比如在他经历子女和妻子接连去世的不幸时，在孤寂中写下的关于儿童的纯美的诗；比如小说《邮政局长》最后面对与长兄般的邮政局长的离别时悲伤难以自持的勒坦的评论，以及其他很多短篇小说中将主角设置成见证人世变化的自然与无生命物，持存世界的超然视角与对有限的人世的怜悯并存。爱、同情与超然的并存，在需要束缚的自我与求解放的自我，要分离的自我与求统一的自我之间挣扎中体现的正是泰戈尔的作品的人性的温情。肉体上失去的东西，他将在精神上重新获得；在特殊中丧失的东西，他将在一般中发现。为了实现这种内心的和谐，需要经历痛苦，或许只有那些已经度过灵魂痛苦的长夜的人们才能体会到。

> 我的解脱不是在禁欲的实践中获得，
> 我在这世界无数的桎梏里，
> 获得了甜美解脱的无比欢乐。

因此他的艺术创作饱含深情，同时又超越自我。他曾写道，"艺术家的理念成熟时，有一种欢乐，他把它具体化，并由于与它保持距离，从而能充分地得到它。这是使我们的自我与我们分离的欢乐。为了使它比我们自己更完美，于是在爱的创造中赋予它形式。为此就必须有这种分离，不是排斥的分离，而是爱的分离。"

泰戈尔的伟大之处，就在于他在有限中亲证无限，作为一个有限的人而爱着真实的世界。在1891年10月的一封信中他写道："我坚信，我自己一定能像热爱并相信这个世界的人那样活着，像人一样死去。我既不认为这个大千世界是造物主的幻影，也不认为它是魔鬼的圈套。"在大学的最后一年重读

---

① 泰戈尔：《孟加拉掠影》，第三十篇。

泰戈尔诗集，意外地感受到了儿时并没有体会到的惊奇，仿佛重新获得了与自然，与广大的世界的紧密的联系。于强大的精神力量中保全的天真，是最为动人的吧。

(作者单位：北京大学)

重评泰戈尔的亚洲观

——从《亚洲人对东西方的看法——泰戈尔及其日本、中国、印度的批评者》谈起

乔 芊

引言

《亚洲人对东西方的看法——泰戈尔及其日本、中国、印度的批评者》[①]是史蒂芬·海伊上世纪70年代的一部学术专著,由哈佛大学出版社于1970年出版。这部书以诺贝尔文学奖得主罗宾德拉纳特·泰戈尔1916年访日与1924年访华事件为背景,以日、中、印三国学者与泰戈尔的对话与争鸣为线索,从亚洲学者的东西方观念入手,窥探出20世纪上半叶亚洲(以日、中、印三国为主)学术思想史的总体面貌。

首先需要指出的是,海伊在对原始文献资料的尊重和追求上值得称道:文中引用了大量的第一手材料,包括了英语、孟加拉语、汉语、古吉拉特语和日语等数种语言在内的讲稿、专著、报刊、杂志类文献。由于得到了一大批语言专家的协助翻译,使得素材的可信度得到保障。然而,准确并不意味着全面,局部的真实往往更有可能引发偏见和谬误。尤其当我们需要籍由此

[①] Stephen Hay, *Asian Ideas of East and West: Tagore and His Critics in Japan, China, and India* (Harvard University Press, 1970). 文中括号内页码均指本书。

书对泰戈尔某些观念作出价值评判时,就更应当全面地考察这些材料在论证中的有效性。海伊的同辈学者休·廷克就对其海伊的某些观点持保留态度,"海伊是否注意到泰戈尔对于时代潮流的走势有着深远的见解呢?他对此采取的学术性的冷漠态度使得这一命题并未得到澄清。"① 谭中先生也曾就细节问题反驳过海伊,"因为他颠倒黑白"② 把平生最尊敬泰戈尔的郭沫若也说成是反对泰戈尔的中国精英。此外,由于其史料完备而带来的现实影响力也是不容低估的,"海伊基于'文明冲突'的信念而把中国反对泰戈尔访华的言论大肆渲染一番,又对印度反华言论起了激励作用",③ 不得不引起我们的反思。

海伊毕十年之功完成的这部学术史著作,出版40年却未在国内引起应有的重视,几乎被搁置于近年来泰戈尔研究视野的边缘。相比之下,印度学界则对其有较多的关注,德里大学"泰戈尔教授"西斯·古马尔·达斯(Sisir Kumar Das)在其重新汇编整理的《泰戈尔在中国的讲演》④ 中,既引用海伊的观点以论争己见,又对某些意见加以反驳,可见本书对于澄清泰戈尔中国之行及其亚洲观的意义具有重要的参考价值。本论文拟在评介此书的基础上,重点关注海伊对泰戈尔亚洲观的理解,并指出其观点中的偏颇之处,进而重评泰戈尔亚洲观的意义。文中所引材料,多译自此书,希望能为国内的泰戈尔研究提供一个参照比对的新视角。

文本将从四个方面展开论述:(1)介绍海伊著作的基本框架与核心观点;(2)从泰戈尔亚洲观的内涵和特点出发,对海伊的观点予以评价;(3)重审泰戈尔亚洲观的意义。

I

在本书的前言中提出了20世纪上半叶亚洲国家在追求民族独立、实现民

---

① Hugh Tinker, Review [untitled], *The China Quarterly*, No. 44, 1970, pp. 224 – 226.
② 谭中、耿引曾:《印度与中国——两大文明的交往和激荡》,北京,商务印书馆,2006年版,第27页。
③ 魏丽明:《1924年泰戈尔访华的历史意义》,载王邦维、[印]谭中主编:《泰戈尔与中国》,北京,中央编译出版社,2010年版,第20页。
④ Sisir Kumar Das eds., *Rabindranath Tagore: Taalks in China* (Calcutta: Visva-Bharati, 1999).

主化进程中面临的三大问题:"一,在来自国外的技术变革和持续影响下,怎样使自前人那里继承下来的宝贵民族传统得以保存和发扬?二,为帮助亚洲各国抵制西方的不良影响,守卫传统遗产,是否有可能建立一个"泛亚洲主义"的阵线?三,欧美国家的思潮与社会组织形式是否应该被亚洲国家接纳并应用于本民族的需求,又如何应用?"① 亚洲知识分子(以中、日、印三国为主要研究对象)的东西文化观正是在对这些问题的关注和争论中逐渐成型。泰戈尔之所以成为这个时代文化思潮的核心镜像,源自于1913年诺贝尔文学奖为其带来的荣誉以及随后访日访华经历为其带来的争议。

海伊认为,泰戈尔访日、访华的失败作为现代亚洲学术史上的重要事件,已经远远超越了个人悲剧的范畴。其深远意义在于,泰戈尔提出的"东方精神文明观"引发了日本、中国、印度上百位学者关于东西方文化本质既二者之间关系的探讨。海伊在此尚未言明的意旨似乎是,泰戈尔所提出的问题本身的价值要远远大于他给出的答案的价值,即在"东方精神文明观"的指导之下建立文化上的"泛亚洲主义"针线和"亚洲联合体",作为一种答案并不理想。这也成为他论证的关键所在。

宏观上看,本书的基本框架建立在跨民族的文化观念比较之上。将不同民族和个体学者对于"东西文明观"这一命题的思考并置观之,使得泰戈尔的"亚洲(东方)观"在话语的激发和对抗之中愈加彰显。海伊强调,"个体思想家并不仅仅是他所处社会的'反射'和'产物',也在与同辈学者的互动、对前代学者的研究中发展着自己的思想"②,基于此观念,他在"个体传记批评"上用功最深,这一点通过书中泰戈尔个人经历的详尽程度可见一斑。

微观结构上,作者按照时间顺序和主题的相关性谋篇布局:第一章"一个现代先知的诞生"以个人传记的形式叙述了泰戈尔早期的成长经历,尤其关注其出生的时代与地域(即十九世纪的孟加拉)文化中关于东西方文明的观念,以及这些观念对于诗人思想形态的塑造。其中有三种代表性观点引人瞩目:印度与东方的同义性;东方文明的特征在于其深奥的精神性;东方与

---

① Stephen Hay, *Asian Ideas of East and West: Tagore and His Critics in Japan, China, and India* (Harvard University Press, 1970), preface.

② 同上。

西方是相互补充的（21）。而这种互补关系的本质即"印度—亚洲精神主义与西方实用主义的融合"（25）。泰戈尔从他的孟加拉前辈拉姆·莫汉·罗易、克沙布·钱德拉·森等人那里继承了这些思想，并以"亚洲代言人"的名义将之传播到亚洲各地，诺贝尔文学奖得主的声誉无疑成为其思想传播的强大助力。第二章和第五章中，作者分别考察了泰戈尔1916访日与1924年访华的经历，相应地在第三章、第六章、第七章中依次分析了泰戈尔在日、中两国及印度国内得到的回应。此三章按照学科领域与地域分区对特定思想家的观点和整体性思潮予以梳理，与总结性的结语一章共同构成了本书的核心章节。此处拟遵循著作按照国别讨论的思路，一一考察日本、中国、印度三国知识分子对泰戈尔的接受情况，尤其关注"亚洲观"演变、发展与相互激发的现象与其实质。

一、日本对泰戈尔来访的反响及"泛亚洲主义"的错位

1916年7月11日，泰戈尔在日本东京发表题为"印度给日本的讯息"（The message of India to Japan）的演讲。演讲围绕三个命题展开："亚洲文明统一体"、"亚洲文明的精神性特质及现代文明对其威胁"、"亚洲重生的需要及日本的使命"。此基础上，泰戈尔发出了对日本民族主义的批评和政治战争化倾向的警告。为把握日本学者对于泰戈尔演讲的总体态度，海伊提供了如下统计数据：

> 多数日本知识分子本质上拒绝接受泰戈尔的东西方观念。当论及泰戈尔东方精神文明与西方物质文明互补的观点时，八位作家中只有一人认同他"东方优于西方"的观点；两人看到了东西方冲突之于日本的必然性和不可调和性；剩下五人则完全倒置泰戈尔的观点，认为西方文明优于日本或东方文明。此外，三个人直接、一个人间接地否定了东西二元、精神物质二元的整体框架，从根本代之以"进化发展"的观点。（125）

1868年日本明治维新之后，明治政府为巩固天皇的统治秩序，在政治、经

济和社会等方面大刀阔斧地推行改革,领导日本开始了资本主义性质的西化和现代化历程。这一时期,"选择性地吸收外国思想与方法成为思想界与政界的主要议题"。在"文明开化"的口号下,知识界和思想界也向开始向西方学习(83),"奥依肯、柏格森、尼采、泰戈尔、托尔斯泰、陀思妥耶夫斯基、梅特林克、于斯曼、罗曼·罗兰、惠特曼、詹姆斯等人的理论建构与哲学观念如同涨潮一般涌入"(85),带来了诸如实用主义、进化论学说、基督人道主义、社会主义、无政府主义、马克思主义乃至自然主义、理想主义等在内的各路思潮。

海伊认为,泰戈尔作为日本外来思想中唯一的东方源头,亮相之初就被笼罩在西方思潮的浩大声势之中,使得对其支持和反对的声音无不以对西方思想的接受为背景。中泽(Nakazawa)作为柏格森、尼采、托尔斯泰和罗兰的研究学者,将泰戈尔视为"东方柏格森",认为他的生命哲学是西方个人主义的解药;杜威实用主义的追随者田中王堂(Tanaka ōdō)出于对于宗教观念和宗教情感的批判态度而对泰戈尔来访持一种怀疑的立场。另有一些无涉西方思想的自足批评声音,基于对民族精神的维护和服务日本现实发展的需要,对泰戈尔冠以"提神饮料"和"逃避现实"的恶名(86)。由此可见,业已扎根的民族主义意识和对于现代化进步的迫切要求是泰戈尔与日本学者产生隔膜的主要原因。

具体到泰戈尔的"亚洲观",或者说"东方精神文明观",更是引发了集中的回应。海伊敏锐地指出了文学界存在的一个现象,即对于泰戈尔主张的亚洲精神复兴,"那些最热切的赞赏者都是深受英美浪漫主义影响的人,如野口米次郎(Noguchi);而那些最尖刻的批判者则是致力于恢复日本传统文化的人,如河东(Kawahigashi)和岩井(Iwano)"(96),可见这种赞赏在很大程度上基于西方世界对于东方的异国想象与救赎情结,而非对于亚洲精神本体的深刻认识。在宗教界,赞同者都是一些对印度精神文明表示敬仰的佛教徒和基督徒,基于不同宗教在对精神性力量的共同信仰和追求中达成的认同感;而反对的声音一部分出于否定泰戈尔对亚洲精神性和西方物质性的地理二元分隔,要求代之以一种全球范围内由中古向现代转移的普遍性视角,另一部分则认为印度式的消极精神态度不适于日本。"后两种反对意见——一者认为其东方倾向过重,一者认为它不适用于日本,在哲学界的批判声音中亦得到重申"(104)。

在泰戈尔与日本的互动中,有一个层面尤其值得关注,即泰戈尔对于日本在"亚洲统一体"中所承担使命的殷切期望以及这种期望的最终破灭。某种程度上说,它暴露了泰戈尔与日本主流意识形态在"亚洲观"这一问题上的错位。海伊在第三章的"日本对于印度的态度"一节详细梳理了日本统治亚洲的野心成长史,从中可以清晰地发现这种无意或刻意的错位痕迹。在日本,"1916 的泛亚洲主义绝没有像二十五年之后的'大东亚共荣圈'一样成为占统治地位的意识形态,但是日本能够统一并领导亚洲其他国家也绝非一个新生的想法"(112)。"泛亚洲主义"于战国末期封建领主丰臣秀吉处始见端倪,在德川家康的封闭发展时期一度沉寂。然而随后,重开国门的明治政府决定重温称霸亚洲大陆的旧梦。到 20 世纪初,这一思潮更在极端民族主义势力如黑龙会的煽动下愈演愈烈。于是,"在极端民族主义者泛亚洲主义意识的核心地带,出现了对东方精神文明优越性的信仰,这在表面上与泰戈尔的观念极为相似"(113)。事实上,泰戈尔访日并宣传其"亚洲精神文明观"的举动为日本极端民族主义者提供了借题发挥的契机与偷换概念的可能。他们有选择地突出泰戈尔关于建立"亚洲统一体"的主张,汲汲于承担起领导亚洲走向复兴的使命,却有意地忽视泰戈尔对日本民族主义和军国主义的批判,伪装出与泰戈尔相似的文化观念和区域理想。这一切最终酿成"20 年后让泰戈尔大为震惊的对亚洲大陆的军事侵略活动"(118)。正如杜赞奇指出的:"'泛亚洲主义'在日本发展了一种自称亚洲领袖与自我宣扬将亚洲从灾难中拯救出来的义务的情调。"①

二、中国对泰戈尔来访的反响与"五四"前后的文化论争

中国"五四"前后的文化论争是 20 世纪初亚洲学术思想界风云激荡的集中显现,其实质是中国知识分子在急剧变动的社会转型时期对民族出路与现代化道路的殷切探索,这也成为泰戈尔访华至关重要的时代背景。

---

① 杜赞奇:《共同体、民族与可持续发展:泰戈尔并未过时》,载王邦维,[印]谭中主编:《泰戈尔与中国》北京,中央编译出版社,2010 年版,第 222 页。

泰戈尔对当时的论争局势并没有明确的意识，只是顺应世界范围内传统文明向现代过渡的普遍潮流，重申了他对东西方文明本质与差异的认识以及建立亚洲统一体、复兴东方精神文明的主张。他在演讲中呼吁中国青年切勿盲目地效法西方的物质文明，而要"到自己家中去寻找有不可磨灭的价值的东西，这样就能够自救，就能够拯救整个人类"。① 身陷文化论战之中的中国知识分子，对于凌空出现的印度声音，作出符合其自身文化立场的回应。海伊对此作出的数据统计如下：

> 很少有人接受的泰戈尔的观念：表示赞同的仅有两位英语写作的编辑（分别供职于日本和美国的报纸）和一位文学家（并非创作型作家，而是一家重要月刊的编辑）；没有哲学家（尽管其中两位较保守者对其理想主义态度表示了同情）；没有政治家（尽管孙中山的亚洲观与泰戈尔相当接近）；在学生中，只有一些美式定向大学的学生和年轻佛教徒表示支持意见——这就是印度诗人在中国收获的贫乏认可。(243)

对于泰戈尔在中国遭受的冷遇，海伊归结于三方面的原因。第一，在亚洲精神文明复兴的问题上，中国与泰戈尔之间有着难以逾越的鸿沟。"佛教作为单一的连接点，像处在斑驳土地中间的一个几近干涸的水池，这片土地已经在几个世纪中被入世的儒家思想收回、控制和教化"(244)。换言之，泰戈尔无法在其超然的精神理想与中国的世俗思想之间找到新的共鸣，同时中国不少知识分子甚至误会泰戈尔是佛教徒，早已脱离了时代。第二，泰戈尔无视中国知识分子复兴本国固有传统的努力，而灌输以印度的传统如佛教，致使相对保守和倾向复古的一派，如辜鸿铭、梁启超、梁漱溟等也无法与泰戈尔达成一致。第三，另有一种狂热的呼声主张铲除一切旧传统，实行"全盘西化"，因而对泰戈尔的"东方文明观"更为不屑，如陈独秀、瞿秋白等。总的说来，当时中国知识分子由效法英法美到转师苏俄，目标是建立一个"强

---

① Sisir Kumar Das, *Rabindranath Tagore: Taalks in China* (Calcutta: Visva-Bharati, Rabindra-Bhavana, 1999), pp. 53 – 54.

大、统一、进步"的中国,"印度诗人的言论无法动摇热切的爱国者们对一种更有效的政治新秩序的追求"(245)。强烈的政治目的性和物质建设需求成为泰戈尔精神文明观在中国破产的根本原因。

与在日本的情况有相似之处,泰戈尔"亚洲观"在中国知识分子中受到的质疑主要基于两种立场。第一种是对于东方文明"统一性"的质疑,即不认为存在一种统一的文化精神基础可以支撑起如泰戈尔所说的"亚洲统一体",相反地,亚洲文化内部是存在着深刻差异的。在哲学界,一种将中东分论、中印分论的声音在不同的哲学家那里得到了共同的表达。主张恢复儒家传统的保守派学者辜鸿铭与泰戈尔看似有诸多相似,却竭力声明"泰戈尔描述的东方文明,与中国文明是全然不同的",甚至可以说,在对理性和技术的关注上,中国文明同西方文明的相似性甚至超越了中印文明的相似性(206)。梁漱溟在《东西文化及其哲学》中详尽阐述了中、印、西三种文明的不同路向,客观上也承认了中印文明在"寻求与外界和谐"和"渴望从外部超脱"上的本质差异。力图复兴佛教的梁启超"将佛教融入更多理性的而非神秘性的因素"(210),已经表现出与印度佛教传统划清界限的姿态,他对"东方文明"这一概念的回避也清楚地表面了要"将中印两种文明分开处理而非混同一体"的主张。

第二种是对东方文明"精神性"的质疑。这种情况又分为两种,一是不认为精神性是东方文明区别于西方文明的特性;二是不认同这种精神文明对于物质文明的优越性,相反得认为它是落后的阻碍进步的因素。代表人物是分别是胡适和陈独秀。胡适以辩证的思维从根本上倒置了泰戈尔对东方文明尚精神而西方文明尚物质的定位,认为西方文明"充分运用人的聪明智慧来寻求真理以解放人的心灵,来制服天行以供人用,来改造物质的环境,来改革社会政治的制度,来谋人类最大多数的最大幸福……是精神的文明;是真正理想主义的文明",而东方文明"受物质环境的拘束和支配,不能跳出来,不能运用人的心思智力来改造环境,改良现状的文明,是懒惰不长进的民族的文明,是真正唯物的文明"。[①] 与胡适不同,陈独秀则顺势接过"东方精神

---

① 胡适:《我们对于西洋文明的态度》,载于《胡适文存三集》(卷一),上海,亚东图书馆,1946年版,第21页。

文明"提法，旗帜鲜明地指出东洋文化的特征"尊君抑民，尊男抑女"、"知足常乐，能忍自安"、"轻物质而重心灵"，因而导致诸多恶果，如"忽视个体需求会阻碍物质进步、倡导爱的哲学会导致帝国主义吞并中国、与自然的和谐倾向只能成全个体的安逸而舍弃对社会的责任"（227），几乎成为中国民族主义者和左翼知识分子对反对泰戈尔的纲领性意见。

三、印度对泰戈尔的看法："泛亚洲主义"的政治化演进

泰戈尔亚洲观在印度的反响呈现出一定的特殊性。时间上，"泰戈尔之于熟悉他的祖国来说并非一个异国的角色，他已致力于某些话题的著述五十余年了"，（247）也因此并没有集中一时的反馈，需要在更长的时域中加以考察；空间上，印度地区间宗教、语言、受西方影响程度的多样性和复杂性使得按地域划分更为理想。某种程度上说，此处探讨的已不再是泰戈尔"亚洲观"引发的反响，而是在印度"泛亚洲主义"思潮的整体性和演进史中，泰戈尔"亚洲观"是如何与其他代表性观点形成互动，又如何作为一个构成部分和发展环节发挥作用。

在海伊的考察中，还有一条线索值得注意，即在19世纪到20世纪的印度（以最为开放的孟加拉为代表），"印度-东方精神文明观"与文化上的"泛亚洲主义"如何一步步政治化，最终汇入民族主义运动的浪潮。印度民族主义激进派领袖奥罗宾多·戈斯（Aurobindo Ghose）与泰戈尔观念相仿且更为强势。他在"亚洲的角色"一文中申明，印度作为亚洲之母，其精神文明是拯救世界的良药，因而"在欧洲文明已经停滞之际，亚洲有责任担当起人类解放的工作"（253）。海伊认为，正是这种极端理想主义的文明观中孕育着极端民族主义的种子，成为"印度—亚洲"精神文明观走上政治化道路的第一个阶段；另一位民族主义领袖 Chittaranjan Das 接续了这条路向，不仅认同印度是"东方的理想"，更明确号召"受到压迫的亚洲民族"建立起"亚洲联盟"（254）。由此可见，"泰戈尔带给中国的信息与基本命题似乎在1924年的印度孟加拉得到了普遍的赞同，且附加意见通常认为通过政治手段是实现这一目标的最佳方式"（254）。与泰戈尔亚洲观在不同层面上形成对话的还有

两位重要的政治人物,即甘地和尼赫鲁。甘地与泰戈尔作为20世纪印度最重要的思想家,两人思想上的碰撞与交锋颇引人关注。尽管在民族主义、爱国问题、文化交流的重要性、理性与科学的作用等诸多问题上存在分歧,但两人有一项共识却是毋庸置疑的,即印度作为亚洲的心脏,"要为呻吟的世界带去和平和良愿"(287)。尼赫鲁则更为关注印度在世俗生活和物质领域的进步,他在政治上寻求与亚洲他国联系的努力,是泰戈尔"泛亚洲主义"文化联合观念的延伸。

总的说来,与泰戈尔在日本、中国得到的微弱认同相比,他在印度本土思想界的分量不容低估。海伊对此归因于两点。首先,泰戈尔本身代表了殖民时代在"印-英"共生体中成长起来的印度知识分子,"他们越是接近西方物质文明,就越赞赏他们的民族诗人所提供的那种普适的、非教条的精神性"(307)。其次,20年代现代民族主义思潮与运动在印度风起云涌,泰戈尔对民族主义的保留态度一定程度上与时局抵牾,然而"事实表明,泰戈尔的亚洲精神文明复兴理想与民族主义者的目标并无实质性冲突,因为他们的政治运动只有借助整个亚洲范围内反西方的文化复兴方可能实现,尤其是它能够争取到日本、中国这些独立国家与印度结成联盟"(309)。

四、小结

从结语章的三个小标题中,已经可以窥见海伊的结论性意见。第一节——"婆罗门与武士——幻想的终结",探讨泰戈尔婆罗门式的宗教精神与日本武士阶层的军国主义精神如何催生了截然对立的泛亚洲模式,致使日本的侵略行为成为对泰戈尔文化理想的强暴终结;第二节——"民族主义与泛亚洲主义在中国、印度和巴基斯坦",认为亚洲各国民族主义思想之间的巨大冲突无法为"亚洲联合体"的建立提供精神、文化、军事政治和经济上的稳固根基,致使一战之后流行一时的'泛亚洲主义'在二战之后势头渐衰;第三节——"又及'现代化'与其 ambiguities 模糊性"一方面肯定了泰戈尔启示对于现代文明的警示意义及其实现人类联合这一理想的终极意义,但更尖锐地指出,泰戈尔在消除文化隔膜上是失败的,他对亚洲文化内部复杂情况的忽视和简单化处理则使得其"亚洲观"暴露了视野的蒙蔽性和局限性。

II

通观全文,海伊试图证明如下结论:泰戈尔以"预言家"姿态出访日、中,宣传其东方精神文明观,却遭遇冷遇、终告失败的根源在于,各国文化传统与社会现实境遇的迥异从根本上悬置了一个想象中的共同体——"东方"的存在,使得这一概念的有效性只在作为西方眼中的"他者"时才能被认可、接纳和利用。而"东方"内部本身的复杂性(国与国之间,一国的传统与传统之间)往往是不被勘察的。笔者认为,海伊指出了部分事实,但并没有真正把握泰戈尔亚洲观的实质和精髓。

总体上看,以东方精神文明观为指导,倡导文化上的"泛亚洲主义"态度,呼吁建立"亚洲联合体",构成了泰戈尔亚洲观的主要内容,它具有以下几个特点:

第一,泰戈尔对亚洲文明的"分散性"有着清醒的认识,其观念的形成并不是未经理性考量的空想主义,也并非如海伊所言是"简单化"的、"被蒙蔽"的(331)。泰戈尔深知"盲目的轻视比盲目的无知更可怕",① 因而要求对真正的东方予以勘察。1920年,他在与中国哲学家冯友兰关于"东西文明观"的对话中指出:"我们东方诸国,却如一盘散沙,不互相研究、不互相团结、所以东方文明,一天衰败一天了。"② 1929年2月泰戈尔于国际大学合作会议上的讲话中也提到:"我们常说'东方文化',但是这种文化并不是建立在各亚洲国家精神合作的基础上的。……亚洲精神没有采取一种形式。"③

即使在与西方学者的接触与交流中,泰戈尔也不会轻易地将亚洲作单一化的处理。面对法国和平主义小说家罗曼·罗兰主张东西方联合的"精神独

---

① 刘安武、白开元、倪培耕主编:《泰戈尔全集》第21卷,河北教育出版社,2000年版,第253页。以下《泰戈尔全集》均引自该版本。
② 冯友兰:《与印度泰谷尔谈话(东西文明观之比较)》,载陈崧编:《五四前后东西文化问题论战选》,北京,中国社会科学出版社,1985年版,第387页。
③ 《泰戈尔全集》第24卷,第306页。

立宣言"构想,泰戈尔亦不乏清醒。他提醒罗兰,目前亚洲思想界并非铁板一块,精神领域尤其呈现出分裂混杂的乱象,因而急需借助西方的帮助,使一个"统一体"得以构建:"我们急需来自外部的召唤,使得我们意识到自己的使命。"①

此外,泰戈尔还认为,与东方文明的分散性相比,欧洲文明则在拉丁语和基督教的统辖下形成一种更为显在的聚合性,随之带来的学术体制的汇集和知识领域的合作,使得欧洲文化保持了持久强大的影响力。尽管到了近代,"欧洲通过知识的合作而获得那种巨大的力量,正在用来毁灭自己"②,客观上造成了灾难性的后果,但是泰戈尔却对欧洲文化形成机制中的合作法则推崇备至,"只有合作的原则才是人性的主要原则……文明的意义就是人类的相互合作",这也正是他对分散的东方文化的期待。事实上,泰戈尔从不回避文化之间的差异和分歧,而是以开放的胸襟和包容的气度来呼吁团结合作:

> 让我们把看起来像障碍的东西变成通道把我们联合起来吧!不是把分歧搁置一边的联合,而是跨越分歧的联合。因为,分歧永远不能消除。如果没有分歧,生活就会变得太贫乏了。让所有的民族保持自己的特性而又走到一起来,不搞死板的千篇一律,而是活生生的团结一致。③

从这个意义上说,泰戈尔倡导实现亚洲合作和建立"亚洲统一体",恰恰是想对历史遗留下的文明内部的缺陷加以克服和超越。与其说泰戈尔试图对东方文明固有的统一性进行发掘和利用,不如说他是在从事建设性的创造活动。海伊没有充分意识到泰戈尔亚洲观中的自省性与自省之后的能动反应,而将之冠以"盲目"、"简单化"(331)之名,是有失公正的评价。

第二,促使泰戈尔亚洲观形成的最直接动力,来自他联合西方殖民主义

---

① Alex Aronson and Krishana Kripalani ed., Indira Devi Chaudhurani and Alex Aronson tr., *Rolland and Tagore* (Calcutta: Visva—Bharati, 1945), pp. 30.
② 《泰戈尔全集》第 24 卷,第 307 页。
③ 谭中、耿引曾:《印度与中国——两大文明的交往与激荡》,北京:商务印书馆,2006 年版,第 23 页。

威逼之下的亚洲"共同受害者",以"将这一全人类正在蒙受的耻辱扫除干净"① 的强烈愿望。泰戈尔深切同情亚洲被殖民国家人民的悲惨际遇,对西方殖民行径的进行了尖锐地批判,认为其损人利己的民族主义是世界罪恶的根源。然而值得注意是是,泰戈尔对于亚洲前途和命运的忧虑,以及对于东西方文明关系的设计,不仅仅是在世界殖民主义的大语境之中展开。第一次世界大战之中西方文明集中暴露的种种危机以及西方知识界对东方文化的渴慕,作为这一时期的特定语境,均为泰戈尔亚洲观的形成提供了重要的参照。阿莫尔多·沈就特别强调了泰戈尔对外演讲内容的参照性和应时性,认为泰戈尔在欧洲受到的欢迎和他对一战的反思"对泰戈尔的全部思想体系的作用微乎其微,但却特别影响了他在国外讲话内容的选择"。②

泰戈尔对西方物质文明的弊病有着清醒的认识和自觉的规避,因而将人类救赎的希望寄于东方的精神文明。这也就可以解释,为什么泰戈尔极力地倡导亚洲合作,却从未试图溢出文化言说的界限将之扩大到物质、政治、军事的领域中去,而是始终牢牢持住"东方精神文明观"的旗帜。由此可见,泰戈尔主张亚洲联合,并不是站在狭隘的民族主义立场上,号召弱者对强者进行暴力反抗和权力争夺,而是以精神的力量和道义的胜利对其犯下的罪行进行审判,"把它召到自己的法庭上,使它感到羞耻",③ 以雪洗欧洲殖民主义使人类文明蒙受的耻辱,最后实现对西方文明的拯救。这种以东方精神解救西方物质文明腐朽性的观念,贯穿着泰戈尔思想的始终。另一方面,就亚洲的发展而言,为了实现亚洲自身乃至整个世界的长远利益,泰戈尔希望今天的亚洲"清醒而充满活力地努力实现自我"。④ 他尤其强调,亚洲不能以牺牲精神的财富为代价,盲目追随西方物质主义。现代化不等于西方化,"如果东方企图复制西方的生活,那么这种复制必然是一种赝品"。⑤。

由此可见,泰戈尔的亚洲观,实质上是在特定的历史背景中,以西方为

---

① 《泰戈尔全集》第20卷,第29页。
② 阿莫尔多·沈:《泰戈尔与中国》,参见王邦维,[印]谭中主编:《泰戈尔与中国》,北京,中央编译出版社,2010年版,第6页。
③ 泰戈尔:《民族主义》(谭仁侠译),北京,商务印书馆,1982年版,第49页。
④ 《泰戈尔全集》第13卷,第137页。
⑤ Sisir Kumar Das, *Rabindranath Tagore: Taalks in China*, p.99.

参照（反抗殖民主义和防止物质主义），为亚洲文明的发展路向提供的建设性意见，是"参照了欧洲东方主义的特征以加强用来反对物质主义的西方的一种精神上的亚洲之概念。"① 因而从某种程度上说，它们的有效性和启示性根本上无关乎一个统一的亚洲是否存在。海伊试图解构这种统一性的尝试实际上并未到触及泰戈尔观念的价值核心。

第三，将泰戈尔的亚洲观并非一个横空出世的独立观念，而是泰戈尔文化思想与文明理想的自然生发和必然趋向，既与他对"民族主义"的批判一脉相承，又是他世界大同理想的一个阶段性目标。

泰戈尔认为，民族作为一种组织形式，在追求力量和谋求效率的过程中牺牲了人类高尚的本性和创造的精力，造成了狭隘的民族隔离，进而陷入利益冲突和恶性竞争中无法自拔。因而他"并不反对一个特定的民族，而是反对一切民族的一般概念"。② 要取消过分的民族身份认同意识对更普适的人性的侵蚀，尽可能地消弭在民族演变中逐渐形成的"传统上的想象的界限"，就必须"找到某种和解的真正基础并互相帮助"，因为"不是无休止地竞争就是合作"③。因此，泰戈尔首先在亚洲呼唤团结一致的精神：在日本，他追忆"整个东亚从缅甸到日本都用友谊的纽带同印度紧密地联系在一起"④ 的时日；在中国，他渴望"重新打开那条交流的通道……虽然它已生满了一丛丛湮没无闻的杂草，但其轨辙仍然有迹可循"。⑤

同时，泰戈尔的文化"泛亚洲主义"态度与建立"亚洲联合体"的主张，并不是一个封闭的区域文化理想，而是他世界文化大同理想的一个阶段。泰戈尔相信，一个自足的东方文化系统的建立是东西方实现平等对话的前提，"亚洲在处于与欧洲文化合作的地位之前，她必须把她自身的结构建立在她所有的一切不同文化的综合的基础上……以精神上独立自主的自信感觉，并根

---

① （美）阿里夫·德里克：《寻找东亚认同的"西方"》，载王宁编：《全球化与文化：西方与中国》，北京，北京大学出版社，2002年版，第39页。
② 《民族主义》，第59页。
③ 同上，第53页。
④ 同上，第32页。
⑤ 《泰戈尔全集》第20卷，第29页。

据自身有利的地位，坚持自己真实的见解，还将向世界展示新的思想远景。"①

在这里，泰戈尔之所以强调亚洲亟待找到"精神上独立自主的自信感觉"，是因为他对东方国家妄自菲薄的文化心态有着清醒的觉察："我们一直像乞丐般地接受事物。我们一直想象自己一无所有。我们仍然苦于对自己缺乏信心。我们没有认识到自己的宝贵财富。"② 泰戈尔在中国的演讲中以略显急切的声音向中国的青年一代发问："你们了解你们自己的思想吗？了解你们自己的文化吗？什么是你们自己历史上最优秀最恒久的东西？"自我认识和自我建构之所以如此重要，是因为中国与印度、日本一样，肩负着弘扬东方文化的使命，需要"为这一世界文化的伟大灯节增光添彩"。③ 泰戈尔所期待的"世界文化的伟大灯节"，必定是东方和西方共同发光的盛会，是东方和西方"不仅以充沛的物质力量"，更是以"完美的真理接触对方"。④

泰戈尔的最高理想是要在文化差异性远远大于共通性的东西方文化之间建立起沟通和互补的良性关系，可见其亚洲观的实现同样不是绝对地基于各个民族文化精神在事实上的相似程度和一体感。相反地，是要在承认广泛差异的基础上，探索亚洲各民族之间在精神层面上（而非物质、政治以及任何其他实利主义的层面）建立对话、实现理解的潜在可能。从这个层面上说，在海伊试图论证"东方"作为一个概念实体的无效性时，就已经偏离了泰戈尔亚洲观的初衷。

III

评价泰戈尔的亚洲观，可以以中国为参照。五四文化论争中国知识分子言及的"东方文化"、"东西文化"通常都是对"中国文化"、"中西文化"的笼统置换。他们始终都是站在中华民族的立场上进行言说和论争，尚无走出国门、争取联盟、坚相提携的自觉。作为一个区域概念的"东方"和"亚

---

① 《泰戈尔全集》第21卷，第282页。
② 《泰戈尔全集》第20卷，第32页。
③ 同上，第43页。
④ 《泰戈尔全集》第21卷，第256页。

洲"既没有引起他们的足够关注,也没有得到自觉地考察和阐发,在某种程度上只是对泰戈尔"亚洲观"的应景反馈。相比之下,泰戈尔亚洲观注入了更多区域文化联合的因素,体现了其文明观的宏观视野及其从民族文化特殊性中抽象出区域共性的自觉意识和理论探索。泰戈尔试图借助亚洲内部的协作力量来积聚东方文明复兴的底气与信心。

如上所述,泰戈尔倡导亚洲合作的核心是在承认广泛差异的基础上,突破狭隘的地理界限,探索各民族在文化上充分交流,在普遍人性中达成和解的可能性。哈佛大学历史系教授苏古达·博斯在《泰戈尔及时代的亚洲观念》一文中指出,与欧亚之争相比,"更有研究价值和意义的是作为抽象存在的亚洲观念,这种观念超越了殖民势力在自然和精神领域强迫灌输给被殖民者的帝国和民族界限,从而折射了普遍人性的光辉。"[①] 更难能可贵的是,泰戈尔并不止于解决亚洲的问题。实现亚洲价值观的统一,为的是进一步实现东西方文明之间的平等对话和有效互补,最终实现世界文明的大同理想。其意义已然超越了亚洲的界限,是站在世界公民的立场上,为陷入危机的西方文明探索出路,为东西方文明的共同未来探索出路。可以说,他对亚洲的期望正是他对世界期望的凝聚,他的亚洲观是他世界大同理想的一个缩影。

从泰戈尔的亚洲观中,我们看到他的"文化交流范式"的本质,是在全球历史背景中倡导双向甚或多元的文化交流,跨越民族、国家、地域的界限,在相互激发和学习中实现文明的进化,这一论调与亨廷顿的"文明冲突论"形成了本质上的对立。如果说由于泰戈尔所处时代的历史环境未能给他的观念提供充分施展的舞台,那么"考虑到当今世界上的问题越来越具有区域间的紧密联系与全球化的程度",[②] 泰戈尔在共同体、民族、可持续性的诸多命题上都无疑具有重要的参考意义。

(作者单位:北京大学)

[①] Sugata Bose, "The Idea of Asia in Tagore and His Times," in *India perspective*, Vol 24, No. 2, 2010.
[②] 杜赞奇:《共同体、民族与可持续发展:泰戈尔并未过时》,参见王邦维,[印]谭中主编:《泰戈尔与中国》北京,中央编译出版社,2010年版,第219页。

对泰戈尔来华讲演当代思想价值的思考

安 婧

罗宾德罗纳特·泰戈尔（1861—1941）是在中国享有盛誉的印度诗人与作家。1913年荣获诺贝尔文学奖，是第一个获此殊荣的亚洲作家。他在音乐和诗歌的领域做出了卓越的贡献，极大地影响了印度现代文学以及印度文化的各个方面，同时为了寻求民族解放以及世界人民的命运和人类的正义事业，他走遍五大洲，发表了许多著名演讲。而在中国，似乎没有任何文学家能像这位文学巨人那样在中国的读者之中引起如此广泛和长期的瞩目、兴趣与景仰。他在中国不但被视为近现代最重要的东方作家，而且被看作世界上最优秀的作家之一。他与荷马、但丁、莎士比亚、歌德、巴尔扎克、托尔斯泰并驾齐驱而毫不逊色。他的作品在中国既是畅销书，也是长销书。

1924年4月12日到5月30日，泰戈尔来华进行了演讲。49天时间中，泰戈尔在徐志摩、王统照的陪同下一路游玩一路讲演，到了上海、杭州、南京、济南、北京、太原、汉口等地。期间公开演讲20次左右。在华活动一时成为文坛媒体追逐的首要新闻。

究其来华的原因，大致可以有两个，第一，感情因素。中印同属于西方文明古国，近代又沦为西方的殖民地和半殖民地。他认为中国像他的故乡。第二，作为印度文化的传人，在宗教哲学社会方面有浓厚的东方色彩，他热爱东方，试图以东方精神文明来弥补西方文明上的弱点。所以把这趟东方文明中心中国之行当做复兴东方文明的重要一站。

毋庸置疑，泰戈尔访华最后的意义是重大的，他亲自恢复了中印两国之间的文化关系，目睹了中国丰富而灿烂的文化遗产，游历了中国辽阔而美丽的大地，会见并与众多中国人谈话，结识了不少朋友，对中国表达了他诚挚而浓烈的热爱之情。自然，他的名声也在中国不胫而走，传遍大江南北；他的人格魅力也给中国人留下了深刻的印象。

但是，除此之外，出乎泰戈尔的意料的是，演讲却同时引起了中国知识界的巨大反应，引起各派文化名流的不同反应，欢迎者有之，批评者有之，介于两者之间者亦有之。甚至可以说在中国掀起了一场极大的风波，最后泰戈尔自己也很不愉快。

深究这其中的原因，有如下几个。一是他自己本身原因，泰戈尔的思想本身就是复杂的，两面的，但是在中国的演讲中，他并没有强调自己的两面性。他没有关心中国的阶级斗争，只是强调了东方文明的作用意义，严厉地批判了西方的文明的弱点，把两者完全对立起来，因此被误读。第二，是当时诸位社会名流甚至于整个中国，对泰戈尔的认识很泛，并未深入了解他的整个思想价值体系，甚至当时陪同接待一方的梁启超和徐志摩只是为他披上了华美的外衣，并未看清他来华演讲的真正价值。第三是社会原因，当时中国处于特殊的历史时期。1924年左右的中国，国民革命运动风起云涌，反帝反封建斗争日益激烈。在这样的时代背景下，泰戈尔到处宣传用爱对抗暴力，大谈精神文明、博爱思想和空玄的人类第三期世界，很少涉及爱国主义和民主主义，很不合时宜的。他的思想收到当时以革命救国科学救国为宗旨的知识分子的批判反对也是自然的。另外，泰戈尔早年曾参加反殖民的政治运动，后因不满于群众的盲目行为而退出，这种作派也与当时中国运动热情高涨的激进知识分子相左。其中，还有一个很重要的一点，就是泰戈尔陷入了当时中国思想文化界的关于科学和玄学的论战。或者说，他的这些讲座，是中国的这两种思想的斗争延续。

但是，我们走过了漫长的接近一百个年头的岁月，再回头反观一下泰戈尔的讲演，褪去当时中国复杂的局势下狂躁情绪，再仔细读读泰戈尔，我们可以清醒的看清楚泰戈尔在这些演讲之后给我们中国乃至东方文明未来发展留下的智慧的光芒。

上个世纪20年代的中国，随着帝制系统的覆灭和儒家世界秩序的解体，儒学失去了它作为一种无所不包的参照系的权威，西方逐渐被视为权威的一种替代资源。在救亡保种的巨大压力之下，在西方这一新的参照系下，中国知识分子积极探寻各种救国方案，也分化为不同的派别。然而，在表面的开放之下，是人们一旦抱定某种意见，便很难再虚心听取来自外部的异议而容易陷入极端的心理。

在这种情况下的泰戈尔，来到中国，并没有催促中国人快学科学，而是越来越急切地呼吁中国人保守其传统保持其固有的精神，在一定程度上，正是中国知识界的反对，反而促成了泰戈尔从现代到过时的转变。刚到中国时，泰戈尔便敏锐地察觉到上海跟纽约和伦敦一样变成了巨大的丑怪。他说："余来上海，在城市里未曾得丝毫足以表现中国文化之精神，奈诚深以为憾。……中国文化正因物质文明而被创。"《东方文明之危机》而中国人对其演讲的激烈反对更是证明了诗人的直觉，令他意识到实利主义物质主义的病毒已经侵入中国，人们的心灵已经被西方的科学和物质文明塞满了。针对这一现状，泰戈尔奉上了他逆耳的忠告，他说："如果你们要反对我，你们就反对吧，但我有权利进行革命：把精神自由的旗帜插上你们的神殿，你们的神龛神祇，无非是物质力量和物质积累。"他认为，鉴于东方文明在现代文明铺天盖地的浪潮冲击下"濒于危险境地，不得不据实以告深望与人人心中，引起反抗精神。以维护东方固有之文化。"泰戈尔认识，中国若能与印度一起维护东方文明，东方文明定可发扬光大，反之，亚洲则无力维护东方文明。

实际上，泰戈尔可能比那时任何的中国人都更清楚地意识到了一味模仿西方的危险：西方人把自己的生活作为标准，按照与之相似或者不同，来粗暴地划分人类世界的好与坏，这种带有歧视的区分标准，一直在伤害我们，而且给我们自己的文化世界造成了巨大损害。泰戈尔差一点就要说出后殖民主义的经典结论了——我们的文化不能以西方的标准为标准，而应该树立起自己的标准。换句话说，如果我们的文化要走向现代，那也只能从我们自身的传统走出去；直接嫁接西方的现代不但不可能，而且后患无穷。

其实著名的哲学家罗素的主张与泰戈尔也很接近。在上个世纪20年代，罗素也在中国进行了长达十个月的游历讲学，并对此进行了深刻的研究和思考。当他一来到中国，第一场演说便是劝中国人要保守传统。他在中国住得越久，就越发地感到中国传统的好处，在回国之后，他特别写了《中国问题》这本书，全面地讨论了中国的政治经济和文化状况。在这本书中，罗素盛赞中国文化的优美高尚悠闲，他认为，西方要向中国学习的东西与中国要向西方学习的东西一样多他警告中国人在向西方学习的过程中要避免走两个极端的危险：第一，全盘西化，抛弃有别于他国的传统。那样的话，徒增一个浮躁好斗智力发达的工业化军事化国家而已，而这些国家正折磨着这个不幸的星球；第二，在抵制外国侵略的过程中，形成拒绝任何西方文明的强烈排外的保守主义。

他们的思想可谓是有异曲同工之妙。可以说，这是东西方的思想者对于中国文化的本身价值以及未来发展做出的比较客观的评价。那么，在泰戈尔的思想体系里，如何解答不能一味学习西方的原因呢？或者说，他认为，西方的物质文明和东方的精神文明到底有什么不同呢？

泰戈尔在演讲中提到。"今天人类的灵魂正被囚禁于机器巨人的地牢之中。"（39）可见他眼中的物质文明是与机器紧密联系的，而机器又是科学技术的产物。因此他提到的所谓西方物质文明实际上就是我们现在提到的现代科技主义。他还说，"科学也是真理，它有自己的位置，它的位置应在医治病人当中应在为生活提供更多的食物，使生活更为安逸当中。但是当它助长强者压榨弱者，劫掠那些沉睡者时，就是在利用真理达到邪恶的目的。"（41）所以说，他反对的其实并不是科学本身，而是科学的滥用。

与西方物质文明相对的精神文明，对于精神文明，泰戈尔是这样说的，"伟大的文明在西方东方都曾一度繁荣过，它一直在为人类生产着精神食粮。它们将生命根植于对理想的信仰中，同时这种信仰又是创造性的。""我认为我们东方人的主要特点是不过分看重通过占有优势而获得成功，却高度评价通过实现我们的"达摩"——我们的理想而获得自我实现。"（82）可见所谓精神文明，就是他提到的达摩，就是道德、职责、真理与理想主义，正是在这个意义上，泰戈尔将精神与道德并提，其对立面是物质，智力与科学。他说道，"今天智力的巨大力量已经压倒了我们对于精神与道德力量的信仰，动物所具有的力量至少还与生活和谐一致，然而炸弹毒气杀人的轰炸机等由科学所提供的令人毛骨悚然的武器却并非如此。"（41）可见泰戈尔思想中的物质文明与精神文明之争，其实质是科学与人文之争，或者说是科技主义与人文主义之争。

在中国的演讲中，泰戈尔对科学压倒人文的现代文明作了进一步的批判："人们无时不在丧失他们的自由，他们的人性和他们的生命，以适应庞大的机械的各种组织机构，包括科学的政治的经济的以及军事的组织机构。正是科学的复仇女神主宰着而不是屈从于人的精神，因为纯粹科学的世界并不是一个现实的世界，而是一个由力量构成的抽象的不具人格的世界。"

是的，发展是近百年来人类社会的主题，从历史的角度看，这种发展无疑是历史的进步，然而在人类发展史上。经常伴随着历史与道德的二律悖反。泰戈尔之所以将发展与文明相对而言，就是发现了西方工业文明和资本主义社会的缺德问题从而提出质疑和批判，在泰戈尔看来西方式的发展违反人的本性，他指出："倘若成功要以人性为代价，倘若它使神的世界变为一片荒漠那么这样的成功，又有什么价值呢？"（36）他认为这样的发展是非道德不文明的，因而是不会长久的。指出："我们印度的圣贤说过——'有非达磨相助。人们事业发达，诸事遂愿，战无不胜，然而他们本质上早已死亡。'那本身并非为幸福的财富正迅速茁壮地成长着，然而它自身中却已孕育着死亡的种子。这种财富在西方得到了人血的滋养，其果实正在成熟。许多世纪之前你们的圣贤也已发出同样的告诫，他说：'物壮则老，谓之不道，不道早已。'"（73）这里泰戈尔借用老子的话，说明不合人性的违背自然规律的现代西方文明不会长久，因此他认为东方不应该重蹈西方的覆辙。他明确指出，"由于成为剥削者，通过品尝剥削的果实，西方正在变得道德沦丧。我们不会亦步亦趋地追随西方，不去仿效它的竞争自私残忍。"（32）

对于生态自然的问题，泰戈尔如是说："我们现在的生活本应步如曼舞、声如妙乐、体态优美，本应用群星和花簇来比喻之，因为它应该与神的创造保持和谐一致。然而在四处蔓延、不断滋生的贪婪这一暴政的统治下，它变得如同一辆不堪重负的集市上的马车，颠簸着，摇晃着，吱吱嘎嘎地行进在那条从物品通向一无所有的道路上，沿途轧过绿色的生命，留下丑陋的轨辙。"（74）很显然，他是在追求一种人与生活与自然达到和谐一致的生存状态——享受诗意的栖居。他反对由于西方实利主义物质主义影响下以生态和和谐为代价满足物欲和贪婪而导致的扭曲丑陋的生命和人性。但是，泰戈尔以上这些观点都被从不同程度和角度的被当时很多派别大家所批判。但是，这些观点，放置于现在来看呢？这对现实有着深刻的反思和启示。

我们都知道，在西方19世纪后期开始，随着实验科学和工程技术的发展，科学精神不断高涨，实证主义实用主义哲学先后兴起，而难以实证缺乏实用价值的人文科学被冷落。后来科学万能科技至上的工具理性主义思潮也随着西学东渐影响东方各国。整个20世纪在文化教育和社会实践领域，都是一个科技至上的科学主义压倒人文主义的世纪。

发生在我国五四时期的科玄之争以及关于泰戈尔演讲的争论也就是这种科技与人文矛盾的反映。科学是近百年中国学术界教育界的主流话语，所以从气势上看科学派占上风，玄学派则处于被批判被否定的地位。但是，自古以来，中国乃至东方传统文化都是拥有玄学发达的特征，实验科学和工程技术不是没有而是被忽视被压抑，这是东方近代落伍的根本原因之一。基于此东方各国近代以来提倡科学非常必要，再加上当时中国的特殊历史状态。

然而随着科学的大力提倡，近百年来我们的确享受到了科技发展的成果，却也品尝了科技至上的苦果。自然层面科学滥用造成环境污染，生态危机社会层面科术发达，既有利于生产大规模杀伤性武器，又便于造假害人，精神层面信仰危机，心理紊乱，道德沦丧价值混乱，所有这些其根源都是人文精神的失落。

关于文明和发展，泰戈尔认为是互相联系的两个方面，二者应该互相协调。对单纯追求发展即追求物质增长的现代西方社会发展模式进行批判："舒适方便被追求着，物品成倍地增长着，永恒却黯然失色，感情被激起，邪恶乘胜前进，从一个大陆走向另一个大陆。它残害着人们，将生命之花——这一寓居于人性的圣殿之中的母亲之心的产物无情地践踏碾碎。"（70）的确，科技和人文原本是人类文明的两大领域，是人类社会发展的两个轮子，两者缺一不可，都非常的重要。但是现代文明社会普遍单纯追求科技主义，造成人文精神的萎缩。比如说，从科学的角度看，人与其他动物没有本质的区别。但是人为什么活着，人应该怎样去生活，这些都是人文科学应该回答的人生观问题。而科学不是万能的，科学技术根本解决不了这些人生观的问题，如果没有人文精神的引导,科学技术带给人类的将不是福祉而是灾难。而且一旦高科技被反人类的暴徒所掌握,其后果将不堪设想。

举两个贴近现实的简单例子,一个是这些年公众一直都关注的一个社会热点,就是关于牛奶奶粉中掺杂三聚氰胺问题,这种"天才式创造行为"是属于高科技领域才能解决的问题,拥有普通知识水平的人很难达到,只有所谓的高科技人才才有能力做出这种"发明"。这说明,拥有越高的科技水平的人才,如果没有正确的人生价值取向以及人文精神的引导,没有严格的道德底线,他们将给社会造成更大的灾难。第二个关于个人的例子,据有相关调查数据显示,理工科大学学生自杀率远远高于文史类大学,拥有高科技知识水平的学生为什么会自杀率这么高——究其原因,这可以看做是是理工科学生对人生观价值观和人文精神的理解思考普遍要低于文史类学生的一个表现。由此可见,人文对社会发展和我们自身的影响很大。

而重新来反观我们现代整个社会,这几十年,我们的科学技术和经济发展水平发展不可谓之不迅猛高速,但在文化领域却出现了空心现象。假冒伪劣无处不在,贪污腐败前赴后继,唯利是图司空见惯,图财害命现象耸人听闻等种种不合理现象,追究所有这一切的根源,都是由于这个社会个人的人生观出了问题,普遍没有信仰,价值紊乱道德沦丧,整个的社会道德底线出现问题。这虽然不是科学发展本身的结果,但不能不说是人文精神衰退,精神文明退化所致。这正是社会发展失衡的现象,这些也正是诗人泰戈尔的忧虑之所在。因此现在这个时代,重温泰戈尔关于科学与人文的演讲反思当年的有关论争,将有重要的意义,讲有助于我们对科学与人文关系进行更加深入的思考。

因此,我觉得,虽然可以说,泰戈尔的演讲在当时的中国的确不合时宜,然而不合时宜并不是因为泰戈尔的思想过时了——当然里面也许有某些过时的成分,但是泰戈尔反工业文明反现代化的言论和思想,显然过于超前。即,我认为他的思想具有超前性。因为即使在西方,虽然当时发达国家已经基本实现了工业化和现代化,其弊端已经开始显露,但沉浸在成功中的西方人也还没有觉醒,有少数富有想象力的文学家,包括叶芝,艾略特等现代主义诗人,从审美现代性出发,对资本主义和工业文明造成的异化现象,进行批判,他们也被视为另类和异端。即使少数先知先觉者。如海德格尔等从工具理性泛滥,破坏人类诗意生存的角度对现代性进行反思,从时间上说也在泰戈尔之后,在西方的思想文化界真正自觉地对工业文明和现代化道路进行反思,还是在二次大战以后,特别是世纪后期,西方兴起了所谓新人文主义,这种新人文主义或新人文精神的特点,一是超越工具理性,呼唤审美智慧,海德格尔引荷尔德林的诗句——人诗意地栖居在大地上,作为演讲题目,成为世纪经典。二是超越人类中心主义,张扬生态意识呼唤绿色文明。三是弥合科学技术与人类关怀之间的裂缝,调节理性思维与精神信仰,总之就是处理好人与自然关系,科技与人文关系,以及物质文明与精神文明的关系,将人类从物质主义科技主义自我中心主义的牢笼中解放出来,构造全新的世界观和人生观,这样的新人文精神与泰戈尔的思想非常相近。由此可见,泰戈尔思想的重要价值。

最后,就以泰戈尔在他的上海最后一篇讲座中的一段话作为结束。以此纪念并感激这位深深地仰慕着中国文化,终其一生都在努力追随着东方的精神文明并渴求永久传承下去的的老人,并对他在中国访华期间受到的不公正待遇表示遗憾和歉意——他在那段话里说:"你们一部分人担着忧心,怕我从印度带来提倡精神生活的传染毒症,怕我动摇你们崇拜金钱与物质主义的强悍信仰。我现在可以吩咐曾经担忧的诸位,我是绝对的不会存心与你们作对;我没有力量来阻碍你们健旺与进步的前程。我没有能力可以阻止你们奔赴贸利的闹市。我可以吩咐他们,我并不曾折服一个怀疑者使他们领悟到他灵魂的实在,我不曾使他信服道德的美的价值是高于物质的努力,但我敢说他们明白了结果以后,一定会赦免我。"

泰戈尔游记中的东方与西方

傅馨蕾

世界近代史上，随着欧洲殖民者来到东方，西方殖民主义与东方殖民地之间就开始接触、冲突和对抗。在这一过程中，西方外来文化和东方本民族传统文化不可避免地联系到了一起，泰戈尔就生活在这样历史背景下的英属殖民地印度。19世纪下半叶至20世纪初，印度的知识分子在对待本民族的传统文化与外来的西方文化的问题上，大致有三种态度。第一种人将本民族的传统文化奉为至宝，全盘肯定，走上了固守传统的极端，同时又将外来的西方文化视为不纯洁的东西，坚决抵制，拒不接受。第二种人崇洋媚外，拜倒在外来的西方文化面前，把它们看作是高贵、永恒的东西，而对本民族的传统文化采取虚无主义的态度，全盘否定，不屑一顾。第三种人较为客观，他们能辩证地看待问题，一方面坚持继承东方民族的传统文化，另一方面也积极学习外来的西方文化，取长补短，兼容并蓄。泰戈尔正是这一类知识分子的代表。在泰戈尔的一生中，深厚的民族文化传统与现代西方文化始终交汇在一起，两者深深地影响了他的成长、创作和思想。

泰戈尔喜爱旅行，一生中在东西方各国广为游历，创作了大量游记，记载旅行中的所见所闻、所思所想。这些在西方世界丰富的游历，促使泰戈尔能博采众长，借用西方文化为参考来重新审视印度，以革新的思想看待民族文化传统，思考如何推动印度在思想文化的领域走上近代化的道路。泰戈尔游历的最初动力是前往另一个世界遨游的好奇心，他曾说"小时候，我被仆人严加管束，中午幽禁在库房里。但我阅读《一千零一夜》，读到辛德巴特到许多陌生的国家做生意时,不觉想象我和辛德巴特周游列国,那时萌发的强烈愿望,至今不曾泯灭"①。后来通过在国内外的求学和游历,泰戈尔扩展了视野,不仅为自己增添了文化学识,更是丰富了对于东西方各国的认知。到此时,游历已不再是简单的好奇心所为,而成为了作家体验世界的必要方法,正如泰戈尔所言:"旅行是眼睛学习的最好方法"。在这样的旅行过程中,泰戈尔形成了包容东西方的独特思想,并体现在了各种作品之中。本文试以泰戈尔的游记为主,探讨这些文学创作中所体现出的他对于东西方世界本身以及彼此间关系的认知和思考。

一、反对殖民主义的民族主义思想和民族文化价值观

20世纪是殖民主义从兴盛走向式微的时代,其间,西方学界多次从文化批评的角度对殖民主义和帝国主义进行了深刻的反思,深入剖析了殖民主义和帝国主义对于殖民地国家和民族的深刻影响,并形成了诸多批判殖民主义的学术思潮。泰戈尔依然是生活在殖民主义兴盛的巅峰时代,直至他过世之后,随着20世纪后半叶世界范围内殖民地国家民族解放运动的高涨,殖民主义才逐渐式微。泰戈尔最为根本的思想,是立足于继承和弘扬东方文化传统,对西方殖民主义持鲜明的批判态度,他富有强烈的民族主义和爱国主义的情怀。

这一思想多次表现在泰戈尔的著作中。泰戈尔既承认英国殖民者给印度带来了现代文明、唤醒了沉睡中的印度,又多处鲜明地提出反对殖民主义的民族主义思想。他曾说过:"只要英国人尚未获得成功,只要我们不接受世界的种种邀请,和他们一起向前迈进,英国人就会不停地折磨我们,决不会让我们舒舒服服地睡大觉。"② 在这一点上,泰戈尔的思想和那个时代很多殖民地国家富有民族主义情怀的启蒙知识分子是一致的。他曾忿忿地说过:正当

---

① 泰戈尔著:《孟加拉风情》,载《泰戈尔》,白开元、白海英、王晓东译,国际文化出版公司,2002年,第325页。
② 泰戈尔著:《东方和西方》,载《泰戈尔全集》(第23卷),河北教育出版社,2001年,第144页。

"我们曾准备消灭文明与文明之间的不平等,高尚的教师们却合上他们的圣经说:东西方之间的不平等是神圣不可侵犯的!"① 在根本上,对于殖民者所带来的"文明",泰戈尔采纳的是批判的态度,他说:"西方国家到我们这里,不是怀着创造和团结的想象和同情,而是怀着令人震惊的激情——为获得统治地位和财富的激情。"② 这一思想具体体现在他的游记中,可以分为两个方面:

1. 泰戈尔深深植根于印度民族传统文化的土壤之中,吸取本民族传统文化的养分。

泰戈尔的民族主义情怀反映在文化价值观上,表现为鲜明地反对崇洋媚外。他提出合理地尊重、继承本民族东方式的文化传统,反对被殖民民族面对西方殖民主义的文化冲击而迷失本民族文化价值观的行为。西方殖民主义蔑视东方被殖民国家,把东方和西方设置成对立的、不平等的两极,这对印度等落后的殖民地国家的人民——尤其是青年人,在文化上产生了深远的影响,造成了盲目崇拜西方文化的现象,以及对本民族传统文化的自卑,甚至是鄙夷自己的民族文化。泰戈尔在游记中多次以在西方所见的国人为例,批判了这种文化价值观迷失的形象,展现了自己强烈的民族文化自尊心。

泰戈尔年轻时前往英国留学,《旅欧书札》让人体味到青年泰戈尔所具有的强烈的民族自尊心。身居异国,个别旅英孟加拉人缺乏应有的人格尊严,在英国人面前唯唯诺诺,低声下气。泰戈尔对这种现象痛心疾首,用辛辣、讽刺的笔调,痛陈他们无聊地模仿英国、装腔作势的拙劣行为。"在有些地方,可以看见他们进入现代的一些痕迹,甚至未去过英国的一些人的言谈举止也骤然暴露出旅英孟加拉人的特征。"③ 泰戈尔曾提到一位初到英国的孟加拉青年,在首次应邀赴宴时,他评说道:"我们的那位孟加拉青年毫无顾忌地对英国小姐讲述印度的种种陈规陋习,称他热爱英国,无意返回印度。最后

---

① 泰戈尔著:《社会差别》,载《泰戈尔全集》(第23卷),河北教育出版社,2001年,第127页。

② 泰戈尔著:《东方与西方》,载《泰戈尔全集》(第21卷),河北教育出版社,2001年,第250页。

③ 泰戈尔著:《旅欧书札》,载《泰戈尔全集》(第21卷),河北教育出版社,2001年,第6—7页。

煞有介事地吹嘘自己。例如，他在逊德尔大森林里猎虎，几次死里逃生"。①泰戈尔还评论了另一些和他感受一致的孟加拉侨民，认为他们的认识较为成熟。这些侨民在英国旅居，之后回印度居住一段时间、而后再返回英国，通过对两国充分的比较，他们并非像想象的那般热爱英国，反而是意识到自己祖国的文化传统并不输于英国，在祖国田园诗般的生活更为适合本族人民。这些"孟加拉人只要回到印度就业挣钱，建立家庭，养儿育女，他们的根便扎进祖国的泥土里，心情变得恬淡。下班后跷着二郎腿，摇扇纳凉，满足于平平稳稳地消度岁月。"当时的泰戈尔仅仅17岁，初到异国他乡，却并未被西方花花世界繁华热闹的外表所迷惑，反而对同样身在异乡但却崇洋媚外的孟加拉人嫉恨如仇，这无疑说明早在青年时代，泰戈尔就已独立思考，并逐渐形成了不卑不亢的民族文化价值观，他不仅能正视自己国家的传统，还观察和反思了英国人表现出来的对印度的一无所知。泰戈尔曾写道，英国人一厢情愿的认为，印度没有照相机、没有表，便热情地向他介绍，甚至好奇地向他询问是否曾听过钢琴的声音。对此，泰戈尔评论说："英国的不少能人大概会画阴间的地图，但关于印度的知识，知道的恐怕只有一滴水那么多"。②

如果说《旅欧书札》还是泰戈尔年轻时代的游记作品，反映的还是他初步接受到西方世界和文化时的思想，那么后来随着思想的不断发展，他在更多的游记作品中鲜明地表露出自己的民族文化自信心。比如在后期的作品《爪哇通信》中的第七封信中，他仔细论述了印度文化在当地传播广泛、影响深入，他还与当地藩王讨论神学和梵文诗格律，仔细比较印度两大史诗在当地传播的异同。字里行间都表现出泰戈尔对于印度传统文化的尊重、认同和喜爱，以及对民族文化深深的自信和自豪。此外，《爪哇通信》还很好地展现出他对于印度传统史诗和哲学思想的深入理解，这也从侧面反映了民族传统文化在泰戈尔身上有着深刻影响。

2. 泰戈尔也提出继承东方民族的文化传统必须选择其合理的内容，摒弃消极因素。

---

① 泰戈尔著：《旅欧书札》，载《泰戈尔全集》（第21卷），河北教育出版社，2001年，第30页。

② 同上，第18页。

泰戈尔的民族文化自尊心和自信心并不意味着他对民族传统文化的一切都不加区别地推崇。在其他国家的游历有助于他将本族文化与其他民族相比较，从而更为客观地认识自我。泰戈尔的民族文化价值观，其核心其实是撷英咀华——既不固守传统，又不盲目崇拜。对待印度传统文化，他既珍视其优秀的成分但又反对宗教偏见、种姓制度等陈腐、落后的成分。对此，他在游记作品中提出了不少富有针对性的批评和见解。

在《访日散记》中泰戈尔曾谈道："（穆斯林）邂逅相遇，不管是刚认识不久，还是初次见面，都热情地互致问候。显然，他们尊重外部世界。有些人只生活在同一种姓的圈子里，在他们眼里，圈子外面的房屋是一片白雾。他们所有刻板的生活守则，是圈围种姓的樊篱。"① 这里，泰戈尔首先肯定了本民族内部的团结、友善、互助是优良品质，之后又指出，如果团结是建立在种姓制度的基础之上，那么这种团结就是"刻板"的，并且在实际上制造了人与人之间的"樊篱"。种姓制度一直是困扰着印度走向近代化、现代化的障碍，但是印度民族传统文化又无法绕开种姓制度，泰戈尔对于种姓制度是不赞同的。而且他还提出，民族团结、尊重传统虽然是好事，但是对内过分的团结和墨守成规，其实就形成了一种对外的自我封闭，会越来越拒绝吸收外界的新事物；而在这一闭门造车的过程中，虽然民族内部是和谐的，但却不会进步，最终的结果就是被远远地甩在历史车轮之后。他以孟加拉上层社会的服饰为例，说："我们以前拒绝外部世界，保持服饰整洁的方法，我们不是向穆斯林借来的，就是向英国人学的，其中没有我们的欣慰。结果，关于服饰，我们至今没有成熟的标准，这就是孟加拉上层社会服饰的特点极为古怪的缘由。"② 服饰不过是民族文化的一个方面，但即使在这一点上，泰戈尔认为代表了民族精英阶层的上层社会也是"古怪"的，没有什么具有特色、让人欣赏的内容，至于其他很多更为重要的民族传统文化，更是存在类似的问题。

泰戈尔以印度古老的宗教哲学为荣，他本人也从中汲取了很多思想，但

---

① 泰戈尔著：《访日散记》，载《泰戈尔游记选》，白开元、白海英、王晓东译，中国国际广播出版社，2000年，第74页。
② 同上，第75页。

他也会客观的指出本民族传统文化和思想中的不足。比如，他对于这些思想哺育出来的印度民族的现状，会时时感到深沉的悲痛。他认为，这个民族以极其超然的态度注视着世界的变化，并且听凭各种巨大的不幸接二连三地降落到自己头上；社会停滞，经济衰败，宗教分裂，最后独立也丧失；从人民麻木不仁的态度中，很难分辨得出这究竟是大智若愚还是昏睡不醒。在印度哲学里，幻影主义是一个普遍的思想，这种学说把宇宙和人生均视为虚幻不真，人所要努力的只能是从中解脱出来而不是对它做何改进。印度教、锡克教以及佛教中都或多或少宣传着这种思想。泰戈尔认为如果完全沉浸其中，是消极无益的，无法发展的。他还认为，不能单独地标榜印度精神文明传统，而把民族传统文化和思想无限放大。他承认，在物质文明、现代教育等方面，印度是落后的、需要追赶的，并且他提出，只有辉煌灿烂的传统精神文明，缺乏坚实的现代物质文明基础，是不行的。他曾说"我们缅怀昔日，我们只有精神文明，我们饿得瘦骨嶙峋的前辈们只知道磨砺自己的灵魂，让它发出无用的微光。这不过是想象而已"[①]。

二、在彼此平等的基础上，立足民族文化传统、借鉴西方

泰戈尔在审视东方与西方时，认为东西方彼此间首先必须在彼此平等的基础上达到相互理解；如果不能有一个平等的态度，就不可能真正理解对方。泰戈尔在评论西方人关于东方世界的看法时，说道："当一个西方客在东方游历时，他抓住他不喜欢的事情，并寄托于他个人经历的不容置疑的权威性，迅速利用它们做出严厉的结论"。[②] 他认为，在殖民主义的时代，西方人常常依仗着自己高人一等的强势地位，认为自己具有不容置疑的权威性，于是就拿自己"西方式的标准"来衡量东方世界的一切，这种方式是无法理解东方的。泰戈尔本人在游历西方、认识西方的过程中，一直力求以平等、客观的态度去感受和理解对方，肯定的同时也不忘反思自身，从而避免对西方的盲

---

① 泰戈尔著：《新与旧》，载《泰戈尔全集》（第23卷），河北教育出版社，2001年，第166页。
② 泰戈尔著：《东方与西方》，载《泰戈尔全集》（第21卷），河北教育出版社，2001年，第248页。

目夸大和对本民族的自卑轻蔑。所以，泰戈尔的民族文化价值观重视东方文化传统，但这并非狭隘的民族主义，他也提倡借鉴和学习西方，比如办教育、发展工业，但是强调对于西方的学习必须适应东方社会自身的情况。

1. 泰戈尔主张用积极、肯定的态度对待西方文化，反对狭隘的民族主义，主张在民族文化传统的基础，既继承发展、又借鉴西方，从而争取本民族的进步。

在印度近代文学史上，泰戈尔之所以能成长为一位伟大的文学艺术家，除了他能坚持继承本民族的传统文化以外，还与他能更为客观地对待西方文化有密切关系。根本上，泰戈尔既"反对东方对西方的拙劣模仿"，又"反对对西方文化的盲目崇拜"①。他重视西方文明的科学和进步，并没有把西方文化等同为罪恶、暴力、镇压，他反对东西方之间的对抗。他主张印度不能因为正在遭受西方文明的欺凌而因噎废食，相反的，他主张有选择性地虚心学习，反对盲目崇拜，通过诚心学习西方的科学精神、工业文明，从而增强本民族文明的力量。他试图把印度古代文化及民族优秀传统与欧洲现代文化融合、协调起来，建设一种融会了印度传统文化的精华和西方的民主自由思想的新文化。

在《孟加拉文学的发展》一文中，他对西方文化给予了很高的评价："尽管我们不情愿，我们也无法阻止西方对物质领域的侵犯，然而，我们自己却渐渐地接受西方文化。心甘情愿意接受的自然原因是，这个文化没有桎梏，它自由地驰骋在精神世界里……它一泻千里的激流能够流动在各式各样的潮流里。它含有不断发展的本质，它没有坠入任何坚不可摧的、冥顽不化的观念网里，它没有带着凝固思想驻足在地球哪个角落里，它宣告民族和精神解放的骄傲……它努力从一切缺乏理智的迷信和嘲弄中拯救出人的心灵。这种文化致力于在自己科学、哲学、文学里揭示世界和人类社会的一切问题；它检验着、分析着、叙述着每一事物，它深入感情的深处，揭示全部概略和精细的奥秘。"这里，泰戈尔用文学的笔调，赞赏西方文化中的科学精神，能够让人走出"缺乏理智"的"桎梏"。一个民族要想真正解放和崛起，首先就是要在思想上冲破枷锁，泰戈尔希望印度民族能够学习到西方文化中的思想精髓，从而走出落后守

---

① 石海峻著：《泰戈尔眼中的东方和西方》，载《南亚研究》2002年第1期，第47页。

旧的境地，衷心希望先进思想的"激流"能够推动印度民族前进。

　　作为一个学识渊博的知识分子，泰戈尔理解中的西方文化，不仅仅是技术、机器。泰戈尔在认识西方的过程中并不只注重现代文明的具体实物，他更为关注西方的、现代的思想，希望从西方文明的哲学、文学和宗教中获得启发。正是因为有着借鉴和学习西方的思想，泰戈尔时时处处注意阅读西方典籍。作为一个作家，西方文学名著是他最常阅读的西方文化典籍，这在他的游记作品也可以管窥。在《孟加拉风情》中，1890年泰戈尔遵从父命，前往孟加拉水乡经营祖传田产，他在处理繁杂的庄园事务之余，深入社会现实，广泛接触贫民，便以生花妙笔在信中书写自己的所见所闻，其中泰戈尔多次提到自己喜爱的书籍是英国文学名著，如莎士比亚的作品，经常阅读、令他爱不释手。泰戈尔曾在《旅欧札记》中写道："我带来了两本精心挑选的英国文学名著，但我倒霉透了，今天埃太太向我告别，借走了这两本书。什么时候归还，只有天知道。"正是因为对西方文学典籍的广泛阅读，泰戈尔对西方文化非常熟悉，并形成了自己的见解，在他自己的文学创作中，也常常自由引用西方文学。比如，在谈到男人和女人的问题时，他用了英国19世纪诗人丁尼生的比喻；在谈到宗教问题时，他引用了歌德，他说"这句话听起来简单，但意味深长：你应与淡泊相伴。"[①]

　　泰戈尔的思想立足于印度文化，对印度与西方对立的根源以及由此所造成的恶果做出了清醒的认识和深刻的剖析，这就涉及到他对于民族主义思想自身的看法。他认为，过于极端的民族主义思想是"在宗教、社会等各个方面自己作践自己、侮辱自己，没有以真理和牺牲精神唤醒自己的灵魂"，这样只会增加东西方之间的对抗，其他别无益处，"本可以从别人那里得到的东西，我们却得不到，印度因而未能完全实现东西方之间的沟通"。所以他最大的希望是，东西方之间能够和谐共存，不受狭隘民族主义思想的羁绊。他曾说，"印度和英国人在各个领域建立关系，一切对立的可能性就会消失。到那

[①] 泰戈尔著：《孟加拉风情》，载《泰戈尔》，白开元、白海英、王晓东译，国际文化出版公司，2002年，第441页。

时，在印度就会实现国家与国家、民族与民族、知识与知识的大融合"①。泰戈尔反对用狭隘的民族主义去盲目抵制西方文化，仍是在为正处在崛起过程中的印度民族主义思想寻找方向，这种想法就比其他民族主义思想更进了一步，因为泰戈尔"深刻地揭露出与种族主义和民族主义互为一体的殖民主义噩梦"，而当时印度的民族主义并没有认清殖民主义罪恶的根源和本质，在泰戈尔看来，当时印度的民族主义"恰恰也深深地陷入了这场噩梦之中"。②

2. 泰戈尔认为必须要对东方文化传统进行革新，但是东方借鉴西方时，不是照搬照抄，而要根据东方社会具体情况，外来的内容只有实现了本土化，才能算是成功的借鉴。

泰戈尔反对闭门造车、脱离世界的狭隘做法，他认为印度再也不能只是在一个封闭的小圈子里安然地过着低水平的自给自足的乡村生活，只有发展西方式的现代工业物质文明才能使印度像西方那样变成一个明亮的世界。但在这一学习的过程中，他反对只是对西方进行简单的移植或模仿，他认为只是照搬照抄就是丧失了东方固有的文化传统，就是去了自己的特色，其实是让西方文化一统世界。所以，照搬照抄本质上和对西方盲目崇拜是一样的"荒诞"。泰戈尔说道："如果她因此失去个性和自下而上的具体能力，她还能对世界的其他地方有丝毫帮助吗？她的可怕的失败不是也会连累西方的精神？如果全世界最后都成为一个扩大的西方，那么这样一个无限笨拙的模拟的现代世界将死去，在自己的荒诞下倾覆。"③ 在《孟加拉风情》中，泰戈尔又讲道"从外来的典籍中得到的东西，不在本国认真鉴别，不可能归我所有。"④ 他学习西方的基本态度是把西方文化的优秀之处，拿来在自己的文化中融合贯通，方可以为我所用。

泰戈尔虽然向往印度传统式的田园风光，但是也用极大的热情来赞颂逐

---

① 泰戈尔著：《东方和西方》，载《泰戈尔全集》（第23卷），河北教育出版社，2001年，第152页。
② 石海峻著：《泰戈尔眼中的东方和西方》，载《南亚研究》，2002年第1期，第47页。
③ 泰戈尔著：《一所东方大学》，载《泰戈尔全集》（第21卷），河北教育出版社，2001年，第282页。
④ 泰戈尔著：《孟加拉风情》，载《泰戈尔》，白开元、白海英、王晓东译，国际文化出版公司，2002年，第441页。

渐崛起的城市工业文明，他却认为现代工业城市的出现才是印度的进步，因为"城市本身比起农村来具有更多的优势。这并不是说国家的生命在城市里有更多的发展，但是国家的力量肯定是在城市里积聚的，并因城市而感到骄傲"[1]。泰戈尔多次提出可以借鉴日本在学习西方、发展现代物质文明的成功经验。在《访日散记》中，泰戈尔非常赞同日本人像西方学习的成功经验。在前往日本船上，他这样写道："人通过劳动建立亲密的关系，这也许是我们东方的一大特色。西方把工作牢牢地捆绑矗立起来，不容它接触人的关系。毫无疑问，这样可以熟练地工作。我曾想，日本是向欧洲学习工作方式的，因此，工作的围墙也许很坚固。然而，在这艘日本船上，我看到了出色的工作，却未看见工作的围墙。我觉得我好像在自己家里，而不在公司的船上。"[2] 泰戈尔认为，日本对西方借鉴之后，不仅提高了效率，更改变了西方式的弱点，依然维持人与人之间"亲密的关系"，这就说明通过东方式的改造，可以让借鉴西方更为适合东方民族，取得更好的效果。接着泰戈尔又说，"在日本，东方人学习了西方的工作方法，但具体工作由他们自己负责。因此，心里可以期望，在日本，也许西方的工作方式可以与东方的感情统一起来。果若如此，那是完美的榜样。"可见，泰戈尔希望的是通过彼此学习而达到东西方交融的和谐统一，而不是一味的简单模仿，他希望"人内在的本性渐渐做自己的事，坚硬的教学内容，以自己的消化液加以溶化、吸收"[3]。

泰戈尔自己身体力行，向西方借鉴，他最重视的是思想的崛起，所以从教育入手，创建了印度著名的国际大学。在这个过程中，如何借鉴西方的发达的教育体制是泰戈尔思考的重要问题。泰戈尔认为，欧洲学校教育是和民族生活相关联的，而对于当时印度来说，照搬过来建成贵族学校的确是付出了很大的努力，但在实际运用时，却没有什么益处，并不能让理论联系到实际，更不能惠及普通大众。[4] 在访问苏维埃俄国后，他在游记中盛赞苏俄的教

---

[1] 泰戈尔著：《论合作》，载《泰戈尔全集》（第24卷），河北教育出版社，2001年，第301页。
[2] 泰戈尔著：《访日散记》，载《泰戈尔游记选》，白开元、白海英、王晓东译，中国国际广播出版社，2000年，第99页。
[3] 同上，第100页。
[4] 泰戈尔著：《泰戈尔全集》（第22卷），河北教育出版社，2001年，第421页。

育制度,赞扬俄国学校与社会生活相互联系,说他们办学校并不是为了让学生通过考试或者使他们成为学究,而是为了培养全而发展的人才。① 借鉴了这些经验后,泰戈尔提出建议,让学校能教一些像家务活等实用的内容,还可以让学生做此力所能及的事务,如一些辅助性农活、饲养奶牛、自己动手种植花草等。这样学生不仅锻炼了动手能力,而且培养了热爱人自然的情感、和人自然健立了感情。

三、万物合一、东西方和谐的普世价值观

在东方和西方的关系上,泰戈尔最终的主张是东西方应该和谐,消除彼此间的对抗和敌对,相互借鉴,共同发展。在泰戈尔关于东西方之间的国际关系、东西方文化传统之间的关系的看法上,实际上体现出他继承了印度传统的梵我合一、万物和谐的哲学思想。所以他的理想是东西方合一,相互并存、和谐发展。

泰戈尔的思想核心是世间万物的"和谐",这源于"梵我合一"、"泛神论"等印度传统民族文化思想。季羡林先生曾提出,泰戈尔继承了从《梨俱吠陀》一直到《奥义书》和吠檀多哲学所固有的一种泛神论的思想。② 这种思想主张:宇宙万有,本是同体;名色纷杂,胥归于一。这一切都叫做"梵",它是宇宙万有的统一体,是世界的本质。印度哲学史上的名言:Tattvamasi,意思是:"你就是它","它"指的就是"梵",也就是说:人与"梵"是统一体。"和谐与协调是泰戈尔思想的核心,他无论观察什么东西,讨论什么问题,都是从和谐与协调出发。"③ 泰戈尔把梵我合一的精神直接体现在对待东方和西方的关系,追求东方和西方最终的和谐共存、彼此借鉴,因此也就带上国际主义思想的印记。在梵我合一思想中,人类的最高快乐却又是丢掉自私自利的我而与其他东西统一,引申开来就是要东方和西方要各自抛开彼此狭隘的想法,走向全人类的和谐和统一。既然梵我合一,我与非

---

① 泰戈尔著:《泰戈尔全集》(第20卷),河北教育出版社,2001年,第119页。
② 季羡林:《泰戈尔的生平、思想和创作》,载《社会科学战线》1981年2期,第321页。
③ 同上,第322页。

我合一，人与自然合一，其间的关系，也就是宇宙万有的关系，就只能是和谐与协调。他的思想既有体现东方和谐的"梵我合一"、"泛神论"等思想，又有表现西方哲思的民主主义、人道主义、神秘主义和基督教式的博爱思想。同时，泰戈尔还受到西方宗教思想和哲学思想的影响，即基督教的平等、博爱思想以及源自于古希腊人本主义的资产阶级人道主义、民主主义等思想。

旅英期间，泰戈尔受到卡先生一家人的热情关照，不仅给他留下了难以忘怀的印象，还推动了他畅想东西方和谐的人类大家庭的未来。泰戈尔后来回忆说："生活在这个家庭里，使我产生这样的信念：人类的本性是相同的。""我们与欧洲在许多方面尽管不一致，但在这极重要的一点上，双方的观点是吻合的。我们承认内在的人，把他看得比外在的人重要。"① 他相信"爱是一切宗教的基石"。在泰戈尔的著作中，他经常使用"爱"、"互相依赖"、"互相关联"、"互信互助"、"协作"等词汇。他认为，世界的真像就在于它的互相关联性，对于东西方之间、东西文化传统之间的关系，也应该追求彼此间的和谐依存。泰戈尔富有世界主义情怀，对全世界都充满了博爱，相信作为一个整体的全人类文明将普照全球，在这样的信念的鼓舞下，他期待东西方各民族能够和睦共处，并且期盼在不久的未来携手走向世界大同，在这一过程中，"惟有合作、友爱、互相信任、互相帮助，才能使文明显示真正的伟大价值"②。

泰戈尔还站在被殖民民族的立场，从文学、宗教、艺术等文化的角度，对于各民族之间交往和人类发展的未来有着深刻的思考，总体上他明确地反对狭隘的民族主义，主张被殖民国家和殖民宗主国之间、东西方之间能够和谐共存、彼此融合、共同发展。泰戈尔曾在《诗人的宗教》中提出人类社会发展的未来是世界大同，他说："在当今时代，由于交通方便，地理上的障碍几乎失去了它的现实意义；人们大规模的联盟不是个人的交往，而是不同民族的交往了。现在我们面临的问题是一个独特的国家，这国家就是这个地球。

---

① 泰戈尔著：《访日散记》，载《泰戈尔游记选》，白开元、白海英、王晓东译，中国国际广播出版社，2000年，第142页。
② 泰戈尔著：《中国和印度》，载《泰戈尔全集》（第24卷），河北教育出版社，2001年，第448页。

这儿，民族像个人一样，它们必须有自我表现的自由，也必须能有联盟的结合。人类务必要实现范围空前宽广、感情空前深厚、力量空前强大的和谐协调。既然问题很大，我们必须在更大的规模上解决它，要以更大的信心证悟人类心中的神，要在牢固的世界性的基础上建造我们信仰的寺庙。"[1]

四、结语

近代的印度民族虽然身处殖民地的困境，受到了外来西方文化的深刻影响，但其文化、文学仍深深地植根于民族传统的土壤之中。泰戈尔的生活经历、思想和艺术创作，无一不受到本民族文化传统和西方外来文化这东西方两种文化的浸润。他不羁于片面、狭隘的民族主义，广泛吸收西方思想文化的精华，同时积极体现民族特色，身体力行通过诗人的文学创作在东西方之间架起文化交流的桥梁。泰戈尔最初是以《吉檀迦利》在西方世界赢得声誉而获得诺贝尔文学奖，当时他被西方所欣赏的还是诗歌中"神秘主义内容和超然物外的意境"[2]这些远离现实的内容。但实际上他的思想远比这些诗意的内容更为深远，他通过游记等文学作品表达出，自己真正期待的是全人类跨民族和国家的爱——东西方的和谐与大同。

泰戈尔在东西方各国广为游历，既增进了对东西方之间的认知，也确定了自己的憧憬和理想，在自己文学作品中表达了对全世界和全人类充满了博爱，虽然在某种意义上只是一种国际主义式的乌托邦理想，他自己也曾意识到过这种想法很可能只是远离现实的理想而已。正如他晚年所言："今日，我冷静地回顾了对欧洲国家的天然文明的信任逐步丧失的可悲过程……折磨人类的瘟疫，在西方文明的骨髓里复活，凌辱着人类灵魂，侵染着山川平原上吹拂的和风……英国迟早要放弃印度帝国。但它留给我们的是怎样一个印度呢？一堆可怜的贫困的垃圾？一百多年的统治之河干涸之时，宽阔泥泞的河床承托着目不忍睹的荒凉？在人生的起点，我由衷地相信欧洲心中的宝藏是

---

[1] 泰戈尔著：《一所东方大学》，载《泰戈尔全集》（第21卷），河北教育出版社，2001年，第280—281页。

[2] 张光璘著：《泰戈尔的思想和创作》，载《南亚研究》，1981年第2期，第59页。

文明的贡献。可是在行将辞别人世之际,我的信念彻底破灭了。"① 在泰戈尔生活年代尚是殖民主义横行的时代,东方与西方之间充满了碰撞和冲突,泰戈尔作为当时印度知识分子阶层的杰出代表,走出故土游历,从而开眼看世界,虽然他在作品中展现出的东方观和西方观尚有局限之处,但在就那个时代而言,他对于东西方和谐大同的理想仍是具有超前性的。

(作者单位:北京市神州国旅)

---

① 泰戈尔著:《文明的危机》,载《泰戈尔全集》(第24卷),河北教育出版社,2001年,第505页。

附录1 "泰戈尔在我心中"有奖征文比赛获奖名单

特等奖(2名):

茉莉芬芳	梁　怡
百年后,我终是与你相遇	尚　菲

一等奖(5名):

绽放心间的莲	贺　颖
泰戈尔在我心中	潘华阳
金色花,开放在我们师生的心中	王东明
泰戈尔在我心中	魏淑佳
"完成一朵小小的野花"——漫谈泰戈尔笔下的"小"	康宇辰

二等奖(10名):

泰戈尔在我心中——《摩诃摩耶》爱别离	秦建鸿
泰戈尔在我心中	何晓丽
泰戈尔在我心中——致亲爱的泰戈尔	卢燕珊
泰戈尔在我心中——轻哼在耳边的歌谣	张丹萍
童话王国的精灵——我心中的泰戈尔	王婷婷
泰戈尔在我心中——我与泰戈尔的十年情缘	郑春光

泰戈尔在我心中——飞鸟的追寻与守望	祖　文
"让世界相会在同一个鸟巢"——泰戈尔的世界意义	马英杰
泰戈尔在我心中	苏露露
每一个人心中都有一个浪漫的情人	阎友新

优秀奖（20名）：

泰戈尔在我心中——闲情漫笔	海德文
泰戈尔在我心中——流动的时光	安忆涵
泰戈尔在我心中——除去浮名赏真人	赵依祺
飞鸟掠过	梅德芳
于新月中穿行的飞鸟——我喜爱的泰戈尔	孙晓玲
泰戈尔在我心中——给我一个孩童的吻	朱亚琴
我心中的泰戈尔	赵　盼
泰戈尔在我心中	赵智慧
泰戈尔在我心中——怀揣玫瑰的星辰	董雯婷
飞鸟，他还在吗？	罗　丹
泰戈尔在我心中——灵魂的济舟者	陈瑜琦
泰戈尔在我心中——生如夏花，盛放	李丹蕾
印象·泰戈尔	丁文静
对影	孙春红
我喜欢你是朴素的，仁慈的——读不尽的泰戈尔	周志芳
回首那段人生最美的诗篇——纪念泰戈尔先生诞辰150周年	林　津
泰戈尔在我心中——诗意地栖居	陈子雨
泰戈尔在我心中——我思即我心	任　月
泰戈尔，我的北极星	彝　鑫
泰戈尔在我心中——追思泰戈尔及其爱的世界	王伟均

入围奖（30名）：

泰戈尔在我心中	燕　子

泰戈尔在我心中——一枝一叶，嘤嘤细语	李博楠
泰戈尔在我心中	章斯婷
我心中的泰戈尔	徐静婷
泰戈尔在我心中	苏振强
泰戈尔在我心中——闲散且美好	胡晓俐
泰戈尔在我心中——一只叹息的飞鸟	高　亦
泰戈尔在我心中——守候	李晨阳
泰戈尔在我心中——偶遇《吉檀迦利》	张伊莉
泰戈尔在我心中	周巧玲
泰戈尔在我心中	林　菁
我看到——我心目中的泰戈尔	袁皓晨
泰戈尔在我心中	陈世婕
泰戈尔列传	牛国君
泰戈尔——由《美》看泰戈尔的人生哲学	陆　旭
泰戈尔在我心中——借诗圣之名，把爱放在字里行间	余世宽
泰戈尔在我心中——爱的歌颂家	卓爱玲
用诗歌涂鸦幸福——我心中的泰戈尔	蔡晓娜
泰戈尔在我心中——读《一个女人的信》有感	吴映丹
泰戈尔在我心中——非心中之光不能抗黑暗	蓝思琪
常读常新的泰戈尔	高晓金
星光璀璨——《吉檀迦利》中的神学探究	付泽新
"不盛不乱，姿态如烟"——我心目中的泰戈尔	曾欣欣
泰戈尔在我心中	徐　豪
乐锦集	陈　兰
泰戈尔在我心中——读《吉檀迦利》有感	林　冉
泰戈尔在我心中——当飞鸟触动心弦，爱在弥漫	相　敏
访印度泰戈尔故居	刘　萍
致泰戈尔的信	许鹏鸣
我与泰戈尔——在语言的浩瀚中飞翔	闫蓊骐

优秀组织奖（2名）：

吕景芳（福州大学）

王春景（河北师范大学）

附录2 杭州与泰戈尔有缘

杭州佛学院院长 释光泉

各位领导,各位获奖嘉宾,各位朋友:

杭州,一向被称为"东南佛国"。杭州佛教直接从海上来自天竺印度。据《灵隐寺志》载:"东晋咸和三年,竺僧慧理游至武林,见飞来峰而叹曰:'此为天竺灵鹫峰小岭,不知何代飞来?'"于是,"飞来峰"的故事不胫而走,名闻天下。

在杭州有天竺山,从下天竺到中天竺、上天竺,有历代大大小小的许多佛寺。在这众多佛寺中,或废弃,或更名,惟独灵隐寺佛光永照。

杭州和泰戈尔的缘分始于1924年。这是中印文化交流史上值得永远记住的年份。泰戈尔在这一年实现了他筹备多年的中国之旅。杭州,是泰戈尔访华的第二站。4月14日中午,泰戈尔一行乘火车从上海抵达杭州,下榻新落成的西湖饭店,分别入住82、85、88号房间。4月15日,泰戈尔在戏剧大师梅兰芳等的陪同下,畅游西湖各大名胜,自然包括灵隐寺。这一天,随行人员向泰戈尔讲述"飞来峰"的故事,他听得津津有味。飞来峰上下遍布五代以来的佛教石窟造像,多达三百多尊。当看到其中两尊来自印度的佛教大师的雕像时,泰戈尔触景生情,深有感触地说:"我想这两个大师,初来的时候,见到这样湖山,也感想到自然界是到处一样,但是他的本意,不是来赏玩湖山,是传导相互的爱,因此印度文化有很多到中国了,如同中国几个大师到印度去。"他说自己这次来也要像历史上的这两位大师一样,要把爱的精神传播到中国,以促进世界的和平。他还告诉身边的中国人,在当前,中印两国人民更应该共同努力,把一切污秽的历史和痕迹都排除净尽,去找出一条中印交通的运河。这运河的交通,是沟通人类的爱,而没有别的利益关系。听者闻之无不动容。

4月16日下午,应浙江省教育会邀请,泰戈尔发表演讲,听者达三千多人,后来者几无立足之地。17日,泰戈尔一行从杭州回上海。火车在徐志摩家乡硖石镇小停。车站竟"观者如堵,各校学生数百人齐奏歌乐,群向行礼。"车窗外,有人抱着徐志摩的儿子往里看,有人告诉泰戈尔这是徐志摩的儿子。泰戈尔十分高兴,马上亲切地用自己长长的白胡子抚弄着小儿的嘴唇。诗人与孩子表现出的那种天真无邪令观者心动。

1924年的来访,泰戈尔给杭州留下了深刻的记忆。杭州人为了保留这份记忆,在西湖饭店泰戈尔住过的房间,挂着泰戈尔的素描像,以志永远的纪念。

随着时光流逝,泰戈尔在中国播下的友谊,非但没有淡薄,反而变得越来越浓郁芳香。在中国,继纪念泰戈尔诞辰150周年的一系列活动之后,又以各种方式庆祝泰戈尔获诺贝尔文学奖100周年。我们杭州佛学院作为联合发起单位,参加"泰戈尔在我心中"征文比赛,深感荣光。

杭州佛学院成立于1998年,今年是建院15周年。我们的发展目标是将它建成一所水平一流的综合性佛教大学。学院已经和泰国、日本等国建立联系,非常希望和佛教的诞生地印度进行交流合作。深圳大学印度研究中心及时伸出援手,愿意为杭州佛学院和印度相关机构的交流发挥桥梁作用。

今年5月,杭州佛学院和深圳大学印度研究中心联合成立了"中印文化交流研究中心",并签订了一个《合作协议》。协议中的一个重要条款就是合作办好"泰戈尔在我心中"征文比赛,纪念泰戈尔获诺贝尔文学奖100周年。

这次征文比赛,参与者十分广泛、踊跃,有广大中小学师生和大学生,还有硕士生、博士生和大学教授。评委会按照评比规则,评出了获奖名次。从获奖作品看,水平非常高,令人十分鼓舞。由于参赛者众多,有限的获奖名额不足以悉数囊括所有优秀作品。经编委会商议,决定将获奖征文以外的部分优秀作品,以"编委特别推荐作品"的名义,一同收入这本"泰戈尔在我心中"征文获奖作品集——《泰戈尔落在中国的心》。这样,就能部分解决优秀作品多、获奖名额少的矛盾。

在这里，我代表杭州佛学院感谢全体参赛者，感谢全体评委。我们一起为中印文化交流事业做了一件有意义的事情。泰戈尔曾经说："轻舟荡漾在西湖中，凭着船沿，悠然望见山顶的尖塔。"他感到自己就像"中国画中的隐士，感到一种悠游的欢乐。"泰戈尔还不无遗憾地说："西湖山水秀丽，可惜不能在山麓觅一间小室，欣赏朝夕不同的湖光和山色。"

我在这里向大家宣布：杭州天竺山麓有一座佛寺，名叫"中印庵"。我们决定将由杭州佛学院和深圳大学印度研究中心合办的"中印文化交流中心"设在中印庵里，把泰戈尔写的佛诗和画像挂在中印庵的墙上，把这本《泰戈尔落在中国的心》陈列在庵中，让他每天都能看到杭州的湖光山色，看见他落在中国的心已经开花结果。

谢谢大家！

（这是光泉院长于2013年10月26日在深圳大学举办的"泰戈尔在我心中"征文比赛颁奖大会上的书面发言，征得本人同意收入书中。）

附录3　写给"泰戈尔在我心中"主题征文活动

河北师范大学文学院　王　平

2013年六月中旬，我们收到印度国际大学、中国研究所（德里）、深圳大学等单位的"泰戈尔在我心中"征文比赛邀请函。文学院征文活动很多，但我们觉得这一征文活动非常特殊。因为，它为纪念、庆祝泰戈尔获诺贝尔文学奖100周年而举行，意义非凡。外国文学是我院重点学科，泰戈尔是深受广大师生敬仰的印度著名诗人、哲学家、教育家。因此，不论专业课教师，还是广大同学都愿意借此机会，抒发对这位为人类精神带来重要贡献的诗人的真挚情怀。

2013年是泰戈尔获得诺贝尔文学奖100周年。就学院来讲，2013年还是我们推行"百篇文章写作工程"的第一年。之所以专门提到，是想借此机会介绍一下河北师范大学文学院的学风建设情况。

文学院是河北师范大学的核心学院之一。学院紧密配合专业教学，围绕学科特色开展学生工作。在学风建设中凝练特色，锻造品牌，担负起了人才培养的职能和使命。经过一个时期的摸索和研究，学院确立了"以学风建设为中心，坚持以人为本、全员育人；坚持专业为根、分类引导"的学风建设模式。千方百计引导学生潜心学业，奠定厚重的专业基础。主要做法一是推行本科生导师制。学院要求所有专业教师担任本科生导师，进行学业、实习实践、论文和职业生涯规划等方面的指导；二是实行领导班子联系班级制。领导班子成员每人联系1—2个班，定期和学生见面，通过报告会、座谈会、班干部恳谈会等多种方式开展活动，帮助学生解决学业困难，激发学生学习热情；三是扎实推进"六大系列讲座"。根据不同年级学生特点、专业方向和职业方向的需求，开展入学教育、学海导航、考研指导、学术论文写作、实习技能、文苑讲堂、就业指导等系列讲座。营造了浓郁的学术和专业学习氛围；四是扎实推进"古典诗词五百首背诵过级活动"。专家组精选自先秦至晚清500首诗词，按难易程度分为十级，要求学生在毕业前通过六级方可进入毕业审核程序。2011年11月起，该项考试顺利实现网考，在全国高校中属于首创。对提高学生的艺术感受力，激发想象力、创造力具有重要意义；五是启动"百篇文章写作工程"。文章选题须涵盖各种文体，如记叙文、抒情文、议论文、诗歌等，也包括新闻报道、通讯、调查报告等应用文体，同时要求应用文体不少于20%。旨在提高学生的思维能力、表达能力和写作水平，从而切实提高学生专业素质与就业竞争力。

仅就"百篇文章写作工程"而言，它是学生专业基础素质养成的一个大手笔，一项大工程。敢于做出这样的决定，学院是花了心思的。究竟可行性有多大，能不能推广成功，能不能长期坚持下去，能不能赢得广大同学发自内心的认可和主动参与，都是需要审慎考量的。最终，我们认为切实提高学生思维能力、表达能力、写作能力非下苦功夫不可。于是，学院没有给学生任何回旋空间，必须写，不折不扣地写。推行一周年以来，成果是喜人的，我们看到了绝大多数同学尽心尽力地完成了阶段性任务。对于写作的重视，由此可见一斑。实际上，除此之外，学院在引导学生创作上是非常积极的，我们每年都有计划地组织"中华魂"征文比赛，"文苑杯"征文比赛，"子风情怀"征文比赛，等等。在《燕赵都市报》、《河北师大报》等各级各类报刊杂志上多有我们学生的作品。

重视创作是学院传统。恰逢泰戈尔百年纪念庆典活动与文章写作工程相结合，征集美文，抒发情怀，我们找到了最佳契合点。为此，学院高度重视，委托团委做好宣传组织工作。为了确保宣传组织工作有力到位，我们采取了多种途径。一是新媒体宣传。通过QQ、微博、校讯通、河北师大文学院团学梦人人公共主页等网络工具，宣传征文内容；二是要求各年级辅导员通过飞信或班会把征文要求传达给每一位学生；三是学院团委、学生会组织举办

"泰戈尔文学"主题演讲比赛,进一步激发学生创作热情。

在整个征文组办过程中,专业课教师和学院团委对参赛学生进行全程指导。我们要求同学不要急于动笔,而要先期广泛而深入地阅读泰戈尔文学作品。推荐了一批参考阅读书目,鼓励学生充分利用周边资源,积极阅读、深入理解、系统掌握大赛相关知识。学院并把专业课教师联系方式提供给学生,保证及时指导。文章征集后,还指导参赛选手进行了一定程度的后期修改。河北师范大学副教授,印度文学博士王春景老师牵头组建了评审委员会,经过客观公正的层层筛选,20篇作品推荐全国大赛组委会参评。虽然部分作品尚显稚嫩,但选手们各抒己见,用不同的方式,不同的体裁表现他们对这位伟大诗人的看法,以及他们从阅读泰戈尔所得到的珍贵体验,感受到泰戈尔对印度的热爱,对印度文化的自信,对人民的关心。从作品的字里行间,仿佛看到选手同诗人一道感受着印度田间路上流汗辛苦的印度工人和农民,园中渡口弹琴吹笛的印度音乐家,海边岸上和波涛一同跳跃喧笑的印度孩子,以及热带地方的郁雷急雨,丛树繁花。阅读每一篇作品,仿佛那繁密的雨点,浓郁的花香,真切的情感都跃然纸上。

纪念、庆祝泰戈尔获得诺贝尔文学奖100周年,是我们共同的心愿。衷心感谢组委会为广大师生提供共同学习、品读、交流乃至心灵震撼的平台,它必将为学院学风建设增添浓重的一笔。

附录4　北京大学纪念泰戈尔荣获诺贝尔文学奖100周年活动日侧记

北京大学外国语学院亚非系　吴舒琦

为纪念印度伟大作家拉宾德拉纳特·泰戈尔荣获诺贝尔文学奖100周年，北京大学东方文学研究中心、北京大学印度研究中心、北京大学图书馆和北京大学研究生会联合举办"纪念泰戈尔荣获诺贝尔文学奖100周年活动日"系列活动。本次活动自2013年6月9日开始，6月11日结束，历时三天。

6月9日上午，在北京大学图书馆东门展厅举行"泰戈尔荣获诺贝尔文学奖100周年纪念日图文展"，展览持续三天，受到了观众的普遍欢迎，好评如潮。本次图文展共分为四部分，图文并茂地介绍了泰戈尔生平、泰戈尔与中国、泰戈尔研究在中国以及泰戈尔对中印友好的意义等主题。本次展览梳理了国内、特别是北京大学收藏的泰戈尔译著、研究著作和学位论文等，有助于观众更好地了解泰戈尔研究在中国的现状。为配合图文展的相关介绍，北京大学图书馆特别调出有关泰戈尔的馆藏图书，以飨读者。其中既有早期译本，亦有最新研究成果。

6月10日上午10点，在北京大学民主楼208召开"泰戈尔荣获诺贝尔文学奖100周年纪念日开幕式"暨中央编译出版社"泰戈尔的启示"系列新书首发会。会议由东方文学研究中心主任王邦维教授主持，芝加哥大学、尼赫鲁大学教授谭中教授，印度使馆副馆长、公使B. Bala Bhaskar先生、北京大学图书馆馆长朱强先生，中央编译出版社社长刘明清先生和北京大学外国语学院院长程朝翔教授分别致辞，谭中教授随后以"发扬东方文明真善美精神，迎接东半球文艺复兴"为题进行了主题发言。新书首发会上,中央编译出版社出版的"泰戈尔的启示"系列三本图书与读者见面。随后,印度舞蹈专家金姗姗女士和她的学生为观众带来了精彩的印度古典舞表演。

当日下午召开学者交流报告会。会议分为两个部分,董友忱、毛小雨、刘建、魏丽明等泰戈尔研究专家就"泰戈尔与中国的世纪回荡——来自印度泰戈尔大学博物馆中国展馆的讯息"、"在理想和现实之间行走——泰戈尔、谭云山与中国学院"、"泰戈尔作品翻译:态度与版本鉴别"、"从泰戈尔到泰戈尔学——泰戈尔的经典化"为听众作了报告。

6月11日下午,举行了"泰戈尔在我心中"征文比赛北大赛区参赛选手报告会,北大赛区评审委员会从近两百篇投稿中选出二十位同学做发言,他们精彩的发言得到与会者的热情赞赏。报告会上来自北大朗诵协会的同学声情并茂地朗诵了泰戈尔的多首诗歌。之后,谭中先生作为北京大学研究生会"德赛文化讲堂"特邀学者发表了题为"中印文化交流对于世界的意义"的专题演讲,并与现场听众展开互动。演讲结束后,来自北大剧社的同学表演了泰戈尔的剧作《邮局》。

活动邀请到来自印度驻华大使馆、中国社科院、中央党校、中国艺术研究院、北京大学、中国人民大学、同济大学、天津师范大学、天津外国语学院、天津商业大学等高校学术机构的泰戈尔研究学者以及中央编译出版社、北京大学出版社、中国人民大学出版社、人民日报、中国国际广播电台、新华社、文艺报、文化报等新闻出版单位的代表。

本次活动由北京大学外国语学院亚非系承办,后援单位为中央编译出版社、北京大学出版社和博爱天使文化公司。

拉宾德拉纳特·泰戈尔一直以来都深受北京大学师生的敬仰与爱慕,他的作品一直是图书馆里常借不衰的书目,更是许多北大师生立志研究的对象。躬逢泰戈尔先生荣获诺贝尔文学奖100周年盛事,举办这一活动,不仅是为了纪念泰戈尔先生其人其作,也是为了回应广大师生对泰戈尔先生的热爱。

后　记

　　2011年和2013年，是两个值得记忆的年份。2011年，泰戈尔诞辰150周年，中国举行了一系列纪念活动。2013年，泰戈尔获得诺贝尔文学奖100周年，中国又举行了一系列纪念活动。在这众多活动中，历时最久、声势最大的，正是"泰戈尔在我心中"有奖征文比赛。这次征文活动肇始于1994年北京大学东语系开设的全校性通选课东方文学课堂上，"泰戈尔在我心中"是近20年来选课同学最喜欢做的命题作文之一，于2012年11月在深圳大学召开的第四届"中国—南亚国际文化论坛"上启动，到2013年8月31日征文截止。

　　根据来稿统计，应征稿件共计216篇。分布情况如下：

　　福州大学：75篇；北京大学：25篇；深圳大学：24篇；河北师范大学：19篇；西安外国语大学：15篇；华南师范大学：9篇；西北大学：2篇；天津师范大学：1篇；青岛大学：1篇；其他单位：45篇。

　　这里有一个特点，凡是投稿积极的单位，都有一位或几位热心的老师。大学生投稿，是这次应征稿的主流。但是，被归为"其他单位"的"散户"，他们的应征稿的水平之高，令人兴奋。他们来自不同行业，遍布工厂、农村、公司、医院、中小学，正因为有了这些"散户"的来稿，使得我们的征文更具广泛性。

　　征文活动的情况，激动人心。216篇应征稿，这已是一个不小的数量。其实，北京大学投稿数量巨大，但他们考虑所设奖项数目有限，采取了"稳重低调"的态度，精选15篇参赛稿件和10篇"特别推荐作品"投给评委会。

后 记

实际的应征稿数量大大超出了 216 篇，而且这 216 篇应征稿大都质量很高，伯仲之间，不分轩轾，难煞评分人。

为了体现公平、公正、公开，我们采用请评委电脑打分的办法。即将文章编上号，去掉姓名、单位等信息，请评委按文章质量排出名次。我们再根据各位评委评出的名次，综合成总的排名表。综合排名在第 1、2 名为特等奖，第 3—7 名为一等奖，第 8—17 名为二等奖，第 18—37 名为优秀奖，第 38—67 名为入围奖。

本次征文比赛，参赛者的热情踊跃程度，令人始料不及。应征投稿者中有大学生、硕士、博士，有大学教授，有中小学生，有工人、农民、医生、职员等"泰戈尔迷"。每个人都以心为笔，以情为墨，描摹、书写自己心中的泰戈尔。这来自全国各省市的 200 多篇文稿，让我真切感受到中国读者对泰戈尔深深的爱，浓浓的情。

奖额有限，无法将优秀征文悉数纳入获奖范围。怎么办？经过大家商议，想出一个补救性措施。我们将不能入围获奖的好文章，以"评委特别推荐稿"的名义刊于获奖作品之后，让这些好文章有机会与广大读者见面。这里需要说明的是，这些好文章中，包括超出规定字数要求的篇什。在征文比赛启事中，曾要求参赛文章需在 3000 字以内。可是，不少文章超出了这个规定，对此我们只能忍痛割爱，将它们从获奖候选征文中挑出来，列入"评委特别推荐稿"出版。这样，《泰戈尔落在中国的心》共收入 100 篇文章，其中"获奖作品"67 篇，"评委特别推荐稿"33 篇，我们以此百篇佳作向"泰戈尔获诺贝尔文学奖 100 周年"献礼。

公正，是我们评比的第一追求。公平，需要我们给予必要重视。只有兼顾公平与公正，我们的所作所为才靠得住，才有说服力。为了保证公正与公平，在方法上必须公开，我们寄希望于各位评委的公心。有的评委积极性很高，发来上乘之作，但考虑到公正的诉求，也只能入选"评委特别推荐稿"，而不能参评。从评比结果看令人宽慰。公道自在人心。我们当然知道，文章得失寸心知，审美没有绝对统一的标准，至于对评比结果的不同看法，只能由大家见仁见智了。

这次征文比赛，让我们看到了中国读者中蕴藏着巨大的创作积极性。我们将与有关单位联系，讨论如何将泰戈尔征文比赛机制化、常态化，将泰戈尔征文比赛办成中国最有影响的征文比赛之一，让她为中印友谊、为中国写作发挥更大的正能量。

为了使作品集达到更好的出版效果，我们综合评委们的意见，对刊登稿中个别错别字、标点符号、注释等进行了少量修改。

在此，我们要向北京大学、河北师范大学、福州大学等单位，向各位参赛者和各位评委致以深深的谢意！向杭州佛学院表示衷心的感谢！

朱　璇

2013年9月15日于文山湖畔

"泰戈尔在我心中"有奖征文比赛启事

1913年,泰戈尔获得诺贝尔文学奖。从此,泰戈尔誉满天下,诺贝尔文学奖亦为东西方所重。为纪念、庆祝泰戈尔获诺贝尔文学奖100周年,印度国际大学、印度中国研究所(德里)等单位决定举行系列活动。出于共同的心愿,教育科研论坛编辑部会同国内有关印度文学研究机构和高等院校决定联合举行"泰戈尔在我心中"有奖征文比赛。

一、时间:2012年11月—2013年8月。

二、对象:大、中学校教师、学生;研究生;一切泰戈尔作品爱好者。

三、语言:中文。

四、文体:不限。

五、字数:3000字以内。

六、主题:泰戈尔在我心中。

七、写作要求:1.必须原创;2.可以自拟副标题;3.紧扣主题,内容新颖,思想深刻,情感真挚,结构合理,语言优美流畅,标点符号使用规范。

八、奖励办法:

特等奖2名,每人奖励广州至新德里往返机票一张,参加由国际大学和印度中国研究所主办的"泰戈尔获诺贝尔文学奖100周年"系列庆祝活动闭幕大会(2013年11月)。

一等奖5名,每人奖励1000元;

二等奖10名,每人奖励500元;

优秀奖20名,每人奖励300元;

入围奖30名,每人赠送《泰戈尔作品鉴赏辞典》(上海辞书出版社)一部;

优秀组织奖2名,奖励办法同特等奖。

九、投稿方式:

参赛作品须在参赛时间内同时邮寄到:

1. 教育科研论坛编辑部(上海市杨浦区政立路1585弄27号102室,邮编200434),联系人:吴延甲,电话:021-65914331;并发送电子文档至jykylt@foxmail.com。

2. 深圳大学印度研究中心(深圳市南海大道3688号,邮编518060),联系人:王璧,电话:0755-26557020;并发送电子文档至szucis@yahoo.com.cn。

十、评奖时间:2013年9月

十一、颁奖时间:2013年10月

十二、证书及出版:所有获奖文章均颁发获奖证书;获奖文章结集交由国内著名出版社出版,赠送每位投稿参赛者及赛事活动的组织者。

联合举办:
深圳大学印度研究中心
北京大学东方文学研究中心
杭州佛学院
教育科研论坛

"泰戈尔在我心中"有奖征文比赛组委会
2012年8月

图书在版编目(CIP)数据

泰戈尔落在中国的心/郁龙余、魏丽明主编.
—北京：中央编译出版社，2014.2
ISBN 978-7-5117-1811-2

Ⅰ.①泰…
Ⅱ.①郁…②魏…
Ⅲ.①泰戈尔，R.(1861~1941)-人物研究-文集
Ⅳ.①K833.525.6-53

中国版本图书馆CIP数据核字(2013)第239574号

泰戈尔落在中国的心

出 版 人	刘明清
责任编辑	邓　彤
责任印制	尹　珺
出版发行	中央编译出版社
地　　址	北京西城区车公庄大街乙5号鸿儒大厦B座(100044)
电　　话	(010)52612345(总编室)　(010)52612352(编辑室) (010)66161011(团购部)　(010)52612332(网络销售) (010)66130345(发行部)　(010)66509618(读者服务部)
网　　址	www.cctphome.com
经　　销	全国新华书店
印　　刷	河北下花园光华印刷有限责任公司
开　　本	787毫米×960毫米　1/16
字　　数	455千字
印　　张	30
版　　次	2014年2月第1版第1次印刷
定　　价	120.00元

本社常年法律顾问：北京市吴栾赵阎律师事务所律师　闫军　梁勤
凡有印装质量问题，本社负责调换。电话：(010)66509618